本书由国家自然科学基金地区科学基金项目（项目号：71762030）、云南省“兴滇人才支持计划”项目经费支持。

政企关系、公司治理与产品市场竞争态势

林 雁◎著

GOVERNMENT–BUSINESS RELATIONSHIP, CORPORATE GOVERNANCE AND PRODUCT MARKET COMPETITION

经济管理出版社
ECONOMY & MANAGEMENT PUBLISHING HOUSE

图书在版编目（CIP）数据

政企关系、公司治理与产品市场竞争态势/林雁著．—北京：经济管理出版社，2022.5
ISBN 978-7-5096-8467-2

Ⅰ.①政…　Ⅱ.①林…　Ⅲ.①政企关系—研究—中国 ②企业竞争—市场竞争—研究—中国
Ⅳ.①F123.15 ②F279.2

中国版本图书馆 CIP 数据核字（2022）第 090804 号

组稿编辑：丁慧敏
责任编辑：詹　静　张广花
责任印制：黄章平
责任校对：张晓燕

出版发行：经济管理出版社
（北京市海淀区北蜂窝 8 号中雅大厦 A 座 11 层　100038）
网　　址：www.E-mp.com.cn
电　　话：（010）51915602
印　　刷：唐山玺诚印务有限公司
经　　销：新华书店
开　　本：787mm×1092mm/16
印　　张：21.75
字　　数：479 千字
版　　次：2022 年 6 月第 1 版　　2022 年 6 月第 1 次印刷
书　　号：ISBN 978-7-5096-8467-2
定　　价：98.00 元

前 言

改革开放40多年来，中国经济高速发展取得的“中国奇迹”让世界对中国刮目相看。然而，这些成绩是从中华人民共和国成立以来，在对政策、制度不断探索中取得的。我国从计划经济向市场经济转型的过程中，市场机制在法律、投资者保护、产权等方面尚未形成完善的体系，政府需要对市场进行一定干预，以纠正市场失灵、优化资源配置。但是，如何界定政府与市场、企业的边界仍然是理论与实践中有待探索的问题。因此，政企关系一度成为并且将一直成为经济学、管理学、社会学等学者关注的永恒主题。中国人民大学聂辉华教授在其研究中多次提到，政企关系是转型经济体中最重要的关系，理解政企关系才能理解“中国奇迹”。

多年前，在刚开始博士研究生学习生涯时，我有幸参加了香港中文大学张田余教授关于中国制度和政企关联的短期课程，课后我开始关注政企关系主题的研究。在《政治关联董事：聘任动机与经济后果》中，我仅关注了我国上市公司聘任具有政府背景、从政经历的人士进入企业担任董事会成员的动因与后果，研究面较为狭窄，未能从更开阔的视角探究企业政治关联的经济效应，特别是忽视了其在中宏观市场层面的效应。基于此，我开始致力于本书创作，遵循“从微观到中宏观”的逻辑思路，以期较为全面地探讨企业政治关联的经济效应。本书分为三篇：上篇对制度背景与理论基础进行介绍；中篇从风险规避、违规治理、信息披露质量和社会责任等方面，探索政治关联对企业的微观经济效应；下篇从产品市场竞争态势的层面，探索政治关联的中宏观经济效应。

本书运用规范逻辑分析和实证研究的方法，以我国2001年以来上市公司为样本进行研究，最终得出以下结论：第一，企业聘任政治关联人士的动因在于规避企业风险，而这种效应会影响同群公司，也会受到同群公司的影响，即存在同群效应；信息和环境的不确定性是同群效应产生的两条重要路径。第二，政治关联有助于抑制公司的违规行为，这种抑制效应在不同制度环境的地区有所不同。第三，政治关联人士担任公司高管会获得较高薪酬，由此抑制高管提升公司信息披露质量的动机。第四，政治关联会弱化企业承担社会责任（如进行环保投资）的动力，但是建设“美丽中国”的号召及政府环境规制能够缓解政治关联对环保投资的负面影响。第五，政治关联企业具有的非竞争优势会对产品市场竞争态势产生负面影响，有损公平竞争，而企业政治关联层级越高，这种效应越明显。

本书在理论研究方面拓展了政企关系、公司治理和市场竞争方面的研究内容，也为企业行为、政府职能、公共治理以及新型政企关系构建提供了借鉴。

2021 年 10 月于昆明

目　录

上篇　制度背景与理论基础

中篇　政企关系与公司治理

下篇 政企关系与产品市场竞争态势

上篇　制度背景与理论基础

第一章　绪论

第一节　研究背景、问题与研究意义

一、研究背景与研究问题

政府与市场（或企业）的关系是公共经济学、政治经济学等学者关注的核心问题，也是经济政策制定、企业治理和公共治理实践的永恒主题。根据亚当·斯密的理论，如何区分政府与市场（或企业）的职能边界，是进行有效资源配置的重要命题。

在广义的政企关系范畴中，政治关联（Political Connections）是学界探讨的重要方面。在研究企业政治关联的经典文献中，Faccio（2006）将至少有一个大股东或高管（包括董事长、CEO、副总经理等）是政府官员，或与政府高层具有联系的企业定义为政治关联企业。在中国，由于政治关联作为“人情社会”中的重要关系和非正式制度的重要方面，对正式制度具有替代和补充的作用，且能影响微观企业行为进而影响经济发展。另外，由于资源的稀缺性和企业发展对资源需求的无限性致使企业需要与政府建立良好关系，从而获得自身发展和经营需要的各种资源。我国企业通常通过以下方式与政府建立关联：①聘任已退休或离职的政府官员到企业担任高管或独立董事；②政府官员直接在企业担任高层管理者；③在国企工作的高管调任到政府任职（Deng et al.，2019）。在党的十八大之后，中共中央组织部出台的规范对党政干部在企业兼职任职进行了限制。

各国学者的研究表明，在很多国家政治关联对企业价值具有促进作用（Fisman，2001）。在我国，企业与政府建立的政治关联能够降低市场摩擦引致的融资约束（Chan et al.，2012）。近期的研究发现，有政治关联的企业更容易进入国际市场（Sharma et al.，2020），外商进入中国选择的合作对象更偏向于与政府关系密切的国企（包群等，2021），而政治关联的阻断带来了我国上市公司劳动力成本的上升（Wei et al.，

2020）。同时，也有研究表明，在土地市场，政治关联会影响土地开放利用率（杨广亮，2018）；政企关联会影响企业产能利用率，使其偏离最佳产能利用率（汪涛等，2021）；政治关联也会阻碍企业创新（袁建国等，2015）。

从以上分析可以发现：一方面，企业政治关联领域的研究多集中于探讨政治关联为企业自身带来的微观经济后果，对企业融资、上市、政府补贴、并购方面的研究较为充分，但是对政治关联的同群效应，对高管薪酬和信息披露质量、企业环保等社会责任方面的研究较为缺乏；另一方面，对政治关联带来的中宏观层面经济后果的研究还非常缺乏，特别是对于政治关联影响市场竞争方面的探讨很少。

基于以上分析，本书遵循从微观到中宏观的逻辑思路，首先对制度背景和相关文献、理论进行梳理；其次从微观企业层面探讨政治关联的经济效应，包括风险防御效应、违规治理效应、信息披露效应和社会责任效应；最后从产品市场竞争态势的视角出发，探讨企业政治关联的中宏观经济效应，包括企业政治关联在总体上如何影响产品市场竞争、企业政治关联层级高低对产品市场竞争的影响是否不同等一系列问题。

期望本书对政企关系、公司治理和产品市场竞争方面的理论研究有所拓展，为企业治理、经营等行为提供理论借鉴，同时为政府角色和公共治理提供一些启示。

二、研究意义

本书在理论和实践两方面都具有一定的研究意义。

（一）理论意义

虽然探讨企业政治关联的研究已取得了较为丰硕的成果，但本书将企业政治关联从微观公司行为到产品市场竞争的经济效应联系起来，在以下方面有所拓展。

首先，本书依托制度经济学、资源依赖等理论和我国特定的制度环境，以产品市场竞争态势为视角，探讨企业政治关联对中观市场环境的影响，突破了以往相关研究着眼于政治关联对企业微观层面“资源效应”或“诅咒效应”的框架，有助于从产品市场竞争态势的角度进一步认识企业政治关联的作用，也为深入认识政府与市场的关系提供了理论证据和启示。

其次，本书从环保投资的角度检验了企业政治关联的社会效应。现有文献对环保投资的研究主要集中在外部制度环境中的政府环境规制、社会媒体方面，对公司治理的内部因素主要集中在企业规模、财务状况、行业属性等方面，缺乏内部治理环境与外部制度环境相结合的研究，本书将内部治理因素与外部制度环境相结合，由此拓展和丰富了环保投资的相关研究。另外，本书在政企关系与环保责任履行的研究框架中加入了战略选择理论、波特假说、烙印理论、路径依赖等，以期从不同角度论证和阐释政治关联对环保投资负面影响的逻辑，也是对以往文献的丰富和补充。

最后，本书从企业风险角度探讨了政治关联董事聘任的同群效应，并且从产权性质、控股股东理性程度等方面对此进行进一步分析，发现企业风险增加而增加聘任政治关联董事确实存在同群效应，相比同行业不同地区，同行业同地区的同群效应更显著，而信息和环境的不确定性是同群效应产生的两条重要路径。这一角度的探讨既丰富了董事会董事选聘的相关研究，也对探讨同群效应的文献有所拓展。

（二）实践意义

第一，本书为经济新常态下政府与市场关系的进一步定位与维系提供了现实启示。

第二，本书从公司治理层面挖掘政治关联影响产品市场竞争态势的机制，为经济新常态下构建“新型政企关系”提供启示。

第三，本书关于政治关联影响企业环保投资决策、影响公司信息披露质量方面的研究结论，有助于更加深刻地认识政治关联的作用，有助于进一步厘清政府与市场的关系和彼此的边界，有助于进一步规范地方政府对市场的干预行为。

第二节　研究内容与研究方法

一、研究内容

本书基于我国特定的制度背景和政企关系的建立、变迁及现状，依托公司治理、制度经济学等方面的理论基础及以往研究文献，旨在从企业微观行为和产品市场两个层面探讨企业政治关联的经济后果。

本书分上、中、下三篇，共十个章节。上篇包括三章，主要介绍本书研究背景、引出研究问题并说明本书研究意义。同时，上篇梳理了我国相关制度背景的变迁以及相应的理论基础和以往研究文献，为后续篇章奠定了理论基础。中篇从企业微观行为出发，包括企业风险规避、企业违规行为、信息披露质量、企业环保投资等方面，探讨企业政治关联的微观经济效应。下篇从产品市场竞争态势出发，探讨企业政治关联、政治关联高管的政治层级如何作用于产品市场竞争态势。具体章节安排如下：

第一章为绪论。从我国的现实背景及相关文献出发引出本书的研究问题，并对研究意义、研究方法及研究的创新之处等进行系统阐述。

第二章为我国政企关系与公司治理相关制度背景。每一个现象背后都有深层次的制度背景因素，我国政企关系、企业与政府之间建立政治关联的过程及现状与我国经济发展中的一系列制度因素和制度变迁密不可分。本章先对我国中央和地方关系的制度演进进行了梳理，并在此基础上分析了我国政企关系的动态演变过程，同时进一步梳理了我国资本市场信息披露制度、公司违反相关规范制度和市场竞争相关制度，为后续章节提供制度基础。

第三章为文献综述与理论基础。本章首先对制度经济学、政府干预、资源依赖、信息不对称、信号传递等理论进行系统论述，为后文的研究提供理论依托。其次对企业政治关联建立的动因及后果、企业同群效应、企业违规行为及其治理机制、企业信息披露质量影响因素与经济后果、产品市场竞争等方面的相关文献进行梳理，并在此基础上对以往的研究进行评述，为后文的章节提供理论和文献的支持。

第四章为政企关系的风险防御效应之风险规避。具体地，本章选取 2001~2013 年 A 股上市公司为样本，探讨以下问题：第一，公司聘任政治关联董事是否具有缓解企业风险的动机？第二，政治关联董事聘任是否存在同群效应，即当其他同行业竞争对手或风险类似的公司聘任政治关联董事后，待考察公司对政治关联董事聘任有何反应（是增加聘任还是维持现状）？本章调查了 2001~2017 年全部 A 股上市公司董事会成员的政治背景，运用“PSM+人工识别”的方式识别了上述公司的同群公司，以此为样本对上述问题进行探讨。

第五章为政企关系的内部治理效应之公司违规行为。本章选取 2010~2017 年所有 A 股上市公司为样本，先探讨企业政治关联对公司违规行为的影响，之后结合中国特殊的制度环境背景，探讨制度环境不同时企业政治关联与公司违规行为之间的关系。另外，本章还进一步区别不同企业性质和不同政治关联形式，以期进一步探讨上述问题。

第六章为政企关系的信息效应之信息披露质量。本章选取我国 2008~2017 年的民营上市公司为样本，研究民营企业政治关联高管对企业信息披露质量的影响。首先，本章探讨了企业政治关联对公司信息披露质量的总体影响，之后在研究框架中加入高管薪酬这一变量，探讨政治关联对信息披露质量的影响效应是否随高管薪酬激励不同而不同。其次，本章加入了经济环境、法制环境等环境变量，探讨了环境因素的调节效应。最后，本章探讨了政治关联高管的政治层级如何影响信息披露质量。

第七章为政企关系的社会责任效应之环保投资决策。环保责任是企业需要承担的重要社会责任。本章搜集了 2010~2017 年我国 A 股上市公司的环保投入数据，研究了企业政治关联对其环保投资决策的影响。本章首先探讨了政治关联对企业环保投资的总体作用。其次探讨了高管政治关联和董事政治关联对环保投资的效应是否存在差异。

第八章为关系与产品市场竞争总体效应。本章从企业竞争地位、企业竞争优势及行业竞争度三个方面刻画产品市场竞争态势，研究企业政治关联对产品市场竞争态势的影响效应及具体路径。本章探讨了企业政治关联对产品市场竞争态势的总体影响，从经营风险、商业信用角度探讨了企业政治关联影响产品市场竞争态势的路径。

第九章为政治关联层级与产品市场竞争态势。本章先研究了企业政治关联层级对产品市场竞争态势的总体影响，之后从风险承担和融资约束角度考察企业政治关联层级影响产品市场竞争态势的机制。本章加入了外部环境因素，如信息环境、执法环境和腐败治理环境因素，并考察这些外部因素对总体效应的调节作用。

第十章为研究结论与建议。本书总结了前述章节中得出的一系列实证结论，以此为基础对公司治理、政府治理等提出相应的政策建议。

二、研究方法

本书采取规范分析与实证研究相结合的方法进行研究。

（一）规范分析法

本书以制度经济学、政府干预、资源依赖、信息不对称、信号传递等理论为基础，对本书研究问题进行逻辑论证与阐述，旨在为实证分析提供理论指导和逻辑框架。

（二）实证分析法

本书在规范分析的基础上，通过多元回归分析、倾向得分匹配（Propensity Matching Score）、双重差分（Difference-in-Difference）、IV-2SLS（工具变量）等统计研究方法，实证检验企业政治关联从微观层面到市场中观层面的经济效应。

第三节 研究的创新之处

第一，本书从企业行为的微观视角和产品市场竞争的中观视角，探讨企业政治关联的经济效应及相应的作用路径，对政企关系、公司治理、产品市场竞争方面的研究有所拓展。

第二，本书从企业风险角度考察政治关联董事的聘任，对董事选聘和董事会构成的研究有重要拓展。此前董事选聘的文献集中探讨 CEO（Mace，1971）、公司之间的“网络效应”（Bouwman，2011）、业绩（Kaplan and Minton，1994）等对董事选聘的作用，而董事会构成相关文献则集中在董事会独立性（Raheja，2005）、性别（Adams and Ferreira，2008）、专业背景（Easterbrook，1984；Defond et al.，2005）、董事会履职效力等方面，从企业风险角度出发考察董事选聘和董事会构成的文献还非常缺乏。本书从企业风险角度探讨了政治关联董事聘任的同群效应，并且从产权性质、控股股东理性程度等方面对此进行进一步分析，因而丰富了企业同群效应的研究文献。

第三，本书直接探索政治关联对产品市场竞争态势的影响，为企业政治关联如何影响产品市场竞争态势提供直接的理论逻辑和经验证据，有助于结合当前的国家治理环境，从理论层面深入认识经济新常态下政企关系与宏观或中观经济环境的相互作用。同时，本书以产品市场竞争态势为视角，探讨企业政治关联对中宏观环境的影响，突破了以往相关研究着眼于政治关联对企业微观层面“资源效应”或“诅咒效应”的框架，有助于从产品市场竞争态势的角度进一步认识企业政治关联的作用，也为深入认识政府与市场的关系提供了理论依据。

第四，在强调“绿水青山就是金山银山”的重要理念及强调企业履行社会责任的营商环境下，本书将政企关系和企业环保投资联系起来考察，既符合主流思想的研究主题，也是对现有政企关系研究文献的拓展。

第二章　我国政企关系与公司治理相关制度背景

第一节　我国政企关系的历史演进

如何处理好政府与企业的关系，即政企关系，是我国经济体制改革历程中的一个重要问题。政企关系究其实质，是公共治理与公司治理的问题（陈冬华，2003）。公权节制有利于保护法人产权，若公权膨胀，则法人产权可能会受到侵蚀。

在20世纪70年代末期，我国大力实施中央向地方分权的治理模式，使地方政府在财权、事权、人事权甚至立法权方面的权力增加，这成为影响我国地方经济发展的重要因素，也成为影响地方政府与企业关系的重要因素。

何谓政企关系？政企关系简单说就是一个辖区内政府和企业之间互动的模式，可以等同于狭义的政商关系。在2019年中国人民大学经济学院举办的“首届中国微观经济理论论坛”上，聂辉华教授讲到，政企关系是营商环境的一部分，其又可以分为四种模式：政企合作、政企合谋、政企分治、政企伤害。其中，政企合作指的是政府深度参与企业活动和行为，而这种参与是合法、合规的，那么政府和企业就形成了良性互动的政企合作模式。政企合作又包括三种子类型：①政府强、企业弱，这种合作是企业依附政府，形成依附型政企合作模式，这种模式发展的极端形式是政企合一；②政府和企业对称的合作，两方权利义务均等；③企业强、政府弱，这种形式也是双方权利义务不对称的合作。政企分治模式下政府几乎不干预企业的生产或经营活动，同时政府和企业各自遵守法律法规，活动没有交集，虽然边界清晰，但是双方都只能获得各自行为的收益，无法优化彼此的收益和行为。政企分治这种模式的极端状态会造成政府的“无为而治”。

聂辉华在其发言和论文中也强调，影响政府和企业关系的因素有三方面：国家能力、产业势力和监督能力。国家能力因素涉及国家征税能力和执法能力；产业势力因素包括产业规模等；监督能力因素包括企业外部的监督，如媒体等。

与发达经济体或成熟资本市场相比，发展中国家的企业通常通过非正式制度，如与政府建立政治关联而推动企业发展。随着我国在 20 世纪 90 年代开始进行市场化改革，计划经济向市场经济转轨，使法律等正式制度的发展处于持续摸索过程中，尚不完善，因而企业通过与政府建立良好关系从而获取资源以保障其生存发展。这是因为在我国特殊的转轨经济体制下，政府掌握大量的资源，地方政府在中央放权让利的措施下拥有很多方面的权力。因此，地方企业的生存发展在很大程度上依赖于地方政府的资源支持。一方面，企业积极聘请退休或在任官员到企业兼任独立董事或其他高管职位；另一方面，企业家自身积极竞选成为人大代表或政协委员，通过以上两种方式与政府建立某种特殊关联，从而在激烈的竞争和资源争夺中获得优势。导致地方政府之间为经济发展而竞争，并不适当地干预市场，如实施地方保护政策、设置外来企业的壁垒，或者对本地企业实施补贴、税收优惠等。

我国的政企关系发展大致可以分为三个阶段：

第一阶段：中华人民共和国成立到改革开放初期（1949~1978 年）。这段时期，国企与政府具有天然的联系，政企关系相对简单，也就是“政企合一”的模式。

第二阶段：改革开放初期到党的十八大前（1979~2012 年）。1978 年之后，以经济建设为中心，企业和政府有共同的利益诉求，目的是把经济搞上去，让政府得到更多的财政拨款，让官员得到更多的晋升机会，让企业得到更多的利润。自 1978 年改革开放以来，中国的经济能保持中高速增长，政企合作发挥了非常重要的作用。在地区竞争的过程中，乡镇企业是政企合作的产物。

第三阶段：党的十八大以来（2013 年至今）。中共中央组织部于 2013 年 10 月颁布的《关于进一步规范党政领导干部在企业兼职（任职）问题的意见》（中组发〔2013〕18 号）是中央系列强势反腐行动的重要一步。

2016 年 3 月 4 日，习近平总书记在参加全国政协十二届四次会议民建、工商联界政协委员联组讨论时，指出要建立以“亲”和“清”为特征的“新型政商关系”。对政府、领导干部而言，所谓“亲”，就是要坦荡真诚地同民营企业交往，特别是在民营企业遇到困难和问题的情况下更要积极作为、靠前服务，对非公有制经济多关注、多谈心、多引导，帮助其解决实际困难，真心实意地支持民营经济发展，做好经济学中对政府“守夜人”职能的定位。“清”的概念则是指，政府与企业，特别是与民营企业家的关系要清白、纯洁，不能有贪心、私心，不能以权谋私，不能搞权钱交易。对民营企业家而言，“亲”，就是积极主动同各级党委和政府及部门多沟通，讲真话、说实情、建诤言，满腔热情地支持地方发展。“清”，则是要洁身自好、走正道，做到遵纪守法办企业、光明正大搞经营。政商关系是市场经济绕不开的一个重要问题，形成良性循环的新型政商关系，对于推动企业健康发展、不断完善社会主义市场经济体制至关重要。习近平总书记用“亲”“清”两字来定位政商关系，揭示了我国新型政商关系的本质，不仅让政商双方在交往中都有规可依，而且给领导干部如何同民营企业家打交道划出了底线、拓展了空间，也为非公有制经济健康发展和民营企业家健康成长指明了道路①。

党的十八大以来进行的反腐运动力度空前，党中央对政企关系进行了重新定位，使各界重新梳理和界定了政府与企业的边界、政府角色的定位和企业作为经济发展微观主体角色的定位。旧的政治关联逐渐解体，新的政企关系逐渐形成。特别是自 2017 年以来，各级政府都以构建新型政企关系和优化营商环境作为工作重点。

2013~2017 年，我国进一步推行“简政放权”，转变政府职能。自党的十八大以来，各地下大力气削减行政审批事项，多数省份行政审批事项减少 50%左右，有的省份达到 70%，全国减少各类“循环证明”等 800 余项②。转变政府职能和提升营商环境的举措重塑了政企关系，也为市场与企业经营改善和优化了经营环境。根据新华社报道，中央和各级地方政府深入推进“简政放权”、放管结合、优化服务，持续深化“营改增”等财税改革，为企业减负、增加市场活力发挥了重要作用。政府要带头坚决制止一切损害企业家、投资者和消费者权益的行为，真正成为企业信任的“娘家人”，帮助企业转型，把经济管理权放到离市场最近的地方，把社会管理权放到离老百姓最近的地方，更好地解决企业的“难点”“痛点”“堵点”。

第二节 公司信息披露制度发展

信息披露制度，又称为信息公开制度、信息公示制度，是指企业应按相应的要求定时或不定时地披露公司的一系列信息，以提供给证券市场上的投资者或参与者使用。我国证券市场刚刚建立时，相应的配套措施还未跟上，证券市场难免出现一些由于信息不对称、信息披露不充分而导致的不规范行为，如股票市场上出现的内幕交易、股价操纵等，而随着我国经济的发展和证券市场的规范，人们越来越意识到信息披露对于证券市场健康发展的重要性，由于信息披露也是证券监管的基石，因此建立健全良好的信息披露制度是发挥证券市场功能的重要环节。从 1990 年开始，我国以《中华人民共和国公司法》（以下简称《公司法》）和《中华人民共和国证券法》（以下简称《证券法》）等法律为基础，颁布了一系列相关行政法规和法令，逐步形成并完善了自己的信息披露制度。披露的信息既要保证其达到真实、准确、完整的质量要求，又要保证不泄露公司

① 为什么要构建亲清新型政商关系？[EB/OL]．[2017-12-20]．https://www.ccdi.gov.cn/special/zmsjd/zm19da_zm19da/201712/t20171220_156729.html.

② 全国行政审批改革已减少各类“奇葩证明”800 余项[EB/OL]．[2017-09-29]．http://www.gov.cn/xinwen/2017-09/29/content_5228377.htm.

的商业机密，目前我国信息披露制度的发展已取得了重大成就，其在发展过程中经历了政府鼓励企业积极主动披露、制定法律法规规范信息披露和强制要求企业披露并对违规披露行为做出处罚的阶段。总的来看，我国信息披露制度的发展大致可以分为三个阶段。

第一阶段：初步形成阶段（1990~2000 年）。

20 世纪八九十年代是我国社会主义市场经济改革的重要时期，高速发展和改革是这个时期的时代使命，这一时期社会主义市场经济体制的基本框架已经构建，而证券市场承担着资金融通和资金分配的重要功能，为顺应市场发展的需要，上海证券交易所与深圳证券交易所成立，标志着我国证券市场的正式建立。然而，此时上市公司信息披露存在着不完全、不真实的问题，因此国家及地方政府颁布了一系列配套措施来规范企业信息披露行为。1993 年，国务院颁布了《股票发行与交易管理暂行条例》，上海在 1990 年出台了《上海市证券交易管理办法》，深圳在 1991 年出台了《深圳市股票发行与交易管理办法》（张程睿、徐嘉倩，2019），这些文件规定了公司公开发行股票的发行条件、发行程序以及对公司信息披露的要求，引导证券市场朝着规范化和制度化方向发展，但此时仍然没有一部专门的法律来规范公司信息披露行为。

上海证券交易所与深圳证券交易所的建立为我国资本市场和公司发展提供了新的契机，许多有条件的公司纷纷上市，发行股票筹集资金，更多机构投资者和民众也能利用闲置资金进行投资，实现资本的保值增值，此时仅靠原有的一些规定已不能保障市场发展的需要，急需更强有力的措施来维护市场的正常运营。1992 年国务院证券委员会和中国证券监督管理委员会（以下简称证监会）正式成立，标志着我国证券市场统一监管体系正式形成（张程睿、徐嘉倩，2019）。1993 年《中华人民共和国公司法》正式颁布，该法律是第一部专门规定我国公司的组织和行为的法律，以立法的形式明确了公司应承担的法律责任，保护了股东、债权人和公司的合法权益，推进了我国社会主义市场经济发展的步伐。此后，股市发展得很快，企业财务造假和粉饰财报的现象频出，为规避此类事件的发生，整顿证券交易市场的乱象，我国相继出台了《证券法》《企业会计准则》和《公开发行证券的公司信息披露内容与格式准则》等一系列法律法规，这些法律法规高度重视企业信息披露制度，成为企业信息披露行为的基本参照框架，此时我国信息披露制度由地方性规范上升到全国性规范的高度，信息披露制度得以基本确立。

第二阶段：逐渐规范阶段（2001~2013 年）。

自 2001 年以来，我国经济、政治、文化、社会形态等方方面面都发生了很大的变化，信息披露制度也进入逐渐规范的阶段。在信息规制方面，相关的法律法规更加规范。这段时期，一方面，《公司法》和《证券法》经过了多次修订，为信息披露制度的规范和优化提供了更加完备的法律保障。另一方面，政府颁布了许多专门规范公司信息披露行为的部门规章和规范性文件，如 2007 年证监会发布的《上市公司信息披露管理办法》（以下简称《办法》）。《办法》具体规定了公司上市、发行股票等行为需要进行持续信息披露的细则。在此之前，公司信息披露的数量和范围虽然有所提高，但所披露的信息有些是没有实质作用的“垃圾信息”，而《办法》明确规定了公司信息披露要满足真实性、准确性、完整性的要求，对披露信息的质量要求更加严格，表明我国对健全信息披露制度高度重视。

从信息披露的内容和范围来看，信息披露更加注重非财务信息，以前我国的信息披露更多地关注财务会计方面的信息，然而随着社会各方面都发生变化，人们也越来越意识到非财务信息的重要性。基于这种信息需求，如《上市公司信息披露管理办法》规定，企业不仅需要披露像公司财报、招股说明书和定期报告这一类的财务信息，也需要披露公司内部组织方式、治理层结构、重大职位人员变动情况等非财务信息，这一类信息虽不会直接对投资者的利益产生影响，但也会影响投资者做出决策。又如2003年，原国家环境保护总局颁布了《关于企业环境信息公开的公告》，其对企业进行环境信息披露做出进一步具体要求，随后出现了“碳会计信息披露”的概念。这是因为我国意识到了再走粗放式经济发展的道路已经不合时宜，不能以牺牲环境为代价来发展经济，信息披露的内容也随之扩充和丰富。

然而，这一时期我国虽颁布了许多法律法规和出台了许多政策性文件来规范信息披露制度，同时也取得了一定成效，但由于我国信息披露制度发展较晚，依靠出台法律法规来规范企业信息披露行为的作用有限，有些准则与条文模糊且不具备可操作性，监管部门的约束作用还有待加强。总的来看，这一阶段信息披露制度逐渐走向规范化，信息披露的内容、形式、范围和质量也逐步提升，但还有许多需要改进的地方。

第三阶段：发展完善阶段（2014~2021年）。

近年来，我国经济和科技飞速发展，为信息披露制度的发展提供了助力，我国信息披露制度取得了很大进步，在很多方面已趋近完善。在信息规制方面，一是进一步完善了相关的法律法规和规范性文件。2014年，我国对《证券法》进行第三次修正，并于2020年颁布实施，称为新《证券法》。同时，2014年以来财政部对《企业会计准则》进行了多次修订，新增并完善了公允价值计量、长期股权投资、其他主体权益的披露和金融工具列报等多项会计准则。证监会和交易所也对信息披露制度做出了多次改进和调整，如公司的定期报告、财务报表、招股说明书以及公司上市和股票发行管理办法等，多个方面的内容、程序和形式都更加规范和完备。二是加大了监管力度和违规惩处力度，对公司信息披露的监管尤其重视。《2020年证监会行政处罚情况综述》显示，2020年证监会做出行政处罚339件，相比2019年的304件和2018年的310件，同比增长了10%左右，其中信息披露类违法案件2020年处罚了111件，2019年70件、2018年56件，呈现大幅度增长趋势。此外，证监会在年初公布了上一年度最具典型性的20个违规案件，在这20个典型性案件中信息披露类案件有11件，占比超过50%。面对公司违规披露事件，我国监管部门始终贯彻执行“建制度、不干预、零容忍”的工作方针，坚决从严从快打击市场欺诈和违规信息披露行为[①]，如对违规公司进行高额的罚款、限制进入市场、进行违规公示、列入失信公司名单和媒体曝光等严厉的处罚，这一系列措施旨在促使公司做到不敢违规、积极披露。

随着我国进入移动互联时代，人们越来越追求高效快捷的生活方式。线上购物、转移支付、自媒体的快速发展影响着我们生活的方方面面，信息披露制度也趋于发展完善。在自媒体时代，信息传播便捷，公司的一举一动都有可能暴露在大众的视野中。通过借助发达的网络和技术，企业可以降低信息披露的成本，信息披露也能更加及时。另外，在自媒体时代，政府和市场也能推动形成“人人都是监管者”的新情势，为避免“监管过严”限制公司的发展，监管部门也废除了许多条条框框的限制，把监管权交给大众，在各方的监督下企业会更加真实、准确、及时地进行信息披露。

总之，我国信息披露制度虽起步较晚，在开始时发展得较为缓慢，但经过多方共同努力，我国信息披露制度的发展已取得较大的进步。

第三节　公司违规行为规范制度发展

我国新时期的证券业起步于1990年，当年上海证券交易所和深圳证券交易所先后成立，“沪市老八股”和“深市老五股”在证券交易所成立当天上市交易，成为中国的第一批上市公司。历经30余年的发展，我国证券市场已初具规模，截至2021年9月30日，上海、深圳上市公司合计达4506家，总市值为86.69万亿元[②]。然而，在如此飞速的发展过程中，公司违规事件屡屡发生，给投资者乃至整个证券市场带来了许多不良影响。截至目前，我国已建立起较为完善的证券市场法律法规体系，即以《公司法》《证券法》为核心，以相关部门出台的规范性文件为补充的证券市场法律体系。这些规范的出台和实施在一定程度上规范了公司行为，减少了违规事件的发生。

回顾我国公司违规行为规范制度的演进历程，大致可分为四个阶段。

第一阶段：萌芽阶段（1978~1991年）。

1978年，中国共产党第十一届三中全会做出要把重心放在经济建设上的决定，为中国的经济发展提供了一个无后顾之忧的平台。1984年，中国共产党第十二届三中全会通过了《中共中央关于经济体制改革的决定》，明确了增强企业活力、发展社会主义商品经济等经济发展方向，为后来证券市场的出现提供了保障。该决定使1984年涌现了许多如今仍是各行业“领头羊”的企业，如三九胃泰、上海大众等，因此1984年又

① 2020年证监会行政处罚情况综述［EB/OL］．［2020-08-03］．https：//wenku.baidu.com/view/dea337756e85ec3a87c24028915f804d2a16815a.html.

② 参见中国证监会（www.csrc.gov.cn）2021年9月30日证券市场快报。

被称为中国现代公司制的元年。1984 年 11 月 18 日，上海飞乐音响股份有限公司正式成立，成为我国第一家公开发行股票的公司，中国证券市场由此萌芽，开启了它波澜壮阔的发展历程。随后，万科、金田等公司相继上市并进行股票交易，人们渐渐接受并熟知股票交易这一新事物，大量投资者开始进入市场。

为了规范市场发展以及满足人们的交易需求，1990 年，上海证券交易所与深圳证券交易所先后宣布成立。1991 年 6 月 22 日，深圳证券交易所发布《深圳证券交易所业务规则》，规定公司以违规或虚假信息申请发行证券将报请停牌或终止交易。随后的《上海证券交易所证券上市管理规则》中则详细规定了对股票上市公司违规将处以数目不等的罚款，一般为万元级，在当时来说罚款数额已是较高，对公司违规行为起到了有力的警示作用。证券交易所成立后发布的一系列条例文件开始将目光投向对公司违规行为的约束，可以看出我国对公司违规行为的处置机制正在萌芽。

第二阶段：初步建立阶段（1992~1999 年）。

党的十四大正式将社会主义市场经济体制建设确立为我国经济体制改革的目标，为我国证券市场发展铺设了良好的温床。1992 年，中国证券监督管理委员会成立，意味着中国证券市场有了统一、权威的监管机构，开始形成规范有序的运作环境。

1993 年 12 月 29 日，经第八届全国人民代表大会常务委员会第五次会议通过，《中华人民共和国公司法》正式发布，这是我国首部对公司行为进行系统规范的法律。其中，还特别列出了“法律责任”一章，对公司各类违规行为进行规范和处罚。常见的违规行为几乎全部被覆盖，包括虚假出资、抽逃出资、非法筹资、披露虚假信息、重大隐瞒、侵占或违规使用公司资产、违规清算等。按照规定，对以上公司违规行为处以数额不等的罚款，情节严重将追究刑事责任。《公司法》的颁布和实施正式搭建起我国对公司违规行为的规范制度，对监管公司违规行为起到统领性作用。

1998 年 12 月 29 日，《中华人民共和国证券法》由第九届全国人民代表大会常务委员会第六次会议修订通过，从法律上确立了中国证监会在证券市场的监管地位，对证券发行和交易的条件、具体过程等做了详细规定，并叙述了证券机构的职责和工作准则。与《公司法》类似，《证券法》中第十一章“法律责任”对证券公司违规发行证券、虚假披露、重大遗漏、非法买卖股票、违背客户意志、违法收购上市公司等违规行为予以处罚，进一步补充了公司违规行为的规范制度体系，加强了对公司投资者和债权人的权益保护。

在这一阶段，公司违规行为规范制度体系初步搭建起来，逐步形成了全国性的规范框架，在市场尚未发展成熟时就对公司违规行为及时予以打击。

第三阶段：体系成熟阶段（2000~2016 年）。

2000 年 6 月 7 日，中国证监会发布了《关于加强上市公司监管工作的意见》，指出要加强以巡回检查和专项核查为主要手段的监督检查工作，由证监会派出机构对上市公司的日常经营情况进行监管。证监会的监督检查工作首先站在主动地位，这在一定程度上预防了公司违规行为的产生；其次，在监督检查过程中一旦发现公司存在涉嫌违规的问题就会依据情节严重程度及时做出批评、上报、移交有关部门立案等处理，这样可以减轻由违规行为引发的后果，尽可能保护投资者和债权人的利益。同时，该意见还提出要加强对上市公司信息披露的监管，对年度报告中出现虚假披露、重大遗漏等行为进行及时处理。《关于加强上市公司监管工作的意见》再次加强了我国对上市公司的监管，在对公司违规行为的预防和及时处理上都有了很大进步。

2005 年 10 月 27 日第十届全国人民代表大会常务委员会第十八次会议修订通过了新《公司法》和《证券法》，对公司违规的法律责任部分进行了一些更改、增设和删减。从以上两部新颁布的法律中可以明显看出以下变化：第一，对公司违规行为的处罚相比以往更加严厉，誓要加大打击力度。譬如《公司法》中对登记时提交虚假证明材料或有重大隐瞒的公司，所处罚款由以前的 1 万元以上 10 万元以下变更为 5 万元以上 50 万元以下；对财务报告虚假披露或隐瞒重要事实的公司，对相关负责人员所处罚款由以往的 1 万元以上 10 万元以下增加到 3 万元以上 30 万元以下；《证券法》中对擅自发行证券的公司相关责任人的处分在 1998 年的规定中仅为予以警告，2005 年的新规定变更为予以警告的同时撤销任职资格或从业资格。第二，增设补充了部分条例，丰富了公司违规行为的规范制度体系，覆盖面更广。新《证券法》中规定未经批准擅自发行证券的，即使没有违法所得或所得不足 30 万元，处 30 万元以上 60 万元以下罚款。另外，还增设了擅自改动募集资金用途这一违规行为的处罚方式。第三，整合了违规情形有重叠的条例，并删减了一些与《中华人民共和国刑法》（以下简称《刑法》）相关条例重合的部分，让整个法律制度体系更加凝练和明确，如新《公司法》删减了关于侵占公司资产的规定，该违法行为的处罚方式在《刑法》中已有具体条款。

除上述之外，我国后续也持续对上市公司信息披露的法律法规进行完善。2011 年，我国发布《信息披露违法行为行政责任认定规则》，2013 年进行《证券法》第二次修正、《公司法》第三次修正，2014 年进行《证券法》第三次修正……相关制度的发布与多次修正推动着我国公司违法行为规范制度向前发展。

该阶段对公司违法行为的规范制度已经形成相对成熟的体系，对违规行为的打击加宽加深，在资本市场上发挥着巨大作用。并且，该阶段的资本市场比以往阶段都要活跃许多，公司的数量大幅增加，大量投资者涌入市场。现行的规范制度能够提高公司治理水平，减少违规行为，同时也经受住了庞大资本市场的检验，为营造良好的市场环境提供了法律保障。

第四阶段：完善阶段（2017 年至今）。

2017 年，党的十九大报告中指出，要加快完善社会主义市场经济体制。经济体制改革必须以完善产权制度和要素市场化配置为重点，实现产权有效激励、要素自由流动、价格反应灵活、竞争公平有序、企业优胜劣汰。[①] 要想推动经济、公司朝着更高质量发展，就要求公司行为规范制度成熟完善且能够有效运作。

2018 年 10 月 26 日，我国对《公司法》进行了第四次修正。接着证监会发布了《关于认真学习贯彻〈全国人民代表大会常务委员会关于修改《中华人民共和国公司法》的决定〉的通知》，指出要加强对相关利益人的合法权益保护，不得利用内幕交易等各类违法行为损害其利益，否则将依法严惩，并再次强调上市公司的信息披露问题，如有虚假披露或重大遗漏将根据《证券法》和《上市公司信息披露管理办法》依规处置。2020 年 5 月，中共中央、国务院印发《关于新时代加快完善社会主义市场经济体制的意见》，目的在于建立更加完善的社会主义市场经济体制，文件包括了要完善社会主义市场经济法律制度、强化法治保障[②]，对公司违法行为规范制度的建设方向依然指向完善法律规范方面。2021 年 7 月 15 日公布了《证券期货违法行为行政处罚办法》，用以规范证监会对违法行为的处罚执行。

本阶段的公司违法行为规范制度没有较大变动，主要进行细节完善以及要求相关监管部门提高违法处罚的执行力度。

综上，经过多年的探索、努力和不断完善，我国逐渐丰富了公司违规方面的法制法规。

第四节　我国市场竞争制度发展

我国实行计划经济体制时，在生产、资源分配以及产品消费的各个方面都是由政府事先加以分配，市场很少能在其中发挥作用。在进行市场经济改革后，我国的经济得到了迅猛的发展。吴汉洪等（2008）认为，规范市场竞争的相关法律是市场竞争制度的主要内容。他们的研究也提到，“竞争制度”是指政府部门为保护和促进市场合理、公平竞争所制定的行动措施、法规条例以及设立的监督实施机构的总和。公平竞争政策的目的是维护竞争制度的正常运转，推动我国市场经济持续健康发展，并体现市场在社会资源配置中的决定性功能。其内在逻辑也十分清晰：通过竞争，市场才能发现价格，实现资源的优化配置，提高效率，促进创新（李青，2018）。

公平竞争作为市场发展的源泉，其内涵将随着市场的发展进一步得以深化，因而追溯中国竞争制度的发展脉络，大体可以分成三个阶段，其中也产生了竞争制度的

① 习近平强调，贯彻新发展理念，建设现代化经济体系［EB/OL］．［2017-10-18］. http：//www. xinhuanet. com//politics/2017-10/18/c_1121820551. htm？ baike.

② 中共中央、国务院印发《意见》新时代加快完善社会主义市场经济体制［EB/OL］．［2020-05-19］. https：//baijiahao. baidu. com/s？ id=1667065356627005993&wfr=spider&for=pc.

两大工具:《中华人民共和国反垄断法》(以下简称《反垄断法》)和公平竞争审查制度。

第一阶段:改革开放到市场经济体制改革(1978~1992 年)。

在此阶段,国家颁布了许多文件,有很多学者对公平竞争的市场环境进行了阐述以及讨论。竞争制度的种子往往伴随着改革政策或改革举措,以分散的、逐步的、长期的方式发生于所有改革领域。1978 年,党的十一届三中全会召开,从此开启了中国经济的改革开放历程。1980 年,国务院出台的《关于开展和保护社会主义竞争的暂行规定》(已废止)明确禁止了地区封锁和部门分割,不管什么区域和部门都不可以封闭交易市场、分割交易市场,也不能随意限制外地商品在本地交易市场销售。1992 年,党的十四大召开,确定了我国经济体制改革的目标是建立社会主义市场经济体制,这也是我国首次明确提出建立社会主义市场经济体制。

第二阶段:市场化改革到反垄断法的不断发展(1993~2014 年)。

1993 年党的十四届三中全会颁布了《中共中央关于建立社会主义市场经济体制若干问题的决定》,其中强调"发挥市场机制在资源配置中的基础性作用,必须培育和发展市场体系""创造平等竞争的环境,形成统一、开放、竞争、有序的大市场"。2001 年,国务院制定了《关于禁止在市场经济活动中实行地区封锁的规定》,指出要严格限制区域封闭行为以破除区域保护,为形成和健全公平、规范、有序的社会主义市场体系提供了良好的条件和环境。2004 年,《中华人民共和国行政许可法》(以下简称《行政许可法》)出台,针对行政许可事项进行了放松管制。

2008 年,《反垄断法》出台,该法律成为我国市场竞争制度的重要规范。《反垄断法》在保护和促进市场竞争方面发挥重要的作用。《反垄断法》的重要意义在于:一是对滥用行政权力排除限制竞争行为做了明确规定,属于对行政权力的事后监督机制;二是在法律意义上确定了公平竞争的优先地位。袁日新(2018)主张在公用事业领域必须引进市场竞争制度。较之 1993 年的《中华人民共和国反不正当竞争法》(以下简称《反不正当竞争法》),它更加系统地规范了政府部门以及下属机关不得滥用政府职权来消除限制竞争的行政垄断活动。

相关法律的颁布和实施为市场经济发展营造了良好的公平竞争环境,奠定了坚实的制度基础。至此竞争制度有了最核心的工具,中国的竞争制度由此进入影响力不断强化、覆盖范围越来越广、地位越来越重要的通道。1978~2008 年,我国市场经济总体上维持着高速发展的良好势头。从市场竞争制度的视角来看待 30 年的历史发展过程会很清晰地发现,我国经济体制改革的过程就是逐步引入市场竞争的过程,也是竞争制度逐步形成的过程,更是竞争政策与其他经济政策(主要是产业政策)的关系缓慢变化的过程。

2013 年 11 月,党的十八届三中全会通过《中共中央关于全面深化改革若干重大问题的决定》,明确提出"建设统一开放、竞争有序的市场体系,是使市场在资源配置中起决定性作用的基础”“清理和废除妨碍全国统一市场和公平竞争的各种规定和做法，严禁和惩治各类违法实行优惠政策行为，反对地方保护，反对垄断和不正当竞争”。2014年6月，国务院印发的《关于促进市场公平竞争维护市场正常秩序的若干意见》提出，全面清理各类人民政府和主管部门中有关市场经济管理和商务行为规范方面的法规、条例和规章，取消妨碍全国统一市场和公平竞争的规定和行为，纠正违反法律法规的投资促进优惠政策行为，纠正违反规定歧视性价格和购买指定产品和服务的法律法规对外国产品或服务的歧视性准入条件和收费项目。由此得出，市场竞争对于创新、市场经济的建设尤为重要。

第三阶段：市场经济的蓬勃发展（2015年至今）。

2015年6月，国务院印发《关于大力推进大众创业万众创新若干政策措施的意见》，其中规定“加快出台公平竞争审查制度，建立统一透明、有序规范的市场环境”。2016年6月14日，国务院发布《关于在市场体系建设中建立公平竞争审查制度的意见》，明确规定从2016年7月起政府出台政策措施要进行公平竞争审查。在《反垄断法》实施8年后，中国的竞争制度有了另一个强有力的制度工具——公平竞争审查制度，这意味着建设我国向统一开放、竞争有序的市场体系与落实中共中央和国务院提出的“逐步确立竞争政策的基础性地位”，迈出了关键的一步（吴敬琏，2016）。至此，竞争政策和产业政策谁当优先，以及竞争政策和产业政策怎么协调，已无须探讨，共识已经形成，原则已经明确。建立公平竞争审查制度，大力消除影响公平竞争、妨碍创新的各种制度束缚，有利于为大众创业、万众创新营造公平竞争的市场环境。

经过近几年的执法实践，竞争理念逐步深入人心，竞争制度在中国经济发展中扮演着越来越重要的角色。竞争制度有越来越多的机会发挥其促进和保护竞争、激发市场活力、提升市场效率、鼓励创新、促进产业转型升级、推动经济健康持续发展的特殊作用。随着中国经济体制改革的不断深化，社会各界对竞争制度的地位和作用的认识也逐步统一。

至此，中国的竞争制度有了强有力的两大政策工具：《反垄断法》和公平竞争审查制度。以上法律的颁布实施标志着我国的市场竞争体系已经完成了质的飞跃，进入了崭新阶段。2019年11月，党的十九届四中全会通过了《中共中央关于坚持和完善中国特色社会主义制度、推进国家治理体系和治理能力现代化若干重大问题的决定》，其中明确了“建设高标准市场体系，完善公平竞争制度”“强化竞争政策基础地位，落实公平竞争审查制度，加强和改进反垄断和反不正当竞争执法”。在“双手并用假设”的框架下，通过分析现代市场体系的基本要求来明晰其经济基础，“双手并用假设”将资源配置的手段归结为“市场的看不见的手”和“政府的看得见的手”，它们共同确保了经济调控的方向和边界（丁庭威，2020）。“双手并用假设”中的政府和市场两种资源配置制度在经济调控过程中会涉及可能影响市场公平竞争的问题，而公平竞争审查制度是在不断解决这一问题的过程中建立和发展起来的（张守文，2017）。袁日新（2018）强调公平竞争审查制度应当在符合本国国情之下进行完善。我国自然垄断行业中政府管制具有存在的必要性，但同时应当优化政府管制行为（孟雁北，2018）。具体地，有学者提出，对内需要引入反垄断委员会作为审查复核机构，由此对行政机关内部的权力进行有效制约；对外则需要保障公民的知情权和参与监督权，进一步落实第三方评估制度，同时也要积极培养有序、公平的竞争文化环境，推动公平竞争审查制度的进一步贯彻执行（张玉洁、李毅，2018）。以上制度的建立和发展也在不断丰富和深化经济政策的制度基础和时代内涵。2020 年 3 月，《中共中央　国务院关于构建更加完善的要素市场化配置体制机制的意见》提出，“强化竞争政策基础地位，打破行政性垄断、防止市场垄断，清理废除妨碍统一市场和公平竞争的各种规定和做法，进一步减少政府对要素的直接配置”。毫无疑问，建立并实施公平竞争审查制度，进一步明确了市场经济政策的基础性地位，从顶层制度设计上把维护公平竞争放在前所未有的高度，这对于健全中国社会主义市场经济体制、全面推进市场经济制度改革、推动社会主义市场经济可持续健康发展有着重要而长远的意义。

综上所述，中国竞争制度的基本框架已经形成，随着中国社会主义市场经济的蓬勃发展，竞争机制将发挥越来越大的作用。因此可以预期，我国竞争制度在为进一步深化经济体制改革，营造公平、合理、有序的市场竞争环境，保持我国经济活力，促进经济高效、健康和可持续发展等方面发挥基础的保障作用。从国际环境看，经济全球化已经成为一种潮流和趋势，我国与世界经济的相互联系与影响日益加深。因此，制定较为完善的竞争制度将有利于促进我国对外贸易和经济技术合作的发展。随着《反垄断法》、公平竞争审查制度的实施，竞争制度将在中国经济发展中发挥越来越重要的作用，与市场在资源配置中起决定性作用相适应，引领中国经济健康持续发展。

第三章　文献综述与理论基础

第一节　政企关系研究综述

一、企业政治关联建立动因及渠道

在中国特色的经济、政治制度背景下，政府掌握着影响经济增长和企业发展的重要资源，企业与政府建立良好关系可以帮助其在经营过程中获得生存发展所需的重要经济利益（Krueger，1974），而这种利益是企业与政府构建关系的重要动因。为了获得政府的信任和支持，企业往往通过聘任具有政治经历、政治背景的人士到企业担任总经理、高管（Fan et al.，2007）、董事长或董事（Agrawal and Knoeber，2001；陈冬华，2003），由此与政府建立起良好关系，这种关系就是“政治关联”。“政治关联”由“Political Connections”直译而来，也可以翻译为“政治联系”，但因中西方制度的不同，从根本上决定我国对政治关联的理解、定义是有别于西方国家的。西方学者认为一家企业能与一个国家的政权组织及上层建筑建立私人联系，就视为它们之间存在政治关联。而在我国，政治关联一般是企业实际控制人、高层管理者、董事等曾就职于政府部门或现仍在政府部门就职，从而与政府建立相应联系，并通过这种关系为企业带来利益。

企业与政府建立政治关联的现象在世界各国普遍存在（Faccio et al.，2006）。特别是在新兴市场和转型经济下的发展中国家，由于市场进程的不均衡、金融制度和法律制度的不健全、政府干预的广泛存在等制度环境的约束，企业倾向于依赖政治关联作为正式制度的替代机制来支持企业的发展。罗党论和刘晓龙（2009）研究发现，在正式制度越落后的地区，政府干预性越强，企业寻求政治关系的动机也越强。

企业政治关联已经同股权结构、人力资本一样成为企业的重要特性，对企业运营有重要影响（吴文锋等，2009）。根据利益相关者理论，企业可以通过聘任具有政治背景、从政经历的人士到企业担任重要职位从而与政府建立政治联系，也可以通过参与政治活动获得政治身份来建立政治联系（Chen et al.，2011），企业还可以通过慈善捐款树立企业的正面形象，维系并加强与政府的联系（贾明、张喆，2010；戴亦一等，2014）。企业把慈善捐赠作为一种“政治献金”，从而建立和维系政治关联，这种现象在政府换届时尤为明显（贾明、张喆，2010；戴亦一等，2014；李维安等，2015）。民营企业内部人员也可以通过主动参与政治活动从而使企业与政府建立联系（Goldman et al.，2009）。许多企业把社会责任纳入企业战略目标（黄新建、刘苗，2018），主动承担社会责任。此外，当创始人拥有政治关联时，家族企业往往能与政府保持持续稳定的关系，于家族的代际传承有利（陈建林等，2021）。

二、企业政治关联建立的经济后果

企业政治关联对于公司治理、经营等各方面具有何种经济后果？针对这一问题，相关领域的学者已经进行了较为充分的探讨，主要从政治关联对企业的“资源效应”展开并且取得了丰富的研究成果。

（一）企业政治关联的资源效应

很多研究表明，建立政治关联对企业具有“资源效应”，并对企业产生积极影响。在这类研究中，直接的证据是，与企业相关的政府官员晋升、突然死亡、受到惩罚或者辞职都会对公司产生负面影响（Tang et al.，2016；叶青等，2016），由此表明在这类外生事件发生后，市场对企业未来的价值、盈利状况等抱有消极态度，从反面说明政治关联人士对企业的正向作用。

根据社会交换理论，企业与政府之间基于双方有效合作与实现共赢而建立起有利于促进两者发展的政治关联。在正式制度欠发达的国家和地区，政治关联被视为替代正式制度的重要机制。我国尚处在社会转型期，政府依然是市场经济有序健康运行的主导者（严若森、姜潇，2019）。在转型经济体（Boubakri et al.，2012）或腐败程度较高的国家（Faccio et al.，2006），政治关联作为正式制度的补充（余明桂等，2008；陈凌、王昊，2013），可以帮助企业获得外部融资上的便利（Fan et al.，2007；余明桂、潘红波，2008；赵丽芳等，2019；王善平、王娟萍，2020；葛永波等，2020）、获得税收优惠（吴文锋等，2008）、获得政府补贴（唐清泉、罗党论，2007；宋加山等，2020）、获得较高的 IPO 定价（Francis et al.，2009；易志高等，2018）、获取更多的多元化资源（张敏、黄继成，2009）、促进企业创新（王岭等，2019；熊家财、桂荷发，2020；韩守富等，2020；李政毅等，2020；杨孝安等，2021）、实施并购（Liu et al.，2016）、降低企业的违规成本（许年行等，2013；Correia，2014；罗喜英、刘伟，2019）、得到更长的贷款期限（余明桂、潘红波，2008）、改善媒体的信息环境（贺云龙、肖铭玥，2020）、更容易通过 IPO 的审核（罗爱华等，2020）、降低股价崩盘的风险（苏坤，2021）、促进非营利组织的透明度（颜梦洁、李青，2021）、推动商业模式创新的实践

（曾萍等，2020）。企业政治关联也可以帮助企业在陷入危机时渡过难关，降低企业的经营风险（安灵等，2010）。政治关联企业可以借助政府权威来提升企业的威望，使企业的产权免受侵害（唐文萍、林静，2016）、可以突破政府与行业管制的壁垒，获得更大的发展空间（丁子航、何叶田，2016）、推动企业多元化战略、增强企业价值（李健等，2012；宋加山等，2020）等利益，从而提高资源的配置效率。此外，金融机构更倾向于为具有政治关联的企业提供资金支持（余明桂、潘红波，2008）。政治关联在一定程度上保证商业交易的进行，它能从正面促进企业的长期技术创新（华锐等，2021）。在税收方面，政治关联企业也会获得一定的税收优惠政策（吴文锋等，2008）。在企业经营状况不佳时，政府也会倾向于给予政治关联企业一定的政策扶持和资金帮助（唐清泉、罗党论，2007）。在股票市场中，具有政治关联的公司在增发股票时，比不具有政治背景公司享有更低的增发股票成本（Nnadi et al.，2021）。政治关联企业还能获得更多的多元化资源（张敏、黄继承，2009），更容易实施跨地投资或经营（夏立军等，2011）、实施国际化并购战略等，政治关联也有助于降低企业的违规成本等，从而提高企业的长期绩效。在债券市场上，政治关联的上市公司比非关联的上市公司更有可能发行公司债券作为债务融资工具。尽管债券发行后整体表现较低，但它们也实现了较低的票面利率，即较低的再融资成本（Schweizer et al.，2020）。政治关联不仅能够让企业直接从当地政府获得税收优惠、财政补贴、多元化资源等优势资源，企业与政府之间良好的政治关联还可以促进企业商业模式变更以及促进企业创新，从而获得行业竞争优势（曾萍等，2020；熊家财、桂荷发，2020）。

Claessens 等（2008）发现当企业具有政治关联时，可以帮助企业获得更高额度的银行贷款，同时与 Claessens 等（2008）的结论类似，余明桂等（2008）利用中国的数据进行研究，得出企业的政治关联可以为其带来融资优势，包括获得更多的银行贷款以及更容易获得银行贷款等；杨孝安等（2021）指出，政治关联可以提高企业的信誉度，扩大企业的融资规模，增加融资，提升企业信用等级。李慧云等（2021）研究发现，民营企业政治关联程度越高，企业的碳信息披露水平就越高，拥有政治关联的企业在获得政府补助和银行信贷时就越容易。这些融资可降低企业碳信息披露成本，有助于提高碳信息披露水平。Adhikari（2006）和吴文锋等（2009）对企业是否具有政治关联对公司的实际税率是否具有影响进行了研究，他们的研究都证实，当企业具有政治关联时，可以帮助公司获得更优惠的税率。杜兴强等（2010）研究发现，当企业具有政治关联时，会使企业具有较轻的赋税。除此以外，还有学者从多个角度提出并论证了政治关联会对企业的融资决策造成影响。例如，Kwahjia 和 Mian（2005）发现，当企业建立了政治关联之后，会降低企业的融资成本并同时减少企业的融资约束。与其研究结论相类似，杜兴强等（2010）的研究也发现了政治关联会对企业的外部融资造成影响，使企业更容易获得外部融资，另外，他们发现政治关联还会影响公司业绩，主要是因为政治关联可以帮助企业在陷入财务困境时更容易获得政府的补助等，进而可以帮助企业渡过难关并进一步提高业绩；在关于政治关联对获得政府补助的影响的研究方面，Faccio（2006）也进行了验证。还有学者发现政治关联可以对企业是否能进入管制行业造成影响，Helland 和 Sykuta（2004）、罗党论等（2009）的研究都发现了当企业具有政治关联时，更容易跨越行业壁垒进入管制性行业进行经营。另外，有学者在对企业的多元化进行研究时，发现政治关联也会对其造成影响。张敏和黄继承（2009）认为，由于政治关联给企业带来更多的多元化资源，导致政治关联企业的多元化程度显著提高。同时，他们的研究还发现，虽然我国企业多元化经营的市场风险普遍较高，但政治关联企业实施多元化经营时的风险普遍低于没有政治关联企业的多元化经营，这表明政治关联可以降低企业多元化经营的风险。此外，在政治关联和股价崩盘的关系中，苏坤（2021）发现在民营企业中，政治关联强度与股价崩盘风险呈负相关，政治关联越强，股价崩盘风险越低。同时，企业处于社会这个大背景中，其生存和发展都不同程度地受到环境的影响，在外部环境不好和自身经营环境较差的企业中，这种关联可以有效降低企业股价崩盘的风险。

一些学者将企业政治关联细化，探讨企业董事会政治关联状况和高管政治关联层级，即高管现任或曾任政府官员的等级，对企业治理和经营等方面的行为是否具有影响。在董事会政治关联方面，Agrawal 和 Knoeber（2001）研究发现政治关联董事能够扮演“政治角色”，维系企业与政府的关系，因此受到重视，使董事会在“监督”和“咨询”之外有了帮助企业建立政治关联的第三职能（Goldman et al.，2009）。Goldman 等（2009）认为，具有政治背景的董事除了扮演监督者和专家的角色，还能够凭借其政治资源为企业获得一定的资源优势，从而有利于企业在激烈的竞争中占据有利地位。在高管政治关联层级方面，潘越等（2009）研究发现，高管政治关联级别会影响企业获得政府补助，高管的政治影响力越大，获得的政府补助越多。夏立军等（2011）研究发现，高管较高级别的政治关联有助于企业异地经营或异地投资，这种效应在非政府控制的公司中比较显著。蔡庆丰等（2017）研究表明，政治关联层级越高，企业越容易进行跨市并购。倪星等（2019）研究表明，政治关联层级越高对西部地区企业创新的积极性就越大。邓新明等（2014）研究表明，政治关联程度越高，越有助于实施企业地域多元化战略。

（二）政治关联与企业风险规避

在学术界中，企业风险被定义为企业未来收益流的不确定性和波动性。改革开放 40 多年来中国取得了举世瞩目的成就，市场经济飞速发展，民营企业也在蒸蒸日上。然而，许多企业在盲目追求利润最大化的同时，往往忽略了企业存在的潜在风险，最终导致企业濒临破产。企业风险是企业在经营过程中无法避免的因素，它可能给企业带来损失，但也蕴藏着企业未来发展的机会（Giat et al.，2010）。目前已有的文献多是基于司法监督机制、内部控制、管理者特征是如何影响企业风险的，对于政治关联与企业风险的研究尚未得出一致的结论。首先，大量学者研究认为政府与企业之间良好的关系可以降低企业风险，这是因为与没有政治关联的企业相比，有政治关联的企业更容易获得税收优惠政策、融资便利化、企业进入便利等竞争优势，最终降低企业风险。然而，也有学者持相反的观点，认为政治关联关系增加了企业风险。政治关联关系会给公司增加额外的负担，对公司经营、决策造成干扰（罗劲博、李小荣，2019）。有效的政治关联可以缓解技术创新带来的企业风险（Su and Chen，2017；李园园等，2021），弱化金融错配对企业技术创新带来的风险（冉茂盛、同小歌，2020）。政治关联作为一种政治资本，能够克服经济转型中的不确定性，降低民营企业股价崩盘风险，实现自我保护（苏坤，2021）。从公司风险属性的视角来看，政治关联也会促使拥有政治关联的民营企业更不可能发生坏的极端经营绩效产出（Lee and Wang，2017），在一定程度上保证了公司经营稳定性与平稳性，从而降低了公司财务风险（Peng and Heath，1996）。曾慧宇（2017）的研究也得出了类似的结论，拥有政治关联的民营企业可以通过政府与企业间建立的良好关系增加双方互利性，从而有助于获取市场竞争力，进而降低财务风险，且政治关联的存在减弱了公司多元化所引致的企业风险（张敏、黄继承，2009）。

企业的生存发展离不开投资，而投资往往伴随着风险。特别是，风险存在于大多数企业的长期决策中。虽然企业可以选择低风险、低收益的项目进行投资，然而相对稳定的投资回报同时也意味着长期较低的生产率水平（Acemoglu and Zilibotti，1997），故较多企业会选择较高的风险承担水平进行经营。同时，企业的风险水平受企业内部与外部共同的影响，已有文献表明：风险资本会因良好的政治关联关系而更倾向于选择投资政治关联企业，且政治关联级别越高，这种倾向性越强（张天舒等，2015）。关于董事会组成如何影响公司风险承担的文献也很多。例如，Nakano 和 Nguyen（2012）研究了董事会规模对企业风险的影响，当一家公司有大量投资机会时，规模较大的董事会未必会降低该公司选择风险项目的能力。除此之外，非执行董事的比例、董事会中的女性比例、强有力的首席执行官、执行董事中的股权所有权以及机构投资者所有权都会显著影响公司风险承担，且董事会中有独立董事预计会降低企业面临的风险（Dahya and McConnell，2005；Mathew et al.，2016）。因为独立董事不仅为公司带来了技能、知识和专业知识，同时还带来了更多成本（Linck et al.，2008），董事会中独立董事的人数越多，董事会的决策能力就越强（Dahya and McConnell，2005 年）。Khaw 等（2016）将中国企业作为研究对象，发现企业中男性董事会成员比女性董事会成员更加倾向于增加企业的风险承担，但如果企业由国有企业控制，风险就会降低。

政治关联公司在面对企业风险时会表现出更大的风险承担能力，特别是具有良好政治关联的公司（Boubakri et al.，2013）。在同样的背景下，中国政治关联企业承担的风险更大，对于拥有年轻管理者的企业，这种影响更大（Ding et al.，2015）。管理者的风险选择和风险承担决定了公司的决策，因此他们对公司的业绩、增长和生存产生了重要的影响（Shapira，1995）。管理者自信程度（Faccio et al.，2011）、所有权结构（余明桂等，2013）、公司治理机制（Faccio et al.，2011）均会对企业风险产生影响。除了企业特征之外，企业风险还取决于具体国家的外部因素，包括法律制度、产权保护和金融制度（Claessens et al.，2000）、债权人保护（Acharya et al.，2011）、政治机构和连通性（Boubakri et al.，2013）及腐败（Chen et al.，2015）。外部制度环境、经济状况（John et al.，2008；Hilary and Hui，2009；Acharya et al.，2011）均对企业风险水平存在显著影响，而这些原因是较难在短期内进行调整和改变的，而政治关联相比于外部环境制度、宏观经济政策等因素较容易进行调整，且有着良好的效果。现有文献表明：企业既可以通过政治关系更早地得知政府的政策导向，对政府政策更敏感，也可以利用政治关联这一项有价值的资源获得其他企业不具备的稀缺资源，还可以通过良好的政治关联快速、准确地获知政府相关政策和未来的战略举措，从而减少损失或利用其带来的机遇发挥主动优势、在竞争中占据有利地位从而发展壮大自己（刘志远等，2017）。

企业中董事、CEO 或企业家的政治关联具有“避险”功能，他们特殊的政治背景有利于企业降低风险。在转型经济体中，正式制度还不完善，政治关联作为正式制度的重要补充，是企业降低环境不确定性从而规避企业风险的重要途径（Chow et al.，2012）。在官员变更或政治选举时，企业家的政治身份能够为公司提供一个“保险机制”，弱化官员更替面临的环境风险（钱先航、徐业坤，2014）；政治关联企业实施多元化经营的风险远低于非政治关联企业实施多元化经营带来的风险（张敏、黄继承，2009）。

（三）企业政治关联与高管薪酬

高管薪酬作为一种激励手段已被广泛运用于公司治理领域，是高级管理人员因付出自身人力资源而得到的经济报酬或非经济报酬。董事会或薪酬管理委员会制定与高管职位相应的薪酬计划，以从经理人市场上吸引符合公司发展要求的职业经理人，帮助企业创造价值，促进企业发展。20 世纪 70 年代 Jensen 和 Meckling 提出委托代理理论，为国内外学者对高管薪酬研究奠定了理论基础。无论是理论层面抑或实证层面，高管薪酬一直是学术界的研究热点。

在高管薪酬的影响因素方面，Murphy（1985）认为高管薪酬与企业规模显著正相关。陈志广（2002）以上海市上市公司数据为样本进行实证研究，认为高管报酬与企业规模显著相关归根于中国的传统体制，新兴行业高管报酬相对高，化工行业高管报酬相对低，其他行业则差别不大。他还发现股权结构对高管报酬的影响，法人股正向影响高管报酬和企业绩效，国家股则产生负向影响。杨汉明（2004）通过对高管平均薪酬的实证分析得出同样的结论，并认为这正是高管阶层热衷于扩大公司规模的原因，而国有股由于产权模糊、预期期望低，难以激励高管阶层。张俊瑞（2003）经研究得出高管的薪金报酬与公司经营绩效呈现较显著且稳定的正相关关系这一结论。张恩众和张文斌（2007）以上海市和深圳市的上市公司为研究对象，发现公司业绩对高管薪酬水平存在显著的正向影响。公司盈利则高管得到高薪，公司亏损则薪酬的绩效敏感性降低。

柯可和邱凯（2009）也得出了相同的结论。万媛媛等（2008）对中美两国上市公司高管薪酬的决定因素进行比较分析，探讨公司规模、公司绩效及股权特征之于高管薪酬的影响，并指出三个因素对于两国影响是有区别的，认为中国偏小的证券市场规模和上市公司受到政府较强监管的特点可能是差异产生的原因。李维安等（2015）认为高管薪酬水平与企业对经理才能的需求呈正相关，企业往往愿意向高素质的管理者支付高水平薪酬。罗昆和杨蓉（2015）则更进一步实证检验了同业参照、高管才能和业绩中的运气成分对高管薪酬的影响。与运气和才能因素相比，同业参照对高管薪酬的影响更大，是三者中最重要的影响因素。

受2008年国际金融危机的影响，部分国家相继通过实施对高管的限薪减薪计划，企业纷纷调整薪酬策略并完善约束与监督机制，王飞鹏（2010）认为这为我国建立科学合理的高管薪酬制度提供了经验。谭浩俊（2013）认为国企薪酬改革既要关注薪酬管理，又要规范职务，原因是薪酬可见而职务消费偏无形化。祁怀锦和马俊峰（2015）对国有企业高管薪酬分配公平性进行了度量，认为国有企业高管薪酬分配存在较大的总体与外部不公平性，个体不公平性程度相对较小，他们建议利用高管薪酬理性预期模型进行薪酬分配以缓解不公平性。在限薪令背景下，以国企上市公司为样本，刘凤芹和于洪涛（2019）发现管理层权力与高管薪酬呈显著正相关，限薪令抵减了高薪组管理层权力对薪酬的影响力，不过高管薪酬并未因此减少，他们认为要解决高管不合理薪酬问题从企业内部治理角度切入更好。张昭等（2021）从超额薪酬切入得出截然不同的结论，认为限薪令发挥了政策效果，并不是无效的。

刘慧龙等（2010）认为，雇用政治关联高管的主要目的在国有企业和民营企业中是不同的，国有企业中雇用政治关联高管为政府干预提供了桥梁、让国有企业承担一定的政策性任务，而非国有企业则是通过雇用政治关联高管以期其为企业创造经济价值。刘凤委等（2007）认为国有企业要受到政府干预、承担一定的政策性任务，如增加就业岗位、稳定经济等，使高管薪酬与企业绩效不直接挂钩，即国企高管不再只为了经营绩效以获得高额薪酬而努力工作。王庆文和吴世农（2008）认为，不能否定国有企业也会通过政治关联高管来获得资源优势，但是政府更多的是通过政治关联来达到干预企业的目的。梁莱歆和冯延超（2010）认为政治关联民营企业同样因受到政治干预、为了保持自身利益维系关系而比非关联企业更有动机雇用更多的劳动力、支付更高的薪酬。政治关联程度越强，企业雇员规模越大，薪酬成本越高。陆正飞等（2012）认为国有企业和民营企业的高层管理者均有显著较高的薪酬水平。唐松和孙铮（2014）认为尽管国有企业和民营企业的高层管理者均有显著较高的薪酬水平，但是在不同类型的企业中，薪酬水平与企业的盈利表现具有不同的敏感度，民营企业的敏感度高于国有企业。罗文兵等（2017）认为在民营企业中，高管是否具有政治背景对其薪酬水平会有显著影响，当企业所处地区制度环境较差时，这种薪酬差距更大。

基于我国环境治理的背景，周晖和覃亚洲（2016）专注污染行业的民营企业，实证发现民营企业环境绩效的改善对其高管薪酬存在正向影响，在存在政治关联的企业里这种影响更为显著。

第二节　企业同群效应研究综述

一、同群效应的内涵及分类

“同群效应”（Peer Effects）的概念最早由 Hyman（1942）提出，是指在相似行业、相似组织或者具有其他相似特征的群体中，基于其个体间互动所产生的一种交叉影响。“同群效应”的研究在犯罪学、社会学、教育学等领域盛行，而后逐渐被引入经济和管理领域，被用于研究和解释个体（如投资者、会计师、基金经理）与组织的行为及决策。

“同群效应”现象的背后具有深层次的理论基础。根据资源依赖理论，组织在特定环境中并非孤立存在，其生存与发展需要借助周围环境的资源。现实社会与市场是充满信息不对称和不确定的环境，因此组织和个体为了降低信息不对称及环境中的不确定性，为自身争取更有利的资源，会效仿周围的“同伴”或竞争对手的行为，按此逻辑逐渐发展成为组织间模仿理论，而制度理论也认为，企业通过模仿行为可以增强自身的合法性。

在组织行为学或管理学中，“同群效应”指企业在进行决策行为时，由于受到同行业中其他企业行为的影响而产生的模仿其他企业决策行为的现象（Leary and Roberts，2014）。例如，基金公司对管理人员选聘投反对或赞成票时，同群基金公司也倾向于做出相同的选择。“同群效应”也被称为“同伴效应”、“近邻效应”（Neighborhood Effect）或“群体效应”（Peer Group Effect）、社会学习（Social Learning）或社会传染（Social Contagion）（Manski，1993）。

Manski（1993）将“同群效应”分为三类：内生效应（Endogenous Effects）、外生效应（Exogenous/Contextual Effects）和关联效应（Correlated Effects）。我们一般关注的“同群效应”是内生效应，它是指一个群组中其他个体的相关行为会影响该群组中某个个体的行为。此外，内生效应具有社会加速器的作用，会对政策制定或政策干预造成影响。

“同群效应”有时会与“羊群行为”（Herd Behavior）混用，两者虽然含义相近，但仍有显著区别。“羊群行为”基于投资者有限理性的理论基础，指投资者在买卖股票过程中的非理性从众行为，最终导致在一定时期内买卖相同股票（李志文等，2010）。胡晓光（2018）也指出，“羊群行为”导致企业代理成本上升从而不利于公司治理。“同群效应”则是基于理性经济人假设，提出个体通过参考群体内其他个体特征和行为来进行决策而非盲目从众，最终未必产生群体行为趋同现象。

二、企业同群效应的微观考察

同群效应对企业决策和行为具有重要影响，已有研究发现，同群效应在企业信息披露（Graham and Harvey，2001）、董事的投票行为（Matvos and Ostrovsky，2011）、股票分割（Kaustia and Rantala，2015）、高管薪酬（Albuquerque et al.，2009；赵颖，2016）、公司业绩（Francis et al.，2015）、企业并购（傅超等，2015；万良勇等，2016）、企业投资（Chen，2017）、资本结构决策（钟田丽、张天宇，2017）、财务重述（Files and Gurun，2018）、企业过度负债（李志生等，2018）、企业研发投入（刘静、王克敏，2018）等方面都有不同程度的影响。

（一）企业“同群效应”与投资决策

1. “同群效应”与企业总体投资决策

投资决策是公司治理中的重要决策。研究表明，“同群效应”对企业投资策略具有显著影响，在企业并购、研发等具体投资决策方面影响更甚。总体而言，不同企业间的投资决策会显示出“同群效应”，这种效应主要受到知识溢出、消费外部性、政府干预、企业规模优势特征、焦点企业高管学习能力以及行业经营风险等因素影响（Dougal and Parsons，2015），而同群企业的投资决策会显著正向影响目标企业的投资决策，且这种同群效应的影响在增减变动方向上具有不对称性和乘数效应的基本特征（李佳宁、钟田丽，2020）。不少学者在验证企业投资决策“同群效应”存在性的同时，还从行业和企业层面分析了调节“同群效应”的因素。有研究表明，当同群企业信息披露质量更高、企业为行业追随者、其处于发展时期或有金融约束时，“同群效应”的影响会更显著（李佳宁、钟田丽，2020）。

2. “同群效应”与企业并购、投资

从总体层面来看，企业的投资决策显示出“同群效应”，而从具体投资决策来看，企业的并购、研发等投资决策也具有“同群效应”。首先，企业并购决策会受到区域同群企业或行业同群企业的影响。例如，研究发现，在我国相同省区中，连锁董事网络中心度会影响企业并购行为的“同群效应”，这是因为中心度较低的企业会模仿中心度较高的企业，而在行业方面，企业在是否进行并购的决策上受同行业同群公司并购决策的影响，且同群企业并购绩效越好，这种效应越明显，而公司规模、并购经验以及行业竞争都会提升这种“同群效应”的影响（Chen，2017；万良勇等，2016）。此外，基于行业内追随者对领先者的模仿，我国创业板上市公司并购溢价中形成的商誉在很大程度上受到“同伴效应”的影响，并且环境不确定性会加强这种效应（傅超等，2015）。也有研究发现，企业并购重组中对资产评估机构的选择存在“同行效应”，并进一步发现当评估公司为国有企业、被评估公司所处地区市场化程度较高以及所处产品市场环境竞争更激烈时，资产评估机构选择的“同行效应”会显著增强。上市公司估值不当同样会

影响私人同行公司的投资，一种经济竞争假说预测了一种负相关关系，因为上市公司的错误估值导致的新投资挤掉了共享共同投入或产出市场的私人同行的投资。另一种共享情绪假说预测了一种正相关关系，因为私营公司利益相关者分享了与公共市场估值错误相关的情绪，与上市公司相比，估值不当导致的投资增加了私营公司未来的投资回报。总的来说，公开市场中的高估增加了私营企业的投资，并通过放松融资约束对私营企业的投资产生了有益的影响（Badertscher et al.，2019）。

企业研发投资以及创新投资也是投资的重要方面。企业研发投入受到“同群效应”的影响，具有明显的惯性，受同地区以及相似财务特征的同群企业投资决策的影响（朱艳丽等，2021），且表现为同群公司的研发投入会正向影响公司自身的研发支出；同群公司的平均研发强度越高越有利于促进企业加大研发投入，且处在市场结构竞争越激烈、市场地位越低的企业，研发投入的同群效应越显著（彭镇等，2020）。在会计信息质量方面，若一家公司与其同行公司拥有更大的会计信息可比性，则有助于其从同行公司的研发投资中学习，从而使该公司具有更高的创新效率（Chircop et al.，2020）。目标公司与同群公司地理距离较近、关注同群公司的分析师更多的情况下同群效应更强。在规模优势缺乏以及研发水平较低的企业中，企业管理者的创新投资意向会更容易受到同行公司创新投资行为的影响，由此产生的同群效应有助于激发一定区域内的创新联动（宋广蕊等，2021）。相比于业绩良好的集团子公司，业绩较差的子公司的创新行为更容易受同行子公司创新行为的积极影响，且该种同群效应在行业差异较小的子公司中体现得更为明显（郑丽等，2021）。业绩表现越优越、知识产权保护程度越高，焦点企业更容易受行业同群企业的影响，从而提高绿色创新水平（王旭、褚旭，2021）。Kelchtermans 等（2020）研究了同群效应在企业研发投资免税使用中的作用，发现企业使用研发投资免税的决定受同行公司选择的影响，主要效应体现在引进后的一段时间内。

当同行公司的管理层讨论和分析叙事变得更加乐观（悲观）时，公司一年前的资本投资和库存会增加（减少）。此外，公司的投资反应因同行公司的管理层讨论和分析叙述内容而异。例如，当同行公司在讨论行业和投资竞争的叙述中更加乐观时，公司会进行更多的资本投资（Cho and Muslu，2021）。企业的金融化投资是经济“脱实向虚”的表现。已有研究发现，民营企业以及规模较小企业的金融资产配置会更加明显地受同行公司的影响。因为民营企业以及规模极小的企业相比于国有企业和规模大的企业会更加注重参考其他公司的决策来提高自己的决策效率，进而产生同群效应，且随着同群公司金融化程度的提高，企业金融化资产配置也会随之增加（许莉、王欢，2021）。此外，企业金融化存在明显的区域同群效应（李秋梅、梁权熙，2020），并且区域内较高水平的融资约束以及较低的投资效率会强化这种效仿的同群效应（夏子航，2021）。近年来，由于金融制度的缺陷，企业“短贷长投”的现象屡见不鲜，“短贷长投”的行为是否存在同群效应，从而导致商业银行不良贷款率的连年攀升？孙凤娥（2021）从

“同群效应”视角对“短贷长投”进行考察，发现“短贷长投”在各企业中的确存在同群效应，而这种效应主要来自企业在竞争中为避免“不落后”而采取模仿的防御机制。在投资组合中，受同群效应的影响，相比于团队管理基金，单一管理基金投资组合注入非法交易活动、人为提高年终和季末投资组合回报更为显著。年终时，团队管理基金的回报通胀率比单一管理基金低45%。此外，随着团队规模的增加，投资组合的投入也会减少（Patel and Sarkissian，2021）。

（二）企业“同群效应”与融资及资本结构

企业资本结构和融资决策也会受到同群效应影响。例如，行业内追随者的资本结构会受行业领导者资本结构的显著影响。Leary 和 Roberts（2014）验证了“同群效应”在美国公司资本结构决策中的存在性，发现“同群效应”对企业资本结构具有“放大器”的作用。我国学者的研究发现，我国上市企业中“同伴效应”对资本结构的影响在方向和范围方面都表现出了非对称的特征。企业经理人能力越弱，外部环境不确定性越大，同伴企业信息质量越高，高管团队信息交流程度越高时，同伴效应对企业资本结构决策的影响越大。同时，行业和企业层面的因素都会对“同群效应”的作用力产生影响。在行业层面，行业竞争度越高、不确定性越强和增长速度越快，行业“同群效应”表现得越明显（钟田丽、张天宇，2017）。李志生等（2018）发现我国上市企业的过度负债水平存在显著的地区同群效应，即同省区的其他企业的过度负债水平越高，该企业的过度负债水平也会越高。在此基础上，他们认为非领头企业、低融资约束企业和连锁董事网络中心度低的企业的模仿行为是产生该同群效应的潜在机制。此外，过度负债的地区同群效应会对企业经营造成影响，表现为：同群效应越强，企业过度负债水平越高、偿债能力越弱、过度投资越严重、盈利能力越低。通过模仿效应和学习效应，企业资本结构会随着同群公司的资本结构和财务特征的变化而变化（连玉君等，2020）。在产品市场上，原有企业公开的财务披露信息会导致新进入者更大程度地模仿原有企业的资本结构（Bernard et al.，2021）。De Franco 等（2021）考察了产品市场同行效应如何影响借贷关系，发现为缓解与银行信息的不对称，企业更有可能向同行企业贷款的银行借款。

（三）企业“同群效应”与其他财务政策

企业“同群效应”不仅影响企业投资、融资、资本结构等重要财务政策，对企业年金、现金持有、业绩调整等方面也具有显著影响。

企业在制订职工年金计划过程中存在明显的“同群效应”。我国企业年金缴费不仅受到同行业其他同群企业缴费政策的影响，也会受到同省内其他公司缴费计划的影响，并且行业竞争程度越高，该效应越明显。在现金持有方面，同群公司的现金持有政策存在显著的相互影响。企业的现金持有政策受到同群公司的显著影响。在业绩调整方面，激励计划会受到“棘轮效应”的不利影响。然而，同群公司的业绩提升会促进目标公司对同群公司过去业绩的敏感性，从而做出业绩调整，同时也会降低目标公司对自身过去业绩进行调整的敏感性，从而修正“棘轮效应”。在财务重述与违规方面，研究发现当贷款者对同群企业关于收入确认问题的重述报告更为敏感时，同群企业的财务重述报告会增加贷款利差；另外，财务违规倾向会随着同地域其他相邻公司的财务违规倾向上升而升高，并且这种“同群效应”在规模相近或CEO年龄相近的公司间表现得更为明显（张东旭、徐经长，2017；Casasarce et al.，2018）。在互联网转型方面，依然存在同群效应，在同行业、同地区，互联网涉入会受到其他同群公司行为的影响，这是因为社会学习、制度同构和网络外部性的存在致使互联网公司通过被动模仿而非主动变革来模仿学习其他互联网公司进行转型（马骏等，2021）。同样，企业进行数字化转型依然会受同伴公司的影响，存在同群效应（陈庆江等，2021）。

（四）企业信息披露的“同群效应”

企业在信息披露方面同样存在“同群效应”。早期的研究发现，同群公司业绩预告会对目标公司投资者产生影响。当目标公司与同群公司业绩预告信息含量相差不大时，投资者对目标公司下一年业绩预期会更高；当目标公司比同群公司的业绩预告中包含的“惊喜”更多时，投资者对目标公司下一年度的业绩预期会更高。同群公司“合规信息”披露也会影响对手信息披露策略。Xian 等（2018）使用加油站的数据来研究加油站是否对同群加油站的“合规”绩效信息做出反应，以调整自己的“合规”行为。研究发现，随着“合规”同群加油站的增加，会对周围加油站产生信息溢出效应，从而增加加油站“合规”概率。Bauckloh 等（2021）考察了避税对同行公司价值的溢出效应，研究发现，有关公司避税策略的新闻也会揭示同行避税的信息，因为投资者期望类似的公司使用类似的策略。

同群效应研究表明，群体的平均行为会影响个体成员的行为，同行公司的信息披露会影响公司披露。当企业的战略不确定性较高时，披露中的同群效应更为显著，这表明同行企业披露减少了企业与其同行业企业互动产生的外部不确定性，从而提高了管理层私人信息的准确性。

（五）企业“同群效应”与高管薪酬和持股

高管薪酬政策制定也受“同群效应”的显著影响。公司制定的薪酬标准尤其会参照同群公司的高管薪酬政策，考虑对CEO才能的补偿，公司会选择高薪同行和CEO薪酬进行对比。同群公司的高管薪酬之间存在竞争，这种竞争会使高管薪酬不断上涨，而在高管薪酬制定过程中的“同群效应”可以分为薪酬同群（决定首席执行官的总体薪酬的同群）和奖金同群（确定首席执行官相对绩效奖金的同群），两种同群效应会在不同程度上影响公司股票收益率和盈利增长（赵颖，2016）。当CEO获得超额薪酬，企业会因同群效应降低CEO薪酬，减薪行为反映了代理人对同行薪酬合同的担忧，并且在同行公司披露修改的薪酬后，同样会出现减薪行为，减薪程度与使公司在同行群体中保持相对位置所需的薪酬成比例（Denis et al.，2020）。

股权激励也是高管薪酬激励计划的重要部分，因此显示出一定程度的“同群效应”。另外，高管减持也存在明显的“同群效应”，并且这种“同群效应”会显著提高企业的股价崩盘风险（易志高等，2019）。CEO 股权授予和公司披露的薪酬受同群公司的影响，同行公司的股权授予水平显著决定了该公司的股权授予力度，并且当劳动力市场更具竞争力、企业关键核心人员易流失时，企业更有可能达到同行企业权益补助水平（Cadman et al.，2021）。此外，董事会评估 CEO 业绩会受到同行公司会计业绩的影响，当与同行公司拥有可比的财务报告系统时，企业会选择利用同行公司的收益作为 CEO 现金薪酬的绩效基准（Nam，2020）。不仅如此，企业绩效评估的方式和强度同样会受同行公司的影响，且同行公司的绩效会影响该企业的 CEO 薪酬，若同行公司更具抱负性，这种相关性会更加明显（Ball et al.，2020）。

在同一社会网络群体中，同群企业的股利分配行为会对企业的现金股利分配意愿和分配力度产生正向影响，现金股利政策具有同一社会网络同群效应（冯戈坚、王建琼，2021）。对于非龙头企业、低成长性企业和股价低估企业而言，更容易受到市场以及经济发展水平导致的地区股利政策的同群效应的影响（丁志国、李泊祎，2020）。

三、企业“同群效应”的宏观考察

上文综述的研究结果表明，“同群效应”在企业微观治理方面具有诸多影响，而很多研究成果也表明，“同群效应”在诸如资本市场行为、社会责任承担、慈善捐赠、影响政府政策等宏观层面的企业决策中也具有不可忽视的作用。

（一）企业“同群效应”与市场行为

上市公司股票发行、分割和股利发放受到“同群效应”的影响。研究发现，行业同群企业发行股票的行为和结果都会对目标公司的股票发行决策产生影响，比如同群公司进行股票分割时，目标公司也更倾向于进行股票分割（Kaustia and Rantala，2015）。

企业的股利政策存在显著“同群效应”，同群公司股息的变化会影响考察公司股息的变化（Grenna，2019）。马春爱和肖蓉（2018）研究发现，公司股利分配行为会受到其他企业股利分配行为的影响，并且非国有企业和中小企业的股利分配政策更容易受到“同群效应”的影响。

（二）企业“同群效应”与社会责任承担

“同群效应”也会影响企业社会责任承担行为。Cao 等（2019）研究发现，在企业通过某项社会责任提案之后，其同行企业，特别是那些产品相似、财务分析师较多的企业，也会采用类似的企业社会责任做法。在慈善捐赠方面，王营和曹廷求（2017）研究发现，董事网络中的各企业之间的慈善捐赠行为存在显著的“同群效应”，而在“同群效应”的影响下，慈善捐赠为管理层获取私利提供了便利；另外，虽然“同群效应”影响下的慈善捐赠并未给企业带来更多政府补助，但企业绩效却表现出显著上升。社会学习和社会压力机制是影响企业慈善捐赠同群效应的两个主要渠道，相同规模企业受同行公司慈善捐赠行为的影响更显著（彭镇等，2020）。

（三）“同群效应”与政府政策及产业调整

政府政策及产业调整方面也存在“同群效应”。我国地方政府官员在做出一些重大决策时会跟随和模仿“同群”的类似决策，而且表明该“同群效应”主要是经济发展水平较低城市对经济发展水平较高城市的模仿（邓慧慧、赵家羚，2018）。政府产业政策引致的企业同群效应分为跟随型同群效应和追赶型同群效应。产业政策对我国企业投资跟随型同群效应的影响在政府官员激励较弱的地区更加显著；在政府官员激励较强的地区，产业政策主要影响企业投资的追赶型同群效应，而追赶型同群效应与产能过剩之间存在正向关系（江新峰、张敦力，2018）。市场分割、财政分权会显著影响产能过剩，而地方政府的市场分割行为受财政分权制度的影响，且具有“相互学习”和“政策模仿”的同群效应，该效应在落后地区更为明显（洪正、谢漾，2021）。

企业“同群效应”还会通过影响行业内企业分布或产品分布来影响产业结构。一方面，企业 IPO 行为会影响同行业上市企业的相对行业竞争力和市场份额转化率，从而会改变同行业上市企业的稳态价值和市场份额。另一方面，由于企业 IPO 会对同行业在位上市公司构成威胁，因而 IPO 行为会促使竞争对手采用差异化的产品竞争策略来提高其竞争力，即促使产品市场异质化竞争（胡志强等，2019）。企业在制定贸易信贷政策时会模仿同行企业，存在同群效应，对于在竞争激烈的产品市场和不确定的信息环境中运营的公司来说，这一效应更为显著。

第三节　企业违规及其治理效应研究综述

一、企业违规行为影响因素研究

企业违规行为并不是某一种因素导致的结果，而是多种因素的综合效应。国内外众多学者对企业违规行为的影响因素进行了研究，这些影响因素主要分为内、外两个方面，分别是内部治理因素对企业违规行为的影响以及外部环境因素对企业违规行为的影响。一方面，大多数研究内部治理因素对企业违规行为影响的文献主要对董事会特征如何影响企业违规行为进行了探讨。根据目前国内外的研究，董事会特征诸如外部董事的比例、董事会会议的数量、董事会规模、董事长的任期和董事长与总经理是否兼任等因素都会对企业违规行为产生影响。

首先，最早研究董事会特征影响企业违规行为的是 Beasley（1996），他研究发现，当董事会成员的数量增多或者独立董事数量的增多以及他们在任的时间越长时，越会显著降低企业违规行为的发生。Beasley（1996）认为出现这样结果的原因在于当董事会越来越独立时，其盈余管理的程度也会越来越低，更不可能发生会计舞弊的行为，且董事会被内部人员操纵的可能性受到独立董事和外部董事所占比例的影响，当其比例越高时，董事会被操纵的可能性越低，发生财务违规行为的可能性越小。除此之外，Chen等（2008）也研究发现外部董事的比例、董事会会议的数量以及董事长的任期与企业违规的发生率有关。周泽将等（2021）提出，薪酬激励不仅对员工有积极作用，对独立董事也是如此，其不但提高了企业的经营业绩，还有助于降低违规事件发生的数量。

其次，Agrawal和Chadha（2005）研究发现董事会规模和是否设立独立的审计委员会也会影响企业违规行为，当企业董事会规模越大以及企业有自己独立的审计委员会时，发生企业违规行为的概率会更小。我国学者蔡志岳和吴世农（2007）发现董事长与总经理是否兼任会对企业违规行为造成影响，当其兼任时，能显著降低企业违规行为的发生。还有一部分学者研究发现独立董事津贴、董事长或者CEO的特征等也会对企业违规行为产生影响，其中主要包括：陈维政等（2010）发现当企业的独立董事获取的薪金越高时，企业越容易发生违规行为。另外，陆瑶和胡江燕（2016）还发现了当企业CEO与董事间具有某种特殊关系时，则会增加企业违规行为发生的概率，但会使其被稽查的可能性降低。刘爱明等（2021）认为，具有海外背景的高管更具有社会责任感，他们在海外工作与学习中受到了潜移默化的影响，他们的存在抑制了企业违规行为的发生。

最后，陆瑶和李茶（2016）发现CEO对董事会的干预程度越大时，发生企业违规行为的概率越大。从外部环境因素对企业违规行为的影响因素来看，目前文献主要对经济环境、外部监督和市场竞争等影响因素进行了研究。其中，Povel等（2007）研究发现企业违规行为的发生会受到企业所面临的外部经济环境的影响，但其产生的影响并不是线性的，而是倒“U”形的。与以上结论相似，Wang等（2010）也发现投资者对行业的投资信心与企业违规具有某种关系，且其产生的影响与外部经济环境对违规的影响大体一致，也是倒“U”形的关系。从外部监督来看，机构投资者和媒体等能起到显著的监督治理效用。Miller（2006）研究表明，在揭露企业违规行为方面，媒体起到了很好的外部治理效果。周开国等（2016）研究也发现如果企业受到媒体的监督，那么该企业违规的频率就会显著降低。Zhou等（2020）认为社交媒体的监督可以有效抑制企业违规行为出现的概率。Hribar等（2009）研究发现，当机构投资者持股比例越高时，上市企业发生违规倾向的可能性越低。与Hribar等（2009）研究得出一样结论的还有国内学者陆瑶等（2012），他们的研究同样发现机构投资者持股比例与企业违规行为被稽查呈正相关关系。张天喜和姚曦（2021）发现，国家直接参与和监管企业的日常经营，可防止违规行为发生，同时增强了法制建设。姚玲洁等（2021）研究发现，基金企业出于自己的利益考虑，需要对上市企业的行为进行监督，这种调研活动有效抑制了企业违规行为的发生。除此之外，滕飞等（2016）发现，产品市场竞争程度也会影响企业违规行为以及其被稽查的可能性。袁靖波等（2021）同样认为，在产品竞争激烈的状态下，高程度的市场分割可以提高产品市场竞争对违规行为的抑制作用。Agrawal

和 Chadha（2005）研究表明，企业的增长前景、盈利能力、财务杠杆、企业规模都会影响财务违规行为。单华军（2010）研究认为，当企业的内部控制缺陷越多并发生违规行为时，其被监察机构稽查的可能性越高。雷啸等（2021）研究发现，在信息不对称的情况下，提高会计信息可比性会提高会计信息的质量，便于利益相关者及外部监督者能够及时、准确地了解企业信息，从这一方面来说可以减少企业违规行为的发生，提高发现企业不恰当行为的可能性。Chen 等（2016）也发现财务分析师对企业行为具有监督治理的效应，可以降低企业违规的概率。

二、企业违规行为经济后果研究

企业违规行为受到多方面因素的影响，那么当企业发生违规行为以后是不是也会对外部环境的反应造成影响呢？现有研究确实表明，企业发生违规行为会产生一系列经济后果。Karpoff 和 Lott（1993）研究表明企业违规会导致它们的声誉降低并且会使其增加额外高额的社会成本，这些方面的影响从根本上来说远大于违规所带来的行政处罚的影响。其实，当企业发生违规行为时会影响投资者的反应：一般认为当企业发生违规行为被稽查时，会导致投资者更加谨慎选择该企业，但是 Wu 和 Gao（2002）研究却发现当上市企业发生违规行为且被稽查后，投资者并未对其表现出显著性；杨忠莲和谢香兵（2008）也发现投资者对企业发生财务舞弊等违规行为并不会产生显著不一样的反应。

市场对企业违规行为会产生反应：Chen 等（2005）认为对于企业违规行为进行处罚从市场监管的角度来说是有效的，他们研究发现市场会对企业的违规公告做出负向反应，该负向反应体现为发生违规并被处罚的企业审计师和高管更容易被更换以及更容易被事务所出具非标准审计意见。陈国进等（2005）发现上市企业的股价会受到企业违规行为的影响，违规公告的发布会导致企业股价显著下跌。蔡卫星等（2020）从家庭股市角度出发发现企业违规次数越多，家庭股市的参与率就越低，两者呈负相关。但是，Feroz 等（1991）的研究却指出，不同类型的企业违规公告并不能影响市场的反应；宋云玲等（2011）表示，市场并不会对企业违规行为做出反应，处罚也不会降低企业未来业绩，监管机构的处罚并不能发挥想象中的监管作用。然而，当企业发生违规行为被稽查以后，从某些角度来说，企业的管理者也会受到影响：Firth 等（2011）发现当企业发生违规行为后，会对企业的管理者造成声誉损失，进而会影响他们的职业前景或者谈判能力等；Conyonm 和 He（2016）也发现发生违规行为被稽查的企业，其管理者更有可能面临被更换以及被减薪。从社会责任角度来说，高利芳和陈子秋（2021）发现，当企业违规行为发生后，这些企业参与社会责任的活动开始增加，如今越来越多的公众开始期望企业承担社会责任。欧锦文等（2021）也认为，企业通过公益慈善活动与政府建立联系，向公众树立自己的良好形象，政府可在征税方面给企业一定的好处，从而使企业提高避税程度。陈运森和王汝花（2014）发现违规企业会对其获取的商业额度造成不利影响。

第四节 企业信息披露质量影响因素与经济后果研究综述

信息披露作为一种制度安排，有助于外界了解上市公司的内部信息，同时有助于利益相关者根据上市公司所披露的信息做出相应的决策。全面且有效的信息披露可以在一定程度上缓解当下普遍存在的信息不对称问题，降低资本成本以及提高资源配置效率。因此，大量的学者围绕信息披露质量展开了一系列研究，得到了许多有价值的研究结论。经过整理，已有的研究主要涉及信息披露质量的影响因素与经济后果。

一、信息披露质量的影响因素研究

Verrecchia（1990）等学者指出，会计信息质量差的企业其信息披露完整性、及时性会受到影响。张月玲等（2010）认为内部控制是企业在进行内部治理时不可忽视的重要环节，同时内部控制体系是否健全与管理层的盈余管理行为有一定关系，盈余管理行为的增加或减少会进一步影响会计信息质量。

在董事会的结构与特点方面，肖鹏文（2016）认为构成董事会的人数多少、董事长和 CEO 是否由同一人担任与会计信息质量的高低呈负相关，而董事会中独立董事所占比例的高低与会计信息质量的高低呈正相关。林长泉等（2016）认为董事会秘书是否为女性也会对信息披露质量产生一定的影响，这种影响也会随着公司规模的增加而更加明显。此外，Peng 等（2019）认为，通过修改信息提供者的报酬契约可以提高企业的信息披露质量。董事会秘书由于具有天赋抑或是付出巨大努力得到高薪，促使他们主动改善公司的信息披露质量，从而降低谣言的发生率和股权资本的成本。

在股权结构方面，白嘉曼（2018）认为股权越是集中在少数人手中，信息披露质量越高，当股权集中度较高时，就可以加强对高管的监督，减少管理层的自利以及信息披露违规行为，从而增强信息披露质量。La Porta 等（1999）持另一观点，即当股权结构高度集中时，控股股东将会拥有被强化的控制权而成为大股东。他们可能会出于掩护自利行为的目的而进行信息操纵。钱爱民和张晨宇（2018）研究发现，在大股东股权质押期间，公司主要以业绩预告来进行市值管理，出于规避可能的控制权转移风险的目的，公司会倾向于发布以好消息为主的业绩预告，并尽可能地隐藏坏消息。作为外汇管制下体现资本市场制度创新的产物，合格境外投资者具有理性投资、专业投资，并积极参与企业监管的能力与特点。

在高级管理者方面，杜兴强和温日光（2007）用“盈余管理程度”这一指标量化信息披露质量，研究了高层管理者的薪酬水平对其产生的影响，最终发现高层管理者的薪酬水平可以有效发挥其激励高管尽职尽责的作用，从而提高信息披露质量。黄继承和盛明泉（2013）以高阶理论为基础，探究了高管自身的特征所传递出来的信息价值，研究结果表明，高管的教育背景与股价有一定的相关关系。

于波和吴燕（2018）利用琼斯模型研究中国新三板的挂牌公司，证明挂牌公司的会计信息披露质量与公司规模存在显著的正相关关系。随着公司规模的不断扩大，其更需要增加向投资者提供的会计信息来吸引投资。同时，他们认为，财务杠杆与挂牌公司会计信息披露质量存在负相关关系，且这一关系是显著的。公司的风险随资产负债率的上升而增加，从而更倾向于隐瞒体现公司真实情况的会计信息。从信息传递渠道的角度来看，胡鸣宇和贺晓宇（2020）认为，媒体关注对上市公司信息披露质量起正向激励作用，媒体关注有助于反向刺激上市公司提升其信息披露的质量。张海锋和张卓（2020）认为，区域内披露社会责任信息的企业密度变化会对企业的披露意愿与质量产生影响。随着披露企业的增加，企业企图通过披露社会责任信息来争夺资源的难度增大，承担着更多社会责任、成长性较好的企业迫于制度压力会提高企业披露社会责任信息的意愿与质量。

二、企业信息披露质量的经济后果

Healy 和 Palepu（2001）认为委托代理问题的存在以及由委托代理所产生的信息不对称的普遍存在，造成市场资源的错配，降低了资源配置效率，因此充分有效的信息披露能够有效缓解委托代理问题。黄娟娟和肖珉（2016）认为持续保持所披露信息的高质量，会在一定程度上降低股权融资时的成本。张程睿（2008）认为公司的信息披露质量较高，面临的信息成本和市场风险会相应降低，能够显著降低分析师的预测误差，有助于投资者在有关股票价格和风险的交易中更恰当地做出正确决策。向锐等（2012）实证得出公司信息披露质量显著负向影响债务资本成本，显著正向影响公司价值的结论。张瑶和郭雪萌（2015）认为随着内控信息披露质量水平的提高，权益资本成本会降低，但这主要存在于主动披露信息的上市公司。Dutta 和 Nezlobin（2017）认为公司所处的发展阶段的不同，资本成本随信息披露质量变化的趋势也不同，当公司处于一定的发展阶段时，信息披露水平与资本成本呈显著的负相关关系，而当公司超越了这一发展阶段时，随着公司信息披露水平的提高，资本成本也随之提高。以 2010~2015 年 6 个全国性基金会为样本，刘丽珑和林东海（2019）实证分析了非营利组织信息披露质量之于组织绩效的作用，认为基金会信息披露质量的提高显著提高了公募基金会的捐赠收入总额和机构捐赠收入。非营利组织通过强化信息披露，利用多种渠道向社会及时提供准确且充分的信息，提高了自身的管理效率、筹款效率与公益性。

从更微观的视角来看，根据不同类型企业的特殊性，崔秀梅等（2021）基于波特假说，聚焦环境保护与经济发展矛盾关系，研究发现环境方面的信息披露质量与企业创新投入份额之间显著正相关，即为达到政府环境信息强制性披露的要求，企业会加大环保投入，提升绿色竞争力。Tang 等（2021）研究中国上市公司碳披露质量及其对投资者保护的影响，认为提高碳披露质量可以有效保护投资者的利益，尤其是控股股东和中小股东的利益，但大股东利益的保护程度随着碳披露质量的提高而降低。

三、高管薪酬激励与企业信息披露质量

Watts 和 Zimmerman（1986）认为管理层操纵利润的原因中，有一项便是薪酬引起的，他指出为了解决委托代理问题，企业会给予提高企业绩效的高管较高的薪酬，而对企业绩效不佳的高管实施惩罚，企业选取一些会计指标作为标准，当高管无法达到公司为其设置的会计指标时，就会试图操纵盈余，以使自己获得高额薪酬。杜兴强和温日光（2007）研究认为高管的薪酬水平能够传递出有价值的信息，也缓解了当下普遍存在的委托代理问题。姜付秀和刘志彪（2005）也得到了相同的结论：高管薪酬水平与会计信息质量呈正向相关。与上述观点不同，以 2007 年中国上海、深圳两市所有公布年报的 A 股上市公司为研究对象，王野等（2009）通过实证表明薪酬机制与会计信息质量的关联性并不显著，单从提升会计信息质量的作用而言，当下的薪酬机制是低效的。李晓玲和余思蓓（2016）认为经营环境的改善对高管薪酬之于会计信息质量的正面影响有弱化作用，证实经营环境在一定程度上对高管薪酬之于会计信息质量的影响具有替代效应。

王生年和尤明渊（2015）发现企业为管理层制定的薪酬激励水平对信息披露质量的影响并不是线性的，而是先提高后降低，呈倒“U”形。由于我国大多数上市公司都是将高管的经济回报与其经营业绩联系起来，以此使高管的利益与企业的利益达成一致，达到激励高管为企业尽职尽责的目的。然而经营业绩又与企业的会计信息密切相关，一旦管理层没有达到应达到的经营业绩，为了避免惩罚等，其有动机操控会计信息，导致会计信息质量受损。当企业的薪酬激励水平达到一定水平之前，随着管理层薪酬激励水平的提高，信息披露质量也随之提高，但是当薪酬激励程度过大、超过某一水平时，为了继续获得高额薪酬，管理层有动机操纵会计信息，从而降低了信息披露质量。考虑到中国特殊的制度背景，对国有企业和民营企业分别展开研究，发现在民营企业中，高管薪酬水平与会计信息质量呈正向相关。在国有企业中，当所有者并不能有效地监督高层管理者的自利行为时，管理者权力变大，此时薪酬已经不再是影响会计信息质量的关键因素。以国有企业为研究对象，林斌等（2012）认为在国有企业中，高管的薪酬与企业绩效敏感度不强，高管会通过增加在职消费等方式来增加其收入，超过合理范围的在职消费就必须通过操纵盈余来实现，相应地，会计信息缺乏信息含量，不能为投资者决策做出有价值的参考。王克敏和王志超（2007）认为在国有企业中，高层管理者拥有显著较高的薪酬水平，会增加高层管理者的盈余管理动机。因为，在国有企业中，高管所受监督较弱且具有较高的权力，出于自利动机会进行盈余管理。同时薪酬水平也是高管进行盈余管理的一个原因，从而降低了企业的信息披露质量。

马黎（2017）选取金融行业作为研究对象来考察金融业高管薪酬与内控信息披露的关系，发现高管短期薪酬对金融企业内部控制信息披露质量存在显著正向激励作用，而长期股权激励的激励作用是负向的但并不显著。马晨等（2018）关注了薪酬差距会导致会计差错，认为高管之间的薪酬差距会负向影响公司发生会计错报的可能性，即差距大反而降低信息披露错误的可能性。高管与员工之间薪酬差距对会计错报的可能性也同样存在负向影响。根据高管权力被董事会监督与约束的不同程度，周蕾等（2020）考察高管薪酬结构调整对公司股价崩盘风险的影响，认为董事会实施有效监督与约束后，调整高管薪酬结构有利于缓解代理问题，提升会计信息质量，此时薪酬结构调整发挥着“利益趋同效应”，但当高管权力过大乃至达到失控的地步，高管薪酬结构调整更可能作为“堑壕防御”发挥作用，并不能帮助缓解代理问题及提升信息披露质量。

不同于大多数探讨薪酬激励对企业信息披露质量影响的研究逻辑，以2006~2016年我国国有企业和非国有企业作为研究样本，唐雪松等（2019）研究表明，与国有企业相比，非国有企业在对高管评价时更加注重会计业绩，会计信息可比性对薪酬契约有效性的影响更显著。王素霞和张蕾（2020）研究了会计信息质量之于高管薪酬契约有效性的作用，认为可比性作为会计信息质量的要求之一，会对管理层的经营管理行为产生较好的监督与约束效应，股东也会通过优化薪酬结构等更有效地利用薪酬机制对管理层实施考核。

第五节　产品市场竞争研究综述

一、产品市场竞争的影响机制

探讨影响市场竞争的机制或手段的研究相对较少，已有研究从资本结构等方面进行了探索。李科和徐龙炳（2009）研究发现，公司外部治理环境和资本结构对行业竞争具有重要影响，高负债公司对市场竞争具有负向影响，而外部环境的改善会提升公司的市场竞争地位。陈晓红等（2010）研究了资本结构对产品市场竞争力的影响，发现资本结构对投资能力具有负向影响，而对市场份额有正向影响，以上影响随行业竞争程度不同而不同。余明桂和潘红波（2010）研究表明，商业信用是一种产品市场竞争手段，与国企相比，私企面临的市场竞争压力更大，因此更倾向于采取商业信用作为竞争手段。此节可看作是对市场竞争影响机制的间接探讨。

二、产品市场竞争的经济后果

大量研究探讨了产品市场竞争对企业治理、经营、生产等产生的经济后果，截至目前分为两派观点，一派观点认为产品市场竞争有利于企业行为，另一派观点却认为产品市场竞争的提升具有“阴暗面”（Dark Side）。

（一）产品市场竞争的治理效应

总体上，产品市场竞争有助于提升企业生产效率。产品市场竞争能够有效降低公司的信息不对称和代理冲突，对管理层行为起到激励和监督作用，从而降低管理松弛、降低代理成本、提高资本配置效率（陈信元等，2013；王芳，2019）。胡一帆等（2005）研究发现，产品市场竞争对于改善国企的生产效率具有显著作用。范剑勇和石灵云（2009）也发现，产品市场竞争环境总体上有利于企业劳动生产率的提高。由于产品市场竞争的程度不同，企业对管理者能力的要求也各不相同。产品市场竞争程度越高，企业对管理层能力的要求则越高。第一，由于产品的市场竞争程度提高，相关市场中企业的数量也就越多，企业之间的竞争也就越激烈，此时企业所面临的竞争环境也就越复杂，这些因素将导致企业要求具有能力的管理者去应对这些复杂的事务。第二，产品市场竞争程度越高，需要管理者在面临竞争环境时，及时做出专业、有效的判断。倘若管理者未能及时对竞争环境做出快速反应，可能会给企业带来重大的损失，因此产品市场竞争程度的提高，将会促使管理者在面临复杂竞争环境时，要通过减少成本或者提高产品质量来使企业产品具有一定的竞争优势。

在公司治理方面，相关研究从较为宏观的市场竞争角度和具体的产品市场竞争角度进行了探讨，发现市场竞争促使企业寻求更好的内部治理。高度竞争的市场会迫使企业降低产品成本、寻求更低的融资成本、改善内部治理状况（Alchain，1950；Stigler，1958；王靖宇等，2019）、减少逆向选择和道德风险，激励代理人提高经营水平、降低代理成本（刘运、叶德磊，2018）、降低信息不对称程度（Holmstrom，1982；张传财、陈汉文，2017）。产品市场竞争同样也是解决股东与管理层之间代理问题的强有力的约束机制（Schmidt，1997；Shleifer and Vishny，1997）；产品市场竞争的提升也有助于改善企业内控质量和投资效率（Zhang and Chen，2017；陈信元等，2013；韩忠雪等，2019）、促使企业进行创新活动（Aghion et al.，2005；聂辉华等，2008；胡令、王靖宇，2020）。张楠等（2019）认为，市场竞争通过创新活动为企业获得竞争优势，同时获得更多的市场需求，来提升企业的绩效水平。市场竞争有助于促使企业承担社会责任（Flammer，2014），促进民营企业“居安思危”而非“富则思安”（张远飞等，2013），另外，市场竞争也促进了上下游企业间的垂直整合（Brickley et al.，2012）。此外，任宏达等（2019）认为，产品市场竞争有助于促进企业提高信息披露的质量。贾军和魏雅青（2019）认为，产品市场竞争有助于促进企业的创新，其主要是通过企业技术创新使企业获取更多的收益和超额的利润。Beiner 等（2011）研究发现，产品市场竞争有利于增强管理层的薪酬黏性，提高企业的风险承担水平。王明虎和章铁生（2017）研究发现，产品市场竞争能够有效抑制企业的费用黏性。王靖宇和张宏亮（2019）认为，产品的市场竞争环境越好，越有助于避免过度投资的行为，从而提高企业的投资效率。

市场竞争有助于促使企业承担社会责任（徐辉等，2018）。尹律等（2017）认为，产品市场竞争对内部控制治理具有协同效应。袁靖波等（2021）认为，产品市场竞争程度越高，企业违规需要付出的代价将会越大，使企业行为也会受到更多的约束。刘运和叶德磊（2018）研究发现，产品市场竞争程度越高，现金分红水平也会越高，越能促进企业绩效。

Bynn 等（2012）研究发现，隶属企业集团（Business Group）的公司，即使在竞争环境不太激烈的时候也能继续保持更好的内部治理，而相比之下独立的公司在竞争环境较为激烈的时候才会改善内部治理。Krishnan 等（2002）研究表明市场竞争结构影响企业对产品成本核算的精准性选择。在垄断市场结构下，企业会不惜成本搜集数据以得到最为精准的产品成本，而随着少量竞争者的进入，这种对精准性的要求会有所降低，但更多竞争者进入市场又会使产品成本核算的精准性提升。伊志宏等（2010）研究发现产品市场竞争对公司治理某些机制具有替代或互补作用，产品市场竞争与大股东治理和高管治理对信息披露质量存在互补效应，而对董事会治理存在替代效应。

（二）产品市场竞争的负面效应

虽然上述研究表明市场竞争具有正面效应，但也有学者为产品市场竞争的“阴暗面”提供了实证证据。首先，市场竞争增加了企业盈余管理倾向。Healy 等（2014）对 49 国的跨国数据的研究表明，管理层通过操控利润来控制会计业绩均值反转（Mean Reversion）的过程，而有偏的会计信息减少了竞争双方的产量和社会福利（Bagnoli and Watts，2010）。从信息观的角度看，在激烈竞争的市场环境中，企业会选择披露并非有效信息以避免来自竞争对手的掠夺性威胁，也就是说，产品市场竞争程度的上升增加了管理层盈余操纵的倾向，且这种效应在公司业绩表现不如竞争对手时更为显著，而行业层面的信息透明度对以上效应具有调节作用（姚宏等，2018）。

其次，市场竞争对企业社会责任具有负面影响。整体上，市场竞争与员工培训、社会保障和员工工资环境均呈显著负相关关系，表明激烈的市场竞争不利于企业对员工进行 CSR 投资（周浩、汤丽荣，2015）。杨忠智和乔印虎（2013）研究发现，行业竞争影响公司社会责任的履行，竞争程度较高行业的公司，履行社会责任情况弱于垄断程度较高行业的。吴昊旻等（2012）研究表明，产品市场竞争的加剧将引致上市公司股票特质性风险的显著增加，但行业集中度和市场势力能有效弱化股票特质性风险。陈志斌和王诗雨（2015）研究发现，产品市场竞争对企业现金流风险存在掠夺效应，在行业竞争程度较大的环境中，掠夺效应对现金流风险影响较小，但企业竞争地位对掠夺效应具有放大作用。从创新的角度来看，高度的产品市场竞争会导致企业间严重的模仿行为，产品同质性趋势加强会减弱因创新而产生的产品价值增值，企业管理层基于短视视角，使研发投入很容易成为被削减的对象，从而不利于企业创新（Grossman and Helpman，1991）。

最后，市场竞争引致了道德风险问题。Milgrom 和 Roberts（1992）研究发现竞争压力迫使信贷行业 CEO 为了生存进行赌博式的风险投资，由此加剧了该行业的道德风险问题。Shleifer（2004）认为竞争压力导致企业的非道德行为，如雇用童工或者进行行贿。

第六节 文献评述

通过对企业政治关联建立动因及其后果、企业同群效应、企业违规、信息披露质量、产品市场竞争等方面的研究进行系统梳理和综述，可知在以上方面相关学者已经取得了很多值得借鉴的成果，但研究尚有空间可以进一步深化。

第一，政治关联相关研究多集中于探讨政治关联为企业自身带来的微观经济后果，对政治关联带来的相对宏观层面的经济后果的探讨较缺乏。对于政治关联对企业投融资、税负、上市、并购、补贴等企业行为的影响，已有研究已进行了较为充分的探讨，但是企业政治关联如何对宏观环境产生影响却还未得到学界的足够重视，特别是对于市场竞争而言。市场竞争是经济学理论的重要内容，也是经济政策和经济发展的重要方面，但截至目前较少有学者探讨政治关联如何影响市场竞争态势这一问题。

第二，市场竞争方面的研究多集中于探讨市场竞争对企业决策/行为/福利的微观后果，对影响市场竞争机制或路径的研究非常缺乏。已有研究对市场竞争如何影响企业内部治理、投融资等行为进行了探讨，对影响市场竞争的微观机制探讨非常缺乏，仅有少量学者从企业资本结构的角度探讨了这一问题，而且也仅得出了两者具有相关关系的结论，未能提供较坚实的因果关系的证据。企业构建政治关联产生的寻租效应很可能导致资源配置低效，从而影响市场竞争，但截至目前，深入探索这一问题的研究成果较少。

第三，国内关于市场竞争方面的研究一方面多集中于将市场竞争作为一个环境因素或调节变量，直接考察市场竞争的后果或影响机制的研究非常缺乏；另一方面对“行业竞争”“市场竞争”“产品市场竞争”等概念并未厘清，存在混用现象。基于以上分析，企业微观行为对宏观环境影响的路径与后果将是今后研究的方向，而本书基于以往文献的空白，将政治关联与市场竞争纳入同一框架进行考察，具有较强的理论意义和现实启示。

第四，近期同群效应对企业行为的影响也研究逐步兴起，企业“同群效应”对公司治理影响的研究已取得较为丰富的成果。已有研究主要从同群效应在企业的信息披露（Graham and Harvey，2001）、董事的投票行为（Matvos and Ostrovsky，2011）、股票分割（Kaustia and Rantala，2015）、高管薪酬（Albuquerque et al.，2009；赵颖，2016）、公司业绩（Francis et al.，2016）、企业并购（傅超等，2015；万良勇等，2016）、企业投资（Chen，2017）、资本结构决策（钟田丽、张天宇，2017）、企业过度负债（李志生等，2018）、企业研发投入（刘静、王克敏，2018）等方面进行研究。然而，目前关于企业同群效应的研究仍有探讨空间，结合企业风险、董事会结构及政治关联董事选聘方面的探讨尤为缺乏。总结以往研究，该领域还存在一些值得思考和探讨的问题。一是在微观治理层面，以往研究集中于从企业投融资、资本结构、高管薪酬激励、信息披露等微观公司治理、财务管理行为角度探讨企业间、行业间等的“同群效应”，主要解决的是“是否存在”同群效应这样一个现象问题，对于现象背后的机理、理论等探讨不足。即便有少量研究从企业间模仿行为或者行业追随者对领导者的学习效应探讨“同群效应”的机理，但研究处于起步阶段，成果相当匮乏。二是从宏观市场、政策方面考察“同群效应”的文献相对较少，而已有的文献也多集中于解决现象问题，对于“同群效应”影响宏观市场决策、政府经济安排的背后理论逻辑讨论不足。三是由“同群效应”带来的经济后果缺乏从学术方面的一致性评价，“同群效应”究竟是非理性的盲目行为，还是深思熟虑后的弯道超车？这个问题至今仍然困扰着研究者。

第五，企业政治关联对公司违规行为方面的影响探讨尚不充分。企业违规行为会同时受到内部治理因素和外部环境因素的影响，内部治理因素主要包括：外部董事的比例、董事会会议的数量、董事会规模、董事长的任期和董事长与总经理是否兼任等。外部环境因素主要包括：经济环境、外部监督和市场竞争等。同时，公司违规行为也会导致一系列的经济后果发生，诸如投资者对企业的反应、市场对企业的反应以及违规行为对管理者造成的影响等多方面的经济后果。通过对文献的梳理，本章发现对政治关联经济后果的研究中缺少政治关联对公司违规行为方面的研究文献，若政治关联会对公司违规行为产生影响，则是对政治关联文献及公司违规文献的有益补充。

第七节　理论基础

一、政府干预理论

目前市场经济模式多种多样。就全球而言，中国、美国以及部分欧洲国家实行的市场经济模式比较具有代表性。其中，中国实行的是在国家的宏观调控下使市场在资源配置中起作用的社会主义市场经济制度。从根本上讲，无论是美国、欧洲国家还是中国，也无论是哪一种市场经济模式，政府在其中发挥的作用都不可忽视。政府会对企业的诸多行为进行干扰，包括企业的并购行为等。翟华云等（2016）发现，政府干预会影响地区企业科技的发展；政府对企业行为的干预在很大程度上有利于企业的获利与发展，进而促进企业为了获得来自政府的相关利益而建立政治联系的欲望与动机。陈海涛等（2021）认为，政府干预对各区域全要素生产率带来的影响有差异，在经济发展水平较低的西部地区，政府干预对当地发展有推动作用，西部地区的生产率损失要好于东部和中部地区。刘伟和刘洋（2021）从过度投资角度研究，发现政府干预的强度与高管过度投资的可能性呈正相关。

自1930年开始，受到资本主义国家所爆发的经济危机的影响，自由经济已经不再适应于当前的市场环境，行之有效的理论转变为凯恩斯主义主导的经济干预理论。该理论认为，政府需要对经济进行干预的原因是市场存在失灵。当发生市场失灵时，就会造成诸如就业、竞争不完全、公共产品供应不足以及外部经济影响等一系列问题。一般而言，通过制定相关的法律法规或者是一些财政政策可以对市场缺陷进行弥补，也就是说，通过政府的干预可以解决上述问题。但是，因为政府措施的实施与完成都会受到市场机制的制约，所以政府职能的演变必须基于市场机制。因此，为了达到推动资本市场更加平稳高速向前发展的目的，必须依靠政府与市场的双重作用力，也必须对两者进行有机结合。

二、资源依赖理论

在组织理论中有众多的重要分支理论，而资源依赖理论即是其中的一个。资源依赖理论是指一个组织要通过各种手段或途径增加对关键资源或者稀缺资源的获取能力，即组织最重要的生存目标。资源依赖理论（Resource Dependence Theory）的基本观点是生存是组织的第一大事。为了生存即持续运行组织需要源源不断地获取资源，然而仅依靠组织现有的资源是远远不够的，因为组织处在复杂的外部环境中，需要依靠环境而存在，需要和外部环境进行资源交换以维持自身的生存和发展（Preffer and Salancik，1978）。在我国转型经济制度背景下，政府对资源分配具有绝对的主导权，资源稀缺性和资源禀赋的约束决定了政府在资源分配过程中必须有所取舍、有所侧重，因此与政府建立良好关系从而提升资源获取效率就成为转型经济体企业生存和发展的一种重要方式（Allen et al.，2005），而政治资本也成为公司发展的一种重要资源（Boubakri et al.，2008）。

通常情况下，企业通过外来人员引入和内部人员争取两种方式建立与政府的联系，外来引入人员包括有从政经历的人员，内部人员则是参加政府举办的活动项目，取得相关的政治身份。相比之下，具有政治背景的民营企业具有显著的资源优势。金融机构更倾向于为具有政治关联的企业提供资金支持（余明桂、潘红波，2008），有政治关联的企业也更容易上市（Fan et al.，2007），在税收方面也会获得一定的优惠政策（吴文锋等，2008）。在企业经营状况不佳时，也更容易获得政府的资金帮助（Claessens et al.，2008；唐清泉、罗党论，2007）、获得更多的多元化资源（张敏、黄继承，2009）、实施跨地投资或经营（夏立军等，2011）、实施并购和国际化战略、降低企业的违规成本等，从而提高企业的长期绩效。企业为了得到政府的大力支持，以及获得自身发展需求的各种稀缺资源和政策帮助，纷纷致力于与政府建立政治联系。企业建立政治关联有多种方式，包括企业的董事长、CEO、高管、董事等。陈一洪（2012）研究认为当独立董事具有政治关联时，他就具有了一只“帮助之手”。这种政治联系主要是在企业与政府之间的信息传递中发挥重要作用，企业可以把对自身有利的信息传达给政府，进而使政府在做相关政策决定时，优先考虑对该企业有利的政府政策，帮助企业获得潜在的政治性收益。王珍义等（2011）发现，政治关联可以为中小高新技术企业解决创新融资难的问题从而显著提高企业的技术创新绩效能力。马文涛和张朋（2021）认为非国有企业的信用等级和声誉对于他们的贷款额度至关重要，而政府隐性担保在一定程度上可以缓解企业的融资困难，降低企业融资成本，这对于新兴产业发展初期至关重要。赵瑜和刘善仕（2021）认为，在外部大环境动荡且形势不好的情况下，有政治关联的企业可以更好地应对现在及未来的风险，虽然我们面临的国际局势有很多不确定性，但近几年政府推出了“一带一路”倡议以及“走出去，引进来”等措施，推动了国家经济的发展，也减轻了企业获取资源的困难。苏坤等（2021）认为，具有政治关联的民营企业对资源的依赖程度相较于国企更高。企业的生存与发展离不开资源的供给，而资源依赖理论表明，企业自身并不能获取到足够的发展资源，它必须进一步借助于外界环境才能满足企业的需求。如果单纯只依靠市场配置资源，非国有企业就难以得到满足自身发展需求的充足资源，特别是当前处于竞争压力巨大且资源紧张的特殊时期，非国有企业的发展更是举步维艰。在这种时候，企业的政治关联就可以对市场的资源配置进行调整，即当非国有企业获得政治联系时，可以帮助其获得更多的稀缺性资源或者节约更多的成本。

三、信息不对称理论

20世纪70年代，信息不对称现象受到三位美国经济学家（乔治·阿克洛夫、迈克尔·斯彭斯、约瑟夫·斯蒂格利茨）的研究与关注。信息不对称理论是指在市场经济活动中，各类人员对有关信息的了解是有差异的，掌握信息比较充分的人员往往处于较为有利的地位，而信息贫乏的人员则处于较为不利的地位。1970年，阿克洛夫在哈佛大学经济学期刊上发表了《柠檬市场：质量的不确定性和市场机制》一文。柠檬市场即优质产品被挤出市场而出现的“次品市场”，论文中他以旧汽车市场为例，分析了买方和卖方信息不对称现象。买方由于不知道二手汽车的质量，处于信息劣势，往往根据市场的平均价格购买二手汽车；卖方为了获取更多利润，利用买方的信息劣势，将更为劣质的汽车以平均价格卖给买方，导致市场上出现劣等二手汽车取代相对较好二手汽车的现象。

签订合同前信息不对称会产生逆向淘汰与“柠檬市场”均衡的市场后果，进而导致市场效率低下甚至崩溃。签订合约后信息不对称的行为后果是道德风险，在履行合同的过程中，代理人可以利用委托人的不知情谋取自身利益，危害代理人的利益。

四、信号传递理论

信号传递理论是20世纪70年代经济学家乔治·阿克洛夫针对逆向选择问题提出的，其并提出了信号传递模型（Signaling Model）。信息经济学理论认为，在实际生活中，上市公司掌控着与公司有关的关键信息，如战略制定、并购计划等，而外部投资者要想了解上市公司大多要依靠对外发布的信息实现，这种信息地位的不对等、不及时，使外部投资者无法做出正确决策，经常会高估或者低估上市公司，造成资源错配问题。为缓解逆向选择问题以及由此引起的资源配置效率低下的问题，上市公司需要向外界披露有关公司运营等方面的信息，让利益相关者能够更充分、全面地了解上市公司，客观地评价上市公司，一些优质公司也能避免被低估。

信号传递理论很好地解释了上市公司不仅要进行信息披露，还要披露高质量的、有价值的信息。但是，从上市公司自身角度来说，向外界披露信息也不是越多越好，因为向外界公开披露其运营和财务等方面的信息，会被其竞争对手分析其未来经营战略和运营方向等。因此，被低估的公司更有动机向外界披露能够展示其盈利能力、竞争优势的信息，以使投资者能够将其与低质量的公司区分开。

五、委托代理理论

20世纪30年代，伴随着企业规模的扩大，社会分工的细化，所有者即经营者的管理模式在企业融资、管理、发展方面越来越受到诟病，所有者与经营者相互分离的声音越来越多。在这样的背景下，Berle和Means于1932年提出委托代理理论，倡导所有权与管理权相分离。委托代理关系起源于专业化的存在，代理人（受托人）由于相对“专业”的优势而代表委托人行动。在公司制企业中，拥有公司所有权的所有者雇用专业的经理人为其管理公司，并授予其相应的管理权，让他们分配财产、创造经济价值。但代理人出于自利目的而采取某些违背所有者利益的行为也随之产生，由于公司股东和经理人员利益的不一致，使委托代理问题日益突出。Jensen和Meckling（1976）认为企业的实际所有人和管理者之间的代理关系其实是一种契约关系，即委托人由于精力和能力有限，需要代理人为其管理资产，同时将决策权让渡。然而，委托人和代理人都有自己不同的利益诉求，都倾向于使自身利益最大化，于是产生了高层管理者侵害实际所有人利益的现象。

管理者薪酬激励制度作为公司内部解决代理问题的机制，在研究高管薪酬制定问题上是以委托代理理论作为支撑的。薪酬激励在一定程度上能够缓解委托代理导致的逆向选择和道德风险问题，减少高管出于自身利益最大化的目的而损害股东利益的行为。

第八节 概念界定

本章研究内容的范围需要更加明确，对高管政治关联、薪酬激励、信息披露质量均做出了概念上的界定。

一、高管

在《公司法》中高管是指高级管理人员，主要包括：负责战略制定的总经理；主管各项事务具体运营的副总经理；负责资本运营、财产管理事务的财务总监；上市公司董事会秘书和公司章程规定的其他人员。部分企业的董事会或主要股东为强化高管的职权，会授予他们执行董事的职衔。国泰安数据库对高管的定义与《公司法》大致相同。胡永平（2011）研究认为公司的首席执行官（CEO）即公司的高层管理者。唐清泉等（2008）认为董事会、监事会成员，高级经理人均包括在高管的范畴内，而张奇峰等（2017）将高管定义为董事长和首席执行官（CEO）。考虑到高管薪酬的数据获取问题，本章采用唐清泉等（2008）的定义范畴。

二、企业政治关联

从字面意思理解，与政府具有一定联系即有一定政治背景的高级管理人员就是政治关联高管，更深层次的理解就是：高管曾经在政府部门担任过或者正在担任一定职务；以及受到政府部门给予的奖励。从这一角度来看，政治关联的内涵也得以补充，即指官员个人与企业之间的关系，是一种官商关系，而非政商关系。企业与政府建立联系历来受到企业的重视，企业政治关联现象普遍存在于欧美等发达国家，以及东南亚等发展中国家。由于中国处于转轨经济时期的特殊背景，相对于国有企业而言，更多是民营企业试图通过雇用曾经在政府部门工作的官员来为他们的公司获取资源优势。这是因为国有企业天然具有政治背景，会受到国家给予的一定支持，具有较强的竞争优势，民营企业为了弥补这种竞争劣势，会主动与政策制定者、市场监管者即政府建立一定的联系，借助这种联系，为企业争取更多的发展机会，得到一定的融资优惠、税收优惠等，或是获得产权保护、突破管制壁垒和缓解金融抑制，增强其在市场中的竞争力。

三、薪酬激励

公司制企业中，公司所有者雇用专业的经理人为其管理公司、分配财产、创造经济价值，公司的所有权和控制权相分离，而且股东和经理人员的利益出发点不一致，使委托代理问题日益突出。为了给经理人提供经济回报并且避免经理人为了自己的利益而牺牲所有者利益的情况发生，所有者会给予职业经理人相应的薪酬，激励经理人尽职尽责。

高管薪酬根源于所有权与控制权分离而产生的委托代理关系，具体指股东在聘请经理人为其管理财产、运营公司和实现资本增值的过程中，给予经理人的一种劳务报酬和奖励。从激励的机制来看，既有学者认为高管激励可以通过声誉、自我实现等途径来进行，也有学者认为激励有物质激励与非物质激励，物质激励包括货币现金、股权激励等，非物质激励包括高管层级或政治身份的变更。从激励的发展来看，起初，高管薪酬更多表现为高管货币薪酬，随着现代公司制企业的不断发展，高管薪酬体系和结构也日趋完善，开始出现以股权和期权形式的薪酬。除了上述的显性薪酬，为了激励高层管理人员，还出现了在职消费和资产奖励等。公司所有者试图通过形式多样的激励尽量使高层管理者和所有者的利益趋于一致，减少其自利和投机行为，更好地为企业发挥其才能，实现企业价值和所有者利益最大化。

基于我国股权和期权激励实行时间并不长，体系设置还不完善，股权激励程度及高管持股比例较低，相对来说，货币薪酬激励更加直接也更加常用。再者，高管持有股权从上市公司披露的信息中也不易区分其来自公司激励还是来自高管个人（唐松、孙铮，2014）。在职消费也多采用管理费用以及八项常用支出，并不能直接衡量。综上所述，本章所涉及的高管薪酬即指上市公司披露的高管的货币薪酬。

四、信息披露质量

信息披露主要是指上市公司根据监管部门的要求，将本公司一段时期内的经营情况、财务情况以及其他的需要告诉外界的情况依次向外发布。信息披露分为一般意义的信息披露和特定意义的信息披露，一般意义的信息披露一方面包括与公司运营和财务有关的信息披露，另一方面是指与证券交易有关的信息披露，包括公司股票、公司债券、公司投资基金等交易时的价格以及买卖双方的具体情况。特定意义的信息披露具体指会计信息的披露，目前的上市公司都会定期向外界公开发布本公司的季报、半年报、年报以及公司治理情况。随着现代经济的发展，信息披露的内容和内涵也更加具有时代性和多样化特征。例如，自愿披露的企业社会责任活动、企业环境和投资者关系管理等信息。

为了全面评价上市公司的信息披露质量，选择将一般意义的信息披露质量作为本章的研究范围。近年来，我国致力于不断提升上市公司质量，信息披露越来越趋向规范化，信息披露的质量越发提高，信息的透明度增加，有效提升了市场的资源配置效率和市场运行效率。

第九节 本章小结

基于本书的研究主题和研究内容，本章首先综述了企业政治关联的建立动因及其经济后果、组织“同群效应”的表现及后果、公司违规行为及其治理机制和效应、公司信息披露质量、高管薪酬激励相关研究、产品市场竞争的治理效应和负面效应等系列研究文献，并剖析以往文献对后人的借鉴意义及尚未得到充分探讨的问题。本章发现，关于企业政治关联对企业微观层面的探讨已取得了较为丰硕的成果，但是探讨企业政治关联如何作用于公司违规方面的研究尚少，而探讨企业政治关联对中宏观层面影响的研究也较少，特别是将产品市场竞争作为结果变量纳入企业政治关联研究框架中的研究更为稀缺。同时，本章梳理了政府干预理论、资源依赖理论等，为后续章节的实证研究奠定理论基础。

根据以上对文献的综述和对理论的分析，本书后续章节将依照从微观到中宏观的逻辑思路，对企业政治关联风险规避效应、公司违规的治理效应、信息披露效应、环保社会责任效应、产品市场竞争等方面的影响分别展开实证研究。

中篇　政企关系与公司治理

第四章　政企关系的风险防御效应之风险规避

第一节　引言

政府与企业之间的关系历来是国家经济发展中的重要问题。从理论层面而言，政府发挥管理职能，提供平台、创造环境；企业发挥微观经济主体职能，推动微观经济发展。依据社会交换关系理论，企业与政府之间基于双方有效合作与实现共赢而建立起有利于促进两者发展的良好政企关系。政府以其掌握的诸多优质资源为企业的生存发展创造了良好条件，企业也用潜在的方式以其经济实力反哺政府的绩效与促进企业和政府之间共同发展，政府需要企业履行一定的社会责任，而企业也需要政府给予一些政策性支持来满足其发展，因而建立起了政治关联关系。为了弥补内部能力建设的不足，企业通常会寻求政治关联以降低成本从而获得行业竞争优势（杨其静，2011）。在正式制度欠发达的国家和地区，政治关联被视为替代正式制度的重要机制，受到企业的广泛青睐（Allen et al.，2005；Chen et al.，2005；Faccio，2006；Li et al.，2006）。在中国特殊的制度背景下，企业高管拥有独特的“人脉资源”与“人际关系”无疑是企业一笔无形的资产，能为企业带来更多的优质资源、更多的市场机会以及更多的优惠政策，助推企业的发展。由于董事会作为公司治理的核心机构，具有决策、监督和咨询几大功能（Fama，1980；Fama and Jensen，1983；Weisbach，1988），若董事会中拥有具有政治关联的成员，他们将更有可能触及其他企业的信息与资源，从而为企业带来先进的治理与管理经验、注入新的思想与观念（王晓亮、邓可斌，2020）。因此，一方面，我国企业普遍倾向于聘任政府官员等具有政治背景、从政经历的人士到公司担任董事（Chen et al.，2005；Tang et al.，2016；叶青等，2016），从而建立政治关联；另一方面，一些企业的自身所有权与政府形成了天然的政治关联，如国有企业。

此前大量研究表明，政治关联对企业具有“资源效应”，能够帮助企业获得更多融资优势，从而提高企业的长期绩效（田利辉、张伟，2013）。但是，政治关联可能也是一把“双刃剑”，政治关联也可能导致企业的低效运行和执法环境的恶化（杨其静等，2011；许年行等，2013）或过度投资（罗劲博、李小荣，2019）等问题。“寻租假说”认为，寻租行为需要付出巨大的寻租成本，政治关联作为寻租的路径之一，其本身具有的不确定性可能会抵消企业自身价值。在房地产行业，企业聘任政治关联人士的现象更为普遍。例如，某知名地产巨头曾一度被媒体披露其多名董事、高管与政界要员具有千丝万缕的联系。

企业面临的风险既有宏观层面的系统性风险，也有微观层面的非系统性风险。非系统性风险是企业自身经营战略等方面的变化由公司自身特有事件而带来的财务风险与经营风险等，而本章所关注的企业风险为后者。企业风险是投资者和股东等利益相关者共同关心的问题，因为较高的企业风险会影响企业价值，最终影响投资者、股东等的回报。企业风险的降低对于劳动者的生产激励具有重要作用（贾珅、申广军，2016）。截至目前，虽然部分研究以官员变更或政治选举为背景，从宏观层面发现企业家或高管的政治身份能够为企业提供“保险机制”、弱化官员更替带来的政治不确定性（钱先航、徐业坤，2014），但直接从公司治理角度探讨企业风险规避的研究非常缺乏。那么，企业风险是否会影响政企关系构建？特别是作为企业决策机构成员的董事，他们的政治身份和背景对企业决策与治理具有重要作用，那么企业风险是否会影响具有政治背景的董事的聘任？另外，由于不确定性程度较高的环境中，信息不对称增加了企业获取信息的成本，此时同群公司的行为会对其他公司造成重要影响，而公司决策也在很大程度上受到同群公司决策的影响，那么企业聘任政治关联董事而规避企业风险的行为是否也会受到同群公司的影响以及影响的路径如何？截至目前，这些问题尚未得到学者的重视和探讨。

基于以上分析，本章将探讨以下问题：第一，公司聘任政治关联董事是否具有缓解企业风险的动机？第二，政治关联董事聘任是否存在“同群效应”，即当其他同行业竞争对手或风险类似的公司聘任政治关联董事后，待考察公司对政治关联董事聘任有何反应（是增加聘任还是维持现状）？

第二节　理论分析与假设演绎

一、企业风险与政治关联董事聘任

企业面临的风险源于环境的不确定性以及信息的不对称性。根据来源，风险可分为系统性风险和非系统性风险，前者受宏观环境影响（张志强，2010），而后者则受企业内部治理机制的影响，是公司特有的风险，因公司经营战略等特有事件改变而产生的风险，包括财务风险、经营风险等。本章所关注的企业风险为后者。非系统性的企业风险可以通过调节管理者自身偏好、公司产权性质、产业多元化程度以及企业制度进行削弱（余明桂等，2013；李文贵等，2012；张敏、黄继承，2009）。企业风险是企业在经营过程中无法避免的因素，它虽然可能给企业带来损失，但是也蕴藏着企业未来发展的机会（Giat et al.，2010）。目前已有的文献多是基于司法监督机制、内部控制、管理者特征是如何影响企业风险的，对于政治关联与企业风险的研究尚未得出一致的结论。大量学者研究认为政府与企业之间良好的关系可以降低企业风险，这是因为与没有政治关联的企业相比，有政治关联的企业更容易获得税收优惠政策、融资便利化、企业进入便利等竞争优势，最终降低企业风险。然而，也有学者持相反的观点，认为政治关联增加了企业风险。政治关联会给公司增加额外的负担，对公司经营、决策和日常经营造成干扰（罗劲博、李小荣，2019）。

已有文献表明，政治关联对企业风险的影响是双重的，既有积极的一面也有消极的一面。政府与企业建立良好的关系所带来的积极影响可以体现在以下几个方面：首先，在企业经营过程中，融资遇到困难是常见的。政治关联可以通过降低信息不对称从而为公司融资提供一些优势与便利。对于国内融资市场来说，信息高度集中，然而资金供给和需求双方之间的信息是不对称的且分布是不均匀的，由此容易产生逆向选择，从而阻碍企业成功获得融资。若企业与政府间建立起良好的政治关联关系，则企业可以借此向市场传递出积极的信号、公司信誉也会得到提升，从而解除融资限制，最终通过政治关联关系降低企业风险。其次，中国市场经济还不完善，税法制度也有待完善。政府在税收优惠的决策上享有较大的话语权，比如税收对象、适用何种税种、适用何种税率、计税依据如何、税收减免等优惠政策。根据政治权力假说，企业管理层若与政府官员维持着良好、紧密的关系，则他们之间的沟通就会越多，企业因此也会率先知道相关政策与制度。因此，已有学者研究了政治关联与企业税收的关系，他们认为拥有政治关联的企业比没有政治关联的企业会享受到更多的税收优惠政策（吴文锋等，2008）。政治关联对企业风险的影响是一把“双刃剑”，既有积极的一面，也有消极的一面。一方面，与没有政治关联的企业相比，有政治关联的企业更容易利用政治关联这一特殊关系获得银行贷款等融资优势。在这种情况下，企业融资前景良好，资金供给来源丰富，企业也因获得充足资金而拥有较多的投资机会，但这在一定程度上会导致企业过度投资从而增加企业风险（罗劲博、李小荣，2019）。另一方面，与没有政治关联的公司相比，有政治关联的公司发布的信息质量往往会更低。企业发布的信息质量是由管理层激励、寻租行为和融资便利程度共同决定的。具体来说，当管理层的寻租行为和其他激励因素水平较高，融资渠道更加便捷时，企业对发布优质信息的兴趣减弱。政治关联为公司管理层提供了权力和寻租行为的天然特权，增强了他们从投资者那里获取利益的能力和寻租动机。同时，这种联系也为企业提供融资便利，缓解企业融资压力。因此，当企业有政治关联时，往往会降低信息的发布，寻求优质信息认证服务的需求也会降低。

企业风险的降低对于劳动者的生产激励具有重要作用（贾珅、申广军，2016）。因此，在成本效益原则下，寻求尽可能在较短时间内降低企业风险的途径是各个公司都关注的问题。政治关联作为一种政治资本，能够克服经济转型中的不确定性，降低民营企业股价崩盘风险，实现自我保护（苏坤，2021）。从公司风险属性的视角来看，政治关联也会促使拥有政治关联的民营企业更不可能发生坏的极端经营绩效产出（Lee and Wang，2017），在一定程度上保证了公司经营的稳定性与平稳性，从而降低了公司财务风险（Peng and Heath，1996）。曾慧宇（2017）的研究也得出了类似的结论，拥有政治关联的民营企业可以通过政府与企业间建立的良好关系增加双方互利性，从而有助于获取市场竞争力，进而降低财务风险，且政治关联的存在减弱了公司多元化所引致的企业风险（张敏、黄继承，2009）。

管理者作为企业风险活动的决策主体，一直是财务研究领域的关注重点。传统代理理论关注如何实施监督激励机制，引导管理者制定帕累托最优决策，促进企业可持续发展。随着经济与社会的发展，越来越多的学者开始研究董事身份对公司治理的影响。聘任官员董事的现象受到了学术界的广泛关注，其会给公司带来怎样的经济后果，这是一个值得思考的问题。资源支持理论认为，官员董事因具有政府部门的从业经验，不但对政府公共资源的分配与公共决策较为熟悉，还能与政府部门建立良好关系，其拥有特殊的“人脉资源”与“人际关系”形成的外部关系网络，能够帮助公司降低与化解其所面临的风险与危机。因此，在选聘动机方面，人力资本、社会资本等无形资产成了该政府官员能否成为该企业政治关联董事的重要因素，企业在选聘政治关联董事时，也是为获得其拥有的“专有政治资本”来应对政府干预、行业准入、信贷支持等现实难题，从而降低企业所面临的风险。

政治关联董事在公司中表现出两种基本特征：①让公司与企业间建立起了良好的“政治关联”关系，从而通过其特有的“人脉资源”与“人际关系”带来特有的“专有政治资本”，以规避不确定性所导致的企业风险。相比于拥有天然政治关联的国有企业来说，政治关联的建立对于民营企业来说意义重大，而聘请政治关联董事是其建立后天政治关联的重要途径，具有很强烈的动机希望在信贷、税收优惠、政府补贴和垄断行业准入等方面获得政治关联所带来的资源效应。②我国正式制度尚待完善，公司经营面临的不确定性较高，与政府建立和维持良好的政治关联关系可帮助企业克服市场和制度上的失灵，聘任政治关联董事构建政治关联关系网络则成为大多数企业获取资源以降低不确定性以及风险的重要手段。与国有企业拥有天然的政治关联关系不同，非国有企业利润最大化的目标决定了其聘任有政治背景高管的目的在于从政府获取收益和好处，建立保护机制。从政治关联人的声誉视角来看，企业聘任的政治关联董事往往是社会上很有名望并有广泛社会影响的“名人”，出于对自身社会声誉维持的考虑，政治关联人士具有强烈动机降低企业风险。企业通过聘任具有政治背景的人士进入企业所建立的政治关联能够为企业带来一系列资源效应。其中，减少企业面临的不确定性是这种资源效应的重要体现（李维安等，2015；Chow et al.，2012）。具有政治关联的高管、董事或企业家可以通过政治身份参与政治，既能够降低不确定性、规避法律风险，也能为任职企业提供产权保护，为企业减少权力侵害风险（Faccio，2006；钱先航、徐业坤，2014；吴文锋等，2008）。

董事会是公司治理的核心机制（Fama and Jensen，1983）和决策机构，董事是董事会的成员，是公司决策核心团体的组成，因此对企业风险控制具有重要作用。董事会通常被描述为提供建议和监督的机构，拥有咨询功能和监督功能，咨询功能包括帮助管理层制订战略计划（Faleye et al.，2011），监督功能旨在缓解管理层和股东之间的典型代理问题，特别是利用董事会监督管理层（Fama，1980；Jensen，1993）。早期研究集中探讨公司对外部董事的聘任（Kaplan and Minton，1994）、CEO在董事选聘过程中的作用（Mace，1971；Jensen，1993），后期学者开始探讨在董事聘任过程中CEO与股东力量的权衡（Baldenius et al.，2014）、董事网络对董事聘任的影响（Bouwman，2011）等。已有研究表明董事会的有效性与董事会规模密不可分，规模较小的董事会可以提高公司价值，因为他们更有效地监督CEO，而规模过大的董事会可能授予CEO过多的控制权，从而导致效率低下（Jensen，1993），并且较小规模的董事会会为企业带来更高的盈利能力、更高的运营效率以及更好的绩效（Yermack，1996）。近年来公众要求企业需要受到更好的治理监督，导致了更多的监管改革，要求大多数公司的董事会需要拥有数名独立董事，因此董事会独立性（Rosentein and Wyatt，1990）开始受到学者的关注，并且独立董事在董事会任职监督委员，企业治理会表现出更好的监督质量、更好的绩效、较低的CEO离职敏感性、较低的超额CEO薪酬以及较低的盈余管理（Faleye et al.，2011）。董事会多样性可以提高董事会独立性，董事会多样性通常被视为提高公司价值的驱动因素，但即使是独立董事会，董事监督活动的有效性也会因董事个人的特点或与CEO的关系不同而不同，因此对董事选聘与董事会的研究开始逐渐发展到董事会成员专业背景（Defond et al.，2005），并且董事会越多元化，企业将会有更好的财务表现，且对经营环境复杂的公司更有价值（Anderson et al.，2011）。Shrader等（1997）研究了女性董事会成员比例与会计盈利能力之间的关系，回归结果呈负相关关系，这一发现可能是因为女性董事会成员的影响力较小。

已有研究表明，若企业与当地政府建立良好的政治关联关系，那么会获得巨大的资源效益，因而追求价值最大化作为目标的民营企业自然有很强的动机聘任具有政治身份的高管。在我国经济转型的背景下，政府依然是经济活动的指导者，掌握着对经济资源的配置。因此，上市公司往往倾向于聘任政治关联董事来获取相关资源的支持、取得行业优势，降低企业风险。具有政治关联的管理者和董事能够为企业联结相应的资源，其拥有的特殊“人脉资源”与“人际关系”从某种意义来说也是一种社会网络功能。不同于国有企业和政府之间天然的“血缘”关系，政治关联对于转轨经济中民营企业的影响更为突出与重要。这是因为企业聘任政治关联董事往往能够与当地政府建立政治关联关系从而带来更多的资源和便利，有利于企业盈利与长远发展。

决策机构的结构和规模对调整组织所面临的风险具有重要作用（Kogan and Wallach，1964；Moscovic and Zavalloni，1969）。有研究表明，企业中的董事会规模会对企业风险产生影响（Sah and Stiglitz，1986；Cheng，2008；Nakano and Nguyen，2012）。因此，本章预测，当公司面临的企业风险增加时，会增加聘任政治关联的董事对企业风险进行规避。这一预期基于以下两方面的逻辑：第一，聘任政治关联董事不会增加代理成本。企业虽然也可以通过聘任具有政治身份或从政经历的 CEO 建立政治关联而规避风险，但聘任高管会稀释控制权（Hart，1995；Bebchuk et al.，2003），增加一类代理成本，从成本效益角度来看，聘任政治关联的 CEO 其边际收益并不明显，而聘任政治关联董事既可以建立政治关联，又不会稀释控制权、增加代理成本，因此在同等条件下，聘任政治关联董事的选择更优。第二，聘任董事可以增加和发挥董事会的咨询功能，降低信息不对称，从而降低不确定性，最终起到缓解企业风险的作用。在治理过程中，董事会具有监督管理层自利行为、为公司经营管理提供咨询和进行公司重要决策三大重要功能（Fama，1980；Fama and Jensen，1983；Weisbach，1988）。政治关联董事由于其背景和身份，对政府行为较为熟悉，因而对政策更为敏感，其加入公司董事会可以为公司决策带来更多信息，提升董事会咨询功能的效果，起到降低信息不对称及不确定程度的作用，从而能够帮助企业降低企业风险。

基于以上分析，本章提出第一个假设：

H1：企业风险越高，聘任的政治关联董事越多。

二、企业风险与政治关联董事聘任的同群效应

同群效应（Peer Effect）指个体在群体的影响下，会对群体中某一领导个体行为或决策进行跟随，或直接形成群体的隐性行为规范，造成整个群体都趋向于采取类似的行为或决策（Leary and Roberts，2014）。同群效应对企业决策和行为具有重要影响，已有研究发现，不同企业间的投资决策会显示出“同群效应”。这种效应主要受到知识溢出、消费外部性、政府干预、企业规模优势特征、焦点企业高管学习能力以及行业经营风险等因素影响（Chen，2017）。共同基金对董事选聘的投票行为也会表现出同群效应（Matvos and Ostrovsky，2011）；上市公司股票发行、分割和股利发放也受到“同群效应”的影响，研究发现行业同群企业发行股票的行为和结果都会对目标公司的股票发行决策产生影响，比如同群公司进行股票分割时，目标公司也更倾向于进行股票分割（Kaustia and Rantala，2015）。高管薪酬政策制定也会受到“同群效应”的显著影响。

公司制定的薪酬标准尤其会参照同群公司的高管薪酬政策，考虑对 CEO 才能的补偿，公司会选择高薪同行和 CEO 薪酬进行对比。同群公司高管薪酬之间存在竞争，这种竞争会使高管薪酬不断上涨（Albuquerque et al.，2009；赵颖，2016）。企业“同群效应”在信息披露方面同样存在，当目标公司与同群公司业绩预告信息含量相差不大时，投资者会给予目标公司下一年业绩更高预期，当目标公司比同群公司的业绩预告中包含的“惊喜”更多时，投资者对目标公司下一年度的业绩预期会更高。公司业绩同样存在同群效应（Francis et al.，2016）。除此之外，同群效应对广告策略（Stigler，1958）、资本结构（Leary and Roberts，2014）等公司政策和行为都具有重要影响。“同群效应”现象的背后具有深层次的理论基础。根据资源依赖理论，组织在特定环境中并非孤立存在，其生存与发展需要借助周围环境的资源。现实社会和市场是充满信息不对称和不确定的环境，因此组织和个体为了降低信息不对称及环境中的不确定性，为了为自身争取更有利的资源，会对周围的“同伴”或竞争对手的行为进行效仿，由此逻辑逐渐发展成为组织间模仿理论，而制度理论也认为，企业通过模仿行为可以增强自身的合法性。一种典型的同群效应是资本市场中的“羊群行为”，即投资者相互跟风或者跟随所谓“股神”进行证券投资。

造成个体或组织间同群效应的根本在于市场的不完美性。信息不对称、环境的不确定性使组织要做出相对较为优化的决策需要搜集和处理大量信息，降低不确定性对决策结果的影响，但是这会导致组织的成本升高。在不完美市场中，理性地模仿其他组织的战略和决策能够有效降低不确定性，降低决策失误的风险（Conlisk，1980），从而尽可能提升组织的效用。同群效应的内在机理就是组织间的相互模仿。制度理论提出，组织间的模仿行为能够使组织得到合法化收益，降低成本（Suchman，1995）。模仿行为能够使组织获得行为上的合法性，由此提升公司治理效率，降低代理成本。

延续 H1 的逻辑，当企业风险上升时，企业倾向于聘任政治关联董事进入公司从而帮助公司缓解企业风险。企业风险上升表明企业面临的不确定性增强，此时如果公司自行分析缓解企业风险的各个备选方案的成本较高，且如果信息不充分时，很难在较短时间内做出应对反应，而此时如果企业观测到同群企业增加聘任政治关联董事的行为，从经济角度考虑，模仿对方聘任政治关联董事的决策显然是成本最低的选择，因此有理由预期企业风险对政治关联董事聘任的影响也存在同群效应。

据此，本章提出第二个待验证假设：

H2：企业风险对政治关联董事聘任的影响存在同群效应。

第三节　研究设计

一、样本选择及数据来源

我国独立董事制度自2001年起正式建立，因此本章选取2001~2017年全部A股上市公司为样本，且进行了以下处理：①结合CSMAR金融研究数据库中披露的企业净利润计算年度净利润方差，将其作为企业风险的代理变量；②删去主要变量缺失的样本，最终得到21242个样本量。为消除极端值影响，我们对数据中连续变量上下1%的极端值样本采用Winsorize处理。财务数据和公司治理相关数据来自CSMAR和Wind数据库。

二、模型设定与变量定义

本章构建模型（4-1）和模型（4-2）分别用于检验H1和H2：

$$Pcdir\_rat_{i,t}=\alpha_1 Risk_{i,t-1}\sum \alpha_j Controls_{i,t-1}+\zeta_{i,t-1} \tag{4-1}$$

$$Pcdir\_rat_{i,t}=\beta_1 Peerpcdir\_rat_{j,t-1}+\beta_2 Risk_{i,t-1}\sum \beta_j Controls_{j,t-1}+\mu_{i,t-1} \tag{4-2}$$

其中，模型（4-1）中被解释变量为公司i第t年度政治关联董事占比（Pcdir_rat），用公司年末政治关联董事人数除以年末董事会总人数得到；解释变量为企业风险（Risk），采用公司i年末净利润变异系数进行衡量。为避免互为因果的内生性问题，我们将模型（4-1）右侧变量全部滞后一期。模型（4-2）中被解释变量为政治关联董事占比（Pcdir_rat），定义与模型（4-1）相同，第一解释变量为同群公司j上一年度的政治关联董事占比，即同群公司政治关联董事占比（Peerpcdir_rat），通过PSM匹配之后得到同群公司的政治关联董事占比；第二解释变量为企业风险（Risk），定义与模型（4-1）一致。同样，为避免互为因果的内生性问题，我们同样将模型（4-2）右侧变量均滞后一期。由于解释变量为公司—年度层面变量，控制变量同样也选用公司—年度层面变量。参考现有研究，我们选取公司规模（Size）（该公司总资产取自然对数）、公司业绩（Roa）（净利润/总资产余额）、产权性质（Soe）（根据CCER数据库中公司实际控制人数据，若公司实际控制人为各级政府、国有资产监督管理委员会等国有机构，该变量取“1”，其他取“0”）、董事会规模（Boardsize）（利用董事会人数来衡量）、第一大股东持股比例（Top1）、总资产增长率（Growth）、资产负债率（Leverage）（期末负债总额/期末资产总额）等作为控制变量。具体变量定义如表4-1所示。

表 4-1 主要变量定义

变量符号	变量名称	变量说明
Pcdir_rat	政治关联董事占比	政治关联董事人数/董事会人数
Risk	企业风险	企业年度净利润的变异系数
Peerpcdir_rat	同群公司政治关联董事占比	经过 PSM 匹配之后同群公司的政治关联董事占比
Boardsize	董事会规模	董事会人数
Size	公司规模	该公司总资产的自然对数
Leverage	资产负债率	期末负债总额/期末资产总额
Roa	总资产净利润率	净利润/总资产余额
Growth	总资产增长率	（资产总计本期期末值-资产总计本期期初值）/资产总计本期期初值
Top1	第一大股东持股比例	第一大股东持股比例
Soe	产权性质	根据 CCER 数据库中公司实际控制人数据，若公司实际控制人为各级政府、国有资产监督管理委员会等国有机构，该变量取“1”，其他取“0”

资料来源：笔者整理得到。

三、描述性统计

表 4-2 报告了主要变量的描述性统计结果。本章选取 2001～2017 年全部 A 股上市公司作为样本，删去主要变量缺失的样本后，最终得到 21242 个样本量。表 4-2 中数据显示，上市公司平均有 24.9%的董事是拥有政治背景的（Pcdir_rat 均值为 0.249），且均值与中位数较为接近，说明上市公司聘请政治背景董事的现象较为普遍，企业风险（Risk）均值为 0.0886，且与中位数、25 分位数都较为接近，标准差趋于 0，说明企业层面存在的非系统风险差异较小；上市公司平均董事会规模为 8.819 人（Boardsize 平均值为 8.819）。资产负债率（Leverage）均值为 0.451，低于 50%，说明企业将财务风险控制在较合理的水平；总资产净利润率（Roa）均值为 0.0381，25 分位数为 0.0135，中位数为 0.0369，而 95 分位数达到了 0.129，说明因处于不同行业，各个企业的总资产净利润率（Roa）存在较大差异；总资产增长率（Growth）均值为 0.232，25 分位数为 0.0172，中位数为 0.112，而 95 分位数为 1.049，说明高速发展的企业增长率可以超过 100%，而处于夕阳行业的企业增长率低于 2%，远远低于我国经济增长率；从产权性质（Soe）的均值 0.522 可以看出，国有企业仍然占据我国经济的主导地位，而民营企业也是市场经济发展中的中坚力量。

表 4-2 主要变量描述性统计

变量	样本量	均值	中位数	标准差	25 分位数	95 分位数
Pcdir_rat	21242	0.249	0.222	0.189	0.111	0.571

续表

变量	样本量	均值	中位数	标准差	25 分位数	95 分位数
Risk	21242	0.0886	0.0892	0.00367	0.0842	0.0969
Boardsize	21242	8.819	9	1.891	8	12
Size	21242	21.96	21.76	1.412	20.97	24.66
Leverage	21242	0.451	0.439	0.236	0.266	0.830
Roa	21242	0.0381	0.0369	0.0624	0.0135	0.129
Growth	21242	0.232	0.112	0.439	0.0172	1.049
Top1	21242	35.48	33.46	15.33	23.27	63.24
Soe	21242	0.522	1	0.500	0	1

资料来源：笔者运用 Stata 计算整理得到。

四、主要变量相关系数

表 4-3 报告了主要变量的 Pearson 相关系数的情况。表 4-3 中数据显示，企业风险（Risk）与政治关联董事占比（Pcdir_rat）相关系数（0.170）在 1%显著性水平下显著为正，初步表明两者呈正相关关系。其他主要变量的相关系数表明，董事会规模（Boardsize）越大，政治关联董事占比（Pcdir_rat）越高；公司规模（Size）越大，政治关联董事占比（Pcdir_rat）越高，而公司规模（Size）与企业风险（Risk）呈显著的负相关关系，这与政治成本假设一致。此外，表 4-3 中大多数变量的相关系数均在 0.5 以下，表明变量之间不存在严重的共线性问题。

表 4-3 主要变量的 Pearson 相关系数矩阵

	Pcdir_rat	Risk	Boardsize	Size	Leverage	Roa	Growth
Risk	0.170***	1					
Boardsize	0.105***	0.107***	1				
Size	0.122***	-0.140***	0.351***	1			
Leverage	0.082***	0.122***	0.196***	0.395***	1		
Roa	0.00800	-0.057***	-0.015**	-0.00900	-0.413***	1	
Growth	-0.016**	-0.058***	-0.053***	-0.030***	-0.179***	0.228***	1
Top1	0.080***	0.043***	0.0110	0.225***	0.00800	0.114***	-0.00400
Seo	-0.014**	0.057***	-0.131***	-0.126***	-0.053***	0.0100	-0.011*

注：* 表示 $p<0.1$，** 表示 $p<0.05$，*** 表示 $p<0.01$。

资料来源：笔者运用 Stata 计算整理得到。

第四节 实证结果

一、H1 的实证检验结果

表 4-4 报告了运用模型（4-1）对 H1 的回归检验结果。其中，表 4-4 中（1）列为单变量回归结果，在回归时控制了行业和年度固定效应。（2）列为多元回归结果，即在（1）列的基础上加入了董事会规模（Boardsize）、公司规模（Size）、资产负债率（Leverage）、总资产净利润率（Roa）、总资产增长率（Growth）、第一大股东持股比例（Top1）、产权性质（Seo）等控制变量，但是未控制行业、年度固定效应。（3）列为控制了行业、年度固定效应的多元回归结果。表 4-4 的数据中，由（1）列可以看出，上一期企业风险（Risk）与本期政治关联董事占比（Pcdir_rat）的回归系数为 8.7290（t 值 27.32），在 1%的显著性水平下不为 0，且上一期的企业风险（Risk）与本期政治关联董事占比（Pcdir_rat）呈正相关，表明当企业风险水平上升时，企业会增加对政治关联董事的聘请。由（2）列可以看出，董事会规模（Boardsize）、企业规模（Size）、资产负债率（Leverage）、总资产净利润率（Roa）、第一大股东持股比例（Top1）与下一期政治关联董事比例的系数分别为 0.0044（t 值 5.50）、0.0000（t 值 15.99）、0.0228（t 值 3.74）、0.1121（t 值 4.87）、0.0007（t 值 7.51）且都在 1%的显著性水平下呈显著正相关，说明当企业风险水平上升、董事会规模越大、企业规模越大、资产负债率越高时，会促进企业在下一年度增加聘请有政治关联的人士进入董事会担任董事。此外，第一大股东持股比例（Top1）越高，企业下一期越倾向聘请有政治关联的董事；总资产收益率（Roa）对政治关联董事聘任具有正向促进作用，这可能是因为本期总资产净利润率越大，企业本年度拥有的可使用资金越多，对下一期的净利润率越有信心，越有可能聘请相对更加“昂贵”的政治关联董事。（3）列控制年度、行业的多元回归结果显示，上述结论依然成立，且国有企业（Soe）与本期政治关联董事占比的回归系数为 0.0002（t 值 2.16），在 5%的显著性水平下显著不为 0，呈现显著的正相关关系，说明相比非国有企业，国有企业聘任的政治关联董事更多。

表 4-4 企业风险与政治关联董事聘任的回归结果

	(1)	(2)	(3)
	$Pcdir\_rat_{i,t}$	$Pcdir\_rat_{i,t}$	$Pcdir\_rat_{i,t}$
$Risk_{i,t-1}$	8.7290***	8.9941***	8.4968***
	(27.32)	(23.15)	(23.90)

续表

	(1)	(2)	(3)
	$Pcdir\_rat_{i,t}$	$Pcdir\_rat_{i,t}$	$Pcdir\_rat_{i,t}$
$Boardsize_{i,t-1}$		0.0044***	0.0002
		(5.50)	(0.28)
$Size_{i,t-1}$		0.0000***	0.0000***
		(15.99)	(11.63)
$Leverage_{i,t-1}$		0.0228***	0.0014
		(3.74)	(0.25)
$Roa_{i,t-1}$		0.1121***	0.1149***
		(4.87)	(5.79)
$Growth_{i,t-1}$		−0.0005	−0.0017
		(−0.17)	(−0.64)
$Top1_{i,t-1}$		0.0007***	0.0003***
		(7.51)	(3.52)
$Soe_{i,t-1}$		0.0001	0.0002**
		(0.68)	(2.16)
行业	控制	未控制	控制
年度	控制	未控制	控制
_cons	−0.5237***	−0.6330***	−0.4882***
	(−18.49)	(−18.45)	(−14.69)
N	21242	21242	21242
Adj. R^2	0.029	0.053	0.275

注：表中括号内为t值，经White异方差调整。*表示 $p<0.1$，**表示 $p<0.05$，***表示 $p<0.01$。
资料来源：笔者运用Stata计算整理得到。

二、H2的实证检验结果

表4-5报告了对行业、公司规模、所在地区、风险水平等基本情况相近的同群公司运用PSM进行匹配后，采用模型（4-2）对H2进行回归检验的结果。其中，（1）列为单变量回归结果；（2）列为未控制行业和年度固定效应，但加入了控制变量的多元回归结果；（3）列为控制了行业和年度固定效应同时加入了控制变量的多元回归结果。如表4-5所示，在（1）列中，同群公司上一年度政治关联董事占比（Peerpcdir_rat）与该公司政治关联董事占比（Pcdir_rat）的回归系数为0.0257（t值6.28），在1%的水平上显著为正，说明同群公司在上一年度政治关联董事占比越高，该公司本年度更有动机聘请政治关联董事。（2）列未控制行业和年度、加入了控制变量的多元回归结果可

以看出，同群公司政治关联董事占比（Peerpcdir_rat）、企业风险（Risk）、董事会规模（Boardsize）、企业规模（Size）、资产负债率（Leverage）、总资产净利润率（Roa）、第一大股东持股比例（Top1）与政治关联董事占比的系数分别为 0.0117（t 值 2.62）、8.9940（t 值 46.17）、0.0066（t 值 14.42）、0.0000（t 值 28.82）、0.0229（t 值 7.46）、0.1180（t 值 10.23）、0.0007（t 值 14.50）且都在 1%的显著性水平下呈显著正相关，表明同群公司政治关联董事占比、企业风险、董事会规模、企业规模、资产负债率、总资产净利润率、第一大股东持股比例都对该公司下一年度聘请政治关联董事有正向促进作用，这些指标越大，该公司下一年度越倾向于聘请政治关联董事。(3）列控制年度、行业的多元回归结果显示，上述结论依然成立，同群公司政治关联董事占比（Peerpcdir_rat）与本期政治关联董事占比（Pcdir_rat）的回归系数为 0.0110（t 值 2.95），在 1%的显著性水平下显著不为 0，且呈正相关，表明同群公司在上一年度政治关联董事占比提高 1%，则该公司本年度政治关联董事占比平均提高 0.01%。国有企业虚拟变量（Soe）与本期政治关联董事占比（Pcdir_rat）的回归系数为 0.0002（t 值 4.46），在 1%的显著性水平下显著不为 0，呈现正相关关系，说明国有企业更倾向于聘任拥有政治关联的董事。表 4-5 中控制变量的相关情况与表 4-4 中类似。

表 4-5 企业风险影响政治关联董事聘任的同群效应检验结果

	(1)	(2)	(3)
	$Pcdir\_rat_{i,t}$	$Pcdir\_rat_{i,t}$	$Pcdir\_rat_{i,t}$
$Peerpcdir\_rat_{i,t-1}$	0.0257*** (6.28)	0.0117*** (2.62)	0.0110*** (2.95)
$Risk_{i,t-1}$		8.9940*** (46.17)	8.5000*** (47.77)
$Boardsize_{i,t-1}$		0.0066*** (14.42)	0.0029*** (7.48)
$Size_{i,t-1}$		0.0000*** (28.82)	0.0000*** (20.41)
$Leverage_{i,t-1}$		0.0229*** (7.46)	0.0026 (0.91)
$Roa_{i,t-1}$		0.1180*** (10.23)	0.1213*** (12.21)
$Growth_{i,t-1}$		0.0003 (0.21)	-0.0007 (-0.54)
$Top1_{i,t-1}$		0.0007*** (14.50)	0.0003*** (7.02)

续表

	(1)	(2)	(3)
	$Pcdir\_rat_{i,t}$	$Pcdir\_rat_{i,t}$	$Pcdir\_rat_{i,t}$
$Soe_{i,t-1}$		0.0001 (1.35)	0.0002*** (4.46)
行业	控制	未控制	控制
年度	控制	未控制	控制
_cons	0.2487*** (190.04)	-0.7270*** (-38.86)	-0.5970*** (-33.54)
N	13968	13968	13968
Adj. R^2	0.001	0.055	0.277

注：表中括号内为 t 值，经 White 异方差调整。* 表示 $p<0.1$，** 表示 $p<0.05$，*** 表示 $p<0.01$。
资料来源：笔者运用 Stata 计算整理得到。

第五节　稳健性检验

上述实证结果表明，企业风险增加确实会增加未来聘任政治关联董事的倾向，而同群公司在风险增加而增加聘任政治关联董事时，考察公司在下一期也会增加对政治关联董事的聘任。为进一步验证前文实证结果的可靠性，本章继续从以下几个方面进行稳健性检验。

一、改变企业风险测度的稳健性检验

为使结果稳健，我们改变模型（4-1）中解释变量的测度，采用企业利润总额的变异系数作为企业风险的代理变量，重新对模型（4-1）进行回归，回归结果如表 4-6 所示。表 4-6 中（1）列数据显示，企业利润总额的变异系数作为企业风险的代理变量与本期政治关联董事的回归系数为 9.4289（t 值 28.32），在 1%的显著性水平下显著不为 0，且依然呈现正相关关系。在未控制行业、年度的（2）列中，企业利润总额的变异系数作为企业风险的代理变量、董事会规模（Boardsize）、企业规模（Size）、资产负债率（Leverage）、总资产净利润率（Roa）、第一大股东持股比例（Top1）与下一期政治关联董事比例的系数在 1%的显著性水平下依然显著不为 0，且呈正相关关系，此结果与上述回归结论一致。在控制行业、年度的（3）列中，结论依然没有改变，由此可以说明，改变企业风险变量的测度并不影响本章的主要结果。

表 4-6 改变企业风险测量维度的稳健性检验结果

	(1)	(2)	(3)
	$Pcdir\_rat_{i,t}$	$Pcdir\_rat_{i,t}$	$Pcdir\_rat_{i,t}$
$Risk_{i,t-1}$	9.4289***	9.6412***	9.2085***
	(28.32)	(23.70)	(25.57)
$Boardsize_{i,t-1}$		0.0042***	0.0001
		(5.34)	(0.09)
$Size_{i,t-1}$		0.0000***	0.0000***
		(16.17)	(11.81)
$Leverage_{i,t-1}$		0.0216***	0.0002
		(3.55)	(0.04)
$Roa_{i,t-1}$		0.1096***	0.1125***
		(4.76)	(5.68)
$Growth_{i,t-1}$		-0.0016	-0.0027
		(-0.54)	(-1.06)
$Top1_{i,t-1}$		0.0007***	0.0003***
		(7.45)	(3.43)
$Soe_{i,t-1}$		0.0000	0.0002**
		(0.50)	(1.97)
行业	控制	未控制	控制
年度	控制	未控制	控制
_cons	-0.5714***	-0.6736***	-0.5352***
	(-19.70)	(-19.19)	(-16.20)
N	21242	21242	21242
Adj. R^2	0.031	0.055	0.277

注：表中括号内为 t 值，经 White 异方差调整。* 表示 $p<0.1$，** 表示 $p<0.05$，*** 表示 $p<0.01$。

资料来源：笔者运用 Stata 计算整理得到。

二、考虑同群效应地区因素影响的稳健性检验

前文中，我们匹配的同群公司为同行业同地区，但是受地区因素影响，同群效应还可能在同一行业不同地域方面有所差异，为使结果稳健，我们重新匹配了同行业不同地区（跨省）的公司为同群公司，重新对模型（4-2）进行回归，结果如表 4-7 所示。对比表 4-5，在单变量回归结果，即（1）列中，同群公司政治关联董事占比（$Peerpcdir\_rat_{i,t-1}$）与企业政治关联董事占比（$Pcdir\_rat_{i,t}$）的回归系数为 0.0257，在 1%的显著性水平下依然显著不为 0；在未控制行业、年度的多元回归结果（2）列与控制行业、

年度的（3）列中，同群公司政治关联董事占比（$Peerpcdir\_rat_{i,t-1}$）、企业风险（Risk）、董事会规模（Boardsize）、资产负债率（Leverage）、总资产净利润率（Roa）、第一大股东持股比例（Top1）均会显著影响该公司下一年度对政治关联董事的聘任。在（3）列中产权性质（Soe）与企业政治关联董事占比（$Pcdir\_rat_{i,t}$）的回归系数为0.0002（t值4.10），在1%的显著性水平下显著，说明产权性质依然是影响政治关联董事聘任的重要因素。我们还发现，当同群匹配对象为不同地区公司时，在控制行业、年度的多元回归中［见（3）列］，同群公司政治关联董事占比（$Peerpcdir\_rat_{i,t-1}$）与企业政治关联董事占比（$Pcdir\_rat_{i,t}$）的回归系数由表4-5中的0.0110变为了0.0096，并在1%的显著性水平下显著不为0，由此说明其同行业不同地区的同群公司政治关联董事占比（$Peerpcdir\_rat_{i,t-1}$）与企业政治关联董事占比（$Pcdir\_rat_{i,t}$）的回归系数小于同行业同地区的同群公司，这可能是由于距离产生的信息阻隔，使相较于非同地区公司而言，同地区的同群公司对信息把握更及时，因此地区的同群公司对企业的董事聘任影响也更大。

表4-7　同行业不同地区维度同群效应回归结果

	(1)	(2)	(3)
	$Pcdir\_rat_{i,t}$	$Pcdir\_rat_{i,t}$	$Pcdir\_rat_{i,t}$
$Peerpcdir\_rat_{i,t-1}$	0.0257*** (6.28)	0.0103** (2.31)	0.0096** (2.57)
$Risk_{i,t-1}$		9.6454*** (47.19)	9.2175*** (51.08)
$Boardsize_{i,t-1}$		0.0065*** (14.25)	0.0028*** (7.26)
$Size_{i,t-1}$		0.0000*** (29.16)	0.0000*** (20.76)
$Leverage_{i,t-1}$		0.0216*** (7.05)	0.0013 (0.45)
$Roa_{i,t-1}$		0.1154*** (10.02)	0.1187*** (11.96)
$Growth_{i,t-1}$		-0.0008 (-0.56)	-0.0018 (-1.40)
$Top1_{i,t-1}$		0.0007*** (14.32)	0.0003*** (6.76)
$Soe_{i,t-1}$		0.0000 (1.01)	0.0002*** (4.10)

续表

	(1)	(2)	(3)
	$Pcdir\_rat_{i,t}$	$Pcdir\_rat_{i,t}$	$Pcdir\_rat_{i,t}$
行业	控制	未控制	控制
年度	控制	未控制	控制
_cons	0.2487***	-0.7687***	-0.6455***
	(190.04)	(-40.13)	(-36.40)
N	12960	12960	12960
Adj. R^2	0.001	0.057	0.279

注：表中括号内为 t 值，经 White 异方差调整。* 表示 p<0.1，** 表示 p<0.05，*** 表示 p<0.01。
资料来源：笔者运用 Stata 计算整理得到。

第六节 企业聘任政治关联董事同群效应的路径分析

一、信息效应

北京作为国内主要的政治中心，北京的公司相较于其他地区的公司有着显著的信息优势，以北京为主要办公地点的公司一方面更容易聘请到政治关联层级更高的董事，另一方面拥有天然的地理优势，使它们能够更容易获得最新的政策资讯，对信息的获取更及时、更准确、更有效，从而使同群效应在这些公司中的影响被削弱。为验证该条机制，同群效应在北京的公司相较于在其他地区的公司是否会被削弱，我们设置了变量 BJ，当该公司常用办公地为北京时，该变量取“1”，否则取“0”。我们在模型（4-2）的基础上设置交乘项 BJ×Peerpcdir_rat，并重新对模型（4-2）进行回归，结果如表 4-8 所示，在未控制行业、年度的表 4-8 的（1）列中交乘项 BJ×$Peerpcdir\_rat_{i,t-1}$ 与企业政治关联董事占比（$Pcdir\_rat_{i,t}$）的回归系数为-0.0196（t 值-2.67），并且同群公司政治关联董事占比（$Peerpcdir\_rat_{i,t-1}$）与企业政治关联董事占比（$Pcdir\_rat_{i,t}$）的回归系数为 0.0137（t 值 3.03），在 1%的显著性水平下显著为正；同样在控制行业和年度的表 4-8 的（2）列中交乘项 BJ×$Peerpcdir\_rat_{i,t-1}$ 与企业政治关联董事占比（$Pcdir\_rat_{i,t}$）的回归系数为-0.0186（t 值-2.98）在 1%的显著性水平上显著为负，同群公司政治关联董事占比（$Peerpcdir\_rat_{i,t-1}$）与企业政治关联董事占比（$Pcdir\_rat_{i,t}$）的回归系数为 0.0129（t 值 3.39），在 1%的显著性水平下显著为正。通过对比分析，表明信息环境较好时，同群效应会被减弱，即相比于其他地方的公司，这些以北京为主要办公地点的公司一是因为更容易聘请到政治关联层级更高的董事，二是因为处于政治中心拥有天然地理优势，有助于它们获得最新的政策资讯，使同群效应在这些公司中的影响被削弱。

表 4-8　基于信息环境的回归结果

	(1)	(2)
	$Pcdir\_rat_{i,t}$	$Pcdir\_rat_{i,t}$
$Peerpcdir\_rat_{i,t-1}$	0.0137*** (3.03)	0.0129*** (3.39)
$Risk_{i,t-1}$	8.9919*** (46.15)	8.5008*** (47.77)
$BJ×Peerpcdir\_rat_{i,t-1}$	-0.0196*** (-2.67)	-0.0186*** (-2.98)
$Boardsize_{i,t-1}$	0.0066*** (14.40)	0.0029*** (7.50)
$Size_{i,t-1}$	0.0000*** (28.80)	0.0000*** (20.67)
$Leverage_{i,t-1}$	0.0224*** (7.30)	0.0021 (0.73)
$Roa_{i,t-1}$	0.1180*** (10.23)	0.1211*** (12.19)
$Growth_{i,t-1}$	0.0004 (0.29)	-0.0007 (-0.51)
$Top1_{i,t-1}$	0.0007*** (14.62)	0.0003*** (7.17)
$Soe_{i,t-1}$	0.0001 (1.40)	0.0002*** (4.50)
行业	未控制	控制
年度	未控制	控制
_cons	-0.7270*** (-38.85)	-0.5971*** (-33.54)
N	13968	13968
Adj. R^2	0.055	0.277

注：表中括号内为 t 值，经 White 异方差调整。* 表示 p<0.1，** 表示 p<0.05，*** 表示 p<0.01。
资料来源：笔者运用 Stata 计算整理得到。

二、不确定性效应

行业竞争程度越大，行业不确定程度越高，则企业越容易发生同群行为。基于以上思考，我们对企业所处行业的竞争程度进行了划分，计算了全国所有行业的赫芬达尔指数（HHI），该指数越高，表示行业竞争程度越低，反之则越高。我们也计算了所有样本行业 HHI 的年度均值，若该行业的赫芬达尔指数高于均值，则说明该行业为低竞争行业，反之则为高竞争行业。为避免时间带来的偏差，我们使用了两种方式来计算赫芬达尔指数：一是考虑年度的计算，即计算各行业每一年度的 HHI，用 HHI1 表示；二是不考虑年度的计算，直接计算 2001~2017 年所有年度各行业的 HHI，用 HHI2 表示。

表 4-9 报告了运用第一种测算方式计算行业竞争程度的分组回归结果。表 4-9 中数据显示，在 HHI1 小于均值，即行业竞争程度较大且未控制行业和年度的分组中，同群公司政治关联董事占比（$Peerpcdir\_rat_{i,t-1}$）与企业政治关联董事占比（$Pcdir\_rat_{i,t}$）的回归系数为 0.0097（t 值 1.86），在 10%的显著性水平下显著，且呈正相关。在表 4-9 的（2）列中，控制行业和年度同群公司政治关联董事占比（$Peerpcdir\_rat_{i,t-1}$）与企业政治关联董事占比（$Pcdir\_rat_{i,t}$）的回归系数为 0.0102（t 值 2.35），在 5%的显著性水平下显著不为 0，两组回归系数均通过显著性检验。然而，在 HHI1 大于均值的分组中，即行业竞争程度较小，未控制行业和年度与控制行业和年度中同群公司政治关联董事占比（$Peerpcdir\_rat_{i,t-1}$）与企业政治关联董事占比（$Pcdir\_rat_{i,t}$）的回归系数均不显著，表明在行业竞争程度较大的环境中，同群效应更为显著。

表 4-9 根据 HHI1 分组的回归结果

	HHI1 小于均值		HHI1 大于均值	
	(1)	(2)	(3)	(4)
	$Pcdir\_rat_{i,t}$	$Pcdir\_rat_{i,t}$	$Pcdir\_rat_{i,t}$	$Pcdir\_rat_{i,t}$
$Peerpcdir\_rat_{i,t-1}$	0.0097* (1.86)	0.0102** (2.35)	0.0139 (1.63)	0.0102 (1.41)
$Risk_{i,t-1}$	8.4911*** (37.57)	8.2295*** (40.07)	9.8508*** (25.98)	9.1754*** (26.07)
$Boardsize_{i,t-1}$	0.0062*** (11.34)	0.0050*** (10.93)	0.0047*** (5.85)	-0.0007 (-1.04)
$Size_{i,t-1}$	0.0000*** (9.03)	0.0000*** (13.26)	0.0000*** (19.74)	0.0000*** (15.97)
$Leverage_{i,t-1}$	0.0222*** (6.20)	-0.0026 (-0.80)	0.0314*** (5.15)	0.0117** (2.03)
$Roa_{i,t-1}$	0.1231*** (9.09)	0.1144*** (9.95)	0.0905*** (4.07)	0.1311*** (6.63)
$Growth_{i,t-1}$	0.0044** (2.47)	0.0022 (1.38)	-0.0108*** (-4.22)	-0.0072*** (-3.12)

续表

	HHI1 小于均值		HHI1 大于均值	
	(1)	(2)	(3)	(4)
	$Pcdir\_rat_{i,t}$	$Pcdir\_rat_{i,t}$	$Pcdir\_rat_{i,t}$	$Pcdir\_rat_{i,t}$
$Top1_{i,t-1}$	0.0005***	0.0002***	0.0010***	0.0005***
	(9.45)	(3.85)	(11.55)	(6.66)
$Soe_{i,t-1}$	0.0004***	0.0004***	-0.0003***	-0.0001*
	(7.75)	(7.37)	(-4.65)	(-1.85)
行业	未控制	控制	未控制	控制
年度	未控制	控制	未控制	控制
_cons	-0.6937***	-0.6213***	-0.7338***	-0.6050***
	(-31.86)	(-31.23)	(-20.17)	(-17.84)
N	8381	8381	5587	5587
Adj. R^2	0.037	0.238	0.080	0.330

注：表中括号内为 t 值，经 White 异方差调整。* 表示 p<0.1，** 表示 p<0.05，*** 表示 p<0.01。
资料来源：笔者运用 Stata 计算整理得到。

表 4-10 报告了运用第二种测试方式计算行业竞争程度的分组回归结果，表 4-10 中数据显示，在 HHI2 大于均值，即竞争程度较小的分组中，同群公司政治关联董事占比（$Peerpcdir\_rat_{i,t-1}$）与企业政治关联董事占比（$Pcdir\_rat_{i,t}$）的回归系数均不显著。在 HHI2 小于均值，即竞争程度较大的分组中，同群公司政治关联董事占比（$Peerpcdir\_rat_{i,t-1}$）与企业政治关联董事占比（$Pcdir\_rat_{i,t}$）的回归系数分别为 0.0128（t 值 2.77）、0.0164（t 值 4.01），均在 1%的显著性水平下显著不为 0，且呈显著正相关，由此表明，在行业竞争程度较大的环境中，同群效应更为显著，同群公司政治关联董事占比提高 1%，该公司下一年度聘任政治关联董事占比将增加 0.01%左右。

两组回归结果均验证，当行业竞争程度较高时，同群效应更显著，在竞争程度较高的行业，不确定性越突出，企业面临的风险越大，为规避不确定性带来的风险，企业更有动机表现出同群效应，即同群公司政治关联董事占比将会显著正向影响该公司下一年度对政治关联董事的聘任。回归结果表明不确定性也是影响同群效应的重要路径。

表 4-10　根据 HHI2 分组的回归结果

	HHI2 小于均值		HHI2 大于均值	
	(1)	(2)	(3)	(4)
	$Pcdir\_rat_{i,t}$	$Pcdir\_rat_{i,t}$	$Pcdir\_rat_{i,t}$	$Pcdir\_rat_{i,t}$
$Peerpcdir\_rat_{i,t-1}$	0.0128***	0.0164***	0.0150	-0.0088
	(2.77)	(4.01)	(1.19)	(-0.96)

续表

	HHI2 小于均值		HHI2 大于均值	
	(1)	(2)	(3)	(4)
	$Pcdir\_rat_{i,t}$	$Pcdir\_rat_{i,t}$	$Pcdir\_rat_{i,t}$	$Pcdir\_rat_{i,t}$
$Risk_{i,t-1}$	8.8892*** (43.04)	8.3826*** (43.20)	9.0842*** (16.62)	8.9422*** (19.88)
$Boardsize_{i,t-1}$	0.0063*** (12.26)	0.0028*** (6.57)	0.0064*** (6.36)	0.0032*** (3.62)
$Size_{i,t-1}$	0.0000*** (11.18)	0.0000*** (13.73)	0.0000*** (16.47)	0.0000*** (13.52)
$Leverage_{i,t-1}$	0.0148*** (4.44)	-0.0022 (-0.71)	0.0741*** (9.15)	0.0318*** (4.24)
$Roa_{i,t-1}$	0.1212*** (9.56)	0.1167*** (10.74)	0.1023*** (3.65)	0.1411*** (5.72)
$Growth_{i,t-1}$	-0.0008 (-0.48)	-0.0006 (-0.43)	0.0003 (0.09)	-0.0006 (-0.22)
$Top1_{i,t-1}$	0.0007*** (14.37)	0.0003*** (7.36)	0.0006*** (5.24)	0.0001 (1.08)
$Soe_{i,t-1}$	0.0004*** (7.51)	0.0003*** (7.04)	-0.0003*** (-3.09)	-0.0001 (-0.85)
行业	未控制	控制	未控制	控制
年度	未控制	控制	未控制	控制
_cons	-0.7139*** (-35.99)	-0.6458*** (-33.89)	-0.7341*** (-14.05)	-0.6748*** (-15.73)
N	7982	7982	5986	5986
Adj. R^2	0.040	0.244	0.112	0.392

注：表中括号内为 t 值，经 White 异方差调整。* 表示 $p<0.1$，** 表示 $p<0.05$，*** 表示 $p<0.01$。
资料来源：笔者运用 Stata 计算整理得到。

第七节 进一步分析

上文中，我们证明了当企业风险增大时，企业在下一年度倾向于聘请有政治关联的董事参与公司经营活动，且聘请政治关联董事的行为会在同群公司中产生同群效应。为探索上述现象的动因及其影响因素，我们进行了以下几部分的进一步分析。

一、产权性质、企业风险与政治关联董事聘任

上文分析显示，当企业风险过高时，企业会通过提高拥有政治背景的董事比例来构建与维持良好政治关系企图以此降低风险。由于国有企业具有国有性质的特殊身份，国有企业与政府存在一定的利益关联（严楷等，2019），因此在获得贷款、取得债权人信任（严楷等，2019）等方面有天然的优势，这使它们可以拥有民营企业难以获得的政治资源以及政治关联。为检验产权性质对本章主要结论的影响，即产权性质是否会影响政治关联董事的聘任，以及在国有企业与民营企业中政治关联董事的聘任是否存在同群效应？为解答以上问题，我们将样本企业分为国有企业与民营企业两组，再分别对模型（4-1）与模型（4-2）进行估计，结果如表 4-11 和表 4-12 所示。表 4-11 为对 H1 的分组回归结果，即产权性质、企业风险与政治关联董事聘任的回归结果，表 4-12 为对 H2 的分组回归结果，即产权性质、企业风险与政治关联董事聘任同群效应的检验结果。其中，表 4-11 的（1）列和（2）列为未控制行业和年度的回归结果，（3）列和（4）列为控制行业和年度的回归结果。（1）列和（3）列为对国有企业子样本的回归结果，（2）列和（4）列为对民营企业子样本的回归结果。表 4-11 中数据显示，在控制行业和年度的情况下，国有企业与民营企业风险（Risk）的系数分别为 7.1857（t 值 13.81）、9.7067（t 值 19.34），均在 1%的显著性水平下显著，这表示两类企业在企业风险升高时，都有聘请有政治关联董事的倾向，但对比其系数可知，民营企业在风险升高时，更倾向于聘任政治关联董事，表明民营企业更依靠政治关联董事来规避风险，而国有企业相比于民营企业因具有天然的政治关联，其通过依靠聘任政治关联董事规避风险的动机低于民营企业。

表 4-11 产权性质、企业风险与政治关联董事聘任的回归结果

	(1)	(2)	(3)	(4)
	国有企业	民营企业	国有企业	民营企业
	$Pcdir\_rat_{i,t}$	$Pcdir\_rat_{i,t}$	$Pcdir\_rat_{i,t}$	$Pcdir\_rat_{i,t}$
$Risk_{i,t-1}$	7.0085***	10.0946***	7.1857***	9.7067***
	(11.96)	(18.95)	(13.81)	(19.34)
$Boardsize_{i,t-1}$	0.0031***	0.0008	-0.0007	-0.0010
	(2.63)	(0.66)	(-0.77)	(-0.91)
$Size_{i,t-1}$	0.0000***	0.0000***	0.0000***	0.0000***
	(10.35)	(6.88)	(10.24)	(4.94)
$Leverage_{i,t-1}$	0.0086	0.0069	0.0148	-0.0044
	(0.79)	(0.92)	(1.52)	(-0.60)

续表

	(1)	(2)	(3)	(4)
	国有企业	民营企业	国有企业	民营企业
	$Pcdir\_rat_{i,t}$	$Pcdir\_rat_{i,t}$	$Pcdir\_rat_{i,t}$	$Pcdir\_rat_{i,t}$
$Roa_{i,t-1}$	0.2058*** (5.19)	0.0296 (1.03)	0.1984*** (6.23)	0.0426 (1.64)
$Growth_{i,t-1}$	0.0310*** (3.45)	-0.0024 (-0.80)	0.0066 (1.00)	-0.0011 (-0.37)
$Top1_{i,t-1}$	0.0005*** (3.37)	0.0007*** (5.74)	-0.0001 (-0.75)	0.0005*** (4.33)
行业	未控制	未控制	控制	控制
年度	未控制	未控制	控制	控制
_cons	-0.4212*** (-7.95)	-0.6990*** (-14.80)	-0.3530*** (-7.11)	-0.5932*** (-12.65)
N	9559	11683	9559	11683
Adj. R^2	0.036	0.038	0.367	0.150

注：表中括号内为 t 值，经 White 异方差调整。* 表示 p<0.1，** 表示 p<0.05，*** 表示 p<0.01。
资料来源：笔者运用 Stata 计算整理得到。

表 4-12 产权性质、企业风险与政治关联董事聘任同群效应的检验结果

	(1)	(2)	(3)	(4)
	国有企业	民营企业	国有企业	民营企业
	$Pcdir\_rat_{i,t}$	$Pcdir\_rat_{i,t}$	$Pcdir\_rat_{i,t}$	$Pcdir\_rat_{i,t}$
$Peerpcdir\_rat_{i,t-1}$	-0.0041 (-0.59)	0.0293*** (5.02)	-0.0043 (-0.82)	0.0289*** (5.37)
$Risk_{i,t-1}$	7.0966*** (24.15)	10.0040*** (37.43)	7.2969*** (28.07)	9.6244*** (38.27)
$Boardsize_{i,t-1}$	0.0042*** (6.65)	0.0052*** (7.07)	0.0014*** (2.81)	0.0029*** (4.38)
$Size_{i,t-1}$	0.0000*** (19.36)	0.0000*** (12.20)	0.0000*** (18.12)	0.0000*** (8.78)
$Leverage_{i,t-1}$	0.0054 (0.99)	0.0100*** (2.61)	0.0137*** (2.82)	-0.0014 (-0.39)
$Roa_{i,t-1}$	0.2101*** (10.61)	0.0329** (2.28)	0.2071*** (13.03)	0.0466*** (3.57)
$Growth_{i,t-1}$	0.0313*** (6.99)	-0.0013 (-0.88)	0.0072** (2.18)	-0.0001 (-0.04)

续表

	(1)	(2)	(3)	(4)
	国有企业	民营企业	国有企业	民营企业
	$Pcdir\_rat_{i,t}$	$Pcdir\_rat_{i,t}$	$Pcdir\_rat_{i,t}$	$Pcdir\_rat_{i,t}$
$Top1_{i,t-1}$	0. 0004 ***	0. 0007 ***	-0. 0001 **	0. 0005 ***
	(5. 92)	(12. 30)	(-2. 18)	(9. 47)
行业	未控制	未控制	控制	控制
年度	未控制	未控制	控制	控制
_cons	-0. 4976 ***	-0. 8195 ***	-0. 4840 ***	-0. 6958 ***
	(-17. 25)	(-31. 55)	(-18. 45)	(-27. 17)
N	8381	5587	8381	5587
Adj. R^2	0. 039	0. 043	0. 369	0. 156

注：表中括号内为 t 值，经 White 异方差调整。* 表示 p<0. 1，** 表示 p<0. 05，*** 表示 p<0. 01。
资料来源：笔者运用 Stata 计算整理得到。

在表 4-12 中，（1）列和（2）列为未控制行业和年度的国有企业、民营企业中企业风险与政治关联董事聘任同群效应的估计结果，（3）列和（4）列为控制行业和年度的国有企业、民营企业中企业风险与政治关联董事聘任同群效应的检验结果。（1）列和（3）列为国有企业子样本的回归结果，（2）列和（4）列为民营企业子样本的回归结果。表 4-12 中数据显示，在（2）列和（4）列民营企业中，同群公司政治关联董事占比（$Peerpcdir\_rat_{i,t-1}$）与企业政治关联董事占比（$Pcdir\_rat_{i,t}$）的系数分别为 0. 0293（t 值 5. 02）、0. 0289（t 值为 5. 37），均在 1%的显著性水平上显著为正，而在（1）列和（3）列国有企业中，同群公司政治关联董事占比（$Peerpcdir\_rat_{i,t-1}$）与企业政治关联董事占比（$Pcdir\_rat_{i,t}$）的回归系数均不显著，表明民营企业更容易受同群效应的影响而聘请政治关联董事，这种现象在国有企业中不明显。

二、控股股东理性程度、企业风险与政治关联董事聘任同群效应

基于上文研究可知，同群效应在一定程度上反映了企业决策时的跟风和不理智行为。这种跟风行为不仅表现在组织层面，在个体层面也较为明显。已有研究表明，投资者在信息不完善的情况下，会受情绪驱动而进行相关决策（李志文等，2010）。个人投资者在进行投资行为时，基于其自身的情绪波动与个人的经历影响，非理性程度会比机构投资者更强（姚禄仕、吴宁宁，2018）。企业内部，控股股东在董事会成员任命时具有很强的话语权（伍中信、肖美英，1997），因此我们根据控股股东是机构还是个人将样本分为两组，进一步探讨同群效应对政治关联董事聘任的影响因素。检验结果如表 4-13 所示。其中，（1）列和（2）列为未控制行业和年度的回归结果，（3）列和（4）列为控制行业和年度的回归结果。（1）列和（3）列为控股股东为个人投资者的

子样本，（2）列和（4）列为控股股东为机构或者企业投资者的子样本。在控股股东为个人且未控制行业年度与控制行业年度的分组中，同群公司政治关联董事占比（Peerpcdir_rat$_{i,t-1}$）与企业政治关联董事占比（Pcdir_rat$_{i,t}$）的回归系数分别为 0.0252（t 值 2.90）、0.0265（t 值 3.05），均在 1%的显著性水平下显著为正。在控股股东为机构或者企业投资者且未控制行业年度与控制行业年度的子样本中，同群公司政治关联董事占比（Peerpcdir_rat$_{i,t-1}$）与企业政治关联董事占比（Pcdir_rat$_{i,t}$）的回归系数均不显著。表 4-13 中的数据表明，相比控股股东为机构或企业的投资者，控股股东为个人时企业风险影响政治关联董事聘任的同群效应更为显著，表明个人控股股东比机构控股股东非理性程度更高，由此更容易受同群公司行为的影响，即相比于控股股东为机构或企业投资者的企业，控股股东为个人投资者的企业在企业风险增加时，更有可能受同群效应的影响，拥有更强的动机聘任政治关联的董事来规避不确定带来的风险。

表 4-13　控股股东性质、企业风险与政治关联董事聘任同群效应的回归结果

	(1)	(2)	(3)	(4)
	控股股东为个人	控股股东为机构或者企业	控股股东为个人	控股股东为机构或者企业
	Pcdir_rat$_{i,t}$	Pcdir_rat$_{i,t}$	Pcdir_rat$_{i,t}$	Pcdir_rat$_{i,t}$
Peerpcdir_rat$_{i,t-1}$	0.0252*** (2.90)	0.0079 (1.56)	0.0265*** (3.05)	0.0035 (0.69)
Risk$_{i,t-1}$	13.9522*** (32.93)	7.8799*** (36.18)	13.8345*** (32.74)	7.8002*** (35.94)
Boardsize$_{i,t-1}$	0.0039*** (3.55)	0.0063*** (12.48)	0.0036*** (3.28)	0.0063*** (12.60)
Size$_{i,t-1}$	0.0000*** (10.18)	0.0000*** (26.26)	0.0000*** (11.07)	0.0000*** (24.66)
Leverage$_{i,t-1}$	0.0191*** (2.68)	0.0116*** (3.30)	0.0216*** (3.06)	0.0038 (1.08)
Roa$_{i,t-1}$	−0.0617** (−2.48)	0.1425*** (11.05)	−0.0401 (−1.63)	0.1277*** (9.91)
Growth$_{i,t-1}$	−0.0039* (−1.94)	0.0094*** (4.55)	−0.0023 (−1.16)	0.0080*** (3.87)
Top1$_{i,t-1}$	−0.0002* (−1.73)	0.0007*** (13.05)	−0.0002** (−2.48)	0.0007*** (13.86)
Soe$_{i,t-1}$	0.0004*** (4.96)	−0.0000 (−0.60)	0.0004*** (4.80)	0.0000 (0.59)
行业	未控制	未控制	控制	控制

续表

	(1)	(2)	(3)	(4)
	控股股东为个人	控股股东为机构或者企业	控股股东为个人	控股股东为机构或者企业
	$Pcdir\_rat_{i,t}$	$Pcdir\_rat_{i,t}$	$Pcdir\_rat_{i,t}$	$Pcdir\_rat_{i,t}$
年度	未控制	未控制	控制	控制
_cons	-1.0894***	-0.6294***	-1.0592***	-0.6413***
	(-26.47)	(-29.85)	(-25.74)	(-30.57)
N	3394	10574	3394	10574
Adj. R^2	0.068	0.049	0.072	0.058

注：表中括号内为 t 值，经 White 异方差调整。* 表示 $p<0.1$，** 表示 $p<0.05$，*** 表示 $p<0.01$。
资料来源：笔者运用 Stata 计算整理得到。

三、董事长理性程度对政治关联董事聘任同群效应的影响

基于上文结论，董事长对企业经营和治理具有重要作用，而同群行为也会受到组织决策者理性程度的影响。已有文献表明，职业背景与教育背景都会在一定程度上影响个人决策的方向与理性程度。例如，姜付秀和刘志彪（2005）研究结果显示：高管团队受教育程度越高，进行投资时就越理性，越不容易产生过度投资的现象。Zhu 和 Chen（2015）、戴维奇等（2016）认为人非机器，职业经历会“烙印”在人的大脑中，影响其认知与能力偏好，从而影响其进行决策与战略部署。因此，我们构建“董事长是否高学历”与“董事长职业背景”两个变量来分组检验“董事长是否高学历”与“董事长职业背景”是否显著影响企业聘任政治关联董事的同群效应，当董事长为硕士及以上学历时，“董事长是否高学历”变量值取“1”，否则取“0”；当董事长拥有会计、法律、技术等职业背景时，认为董事长较为理性，职业背景变量值取“1”，否则取“0”。根据上述变量进行分组研究的结果如表 4-14 和表 4-15 所示。在表 4-14 中，（1）列和（2）列为未控制行业和年度的估计结果，（3）列和（4）列为控制行业和年度的回归结果。（1）列和（3）列为非高学历董事长子样本，（2）列和（4）列为高学历董事长子样本。表 4-14 中数据显示，非高学历董事长的样本在未控制行业年度与控制行业年度的分组中，同群公司政治关联董事占比（$Peerpcdir\_rat_{i,t-1}$）的回归系数分别为 0.0156（t 值 2.20）、0.0136（t 值 2.30），在 5%的显著性水平下均显著为正。高学历董事长的样本在未控制行业年度与控制行业年度的分组中，同群公司政治关联董事占比（$Peerpcdir\_rat_{i,t-1}$）的回归系数均不显著，由此表明董事长受教育程度越高，其在聘任政治关联董事时就越理性，越不容易受同群公司行为的影响，即非高学历董事长样本企业在聘任政治关联董事时有显著的同群效应，而高学历董事长公司则不容易受同群公司影响。

表 4-14 董事长是否为高学历的同群效应分组回归结果

	(1)	(2)	(3)	(4)
	非高学历董事长	高学历董事长	非高学历董事长	高学历董事长
	$Pcdir\_rat_{i,t}$	$Pcdir\_rat_{i,t}$	$Pcdir\_rat_{i,t}$	$Pcdir\_rat_{i,t}$
$Peerpcdir\_rat_{i,t-1}$	0.0156** (2.20)	-0.0100 (-1.37)	0.0136** (2.30)	-0.0039 (-0.63)
$Risk_{i,t-1}$	9.2781*** (30.83)	9.3741*** (28.26)	9.2545*** (33.54)	9.0440*** (30.27)
$Boardsize_{i,t-1}$	0.0094*** (12.92)	0.0048*** (6.45)	0.0065*** (11.08)	0.0028*** (4.35)
$Size_{i,t-1}$	0.0000*** (15.16)	0.0000*** (19.70)	0.0000*** (20.14)	0.0000*** (22.36)
$Leverage_{i,t-1}$	0.0170*** (3.25)	0.0613*** (11.46)	0.0035 (0.76)	0.0404*** (8.38)
$Roa_{i,t-1}$	0.0446** (2.06)	0.1511*** (7.86)	0.1089*** (5.91)	0.1290*** (7.88)
$Growth_{i,t-1}$	-0.0067*** (-2.90)	0.0040* (1.79)	-0.0117*** (-6.00)	0.0005 (0.26)
$Top1_{i,t-1}$	0.0005*** (6.15)	0.0007*** (8.61)	0.0001 (0.96)	0.0003*** (4.74)
$Soe_{i,t-1}$	-0.0000 (-0.30)	0.0002*** (3.44)	-0.0001* (-1.80)	0.0002*** (3.90)
行业	未控制	未控制	控制	控制
年度	未控制	未控制	控制	控制
_cons	-0.7870*** (-27.21)	-0.7362*** (-23.44)	-0.7658*** (-29.30)	-0.6978*** (-24.54)
N	8381	5587	8381	5587
Adj. R^2	0.055	0.068	0.271	0.281

注：表中括号内为 t 值，经 White 异方差调整。* 表示 $p<0.1$，** 表示 $p<0.05$，*** 表示 $p<0.01$。
资料来源：笔者运用 Stata 计算整理得到。

如表 4-15 所示，（1）列和（2）列为未控制行业和年度的估计结果，（3）列和（4）列为控制行业和年度的回归结果。（1）列和（3）列为董事长非理性职业背景子样本回归结果，（2）列和（4）列为董事长理性职业背景子样本回归结果。表 4-15 数据显示，董事长非理性职业背景的样本在未控制行业年度与控制行业年度的分组中，同群公司政治关联董事占比（$Peerpcdir\_rat_{i,t-1}$）的回归系数分别为 0.0112（t 值 2.63）、

0.0089（t值2.10），分别在1%与5%的显著性水平下均显著为正，表明董事长非理性职业背景程度越高，企业受同群公司行为的影响而聘任政治关联董事的可能性越大。在控制行业和年度的董事长理性职业背景样本中，同群公司政治关联董事占比（$Peerpcdir\_rat_{i,t-1}$）的回归系数不显著，由此表明董事长理性职业背景越强，其在聘任政治关联董事时就越理性，越不容易受同群公司行为的影响，即表4-15中数据表明，董事长拥有较理性职业背景时，聘任政治关联董事的同群效应更弱。综上，按照董事长是否为高学历、董事长理性与非理性职业背景对企业聘任政治关联董事的同群效应进行分组检验，董事长是否为高学历的同群效应分组回归结果以及董事长职业背景同群效应分组回归结果表明，当董事长较为理性时，更不容易受到同群公司的影响而在政治关联董事聘任方面表现出同群效应，即董事长学历越高、职业背景理性程度越强，其企业在聘任政治关联董事时就越理性，越不容易受同群公司行为的影响。

表4-15　董事长职业背景同群效应分组回归结果

	(1)	(2)	(3)	(4)
	董事长非理性职业背景	董事长理性职业背景	董事长非理性职业背景	董事长理性职业背景
	$Pcdir\_rat_{i,t}$	$Pcdir\_rat_{i,t}$	$Pcdir\_rat_{i,t}$	$Pcdir\_rat_{i,t}$
$Peerpcdir\_rat_{i,t-1}$	0.0112*** (2.63)	0.0154* (1.70)	0.0089** (2.10)	0.0087 (0.97)
$Risk_{i,t-1}$	8.3679*** (42.64)	11.5765*** (24.98)	8.3324*** (42.49)	11.1683*** (24.28)
$Boardsize_{i,t-1}$	0.0034*** (7.95)	0.0077*** (8.02)	0.0033*** (7.93)	0.0080*** (8.44)
$Size_{i,t-1}$	0.0000*** (22.00)	0.0000*** (16.03)	0.0000*** (22.19)	0.0000*** (14.08)
$Leverage_{i,t-1}$	0.0062** (1.99)	0.0343*** (5.26)	0.0005 (0.17)	0.0237*** (3.64)
$Roa_{i,t-1}$	0.1173*** (10.26)	0.2338*** (10.20)	0.1057*** (9.22)	0.2107*** (9.31)
$Growth_{i,t-1}$	-0.0051*** (-3.52)	0.0044 (1.43)	-0.0061*** (-4.16)	0.0034 (1.12)
$Top1_{i,t-1}$	0.0004*** (8.22)	0.0002** (2.33)	0.0004*** (8.62)	0.0002** (2.28)
$Soe_{i,t-1}$	0.0003*** (5.94)	-0.0004*** (-4.35)	0.0003*** (6.21)	-0.0003*** (-3.69)
行业	未控制	未控制	控制	控制

续表

	(1)	(2)	(3)	(4)
	董事长非理性职业背景	董事长理性职业背景	董事长非理性职业背景	董事长理性职业背景
	$Pcdir\_rat_{i,t}$	$Pcdir\_rat_{i,t}$	$Pcdir\_rat_{i,t}$	$Pcdir\_rat_{i,t}$
年度	未控制	未控制	控制	控制
_cons	-0.6517***	-0.9471***	-0.6598***	-0.9354***
	(-34.70)	(-22.14)	(-35.19)	(-22.03)
N	11640	2328	11640	2328
Adj. R^2	0.048	0.129	0.053	0.141

注：表中括号内为 t 值，经 White 异方差调整。* 表示 p<0.1，** 表示 p<0.05，*** 表示 p<0.01。
资料来源：笔者运用 Stata 计算整理得到。

四、央视 50 家企业与公司政治关联董事聘任的同群效应

Leary 和 Roberts（2014）研究表明，规模较小的公司在进行融资决策时会受到规模较大的公司影响，这表明企业的同群效应并不只局限于同行业同规模的公司之间，同样也会受到大规模公司“榜样力量”的影响。为检验这一效应，即大规模公司“榜样力量”是否会显著影响政治关联董事聘任的同群效应。我们将央视财经 50 指数所采用的 50 家公司上一年度的政治背景董事聘任情况的均值作为“榜样”公司政治关联董事聘任变量（50Pcdir_rat），将其替换原模型（4-2）中的第一解释变量，然后重新进行回归，结果如表 4-16 所示。其中，（1）列为单变量回归结果，（2）列为未控制行业和年度的多元回归结果，（3）列为控制行业和年度的多元回归结果。表 4-16 中数据显示，在（1）列单变量回归结果中，“榜样”公司政治关联董事聘任变量（50Pcdir_rat）的回归系数为 1.1523（t 值 165.56）），在 1%的显著性水平下显著为正，且在（2）列、（3）列加入控制变量后，“榜样”公司政治关联董事聘任变量（50Pcdir_rat）的回归系数分别为 1.1292（t 值 418.43）、1.1288（t 值 409.68），在 1%的显著性水平下均显著为正，这表明央视 50 指数公司的平均聘任情况会显著影响一般上市公司的政治关联董事聘任情况，央视 50 指数公司存在“榜样力量”。

表 4-16 央视 50 家企业与公司政治关联董事聘任的同群效应回归结果

	(1)	(2)	(3)
	$Pcdir\_rat_{i,t-1}$	$Pcdir\_rat_{i,t-1}$	$Pcdir\_rat_{i,t-1}$
$50Pcdir\_rat_{i,t-1}$	1.1523***	1.1292***	1.1288***
	(165.56)	(418.43)	(409.68)
$Risk_{i,t-1}$		2.3734***	2.3084***
		(13.30)	(12.96)

续表

	(1)	(2)	(3)
	$Pcdir\_rat_{i,t-1}$	$Pcdir\_rat_{i,t-1}$	$Pcdir\_rat_{i,t-1}$
$Boardsize_{i,t-1}$		0.0037*** (10.14)	0.0036*** (9.93)
$Size_{i,t-1}$		0.0000*** (37.74)	0.0000*** (36.05)
$Leverage_{i,t-1}$		0.0085*** (3.10)	0.0018 (0.65)
$Roa_{i,t-1}$		0.1090*** (11.11)	0.0961*** (9.80)
$Growth_{i,t-1}$		-0.0051*** (-3.99)	-0.0062*** (-4.80)
$Top1_{i,t-1}$		0.0002*** (6.11)	0.0003*** (6.97)
$Soe_{i,t-1}$		-0.0000 (-0.48)	0.0000 (0.44)
行业	控制	未控制	控制
年度	控制	未控制	控制
_cons	-0.1296*** (-54.08)	-0.4767*** (-28.48)	-0.4842*** (-29.01)
N	13968	13968	13968
Adj. R^2	0.246	0.275	0.281

注：表中括号内为t值，经White异方差调整。*表示 $p<0.1$，**表示 $p<0.05$，***表示 $p<0.01$。
资料来源：笔者运用Stata计算整理得到。

五、董事/董事长政治关联相对重要程度、企业风险及政治关联董事（长）聘任

（一）CEO政治背景、企业风险与政治关联董事聘任

上文分析显示，产权性质对企业聘任政治关联董事及其同群效应有不同程度的影响。下文我们将进一步考虑政治关联董事的相对强度是否会影响企业的聘任行为，即当企业除了政治关联董事以外，还存在其他政治关联纽带。比如：CEO的政治关联，那么政治关联董事的相对政治关联度就较弱；反之，则较强。很多企业会选择聘任具有政治背景的CEO来增强与政府的关联程度。已有研究表明，政治资源作为高管的社会资源重要组成部分，在很大程度上会影响高管的公司治理效果（王锟、李伟，2012）。具有政治关联的高管、董事或企业家可以通过政治身份参与政治，既能够降低不确定性、

规避法律风险，也能为任职企业提供产权保护，为企业减少权力侵害风险（Faccio，2006；钱先航、徐业坤，2014；吴文锋等，2008）。CEO 拥有政治背景会在一定程度上削弱企业额外支付溢价聘请其他拥有政治管理人士的动机，因此我们将研究样本分为 CEO 具有政治背景与 CEO 无政治背景两组，然后分别对模型（4-1）进行回归，结果如表 4-17 所示。其中，（1）列和（2）列为未控制行业和年度的加入控制变量后的多元回归结果，（3）列和（4）列为控制行业和年度的加入控制变量后的多元回归结果。（1）列和（3）列为 CEO 存在政治背景的子样本，（2）列和（4）列为 CEO 不存在政治背景的子样本。表 4-17 中数据显示，在四个分组中，即 CEO 有政治背景未控制行业和年度、CEO 无政治背景未控制行业和年度、CEO 有政治背景控制行业和年度、CEO 无政治背景控制行业和年度中，企业风险的回归系数分别为 6.1990（t 值 4.99）、8.6079（t 值 21.53）、5.3506（t 值 4.41）、8.1280（t 值 23.01），两类子样本的企业风险回归系数均在 1%的显著性水平下显著，但对比系数可知，CEO 有政治背景时的回归系数明显小于 CEO 无政治背景时的回归系数。当 CEO 无政治背景时，企业风险影响政治关联董事的聘任程度更大，即企业 CEO 无政治背景时，企业会更倾向于选择聘任具有政治关联董事来增强该企业与政府的关联程度。

表 4-17　CEO 政治背景、企业风险与政治关联董事聘任的检验结果

	(1)	(2)	(3)	(4)
	CEO 有政治背景	CEO 无政治背景	CEO 有政治背景	CEO 无政治背景
	$Pcdir\_rat_{i,t}$	$Pcdir\_rat_{i,t}$	$Pcdir\_rat_{i,t}$	$Pcdir\_rat_{i,t}$
$Risk_{i,t-1}$	6.1990***	8.6079***	5.3506***	8.1280***
	(4.99)	(21.53)	(4.41)	(23.01)
$Boardsize_{i,t-1}$	-0.0005	0.0063***	-0.0020	0.0018***
	(-0.25)	(7.38)	(-0.96)	(2.61)
$Size_{i,t-1}$	0.0000***	0.0000***	0.0000	0.0000***
	(3.32)	(13.67)	(1.03)	(10.71)
$Leverage_{i,t-1}$	0.0281	0.0357***	-0.0061	0.0152***
	(1.50)	(5.62)	(-0.32)	(2.67)
$Roa_{i,t-1}$	0.1452*	0.0814***	0.1361*	0.0846***
	(1.89)	(3.44)	(1.82)	(4.39)
$Growth_{i,t-1}$	-0.0233***	-0.0019	-0.0169**	-0.0055**
	(-3.16)	(-0.62)	(-2.35)	(-2.08)
$Top1_{i,t-1}$	0.0010***	0.0009***	0.0009***	0.0004***
	(3.76)	(8.69)	(3.28)	(4.80)
$Soe_{i,t-1}$	0.0001	0.0000	0.0002	0.0001
	(0.61)	(0.53)	(0.90)	(1.55)

续表

	(1)	(2)	(3)	(4)
	CEO 有政治背景	CEO 无政治背景	CEO 有政治背景	CEO 无政治背景
	$Pcdir\_rat_{i,t}$	$Pcdir\_rat_{i,t}$	$Pcdir\_rat_{i,t}$	$Pcdir\_rat_{i,t}$
行业	未控制	未控制	控制	控制
年度	未控制	未控制	控制	控制
_cons	-0.2129*	-0.6505***	-0.1199	-0.5335***
	(-1.95)	(-18.46)	(-1.02)	(-16.12)
N	2079	17642	2079	17642
Adj. R^2	0.037	0.061	0.109	0.347

注：表中括号内为 t 值，经 White 异方差调整。*表示 p<0.1，**表示 p<0.05，***表示 p<0.01。
资料来源：笔者运用 Stata 计算整理得到。

（二）企业风险与聘任董事长政治背景层级

如果聘请拥有政治背景的 CEO 是企业通过高管团队与政府建立联系的重要方式，那么聘请拥有政治背景的董事长，则是企业通过董事会与政府建立联系的又一方式。董事长的权威地位决定了其对企业的影响力显著高于其他董事。因此，延续前文逻辑，当企业风险较大时，企业更想聘请拥有政治关联的董事长参与公司治理，在可能的情况下，则会聘请政治关联层级更高的人士作为董事长进入公司。因此，我们首先构建董事长政治关联等级变量 Chairman_pcdir。为探讨企业聘请政治关联董事长的政治背景层级趋势，我们参考潘克勤（2009）的研究方式，将董事长的政治关联层级分为三个层次并赋值，当董事长不存在政治背景时，该变量取“1”；存在省市级政治背景取“2”，存在国家级政治背景取“3”。我们将该变量作为被解释变量，代入模型（4-1），之后运用有序 Probit 模型进行回归，回归结果如表 4-18 所示。其中，（1）列为单变量回归结果，（2）列为未控制行业和年度的加入控制变量的多元回归结果，（3）列为控制行业和年度的加入控制变量的多元回归结果。表 4-18 中数据显示，在（1）列未控制行业和年度的单变量回归结果中，企业风险（Risk）的回归系数为 25.9741（t 值 11.89），在 1%的显著性水平下显著不为 0；在（2）列加入控制变量但未控制行业和年度的回归结果中，企业风险（Risk）的回归系数为 23.7757（t 值 8.93），在 1%的显著性水平下显著为正；在（3）列加入控制变量且控制行业和年度的回归结果中，企业风险（Risk）的回归系数为 23.5104（t 值 8.71），在 1%的显著性水平下显著为正，结论依然成立。三组回归结果显示，企业风险（Risk）的系数均在 1%的显著性水平上显著为正，表明当企业上一年度风险水平较高时，本年度企业将倾向于聘请政治层级更高的董事长。同时，董事会规模（Boardsize）、公司规模（Size）、资产负债率（Leverage）、总资产净利润率（Roa）、总资产增长率（Growth）、第一大股东持股比例（Top1）、产权性质（Seo）均会显著影响该公司下一年度对政治关联董事长的聘任。

表 4-18 企业风险与聘任董事长政治背景层级的回归结果

	(1)	(2)	(3)
	$Chairman\_pcdir_{i,t}$	$Chairman\_pcdir_{i,t}$	$Chairman\_pcdir_{i,t}$
$Risk_{i,t-1}$	25.9741*** (11.89)	23.7757*** (8.93)	23.5104*** (8.71)
$Boardsize_{i,t-1}$		0.0323*** (6.57)	0.0372*** (7.25)
$Size_{i,t-1}$		0.0000*** (9.99)	0.0000*** (8.98)
$Leverage_{i,t-1}$		-0.2158*** (-5.17)	-0.2923*** (-6.64)
$Roa_{i,t-1}$		1.3985*** (8.71)	1.4174*** (8.60)
$Growth_{i,t-1}$		0.0369* (1.91)	0.0597*** (3.04)
$Top1_{i,t-1}$		0.0011* (1.82)	0.0013** (2.09)
$Soe_{i,t-1}$		0.0015** (2.31)	0.0023*** (3.17)
行业	未控制	未控制	控制
年度	未控制	未控制	控制
_cons	2.8259*** (14.57)	2.9437*** (12.42)	-2.3240 (-1.27)
_cons	3.2986*** (16.99)	3.4154*** (14.40)	-1.8424 (-1.01)
N	21131	21131	21131
Pseudo R^2	0.0034	0.0117	0.0294

注：表中括号内为 t 值，经 White 异方差调整。* 表示 p<0.1，** 表示 p<0.05，*** 表示 p<0.01。
资料来源：笔者运用 Stata 计算整理得到。

考虑到由于国有企业中，董事长任命极有可能并非聘任，而是政府官员调任，因此我们将国有企业剔除后，重新进行上述回归，结果如表 4-19 所示，在（1）列未控制行业和年度的单变量回归结果中，企业风险（Risk）的回归系数为 41.1383（t 值 14.66），其在 1%的显著性水平下显著不为 0；在（2）列加入控制变量但未控制行业和年度的回归结果中，企业风险（Risk）的回归系数为 31.8056（t 值 8.44），在 1%的显著性水平下显著为正；在（3）列加入控制变量且控制行业和年度的回归结果中，企业风险（Risk）的回归系数为 31.2387（t 值 8.12），在 1%的显著性水平下显著为正，结论依然成立。三组回归结果显示，企业风险（Risk）的系数均在 1%的显著性水平上显著为正，表明当剔除国有企业后，非国有企业上一年度风险水平较高时，本年度企业将倾向于聘请政治层级更高的董事长。同时，董事会规模（Boardsize）、公司规模（Size）、资产负债率（Leverage）、总资产净利润率（Roa）、第一大股东持股比例（Top1）等均会显著影响该公司下一年度对政治关联董事长的聘任，结果依然稳健，可见上述结论在民营企业中依然成立。

表 4-19 民营企业中企业风险与聘任董事长政治背景层级的回归结果

	(1)	(2)	(3)
	$Chairman\_pcdir_{i,t}$	$Chairman\_pcdir_{i,t}$	$Chairman\_pcdir_{i,t}$
$Risk_{i,t-1}$	41.1383***	31.8056***	31.2387***
	(14.66)	(8.44)	(8.12)
$Boardsize_{i,t-1}$		0.0501***	0.0500***
		(6.72)	(6.58)
$Size_{i,t-1}$		0.0000***	0.0000***
		(7.04)	(6.79)
$Leverage_{i,t-1}$		-0.0946*	-0.1353**
		(-1.77)	(-2.41)
$Roa_{i,t-1}$		0.9531***	1.0683***
		(4.78)	(5.23)
$Growth_{i,t-1}$		-0.0276	0.0029
		(-1.29)	(0.13)
$Top1_{i,t-1}$		0.0068***	0.0053***
		(8.24)	(6.28)
$Soe_{i,t-1}$		0.0044***	0.0038***
		(5.17)	(4.44)
行业	未控制	未控制	控制
年度	未控制	未控制	控制
Cut1			
_cons	4.0973***	3.9085***	4.2451
	(16.59)	(11.64)	(1.24)
Cut2			
_cons	4.5132***	4.3072***	4.6515
	(18.25)	(12.82)	(1.35)
N	10565	10565	10565
Pseudo R^2	0.0080	0.0161	0.0313

注：表中括号内为 t 值，经 White 异方差调整。* 表示 $p<0.1$，** 表示 $p<0.05$，*** 表示 $p<0.01$。

资料来源：笔者运用 Stata 计算整理得到。

（三）CEO 政治背景、企业风险与聘任董事长政治背景层级

为使该结果更加稳健，我们延续上文逻辑，进一步在企业聘任政治关联董事长的基础上，根据企业 CEO 的政治背景进行分组检验。按照上文逻辑，若某企业 CEO 已具有政治背景，则该企业聘请政治关联董事的意图相较于其他董事更低，因而企业聘请更高政治背景层级的董事长的意图也预期更低。为检验这一结果，我们在上文的基础上进行分组，回归结果如表 4-20 所示。其中，（1）列和（2）列为未控制行业和年度的估计结果，（3）列和（4）列为控制行业和年度的回归结果。（1）列和（3）列为 CEO 存在政治背景的子样本，（2）列和（4）列为 CEO 不存在政治背景的子样本。表 4-20 中结果显示，在 CEO 存在政治背景且未控制行业和年度的分组中，企业风险（Risk）的回归系数为 3.6945（t 值 0.45），回归结果不显著；同理，在 CEO 存在政治背景但控制行业和年度的分组中，企业风险（Risk）的回归系数为 4.2327（t 值 0.50），回归结果依然不显著；在 CEO 不存在政治背景未控制行业和年度与控制行业和年度的两个分组中，企业风险（Risk）的回归系数分别为 27.8810（t 值 8.99））、28.6930（t 值 9.11），在 1%的显著性水平下均显著为正。由此说明，当 CEO 不存在政治关联时，企业风险增加会显著增加企业聘任高等级政治关联董事长，这与上文结论一致。

表 4-20 CEO 政治背景、企业风险与聘任董事长政治背景层级的回归结果

	(1)	(2)	(3)	(4)
	存在政治背景	不存在政治背景	存在政治背景	不存在政治背景
	$Chairman\_pcdir_{i,t}$	$Chairman\_pcdir_{i,t}$	$Chairman\_pcdir_{i,t}$	$Chairman\_pcdir_{i,t}$
$Risk_{i,t-1}$	3.6945	27.8810***	4.2327	28.6930***
	(0.45)	(8.99)	(0.50)	(9.11)
$Boardsize_{i,t-1}$	0.0188	0.0562***	0.0216	0.0613***
	(1.29)	(9.83)	(1.44)	(10.21)
$Size_{i,t-1}$	0.0000**	0.0000***	0.0000**	0.0000***
	(2.36)	(8.24)	(2.00)	(7.04)
$Leverage_{i,t-1}$	-0.0366	-0.0655	0.0108	-0.1836***
	(-0.29)	(-1.36)	(0.08)	(-3.61)
$Roa_{i,t-1}$	1.2193**	1.2992***	1.3433***	1.2232***
	(2.49)	(7.04)	(2.70)	(6.42)
$Growth_{i,t-1}$	0.1034**	-0.0475**	0.0855*	-0.0238
	(2.13)	(-1.96)	(1.75)	(-0.97)
$Top1_{i,t-1}$	0.0093***	0.0018***	0.0106***	0.0017**
	(4.82)	(2.60)	(5.20)	(2.33)
$Soe_{i,t-1}$	0.0034**	0.0018**	0.0039**	0.0024***
	(1.96)	(2.20)	(2.10)	(2.79)

续表

	(1)	(2)	(3)	(4)
	存在政治背景	不存在政治背景	存在政治背景	不存在政治背景
	$Chairman\_pcdir_{i,t}$	$Chairman\_pcdir_{i,t}$	$Chairman\_pcdir_{i,t}$	$Chairman\_pcdir_{i,t}$
行业	未控制	未控制	控制	控制
年度	未控制	未控制	控制	控制
_cons	0.3680 (0.51)	3.8735*** (14.02)	-4.4621 (-0.73)	-4.9977** (-2.38)
_cons	1.7694** (2.44)	4.3179*** (15.61)	-3.0190 (-0.49)	-4.5437** (-2.16)
N	2079	17639	2079	17639
$PseudoR^2$	0.0412	0.0613	0.1207	0.3479

注：表中括号内为 t 值，经 White 异方差调整。* 表示 $p<0.1$，** 表示 $p<0.05$，*** 表示 $p<0.01$。
资料来源：笔者运用 Stata 计算整理得到。

同样考虑到由于在国有企业中，董事长任命极有可能并非聘任，而是政府官员调任，因此我们将国有企业剔除后，重新进行上述回归，结果如表 4-21 所示。在 CEO 存在政治背景且未控制行业和年度的分组中，企业风险（Risk）的回归系数为 10.1839（t 值 0.91），回归结果不显著；同理，在 CEO 存在政治背景但控制行业和年度的分组中，企业风险（Risk）的回归系数为 12.0679（t 值 1.03），回归结果依然不显著；在 CEO 不存在政治背景未控制行业和年度与控制行业和年度的两个分组中，企业风险（Risk）的回归系数分别为 34.3666（t 值 7.52）、34.6516（t 值 7.41），在 1%的显著性水平下均显著为正，结果依然稳健。由此说明，剔除国有企业后，对于非国有企业来说，当 CEO 不存在政治关联时，企业风险增加，企业会显著增加聘任高等级政治关联董事长，可见上述结论在民营企业中依然成立。

表 4-21　民营企业中 CEO 政治背景、企业风险与聘任董事长政治背景层级的回归结果

	(1)	(2)	(3)	(4)
	存在政治背景	不存在政治背景	存在政治背景	不存在政治背景
	$Chairman\_pcdir_{i,t}$	$Chairman\_pcdir_{i,t}$	$Chairman\_pcdir_{i,t}$	$Chairman\_pcdir_{i,t}$
$Risk_{i,t-1}$	10.1839 (0.91)	34.3666*** (7.52)	12.0679 (1.03)	34.6516*** (7.41)
$Boardsize_{i,t-1}$	0.0413** (2.16)	0.0820*** (8.84)	0.0312 (1.57)	0.0821*** (8.69)
$Size_{i,t-1}$	0.0000*** (3.69)	0.0000*** (4.63)	0.0000*** (3.77)	0.0000*** (4.16)

续表

	(1)	(2)	(3)	(4)
	存在政治背景	不存在政治背景	存在政治背景	不存在政治背景
	$Chairman\_pcdir_{i,t}$	$Chairman\_pcdir_{i,t}$	$Chairman\_pcdir_{i,t}$	$Chairman\_pcdir_{i,t}$
$Leverage_{i,t-1}$	0.3672**	-0.0451	0.4377**	-0.1364**
	(2.25)	(-0.71)	(2.54)	(-2.06)
$Roa_{i,t-1}$	1.0267	0.9295***	1.5990**	0.9780***
	(1.63)	(3.95)	(2.44)	(4.03)
$Growth_{i,t-1}$	0.0260	-0.0879***	0.0409	-0.0643**
	(0.49)	(-3.19)	(0.77)	(-2.29)
$Top1_{i,t-1}$	0.0164***	0.0054***	0.0165***	0.0040***
	(6.50)	(5.43)	(6.17)	(3.89)
$Soe_{i,t-1}$	0.0095***	0.0035***	0.0078***	0.0033***
	(4.07)	(3.46)	(3.21)	(3.21)
行业	未控制	未控制	控制	控制
年度	未控制	未控制	控制	控制
Cut1				
_cons	1.3240	4.7386***	5.6846	-2.0443
	(1.34)	(11.62)	(0.58)	(-0.50)
Cut2				
_cons	2.8325***	5.0647***	7.2594	-1.7114
	(2.87)	(12.41)	(0.74)	(-0.42)
N	1384	8475	1384	8475
Adj. R^2	0.0366	0.0212	0.0722	0.0385

注：表中括号内为 t 值，经 White 异方差调整。* 表示 p<0.1，** 表示 p<0.05，*** 表示 p<0.01。
资料来源：笔者运用 Stata 计算整理得到。

第八节　本章小结

本章以 2001~2017 年我国上海、深圳两市所有 A 股上市公司为研究样本，根据 CSMAR 金融研究数据库和人物特征数据库中上市公司高管的简历手工整理和区分了样本公司董事会在任董事是否具有政治经历的信息，并据此计算出公司当年董事会中具有政治关联的董事比例，研究了以下问题：第一，公司聘任政治关联董事是否具有缓解企业风险的动机？第二，政治关联董事聘任是否存在同群效应，即当其他同行业竞争对手或风险类似的公司聘任政治关联董事后，待考察公司对政治关联董事聘任有何反应（是增加聘任还是维持现状）?

本章经过实证研究和系列稳健性检验及进一步拓展分析发现：上市公司聘任政治关联董事确实具有规避企业风险的动机，表现为企业风险越高，越倾向于增加政治关联董事的聘任；董事会规模越大、企业规模越大、资产负债率越高，越会促使企业下一期聘请有政治关联的董事；第一大股东持股比例（Top1）越高，企业下一期越倾向聘请有政治关联的董事；总资产收益率（Roa）对政治关联董事聘任具有正向促进作用。企业风险增加而增加聘任政治关联董事确实存在同群效应，当同群公司在上一年度政治关联董事占比提高1%，则该公司本年度政治关联董事占比平均提高0.01%。相比同行业不同地区，同行业同地区的同群效应更显著；在稳健性检验中，改变企业风险测度的稳健性检验，采用企业利润总额的变异系数作为企业风险的代理变量，结论依然成立，即企业风险越高，该企业越倾向于增加政治关联董事的聘任，由此说明改变企业风险变量的测度并不影响本章的主要结果，结果稳健。

在对内生性问题的稳健性检验中，我们将模型（4-2）中企业政治关联董事占比（$Pcdir\_rat_{i,t}$）与同群公司政治关联董事占比（$Peerpcdir\_rat_{i,t-1}$）都平减行业内政治关联董事年度平均占比，之后重新对模型（4-2）进行回归，上述结论依然成立，说明控制内生性问题后，企业风险影响政治关联董事聘任的同群效应依然存在，表明结果稳健。考虑地区因素影响，同群效应还可能在同一行业不同地域方面有所差异，为使结果稳健，我们重新匹配了同行业不同地区（跨省份）的公司为同群公司，并运用新匹配的样本重新对模型（4-2）进行回归，结论表明，相较于非同地区公司而言，同地区的同群公司对企业的董事聘任影响更大。北京作为国内主要的政治中心，北京的公司相较于其他地区的公司有着显著的信息优势，因此将公司常用办公地是否为北京设置为虚拟变量，并按行业竞争程度进行分组检验，证明了信息和环境的不确定性是同群效应产生的两条重要路径。

在进一步分析中，本章考察企业产权性质、控股股东理性程度、董事长理性程度、董事政治关联相对重要程度等维度后，在按照产权性质将企业分为国企与民企后，发现两类企业在企业风险升高时，都有聘请有政治关联董事的倾向，但对比回归系数可知，民营企业在风险升高时，更倾向于聘任政治关联董事，表明民营企业更依靠政治关联董事规避风险，而国有企业相比于民营企业因具有天然的政治关联，通过依靠聘任政治关联董事规避风险的动机低于民营企业；控股股东理性程度根据控股股东是机构（或者企业）还是个人将样本分为两组，进一步探讨同群效应对政治关联董事聘任的影响因素，回归结果表明，相比控股股东为机构或者企业的投资者，控股股东为个人时企业风险影响政治关联董事聘任的同群效应更为显著，表明个人控股股东比机构（或者企业）控股股东非理性程度更高，由此更容易受同群公司行为的影响；董事长理性程度是通过构建“董事长是否高学历”与“董事长职业背景”两个变量来分组检验“董事长是否高学历”与“董事长职业背景”是否显著影响企业聘任政治关联董事的同群效应，发现非高学历董事长的样本企业在聘任政治关联董事时有显著的同群效应，而高学历董事长公司则不容易受同群公司影响且董事长拥有较理性职业背景时，聘任政治关联董事的同群效应更弱；我们将央视财经 50 指数所采用的 50 家公司上一年度的政治背景董事聘任情况的均值作为“榜样”公司政治关联董事聘任变量（50Pcdir_rat），将其替换原模型（4-2）中的第一解释变量，然后重新进行回归，结果表明央视 50 指数公司的平均聘任情况会显著影响一般上市公司的政治关联董事聘任情况。此外，我们进一步考虑政治关联董事的相对强度是否影响企业的聘任行为，即当企业除了政治关联董事以外，还存在其他政治关联纽带，比如 CEO 的政治关联，那么政治关联董事的相对政治关联度就较弱，反之则较强，因此我们将研究样本分为 CEO 具有政治背景与 CEO 无政治背景两组，然后进行回归发现当 CEO 无政治背景时，企业风险影响政治关联董事的聘任程度更大。我们对企业风险与聘任董事长政治背景层级，以及 CEO 政治背景、企业风险与聘任董事长政治背景层级进行了检验，表明当企业上一年度风险水平较高时，本年度企业将倾向于聘请政治层级更高的董事长且当 CEO 不存在政治关联时，企业风险增加会显著增加企业聘任高等级政治关联董事长，这与上文结论一致。

综上所述，本章研究发现企业风险增加而增加聘任政治关联董事的效应及同群效应在民营企业、控股股东理性程度更弱、董事长理性程度较弱、董事政治关联相对重要程度更高的企业更显著；央视 50 公司聘任政治关联董事的行为显著影响其他公司的聘任行为，存在“榜样”引导的同群效应。另外，企业风险上升还会使得企业倾向于聘任政治层级更高的董事长，这种效应在 CEO 无政治背景时更明显。

本章跳出原有研究政治关联相关文献的“资源效应”或“寻租效应”框架，从企业风险的规避与缓解角度考察政治关联董事的聘任，为政治关联、董事会构成等方面的研究提供了新的理论证据和研究视角，也为良性政企关联的存在提供合理性证据。同时，本章的结论也有助于深化对“新型政企关系”的认识。由于市场、制度发展尚不完善，盲目追求自由主义或“政治归政治、经济归经济”是不符合我国经济发展规律和国情的，所以构建“亲”“清”型政企关系，需要政府转变职能，有效合理发挥“有形的手”的功能，服务于企业，协助企业降低企业风险，减少收益波动，从而推进市场与政府的良性互动。

第五章　政企关系的内部治理效应之公司违规行为

第一节　引言

中国经济的快速增长离不开中国资本市场的建立与发展。然而，如同西方发达国家所经历的那样，资本市场朝着更繁荣方向发展的同时，同样也产生了一系列问题，最为典型的就是公司违规行为，可以说它是我国资本市场发展的一部分产物。公司的违规行为会给社会带来巨大影响，一方面蒙蔽了投资者的双眼，使他们遭受巨大的经济损失，另一方面对市场监管也造成了重大影响。即使是中国整体的经济水平越来越高，对市场的监管也越来越严厉，公司的治理机制也有所提高，但依然存在这样一种现象，即在一个时间段内公司违规行为还在不断地增加，同时违规的严重程度也大幅度提高。公司发生违规行为被查处后，可能会导致广大投资者丧失投资中国市场的信心以及造成中国资本市场的畸形发展，从而对中国经济发展产生重大影响，造成不可挽回的损失。与此同时，学术界对日益严重且日益广泛的公司违规行为进行了研究。目前已有的文献主要从公司违规行为的影响因素展开研究，主要集中于研究外部经济环境和公司内部治理因素对公司违规行为的影响。外部经济环境的研究主要包括经济增长情况、行业投资信心等；公司内部治理因素包括高管薪酬结构、董事会结构、股权结构等。但是不同学者得出的结论不尽相同，至今尚未得出统一的结论。这一领域受诸多因素的干扰，正式制度与非正式制度也囊括其中。从整个中国经济发展的层面来看，还有众多因素被遗忘忽略，学者们可以从更加广泛的视角来研究公司违规行为的影响因素，而这无论在实践上还是在理论上都具有重大的意义。

政治关联是近年来兴起的热点话题，且不少学者对政治关联做了相关研究。他们的这些研究大都表明，在企业的发展过程中，与政府建立关联能显著影响企业的经营。与政府建立政治关联可以有两方面的效应：一方面是对企业有利的积极效应；另一方面是消极效应。积极效应包括建立政治关联可以帮助企业改善企业价值、获得政策性好处、融资便利、税收优惠、危机救助、免受产权损害等；消极效应包括企业具有政治关联会降低会计信息质量、降低企业价值、增加无效雇佣、带来政策负担性、较高的薪酬成本等。尽管政治关联的话题已经被从正负效应两方面进行了研究，却还是存在空白之处，比方说政治关联对公司违规行为的影响。目前仅有少部分国外学者研究了企业政治关联对公司违规行为的影响。Faccio 等（2006）很早就对政治关联有所研究，得出了政治关联具有削弱甚至屏蔽行政机构对其监管作用的结论。但是，由于我国正式制度有待完善，政治关联作为一种非正式制度发挥治理作用的同时，政治关联本身也在不断地趋于合法化和规范化，很多企业不再利用政治关联背景进行违法操作，从某种程度上来说，政治关联更像是企业与政府沟通的渠道，通过该渠道，使双方的沟通更加顺畅有效，进而达到企业资源需求的目的，而且可以获得更多更精确的政策性信息，有利于企业在发展的过程中做出更加正确的决策。目前，关于企业政治关联对公司违规行为影响的研究较少，仅有的文献也是对独立董事具有政治关联时如何影响公司违规行为进行了研究，较少有文献研究企业整体具有政治关联与否对公司违规行为的影响，以及分析制度环境差别对两者关系影响的文献同样匮乏。

鉴于此，本章以 2010~2017 年所有 A 股上市公司作为研究样本，研究了企业政治关联对公司违规行为的影响。具体地，本章采用公司层面和个体层面的政治关联代理变量，并采用公司当年是否违规、违规次数和违规严重程度三个维度衡量公司违规行为，检验政治关联如何影响企业违规。本章还结合了中国特殊的制度环境背景，考察企业政治关联与公司违规行为之间的关系和表现在不同制度环境的调节下是否有所不同。同时，本章还通过对不同的企业性质以及不同的政治关联性质进行细化区分，对以上关系和效应进行深入研究。

第二节 理论分析与假设演绎

一、企业政治关联与公司违规行为

我国当前正处于经济转型的关键时期，市场环境处于不断变化之中。为了应对市场环境变化对自身发展的影响，很多企业开始力图与政府建立关系，以此来获得“安全感”，并期望通过这种方式获得稀缺资源以及其他利益进而帮助企业平稳发展（叶会等，2008）。本章研究的企业通过政治关联来谋取资源与利益，其做法是建立在合法基础之上的。以往文献对政治关联的研究，主要是针对政治关联的经济后果进行了相关探讨，其带来的经济后果大致可以划分为积极经济后果与消极经济后果两个方面。政治关联带来的积极经济后果主要包括：获得政治关联的企业可以从银行获得更多的贷款、可以更容易从政府获得补贴，以及得到税率的优惠等。政治关联带来的消极经济后果主要包括：高额的寻租成本、降低企业资源的利用效率、不利于企业的创新以及政治关联也有可能导致企业业绩低下等。姑且不论这种积极效应与消极效应的结论哪一个更可靠，仅针对政治关联企业可以获得如此之多的优惠政策与资源，究竟对企业的业绩是否具有提升作用呢？以及能否帮助企业更加自如地经营呢？诸如此类的问题，学者还没有达成统一的意见。例如，杜兴强等（2010）研究认为，企业建立政治关联对公司业绩具有积极的正向引导效用。郭剑花等（2019）认为有政治关联的企业，可获得更多补助。Li 等（2021）也认为政治关联在一定程度上能促进企业发展，其认为在全球化的大背景下，由于国与国之间政策的差距导致我国进口能源紧缺，但中国政府会对能源企业进行补贴，有政治关联的能源企业可以从中获得更多补助。Nnadi 等（2021）研究认为，有政治关联的公司不仅受的处罚较少，而且股票的发行成本会更低。但是，邓建平和曾勇（2009）研究却发现建立政治关联会导致企业的业绩低下，并不利于企业的发展。Choi（2021）发现，地方官员的职位更替会引起当地政策的不确定性，有政治关联的企业战略会受到影响，企业的稳定程度不能保证。

公司的发展与高管的经营决策息息相关，作为公司重大战略的制定者与决策者，高管是否具有政治关联背景，将会直接对其企业的经营决策造成影响。一般而言，当政治关联可以为企业带来诸多好处时，公司的高管更愿意付出时间成本和金钱成本与政府建立某种关联，进而期望为公司带来更多利益。目前中国企业的生存与发展，并不能完全依靠市场，其也会受到政府的干预，这是由中国的社会背景所决定的，所以企业的生存与发展必然会受到众多因素的影响。企业管理者寻求政治关联进而帮助企业发展是关系社会的一种体现，这种关系对企业具有重要的影响。当企业获取政治关联以后，其可以获得更多的银行贷款且融资成本较低、带来更优惠的税率以及获得更多的政府补助等。另外，委托代理理论认为，当管理者具有政治关联时，很可能利用政治关联来获取私人利益，进而建立起管理者“壕沟”效应，损害了投资者的利益。管理者拥有政治关联时也有可能对企业违规行为产生影响，首先，由于政治关联会为企业带来政治庇佑，造成企业忽视自身的管理，反而用更多的时间和精力与政府构建密切联系以此寻求发展（郑丽婷 2017）。其次，由于政治关联的特殊性质，获得政治管理意味着企业获得了天然权力并拥有了寻租优势，会导致管理者侵蚀股东利益的欲望更强烈并进一步增强其侵蚀能力。最后，由于我国的法律法规等正式制度发展还不完善，很多企业都是为了寻求天然权势以帮助企业发展才力争建立政治关联。若企业具有政治关联，则其可能会利用政治关联弱化市场监管，进而可能造成企业违规行为增加（Faccio，2006）。

根据以上分析，本章提出第一个待验证假设：

H1a：企业政治关联会增加公司违规行为。

然而，与以上逻辑不同的是，从目前我国的发展情况来看，国家对政企关系越来越关注，不断地对政企关系进行改革与推进，一方面，企业拥有政治关联的这一背景，不但可以使企业更加及时与准确地掌握政策动向和政府行为等，而且可以借助自身的政治关联背景影响到政府的决策，即政府在制定相关政策时更有可能使该政策有利于政治关联企业的发展与获利，如此，政治关联企业在政策的庇佑下，发展会更加顺利畅通（Agrawal and Knoeber，2001）。另一方面，建立政治关联也可以使企业与政府的交流沟通更加有效，如此一来，更有利于企业获得各种稀缺资源，从更深层次来讲，政治关联可以进一步减弱企业为了获取稀缺资源而进行违规操作的动机。虽然政治关联可以帮助企业获得诸多好处，但是从成本角度来说，与政府建立联系也需要付出相应的寻租成本。从理论上讲，公司违规是一种有损企业本身以及社会大众利益的行为，故从寻租成本的角度来讲，如果企业可以借助政治关联的资源效应并以相对较低的寻租成本满足自身发展的需要，就更不愿意通过政治关联并付出更高的成本达成掩盖自身违规的事实。还有，具有政治关联背景的独立董事，为了自己的声誉与利益考虑，会降低不道德行为发生的可能性，独立董事的存在一方面是为了给公司提供专业的指导，另一方面就是监督公司的运行。同时，有政治关联的独立董事可以向政府及公众传递关于企业的信号，有利于企业的信号可以为企业争取更多的优惠和资源，也在一定程度上约束了企业发生违规行为的可能性。另外，当企业发生违规行为并被监管机构公开批评或处罚时，必然会给企业带来负面的社会反应，造成较差的社会声誉，进而可能会导致企业融资困难、业绩减退、股价下跌等一系列不良反应。基于此，本章认为，政治关联在一定程度上有可能降低企业违规的倾向与动机，即政治关联可以降低公司违规行为。

根据以上分析，本章提出 H1a 的竞争性假设：

H1b：企业政治关联会抑制公司违规行为。

二、不同制度环境下企业政治关联对公司违规行为的影响

著名制度经济学家 North（1973）认为，国家的制度环境、经济发展程度和政治环境等对国家的经济增长具有重要影响，他同时指出，一个国家的制度环境对该国的物质条件与人力资本的增长速度包括科学技术等起到了决定性作用。Davis 和 North（1971）认为制度安排是指一组规则，该规则可以在某些特定领域内约束人们的行为。依据中国发展的实际情况，对企业影响重大的制度环境包括两方面的因素：一是企业在经营过程中必须要面对的市场环境因素；二是在制度安排中起到决定性作用的政府治理环境。企业能否在参与市场竞争的过程中处于公平的环境，并能够在获取资源时更多地依据市场价格机制都取决于市场环境制度的安排是否合理有效，而企业的产权以及私有产权的保护需要政府治理环境制度发挥作用，有效的政府治理环境可以使其得到合理的保护。学术界认为中国现实的发展情况并不能从其背后的理论制度得到合理的解释，故认为一定

存在着某种替代机制，可以弥补正式制度发展不完善的缺陷，从而推动中国经济高速平稳发展。中国的经济奇迹一定是由于做了某件特别正确的事情所导致的结果（罗党论等，2009）。中国学者研究发现，虽然政治关联作为一种非正式制度，但在当前正式制度发展不完善的情况下，只要对它加以正确引导，可以弥补正式制度的不足，并进一步带来中国经济的高速发展（罗党论等，2009）。如今，我们处于法治社会，要求政府必须依法行事。徐尧等（2017）据此研究发现，当我们的社会制度越来越完善的时候，可以避免很多违规行为的发生，并且使有政治关联的企业更加规范。

我国经济的发展受到资源禀赋、地理环境以及政府政策等影响，各个地区都具有较大差异，且不同地区的市场化程度和制度环境也相差甚大。首先，在制度环境较好的地区，若企业拥有政治关联这一背景，不但可以使企业对政策动向和政府行为等获得更加及时与准确的掌握，而且可以借助自身的政治关联背景影响到政府的决策，即政府在制定相关政策时更有可能使该政策有利于有政治关联企业的发展与获利，如此，政治关联企业的发展会更加顺利畅通（Agrawal and Knoeber，2001）。其次，在制度环境较好的地区，监督监察机构的执法力度更强也更加严格，企业和政府受到的制约更强，若企业具有政治关联，会更加倾向于合法化、合理化及规范化的运用政治关联这一非正式制度资源为企业谋取更多利益，而不会冒着被监察监管处罚的风险进行违规操作。在制度环境较差的地区则相反，虽然政治关联可以对发展不完善的正式制度所带来的不利影响起到弥补作用，且企业在制度环境更差的地区更加倾向于构建政治关联，意图使其发挥的效用超越正式制度，进而达到自身发展的目的，但是由于在制度环境较差的地区，监管机构对企业的监督力度较弱，且监管机构也更容易受到其他非正式制度等因素的影响，所以企业很可能利用政治关联达到屏蔽监管或者减小处罚的目的，故在制度环境更差的地区，政治关联发挥的负面效应可能更大，会导致企业借助政治关联弱化监管，进而促进企业违规。据此，提出如下假设：

H2a：若政治关联增加了公司违规行为，则在制度环境更差的地区，政治关联对公司违规行为的促进作用更强。

H2b：若政治关联增加了公司违规行为，则在制度环境更好的地区，政治关联对公司违规行为的促进作用减弱。

H2c：若政治关联抑制了公司违规行为，则在制度环境更好的地区，政治关联对公司违规行为的抑制作用更强。

H2d：若政治关联抑制了公司违规行为，则在制度环境更差的地区，政治关联对公司违规行为的抑制作用减弱。

第三节 研究设计

一、样本选择与数据来源

本章以2010~2017年所有A股上市公司作为研究样本，并剔除了金融行业和保险行业、董监高个人特征文件缺失的公司、被ST或PT处理的公司以及财务数据缺失或异常的观测样本。公司违规数据、企业政治关联数据及其他相关数据均来自CSMAR数据库，制度环境变量相关数据来自《中国市场化指数——各地区市场化相对进程报告》。本章的数据由Stata15与Excel共同处理，并且为了剔除极端值的影响，本章对样本数据进行上下1%的Winsorize处理，最终本章留下了8475个观测值。

二、关键变量定义

（一）解释变量

政治关联可被看作企业和政府之间形成的一种隐性政治关系。潘红波等（2008）从企业董事长和总经理的角度出发，考察他们是否具有政府工作经历，以此来判断企业是否存在政治关联。高伟等（2010）却认为他们的定义范围太过片面，从而进一步将其扩大至企业股东、董事以及高管等政府工作经历。吴文锋等（2008）仅从高管的角度出发，认为只要其有在中央或者地方政府就职的经历就可以认为所在企业存在政治联系。叶会和李善民（2008）将政治关联看作一种声誉机制，而且这种声誉机制对企业来说是一种资产，通过这项资产可以帮助企业得到更多的市场资源以及政策性倾向。在全世界企业中，政治关联已经成为一种普遍现象（Faccio，2006）。国外学者对政治关联的研究也日渐丰富起来，他们对政治关联的研究主要从两个方向出发，一是从高管方向出发，二是从企业特征出发。从高管方向出发的国外文献也主要是从董事长、CEO和总经理等对政治关联进行研究，分析他们在政府任职的经历对公司经营决策的影响。比较典型的就是Faccio（2006）提出的对政治关联的定义，即公司的大股东、董事会成员或者高层管理人员与政府领导有密切联系，或者高管有在政府任职的经历，则认为该企业具有政治关联。Fan（2007）又对政治关联给出了另一种定义，他认为当企业的CEO或者股东有在地方或者中央政府机关单位任职的经历，则该企业具有政治关联。从企业特征方向出发研究政治关联的学者，比如Adhikari等（2006）认为企业的政治关联程度与其被国有企业持股的数量有关，国有企业持股越高，政治关联程度越强。Leuz等（2006）研究认为，公司的股票价值也可以用来衡量企业的政治关联程度。本章在参考众多文献的研究基础上，参照Faccio（2006）的做法，即认为公司的大股东、董事会成员或者高层管理人员与政府领导有密切联系，或者其有在政府任职的经历，则认为该企业具有政治关联。

本章采用两种方法对政治关联进行度量：第一种是企业是否具有政治关联，若企业具有政治关联，则赋值为“1”，否则赋值为“0”。第二种是企业政治关联比例，即统计每个企业每年的政治关联总人数以及董事、监事和高层管理人员的总数，用政治关联总人数除以董事、监事和高层管理人员的总数来表示企业政治关联比例。

根据本章的研究内容，本章的外部制度环境变量采用了樊纲等（2010）提供的市场化指数总指数评分衡量市场发达程度，评分越高，代表市场发达程度越高；用政府与市场关系评分衡量政府干预与经济的程度，评分越高，政府干预经济的程度越低；用市场中介组织和法律制度环境评分衡量法制情况，评分越高，法律制度环境越好。用该三项指标代表企业所处地区的外部制度环境。

（二）被解释变量选择

我国自2000年开始逐渐对公司违规行为有所关注，即学术界开始对公司违规行为展开研究。最先对公司违规行为进行类型划分的是胡奕明等（2002），他们将其划分为市场行为违规、资金使用违规以及信息披露违规三种类型。公司违规行为中比较多见的是市场行为违规以及信息披露违规两种违规类型。朱丽娜（2014）认为若公司在日常经营活动中，包括经营活动涉及的人员，若发生了与《证券法》等相关机构发布的有关法律法规或者相关规定不符的行为，则认为公司发生了违规行为。叶陈云（2008）对公司违规行为的定义更为明确，他认为若进行会计活动的相关人员，运用他们的会计知识，通过细致且缜密的计划安排在会计处理中对数据进行造假从而达到逃避税收、得到高额红利以及提取盈余公积等违反相关规定的目的，并可能导致利益相关者获得不实信息，促使他们在投资决策等活动中做出错误判断，则认为该公司即发生了违规行为。根据本章研究内容的需求，最终以叶陈云（2008）对公司违规行为的定义作为本章公司违规行为的定义。

本章采用了三种方式对公司违规行为进行衡量：第一种方式是企业是否发生违规行为，用Foccur表示，若企业发生了违规行为，则取值为“1”，否则取值为“0”。第二种方式是企业违规行为发生的频率，用变量Fnum表示，参照Pacelli Joseph（2019）的做法，用每年每个企业发生的违规总次数取对数进行衡量。第三种方式是企业违规行为严重程度，用Degree表示，参照蔡志岳和吴世农（2007）的做法，依据企业被处罚的方式，将其分为四个等级：若企业当年未受到处罚，则取值为“0”；若企业被处罚类型为“其他”，则取值为“1”；若企业被处罚类型为“批评”或“警告”，则取值为“2”；若企业被处罚类型为“谴责”“罚款”“没收违法所得”“取消营业许可”以及“市场禁入”则赋值为“3”。若企业当年受到证监会多种处罚，在衡量公司违规行为的程度时，则选取其中最为严重的处罚方式作为最终的处罚方式。

（三）控制变量选择

本章主要研究企业政治对公司违规行为的影响，同时将外部制度环境变量作为调节变量，分析了在制度环境差别下，企业政治关联又会对公司违规行为产生怎样的影响。参考滕飞等（2016）和陆瑶等（2016）与已有文献的研究方法，本章选取了净资产收益率、企业规模以及公司成长性等八个变量作为控制变量。具体定义如表 5-1 所示。

表 5-1　变量定义

	变量		变量名称	变量定义
被解释变量	Foccur	Fo_yn	公司是否违规虚拟变量	企业当年是否发生违规行为，是则取值为“1”，否则为“0”
		Fnum	公司违规频率	等于 Ln（1+企业当年的违规次数）
		Degree	违规严重程度	若企业当年未被处罚则取值为“0”；若企业被处罚类型为“其他”则取值为“1”；若企业被处罚类型为“批评”或“警告”则取值为“2”；若企业被处罚类型为“谴责”“罚款”“没收违法所得”“取消营业许可”以及“市场禁入”则取值为“3”
解释变量	Political	Po_yn	企业是否具有政治关联	企业具有政治关联则取值为“1”，否则为“0”
		Po_per	企业内政治关联人士比例	政治关联总人数除以企业大股东、董事、高层管理人员的总数
控制变量	Dual		两职合一虚拟变量	董事长与总经理是同一个人时该变量为“1”，否则为“0”
	Roa		净资产收益率	当年净资产收益率
	Lev		资产负债率	公司当年总负债除以总资产
	Rpt		关联交易水平	公司当年关联交易总额除以总资产
	Tobinsq		公司成长性	CSMAR 数据库中的 Tobin's Q 值衡量
	Cfo		自由现金流量	当年经营活动产生的现金流量净额除以总资产
	Top1		第一大股东持股比例	公司当年年末第一大股东持股比例
	Size		企业规模	由公司当年年末总资产取自然对数得到
	Ind		行业	行业虚拟变量
制度环境变量	Institu	Mkt	市场化总指数	若大于中位数，则认为市场发达程度较高，否则市场发达程度较低
		GM	政府与市场的关系	若大于中位数，则认为政府干预经济的程度较低，否则政府干预经济的程度较高
		MIOLaw	市场中介组织的发育和法律制度环境	若大于中位数，则认为法制情况较好，否则法制情况较差

资料来源：笔者整理得到。

三、模型设计

本章通过建立多元线性回归模型来检验上文提出的企业政治关联与公司违规行为之间关系的假设。

为了验证 H1a 和 H1b，即企业政治关联对公司违规行为到底具有何种影响，本章构建了如下模型：

$$Foccur_{i,t}=\alpha_0+\alpha_1 Political_{i,t}+\alpha_2 Dual+\alpha_3 Roa_{i,t}+\alpha_4 Lev_{i,t}+\alpha_5 Rpt_{i,t}+\alpha_6 Tobinsq_{i,t}+\alpha_7 Cfo_{i,t}+\alpha_8 Top1_{i,t}+\alpha_9 Size_{i,t}+\sum Industry_{i,t}+\sum Year_{i,t}+\varepsilon_{i,t} \quad (5-1)$$

以上模型当中，公司违规变量 Foccur 有三种度量方式。第一种是公司是否违规，用变量 Fo_yn 表示；第二种是公司违规频率，用变量 Fnum 表示；第三种是公司违规程度，用变量 Degree 表示。企业政治关联变量 Political 有两种衡量方式。第一种是企业是否具有政治关联，用变量 Po_yn 表示；第二种是企业政治关联比例，用变量 Po_per 表示。若 H1a 正确，即企业政治关联会增加公司违规行为，则预期 Political 系数 α_1 显著为正；若 H1b 正确，即企业政治关联会抑制公司违规行为，则预期 Political 系数 α_1 显著为负。

为了验证 H2a、H2b、H2c 和 H2d 的正确性，本章对制度环境变量进行分组后继续采用模型（5-1）进行回归。具体就是对市场化总指数、政府与市场的关系以及市场中介组织的发育和法律制度环境进行分组（大于中位数取“1”，否则为“0”），再对不同制度环境中企业政治关联对公司违规行为的影响进行研究。根据上文假设，若 H2a 正确，即若企业政治关联会增加公司违规行为，则在制度环境更差的地区，政治关联对公司违规行为的促进作用更强，那么本章预期在制度环境更差的地区 Political 系数 α_1 显著为正；若 H2b 正确，即若企业政治关联会增加公司违规行为，则在制度环境更好的地区，政治关联对公司违规行为的促进作用更弱，那么本章预期在制度环境更好的地区 Political 系数 α_1 的正显著程度较低或者不显著；若 H2c 正确，即若企业政治关联会抑制公司违规行为，则在制度环境更好的地区，政治关联对公司违规行为的抑制作用更强，那么本章预期在制度环境更好的地区 Political 系数 α_1 显著为负；若 H2d 正确，即若企业政治关联会抑制公司违规行为，则在制度环境更差的地区，政治关联对公司违规行为的抑制作用更弱，那么本章预期在制度环境更差的地区 Political 系数 α_1 的负显著程度较低或者不显著。

第四节 实证结果与分析

一、描述性统计

由表5-2可以看出，公司是否违规（Fo_yn）、公司违规频率（Fnum）以及公司违规程度（Fdegree）三个变量的均值分别为0.232、0.192和0.224，说明2010~2017年我国A股上市公司中有20%左右的公司出现过违规行为，并且受到了相应的处罚。变量“企业是否具有政治关联（Po_yn）”的均值是0.888，说明在样本中大概有88%的企业具有政治关联。企业政治关联人士比例（Po_per）的均值是0.147，说明在企业中，高管团队和董事会中有14.7%的成员具有政治背景。

表5-2 主要变量描述性统计

变量	样本量	均值	标准差	最小值	最大值
Fo_yn	8475	0.232	0.422	0.000	1.000
Fnum	8475	0.192	0.372	0.000	2.303
Fdegree	8475	0.224	0.591	0.000	3.000
Po_yn	8475	0.888	0.316	0.000	1.000
Po_per	8475	0.147	0.112	0.000	0.846
Dual	8475	0.246	0.430	0.000	1.000
Roa	8475	0.035	0.050	-0.146	0.188
Lev	8475	0.397	0.228	0.006	0.921
Rpt	8475	0.043	0.098	0.000	0.621
Tobinsq	8475	2.202	2.002	0.202	11.439
Cfo	8475	-0.009	0.044	-0.156	0.127
Top1	8475	0.337	0.148	0.088	0.751
Size	8475	21.724	1.152	19.199	25.504
Mkt	8475	7.798	1.894	-0.716	11.230
GM	8475	6.724	1.797	-10.826	10.368
MIOLaw	8475	9.025	5.239	-0.700	21.479

资料来源：笔者运用Stata计算整理得到。

二、相关性分析

表5-3给报告了主要变量的Person相关系数。由表5-3可以发现，“公司违规行为”

表 5-3 主要变量的 Pearson 相关系数矩阵

	Fo_yn	Fnum	Fdegree	Po_yn	Po_per	Dual	Roa	Lev	Rpt	Tobinsq	Cfo	Top1	Size
Fo_yn	1												
Fnum	0.937***	1											
Fdegree	0.688***	0.705***	1										
Po_yn	-0.035***	-0.042***	-0.035***	1									
Po_per	-0.044***	-0.048***	-0.043***	0.467***	1								
Dual	0.009	0.012	0.008	-0.011	-0.027**	1							
Roa	-0.074***	-0.081***	-0.107***	0.019*	0.046***	0.024**	1						
Lev	0.001	0.015	0.043***	0.038***	0.053***	-0.127***	-0.276***	1					
Rpt	0.011	0.017	0.013	-0.003	-0.020*	-0.009	-0.024**	0.025**	1				
Tobinsq	0.047***	0.052***	0.033***	-0.097***	-0.100***	0.099***	0.192***	-0.310***	0.108***	1			
Cfo	-0.005	-0.000	0.002	0.000	0.036***	0.008	0.088***	-0.025**	-0.021*	0.004	1		
Top1	-0.046***	-0.048***	-0.031***	0.013	0.045***	-0.044***	0.078***	0.039***	0.002	-0.128***	0.038***	1	
Size	-0.023**	-0.021**	-0.031***	0.042***	0.074***	-0.147***	-0.005	0.325***	-0.188***	-0.522***	0.055***	0.201***	1

注：* 表示 $p<0.1$，** 表示 $p<0.05$，*** 表示 $p<0.01$。

资料来源：笔者运用 Stata 计算整理得到。

三种方式的替代变量 Fo_yn、Fnum 和 Fdegree 与企业政治关联变量的两种衡量方式 Po_yn 和 Po_per 的相关系数均在 1%的显著性水平上呈负相关，初步证明了在 H1a 和 H2a 中，H2a 的正确性。在控制变量中，净资产收益率（Roa）、公司成长性（Tobinsq）、第一大股东持股比例（Top1）、企业规模（Size）与违规行为变量 Fo_yn、Fnum 和 Fdegree 都在 5%或 1%的显著性水平上显著相关，表明控制变量选取合理。表 5-3 中大多数变量的相关系数均在 0.5 以下，表明不存在严重的多重共线性问题。

三、多元回归分析

（一）企业政治关联对公司违规行为的影响

表 5-4 报告了以 Po_yn 和 Po_per 作为政治关联的代理变量，以及以 Fo_yn、Fnum 和 Fdegree 作为公司违规行为的代理变量时，政治关联变量影响公司违规行为变量的回归结果。其中，（1）列、（3）列、（5）列显示的是：以是否具有政治关联（Po_yn）作为企业政治关联的代理变量时分别对公司是否违规（Fo_yn）、违规频率（Fnum）、违规程度（Fdegree）的回归结果，其系数分别是-0.113、-0.186 和-0.160，t 值分别是-2.410、-2.558 和-3.162，且分别在 5%、5%和 1%的显著性水平上显著为负。以上结果说明企业是否具有政治关联与公司是否违规、违规频率以及违规程度呈负相关关系，即企业具有政治关联会抑制公司违规行为的发生。另外，表 5-4 中（2）列、（4）列和（6）列显示的是以政治关联比例（Po_per）作为企业政治关联的代理变量时分别对公司是否违规（Fo_yn）、违规频率（Fnum）、违规程度（Fdegree）的回归结果，其系数分别是-0.453、-0.720 和-0.595，t 值分别是-3.198、-3.008 和-3.783，且都在 1%的显著性水平上显著为负，说明企业政治关联比例与公司是否违规、违规频率以及违规程度呈负相关关系，即企业政治关联比例越大，公司越不可能发生违规、公司违规的频率越低且违规程度也越小。以上结论显示，在前文的 H1a 和 H1b 中，实证证据支持 H1b，即企业政治关联会抑制公司违规行为，表现为当企业具有政治关联时会使企业减少违规行为的发生与降低企业违规的程度，且企业的政治关联人物所占比例越大时，这种抑制作用越强。以上结论也证实了当企业具有政治关联时，企业可以通过政治关联加强与政府的有效沟通，获得企业需求的各种稀缺资源，降低企业为了争夺稀缺资源而采取违规行为的动机，以及企业更加倾向于借助政治关联背景，更加及时准确地掌握政策动向、预测政府行为和基于避免付出更高的寻租成本的考虑而不愿意采取违规操作这一理论假设，反驳了企业会借助政治关联来掩盖自身违规事实等这一理论假设。

（二）不同制度环境下企业政治关联对公司违规行为的影响

表 5-5 报告了在不同市场发达程度下，企业是否具有政治关联对公司是否违规、违规频率以及违规程度的影响。首先按中位数对市场发达程度（Mkt）进行分组，大于中位数取值为 1，用变量 G_Mkt 表示，代表市场发达程度较高，否则用变量 B_Mkt 表示，代表市场发达程度较低（下同）。在表 5-5 中，（1）列、（3）列和（5）列是在市

表 5-4 企业政治关联对公司违规行为的影响

	(1)	(2)	(3)	(4)	(5)	(6)
	Fo_yn	Fo_yn	Fnum	Fnum	Fdegree	Fdegree
Po_yn	-0.113** (-2.410)		-0.186** (-2.558)		-0.160*** (-3.162)	
Po_per		-0.453*** (-3.198)		-0.720*** (-3.008)		-0.595*** (-3.783)
Dual	0.021 (0.576)	0.020 (0.568)	0.047 (0.808)	0.047 (0.810)	0.038 (0.968)	0.037 (0.960)
Roa	-2.204*** (-6.957)	-2.170*** (-6.840)	-3.003*** (-6.185)	-2.964*** (-6.091)	-2.777*** (-8.043)	-2.735*** (-7.907)
Lev	-0.039 (-0.523)	-0.034 (-0.457)	0.082 (0.673)	0.091 (0.741)	0.178** (2.174)	0.185** (2.261)
Rpt	0.102 (0.648)	0.093 (0.592)	0.209 (0.845)	0.192 (0.775)	-0.003 (-0.015)	-0.014 (-0.081)
Tobinsq	0.041*** (4.482)	0.040*** (4.465)	0.059*** (4.325)	0.059*** (4.342)	0.014 (1.429)	0.014 (1.430)
Cfo	0.086 (0.244)	0.118 (0.334)	0.349 (0.604)	0.396 (0.686)	0.137 (0.353)	0.178 (0.459)
Top1	-0.003*** (-3.240)	-0.003*** (-3.193)	-0.005*** (-2.829)	-0.005*** (-2.787)	-0.001 (-0.713)	-0.001 (-0.662)
Size	0.028* (1.690)	0.028* (1.695)	0.045 (1.631)	0.045 (1.637)	0.002 (0.131)	0.003 (0.140)
_cons	-1.018*** (-2.683)	-1.034*** (-2.736)	-2.127*** (-3.444)	-2.158*** (-3.508)	-0.859** (-2.070)	-0.892** (-2.158)
行业	Yes	Yes	Yes	Yes	Yes	Yes
年度	Yes	Yes	Yes	Yes	Yes	Yes
N	8475	8475	8475	8475	8475	8475
Pseudo R^2	0.011	0.012	0.011	0.011	0.015	0.016

注：表中括号内为 t 值，经 White 异方差调整。* 表示 p<0.1，** 表示 p<0.05，*** 表示 p<0.01。
资料来源：笔者运用 Stata 计算整理得到。

场发达程度较高组中对企业是否具有政治关联与公司违规行为的回归结果，结果显示系数分别是-0.106、-0.106、-0.123，t 值分别是-1.688、-1.708、-1.791，且均在 10%的显著性水平上显著为负；（2）列、（4）列和（6）列是在市场发达程度较低组中对企业是否具有政治关联与公司违规行为的回归结果，结果显示并不显著。这说明了相对于市场发达程度更低的地区，在市场发达程度更高的地区，企业具有政治关联更能抑制公司违规行为。与之相对应的就是在市场发达程度更高的地区，当企业具有政治关联时，企业发生违规的概率更低，违规行为发生的频率也降低，且公司违规行为的程度也较低。

表 5-5　不同市场发达程度下企业是否具有政治关联对公司违规行为的影响

	(1)	(2)	(3)	(4)	(5)	(6)
	Fo_yn	Fo_yn	Fnum	Fnum	Fdegree	Fdegree
	G_Mkt	B_Mkt	G_Mkt	B_Mkt	G_Mkt	B_Mkt
Po_yn	-0. 106*	-0. 094	-0. 106*	-0. 104	-0. 123*	-0. 080
	(-1. 688)	(-1. 310)	(-1. 708)	(-1. 457)	(-1. 791)	(-1. 016)
Dual	0. 036	-0. 002	0. 042	-0. 014	0. 064	0. 005
	(0. 737)	(-0. 032)	(0. 890)	(-0. 262)	(1. 207)	(0. 078)
Roa	-1. 705***	-2. 631***	-1. 748***	-2. 670***	-2. 415***	-1. 956***
	(-3. 601)	(-6. 095)	(-3. 715)	(-6. 237)	(-4. 661)	(-3. 960)
Lev	0. 012	-0. 046	-0. 002	-0. 051	0. 246**	0. 445***
	(0. 102)	(-0. 448)	(-0. 019)	(-0. 511)	(1. 964)	(3. 816)
Rpt	0. 105	0. 147	0. 100	0. 129	0. 024	-0. 222
	(0. 456)	(0. 678)	(0. 439)	(0. 599)	(0. 094)	(-0. 892)
Tobinsq	0. 035***	0. 043***	0. 039***	0. 041***	0. 014	-0. 009
	(2. 706)	(3. 364)	(3. 042)	(3. 288)	(0. 996)	(-0. 566)
Cfo	-0. 405	0. 507	-0. 399	0. 580	-0. 190	0. 531
	(-0. 815)	(1. 000)	(-0. 821)	(1. 167)	(-0. 347)	(0. 926)
Top1	-0. 004***	-0. 003**	-0. 004***	-0. 003*	-0. 002	0. 002
	(-2. 667)	(-2. 068)	(-2. 629)	(-1. 843)	(-1. 462)	(1. 271)
Size	0. 012	0. 038*	0. 011	0. 034	-0. 019	-0. 072***
	(0. 458)	(1. 658)	(0. 424)	(1. 537)	(-0. 686)	(-2. 614)
_cons	-0. 405	-1. 313**	-0. 745	-1. 315***	-0. 046	-0. 309
	(-0. 685)	(-2. 563)	(-1. 367)	(-2. 670)	(-0. 072)	(-0. 508)
行业	Yes	Yes	Yes	Yes	Yes	Yes
年度	Yes	Yes	Yes	Yes	Yes	Yes
N	4185	4290	4185	4290	4185	4290
Pseudo R^2	0. 012	0. 016	0. 012	0. 013	0. 016	0. 016

注：表中括号内为 t 值，经 White 异方差调整。* 表示 p<0. 1，** 表示 p<0. 05，*** 表示 p<0. 01。
资料来源：笔者运用 Stata 计算整理得到。

表 5-6 报告了在不同市场发达程度下企业政治关联比例对公司是否违规、违规频

率以及违规程度的影响。在表5-6中，（1）列、（3）列和（5）列是在市场发达程度较高组中对企业是否具有政治关联与公司违规行为的回归结果，结果显示系数分别是-0.736、-0.438、-0.508，t值分别是-2.016、-2.057、-2.151，且均在5%的显著性水平上显著为负；（2）列、（4）列和（6）列是在市场发达程度较低组中对企业是否具有政治关联与公司违规行为的回归结果，其结果显著程度低于市场发达程度较高的组。表5-6中的数据说明了相对于市场发达程度更低的地区，在市场发达程度更高的地区，企业政治关联人物所占比例越高，越能抑制公司违规行为。与之相对应的就是在市场发达程度更高的地区，当企业的政治关联越高时，企业发生违规的概率更低，违规行为发生的频率也降低，且公司违规行为的程度也较低。

表5-6 不同市场发达程度下企业政治关联比例对公司违规行为的影响

	(1)	(2)	(3)	(4)	(5)	(6)
	Fo_yn	Fo_yn	Fnum	Fnum	Fdegree	Fdegree
	G_Mkt	B_Mkt	G_Mkt	B_Mkt	G_Mkt	B_Mkt
Po_per	-0.736**	-0.645*	-0.438**	-0.370*	-0.508**	-0.158
	(-2.016)	(-1.900)	(-2.057)	(-1.909)	(-2.151)	(-0.700)
Dual	0.057	-0.005	0.034	-0.001	0.062	0.005
	(0.702)	(-0.049)	(0.712)	(-0.017)	(1.172)	(0.085)
Roa	-2.906***	-4.530***	-1.700***	-2.588***	-2.417***	-1.947***
	(-3.637)	(-6.057)	(-3.591)	(-5.978)	(-4.662)	(-3.939)
Lev	0.037	-0.084	0.019	-0.044	0.255**	0.446***
	(0.187)	(-0.473)	(0.167)	(-0.433)	(2.034)	(3.823)
Rpt	0.139	0.230	0.089	0.145	0.002	-0.221
	(0.360)	(0.615)	(0.387)	(0.669)	(0.009)	(-0.890)
Tobinsq	0.060***	0.072***	0.036***	0.042***	0.015	-0.009
	(2.766)	(3.307)	(2.765)	(3.302)	(1.059)	(-0.570)
Cfo	-0.637	0.933	-0.383	0.542	-0.166	0.560
	(-0.752)	(1.068)	(-0.771)	(1.069)	(-0.304)	(0.978)
Top1	-0.007**	-0.006**	-0.004**	-0.003**	-0.002	0.002
	(-2.504)	(-2.127)	(-2.533)	(-2.114)	(-1.327)	(1.260)
Size	0.019	0.066*	0.011	0.038*	-0.019	-0.072***
	(0.438)	(1.664)	(0.452)	(1.661)	(-0.693)	(-2.617)
_cons	-0.707	-2.205**	-0.442	-1.317***	-0.088	-0.345
	(-0.709)	(-2.503)	(-0.751)	(-2.583)	(-0.136)	(-0.569)
行业	Yes	Yes	Yes	Yes	Yes	Yes

续表

	(1)	(2)	(3)	(4)	(5)	(6)
	Fo_yn	Fo_yn	Fnum	Fnum	Fdegree	Fdegree
	G_Mkt	B_Mkt	G_Mkt	B_Mkt	G_Mkt	B_Mkt
年度	Yes	Yes	Yes	Yes	Yes	Yes
N	4185	4290	4185	4290	4185	4290
Pseudo R^2	0.012	0.016	0.012	0.016	0.017	0.016

注：表中括号内为 t 值，经 White 异方差调整。* 表示 p<0.1，** 表示 p<0.05，*** 表示 p<0.01。
资料来源：笔者运用 Stata 计算整理得到。

表 5-7 报告了在政府干预经济的不同程度下企业是否具有政治关联对公司是否违规、违规频率以及违规程度的影响。首先按中位数对政府干预经济的程度（GM）进行分组，大于中位数取值为 1，用变量 G_GM 表示，代表市场发达程度较高，否则用变量 B_GM 表示，代表市场发达程度较低（下同）。在表 5-7 中，（1）列、（3）列和（5）列是在政府干预经济的程度较低的组中对企业是否具有政治关联与公司违规行为的回归结果，结果显示系数分别是-0.185、-0.184、-0.208，t 值分别是-2.730、-2.739、-2.814，且均在 1%的显著性水平上显著为负；（2）列、（4）列和（6）列是在政府干预经济的程度较高的组中对企业是否具有政治关联与公司违规行为的回归结果，结果显示并不显著。这说明了相对于政府干预经济程度较高的地区，在政府干预经济程度较低的地区，企业具有政治关联更能抑制公司违规行为。与之相对应的就是在政府干预经济程度越低的地区，当企业具有政治关联时，企业发生违规的概率更低，违规行为发生的频率也降低，且公司违规行为的程度也较低。

表 5-7　政府干预经济的不同程度下企业是否具有政治关联对公司违规行为的影响

	(1)	(2)	(3)	(4)	(5)	(6)
	Fo_yn	Fo_yn	Fnum	Fnum	Fdegree	Fdegree
	G_GM	B_GM	G_GM	B_GM	G_GM	B_GM
Po_yn	-0.185***	-0.034	-0.184***	-0.042	-0.208***	-0.106
	(-2.730)	(-0.518)	(-2.739)	(-0.646)	(-2.814)	(-1.514)
Dual	0.048	0.015	0.041	0.014	0.059	0.056
	(0.965)	(0.286)	(0.840)	(0.275)	(1.058)	(0.994)
Roa	-2.229***	-2.028***	-2.291***	-2.000***	-2.636***	-2.650***
	(-4.613)	(-4.762)	(-4.760)	(-4.732)	(-4.972)	(-5.725)
Lev	-0.079	-0.004	-0.059	-0.016	0.142	0.208*
	(-0.674)	(-0.038)	(-0.521)	(-0.169)	(1.098)	(1.954)
Rpt	0.128	0.035	0.126	0.025	0.027	-0.064
	(0.544)	(0.166)	(0.540)	(0.119)	(0.102)	(-0.273)

续表

	(1)	(2)	(3)	(4)	(5)	(6)
	Fo_yn	Fo_yn	Fnum	Fnum	Fdegree	Fdegree
	G_GM	B_GM	G_GM	B_GM	G_GM	B_GM
Tobinsq	0.052***	0.029**	0.053***	0.028**	0.021	0.005
	(3.826)	(2.385)	(3.973)	(2.316)	(1.413)	(0.332)
Cfo	-0.218	0.336	-0.266	0.335	-0.343	0.487
	(-0.431)	(0.676)	(-0.536)	(0.691)	(-0.616)	(0.895)
Top1	-0.005***	-0.002	-0.005***	-0.002	-0.003*	0.001
	(-3.160)	(-1.463)	(-3.096)	(-1.436)	(-1.907)	(0.531)
Size	0.040	0.006	0.042	0.002	-0.012	-0.004
	(1.562)	(0.269)	(1.635)	(0.071)	(-0.432)	(-0.162)
_cons	-1.211**	-0.628	-1.400**	-0.598	-0.338	-0.837
	(-2.004)	(-1.241)	(-2.514)	(-1.225)	(-0.506)	(-1.524)
行业	Yes	Yes	Yes	Yes	Yes	Yes
年度	Yes	Yes	Yes	Yes	Yes	Yes
N	4195	4280	4195	4280	4195	4280
Pseudo R^2	0.016	0.017	0.014	0.016	0.018	0.017

注：表中括号内为 t 值，经 White 异方差调整。* 表示 p<0.1，** 表示 p<0.05，*** 表示 p<0.01。
资料来源：笔者运用 Stata 计算整理得到。

在表 5-8 中，(1) 列、(3) 列和 (5) 列是在政府干预经济的程度较低的组中对企业政治关联比例与公司违规行为的回归结果，结果显示系数分别是-0.893、-0.510、-0.631，t 值分别是-2.422、-2.431、-2.680，且分别在 5%、5%、1%的显著性水平上显著为负；(2) 列、(4) 列和 (6) 列是在政府干预经济的程度较高的组中对企业是否具有政治关联与公司违规行为的回归结果，其结果显著程度均低于政府干预经济程度较低的组。这说明了在政府干预经济程度较低的地区，企业政治关联人物所占比例越高，越能抑制公司违规行为。与之相对应的就是在政府干预经济程度越低的地区，当企业的政治关联比例越高时，企业发生违规的概率更低，违规行为发生的频率也降低，且公司违规行为的程度也较低。

表 5-8 不同政府干预经济程度下企业政治关联比例对公司违规行为的影响

	(1)	(2)	(3)	(4)	(5)	(6)
	Fo_yn	Fo_yn	Fnum	Fnum	Fdegree	Fdegree
	G_GM	B_GM	G_GM	B_GM	G_GM	B_GM
Po_per	-0.893**	-0.591*	-0.510**	-0.347*	-0.631***	-0.485**
	(-2.422)	(-1.762)	(-2.431)	(-1.777)	(-2.680)	(-2.252)

续表

	(1)	(2)	(3)	(4)	(5)	(6)
	Fo_yn	Fo_yn	Fnum	Fnum	Fdegree	Fdegree
	G_GM	B_GM	G_GM	B_GM	G_GM	B_GM
Dual	0.081	0.024	0.047	0.015	0.057	0.056
	(0.938)	(0.275)	(0.946)	(0.282)	(1.023)	(0.998)
Roa	-3.891***	-3.409***	-2.238***	-1.985***	-2.645***	-2.602***
	(-4.705)	(-4.707)	(-4.635)	(-4.651)	(-4.989)	(-5.611)
Lev	-0.129	-0.002	-0.075	-0.003	0.148	0.211**
	(-0.632)	(-0.009)	(-0.641)	(-0.029)	(1.146)	(1.984)
Rpt	0.185	0.049	0.120	0.032	0.013	-0.070
	(0.458)	(0.136)	(0.506)	(0.153)	(0.051)	(-0.301)
Tobinsq	0.092***	0.046**	0.055***	0.028**	0.025	0.003
	(4.078)	(2.257)	(4.052)	(2.268)	(1.636)	(0.227)
Cfo	-0.352	0.612	-0.210	0.364	-0.331	0.540
	(-0.404)	(0.724)	(-0.416)	(0.732)	(-0.595)	(0.992)
Top1	-0.008***	-0.004	-0.005***	-0.002	-0.003*	0.001
	(-2.997)	(-1.483)	(-3.022)	(-1.501)	(-1.753)	(0.491)
Size	0.073	0.009	0.042	0.006	-0.010	-0.005
	(1.641)	(0.226)	(1.640)	(0.249)	(-0.348)	(-0.188)
_cons	-2.235**	-0.908	-1.342**	-0.572	-0.480	-0.814
	(-2.169)	(-1.056)	(-2.238)	(-1.132)	(-0.725)	(-1.483)
行业	Yes	Yes	Yes	Yes	Yes	Yes
年度	Yes	Yes	Yes	Yes	Yes	Yes
N	4195	4280	4195	4280	4187	4280
Pseudo R^2	0.016	0.010	0.016	0.018	0.018	0.018

注：表中括号内为 t 值，经 White 异方差调整。* 表示 p<0.1，** 表示 p<0.05，*** 表示 p<0.01。

资料来源：笔者运用 Stata 计算整理得到。

表 5-9 报告了在不同法制情况下企业是否具有政治关联对公司是否违规、违规频率以及违规程度的影响。首先按中位数对法制情况（MIOLaw）进行分组，大于中位数取值为 1，用变量 G_MIOLaw 表示，代表法制情况较好；否则用变量 B_MIOLaw 表示，代表法制情况较差（下同）。在表 5-9 中，（1）列、（3）列和（5）列是在法制情况较好的组中对企业是否具有政治关联与公司违规行为的回归结果，结果显示系数分别是 -0.118、-0.117、-0.158，t 值分别是 -1.898、-1.895、-2.343，且分别在 10%、10%、5%的显著性水平上显著为负；（2）列、（4）列和（6）列是在法制情况较差的

组中对企业是否具有政治关联与公司违规行为的回归结果，结果显示并不显著。这说明了相对于法制情况较差的地区，在法制情况较好的地区，企业是否具有政治关联更能抑制公司违规行为。与之相对应的就是在法制情况较好的地区，当企业具有政治关联时，企业发生违规的概率更低，违规行为发生的频率也降低，且公司违规行为的程度也较低。

表 5-9　不同法制情况下企业是否具有政治关联对公司违规行为的影响

	(1)	(2)	(3)	(4)	(5)	(6)
	Fo_yn	Fo_yn	Fnum	Fnum	Fdegree	Fdegree
	G_MIOLaw	B_MIOLaw	G_MIOLaw	B_MIOLaw	G_MIOLaw	B_MIOLaw
Po_yn	-0. 118*	-0. 079	-0. 117*	-0. 090	-0. 158**	-0. 042
	(-1. 898)	(-1. 079)	(-1. 895)	(-1. 233)	(-2. 343)	(-0. 530)
Dual	0. 040	-0. 004	0. 041	-0. 015	0. 065	0. 012
	(0. 839)	(-0. 075)	(0. 873)	(-0. 276)	(1. 229)	(0. 202)
Roa	-1. 759***	-2. 647***	-1. 795***	-2. 668***	-2. 613***	-1. 832***
	(-3. 746)	(-6. 088)	(-3. 842)	(-6. 184)	(-5. 063)	(-3. 686)
Lev	-0. 026	-0. 017	-0. 041	-0. 019	0. 247**	0. 453***
	(-0. 229)	(-0. 162)	(-0. 367)	(-0. 187)	(1. 970)	(3. 895)
Rpt	0. 022	0. 207	0. 022	0. 194	-0. 133	-0. 107
	(0. 095)	(0. 953)	(0. 096)	(0. 895)	(-0. 519)	(-0. 437)
Tobinsq	0. 038***	0. 041***	0. 040***	0. 039***	0. 015	-0. 013
	(2. 942)	(3. 116)	(3. 184)	(3. 053)	(1. 060)	(-0. 798)
Cfo	-0. 225	0. 378	-0. 197	0. 402	0. 004	0. 422
	(-0. 455)	(0. 743)	(-0. 408)	(0. 803)	(0. 007)	(0. 737)
Top1	-0. 004***	-0. 003*	-0. 004***	-0. 003*	-0. 002	0. 002
	(-2. 746)	(-1. 866)	(-2. 770)	(-1. 733)	(-1. 355)	(1. 326)
Size	0. 020	0. 033	0. 017	0. 030	-0. 014	-0. 076***
	(0. 785)	(1. 450)	(0. 705)	(1. 333)	(-0. 506)	(-2. 726)
_cons	-0. 530	-1. 268**	-0. 859	-1. 254**	-0. 236	-0. 245
	(-0. 917)	(-2. 446)	(-1. 603)	(-2. 511)	(-0. 371)	(-0. 400)
行业	Yes	Yes	Yes	Yes	Yes	Yes
年度	Yes	Yes	Yes	Yes	Yes	Yes
N	4234	4241	4234	4241	4234	4241
Pseudo R^2	0. 011	0. 015	0. 009	0. 012	0. 017	0. 012

注：表中括号内为 t 值，经 White 异方差调整。* 表示 p<0. 1，** 表示 p<0. 05，*** 表示 p<0. 01。
资料来源：笔者运用 Stata 计算整理得到。

在表5-10中，（1）列、（3）列和（5）列是在法制情况较好的组中对企业政治关联比例与公司违规行为的回归结果，结果显示系数分别是-0.807、-0.478、-0.564，t值分别是-2.227、-2.270、-2.405，且均在5%的显著性水平上显著为负；（2）列、（4）列和（6）列是在法制情况较差的组中对企业政治关联比例与公司违规行为的回归结果，结果显示均低于法制情况较好的组。这说明了相对于法制情况较差的地区，在法制情况较好的地区，企业政治关联比例越高，更能抑制公司违规行为。与之相对应的就是在法制情况较好的地区，当企业政治关联比例越高时，企业发生违规的概率越低，违规行为发生的频率越低，且公司违规行为的程度也越低。

表5-10 不同法制情况下企业政治关联比例对公司违规行为的影响

	(1)	(2)	(3)	(4)	(5)	(6)
	Fo_yn	Fo_yn	Fnum	Fnum	Fdegree	Fdegree
	G_GM	B_GM	G_GM	B_GM	G_GM	B_GM
Po_per	-0.807**	-0.568*	-0.478**	-0.323*	-0.564**	-0.150
	(-2.227)	(-1.663)	(-2.270)	(-1.660)	(-2.405)	(-0.665)
Dual	0.064	-0.009	0.039	-0.003	0.062	0.013
	(0.786)	(-0.097)	(0.804)	(-0.057)	(1.177)	(0.210)
Roa	-3.003***	-4.545***	-1.753***	-2.607***	-2.618***	-1.821***
	(-3.782)	(-6.044)	(-3.732)	(-5.979)	(-5.071)	(-3.659)
Lev	-0.030	-0.032	-0.022	-0.013	0.253**	0.453***
	(-0.153)	(-0.180)	(-0.190)	(-0.133)	(2.009)	(3.892)
Rpt	0.010	0.334	0.011	0.203	-0.149	-0.109
	(0.026)	(0.895)	(0.046)	(0.932)	(-0.580)	(-0.442)
Tobinsq	0.064***	0.067***	0.038***	0.040***	0.016	-0.013
	(3.009)	(3.052)	(2.999)	(3.065)	(1.157)	(-0.801)
Cfo	-0.335	0.703	-0.206	0.411	0.022	0.440
	(-0.398)	(0.801)	(-0.416)	(0.807)	(0.040)	(0.770)
Top1	-0.007**	-0.005*	-0.004***	-0.003*	-0.002	0.002
	(-2.575)	(-1.920)	(-2.603)	(-1.908)	(-1.211)	(1.300)
Size	0.034	0.057	0.020	0.033	-0.013	-0.075***
	(0.791)	(1.425)	(0.800)	(1.434)	(-0.478)	(-2.712)
_cons	-0.958	-2.091**	-0.585	-1.259**	-0.323	-0.254
	(-0.984)	(-2.341)	(-1.018)	(-2.435)	(-0.511)	(-0.416)
行业	Yes	Yes	Yes	Yes	Yes	Yes
年度	Yes	Yes	Yes	Yes	Yes	Yes

续表

	(1)	(2)	(3)	(4)	(5)	(6)
	Fo_yn	Fo_yn	Fnum	Fnum	Fdegree	Fdegree
	G_GM	B_GM	G_GM	B_GM	G_GM	B_GM
N	4234	4241	4234	4241	4234	4241
Pseudo R^2	0.012	0.016	0.012	0.015	0.017	0.012

注：表中括号内为 t 值，经 White 异方差调整。* 表示 p<0.1，** 表示 p<0.05，*** 表示 p<0.01。
资料来源：笔者运用 Stata 计算整理得到。

第五节　进一步分析

一、不同企业性质下企业政治关联对公司违规行为的影响

相对于非国有企业与政府建立亲密联系的情况来说，国有企业由于其与政府的联系，使它们对政治关联高管和董事等的聘任并不渴求，这可能是由于通过这种方式建立起来的关系所发挥的效用并不能超越其本身性质所起到的作用，即政治关联对国有企业不能产生显著影响作用。与之相反的是，政治关联的建立是非国有企业的重要政治战略目标。非国有企业建立政治关联，一方面可以通过加强与政府的交流与联系，对其在政治上的短板产生弥补作用，另一方面可以通过政治关联帮助企业获得各种稀缺资源与更多的政府补助。在现实情况中，非国有企业的政治关联确实可以促使企业在政治决策中获得优势，降低企业通过违规的方式获得政府资源以及帮助企业发展等。

在表 5-11 中，（1）列、（3）列和（5）列是在企业性质为非国有企业的组中对企业是否具有政治关联与公司违规行为的回归结果，结果显示系数分别是-0.191、-0.336、-0.211，t 值分别是-2.171、-2.528、-2.285，且均在 5%的显著性水平上显著为负；（2）列、（4）列和（6）列是在企业性质为国有企业的组中对企业是否具有政治关联与公司违规行为的回归结果，结果显示并不显著。这说明了相对于国有企业，非国有企业的政治关联身份更能抑制公司违规行为。具体表现为：在非国有企业中，企业具有政治关联时会显著抑制公司违规行为发生的概率，降低公司违规行为发生的频率，并且使公司违规行为的程度较小。

在表 5-12 中，（1）列、（3）列、（5）列是在企业性质为非国有企业的组中对政治关联比例与公司违规行为的回归结果，结果显示系数分别是-0.452、-0.766、-0.564，t 值分别是-2.289、-2.350、-2.405，且均在 5%的显著性水平上显著为负。

表5-11　不同企业性质下企业是否具有政治关联对公司违规行为的影响

	(1)	(2)	(3)	(4)	(5)	(6)
	Fo_yn	Fo_yn	Fnum	Fnum	Fdegree	Fdegree
	非国有	国有	非国有	国有	非国有	国有
Po_yn	-0.191**	-0.081	-0.336**	-0.132	-0.211**	-0.063
	(-2.171)	(-1.432)	(-2.528)	(-1.498)	(-2.285)	(-0.997)
Dual	-0.005	0.059	-0.001	0.148	0.010	0.087
	(-0.121)	(0.737)	(-0.015)	(1.147)	(0.227)	(1.007)
Roa	-2.556***	-1.730***	-3.726***	-1.831**	-2.446***	-2.117***
	(-6.475)	(-3.065)	(-6.281)	(-2.035)	(-5.403)	(-3.519)
Lev	-0.094	0.084	-0.041	0.330	0.311***	0.320**
	(-0.938)	(0.684)	(-0.257)	(1.623)	(2.722)	(2.437)
Rpt	-0.012	0.423	0.108	0.504	-0.228	0.352
	(-0.063)	(1.509)	(0.350)	(1.151)	(-1.009)	(1.175)
Tobinsq	0.034***	0.066***	0.053***	0.079***	-0.016	0.045**
	(3.206)	(3.296)	(3.339)	(2.646)	(-1.181)	(2.123)
Cfo	0.350	-0.536	0.913	-0.893	0.833*	-1.227*
	(0.796)	(-0.886)	(1.274)	(-0.894)	(1.655)	(-1.886)
Top1	-0.003**	-0.003	-0.005**	-0.004	-0.000	0.000
	(-2.409)	(-1.573)	(-2.032)	(-1.425)	(-0.085)	(0.194)
Size	0.047**	0.024	0.075**	0.023	-0.080***	0.005
	(2.039)	(0.890)	(2.011)	(0.531)	(-2.792)	(0.168)
_cons	-1.410***	-0.989	-2.839***	-1.674*	0.130	-1.052
	(-2.681)	(-1.641)	(-3.330)	(-1.695)	(0.202)	(-1.624)
行业	Yes	Yes	Yes	Yes	Yes	Yes
年度	Yes	Yes	Yes	Yes	Yes	Yes
N	5320	3086	5320	3086	5320	3086
Pseudo R^2	0.013	0.014	0.014	0.013	0.014	0.019

注：表中括号内为 t 值，经 White 异方差调整。* 表示 p<0.1，** 表示 p<0.05，*** 表示 p<0.01。
资料来源：笔者运用 Stata 计算整理得到。

(2) 列、(4) 列和 (6) 列是在企业性质为国有企业的组中对企业政治关联比例与公司违规行为的回归结果，其结果显著程度较低。这说明了相对于国有企业，非国有企业的政治关联比例越高，越能抑制公司违规行为。具体表现为：在非国有企业中，企业政治关联比例越高，会导致公司违规行为发生的概率越低，同时降低公司违规行为发生的频率，并且使公司违规行为的程度较小。

表 5-12　不同企业性质下政治关联比例对公司违规行为的影响

	(1)	(2)	(3)	(4)	(5)	(6)
	Fo_yn	Fo_yn	Fnum	Fnum	Fdegree	Fdegree
	非国有	国有	非国有	国有	非国有	国有
Po_per	-0.452**	-0.400*	-0.766**	-0.650*	-0.564**	-0.150
	(-2.289)	(-1.873)	(-2.350)	(-1.768)	(-2.405)	(-0.665)
Dual	-0.007	0.067	-0.003	0.160	0.062	0.013
	(-0.159)	(0.827)	(-0.048)	(1.234)	(1.177)	(0.210)
Roa	-2.543***	-1.697***	-3.716***	-1.833**	-2.618***	-1.821***
	(-6.441)	(-2.990)	(-6.255)	(-2.026)	(-5.071)	(-3.659)
Lev	-0.090	0.083	-0.034	0.330	0.253**	0.453***
	(-0.898)	(0.680)	(-0.211)	(1.620)	(2.009)	(3.892)
Rpt	-0.019	0.420	0.089	0.491	-0.149	-0.109
	(-0.100)	(1.499)	(0.287)	(1.122)	(-0.580)	(-0.442)
Tobinsq	0.033***	0.067***	0.052***	0.081***	0.016	-0.013
	(3.149)	(3.346)	(3.293)	(2.724)	(1.157)	(-0.801)
Cfo	0.361	-0.465	0.926	-0.768	0.022	0.440
	(0.820)	(-0.768)	(1.295)	(-0.768)	(0.040)	(0.770)
Top1	-0.003**	-0.003	-0.004*	-0.004	-0.002	0.002
	(-2.303)	(-1.603)	(-1.918)	(-1.422)	(-1.211)	(1.300)
Size	0.045**	0.024	0.072*	0.022	-0.013	-0.075***
	(1.967)	(0.881)	(1.942)	(0.494)	(-0.478)	(-2.712)
_cons	-1.364***	-1.078*	-2.763***	-1.818*	-0.323	-0.254
	(-2.600)	(-1.796)	(-3.251)	(-1.847)	(-0.511)	(-0.416)
行业	Yes	Yes	Yes	Yes	Yes	Yes
年度	Yes	Yes	Yes	Yes	Yes	Yes
N	5320	3086	5320	3086	5320	3086
Pseudo R^2	0.014	0.013	0.014	0.012	0.017	0.013

注：表中括号内为 t 值，经 White 异方差调整。* 表示 p<0.1，** 表示 p<0.05，*** 表示 p<0.01。
资料来源：笔者运用 Stata 计算整理得到。

在表 5-13 中，(1) 列、(3) 列、(5) 列和 (7) 列是在企业性质为非国有企业的组中对企业是否具有政治关联和企业政治关联比例分别与公司是否违规的回归结果，其中 (1) 列和 (5) 列是政府干预经济较低的非国有企业组别，其系数分别为-0.152 和-0.491，t 值分别为-2.002 和-1.868，且分别在 5%和 10%的显著性水平上显著为负；(3) 列和 (7) 列是政府干预经济较高的非国有企业组别，结果显示并不显著，说明对于非国有企业来说，政府干预经济程度较低地区的政治关联企业更能抑制公司的违规行为，同时政治关联比例越高，这种抑制作用越强。另外，(2) 列、(4) 列、(6) 列和

(8) 列均为企业性质为国有企业的组别，发现只有当在政府干预经济较低的地区，国有企业政治关联越高越能抑制公司违规行为，而国有企业的政治关联比例并不能影响公司违规行为。

表 5-13 不同企业性质及不同制度环境下政治关联对企业是否违规的影响

	(1)	(2)	(3)	(4)	(5)	(6)	(7)	(8)
	Fo_yn	Fo_yn	Fo_yn	Fo_yn	Fo_yn	Fo_yn	Fo_yn	Fo_yn
	非国有 and G_GM	国有 and G_GM	非国有 and B_GM	国有 and B_GM	非国有 and G_GM	国有 and G_GM	非国有 and B_GM	国有 and B_GM
Po_yn	-0.152** (-2.002)	-0.391** (-2.313)	0.013 (0.153)	-0.109 (-1.036)	—	—	—	—
Po_per	—	—	—	—	-0.491* (-1.868)	-0.528 (-1.388)	-0.323 (-1.050)	-0.325 (-1.225)
Dual	0.010 (0.176)	0.184 (1.400)	0.000 (0.004)	0.002 (0.015)	0.008 (0.148)	0.181 (1.379)	-0.002 (-0.028)	0.009 (0.087)
Roa	-2.399*** (-4.228)	-1.838* (-1.821)	-2.781*** (-4.966)	-1.262* (-1.805)	-2.396*** (-4.223)	-2.053** (-2.045)	-2.771*** (-4.950)	-1.177* (-1.666)
Lev	-0.129 (-0.882)	0.026 (0.116)	-0.039 (-0.276)	0.144 (0.972)	-0.124 (-0.851)	-0.007 (-0.033)	-0.039 (-0.278)	0.144 (0.971)
Rpt	-0.057 (-0.207)	0.953* (1.899)	-0.029 (-0.105)	0.199 (0.585)	-0.067 (-0.244)	0.967* (1.926)	-0.026 (-0.093)	0.189 (0.554)
Tobinsq	0.044*** (2.898)	0.086** (2.528)	0.021 (1.386)	0.055** (2.147)	0.046*** (3.043)	0.091*** (2.671)	0.019 (1.259)	0.054** (2.128)
Cfo	0.503 (0.832)	-1.760* (-1.805)	0.181 (0.279)	0.191 (0.241)	0.495 (0.819)	-1.700* (-1.748)	0.182 (0.279)	0.274 (0.346)
Top1	-0.005*** (-2.652)	-0.004 (-1.114)	-0.001 (-0.420)	-0.003 (-1.236)	-0.005** (-2.542)	-0.003 (-1.022)	-0.001 (-0.379)	-0.003 (-1.304)
Size	0.053 (1.590)	0.069 (1.470)	0.028 (0.861)	-0.008 (-0.230)	0.053 (1.599)	0.072 (1.520)	0.025 (0.767)	-0.008 (-0.241)
_cons	-1.570** (-1.997)	-1.717 (-1.606)	-1.107 (-1.500)	-0.377 (-0.502)	-1.633** (-2.085)	-2.036* (-1.924)	-0.966 (-1.309)	-0.391 (-0.521)
行业	Yes	Yes	Yes	Yes	Yes	Yes	Yes	Yes
年度	Yes	Yes	Yes	Yes	Yes	Yes	Yes	Yes
N	2921	1202	2389	1873	2921	1202	2389	1873
Pseudo R^2	0.019	0.032	0.013	0.010	0.018	0.029	0.014	0.010

注：表中括号内为 t 值，经 White 异方差调整。* 表示 $p<0.1$，** 表示 $p<0.05$，*** 表示 $p<0.01$。
资料来源：笔者运用 Stata 计算整理得到。

在表5-14中，(1)列、(3)列、(5)列和(7)列是在企业性质为非国有企业的组中对企业是否具有政治关联和企业政治关联比例分别与公司违规频率的回归结果，其中(1)列和(5)列是政府干预经济较低的非国有企业组别，其系数分别为-0.533和-0.816，t值分别为-2.050和-1.827，且分别在5%和10%的显著性水平上显著为负；(3)列和(7)列是政府干预经济较高的非国有企业组别，结果显示并不显著，这说明对于非国有企业来说，相对于在政府干预经济较高的企业，政府干预经济较低的政治关联企业更能抑制公司的违规行为，且企业内政治关联人士比例越高，其对公司违规行为的抑制作用越强。另外，表5-14中(2)列、(4)列、(6)列、(8)列均为企业性质为国有企业的组别，只有当在政府干预经济较低的地区，国有企业政治关联越高越能抑制公司违规行为，而国有企业的政治关联比例并不能影响公司违规行为。

表5-14 不同企业性质及不同制度环境下政治关联对违规频率的影响

	(1)	(2)	(3)	(4)	(5)	(6)	(7)	(8)
	Fnum	Fnum	Fnum	Fnum	Fnum	Fnum	Fnum	Fnum
	非国有 and G_GM	国有 and G_GM	非国有 and B_GM	国有 and B_GM	非国有 and G_GM	国有 and G_GM	非国有 and B_GM	国有 and B_GM
Po_yn	-0.533** (-2.050)	-0.201* (-1.681)	-0.037 (-0.278)	-0.246 (-1.572)	—	—	—	—
Po_per	—	—	—	—	-0.816* (-1.827)	-0.720 (-1.043)	-0.515 (-1.049)	-0.547 (-1.240)
Dual	0.044 (0.476)	0.261 (1.179)	-0.016 (-0.162)	0.103 (0.637)	0.042 (0.455)	0.256 (1.155)	-0.021 (-0.208)	0.114 (0.707)
Roa	-3.748*** (-4.356)	-2.659 (-1.564)	-3.843*** (-4.622)	-0.910 (-0.835)	-3.738*** (-4.329)	-2.941* (-1.726)	-3.839*** (-4.618)	-0.839 (-0.763)
Lev	-0.079 (-0.327)	0.107 (0.274)	0.010 (0.047)	0.435* (1.824)	-0.069 (-0.286)	0.052 (0.134)	0.012 (0.056)	0.439* (1.842)
Rpt	-0.206 (-0.450)	1.309* (1.740)	0.271 (0.636)	0.133 (0.247)	-0.225 (-0.492)	1.298* (1.719)	0.265 (0.623)	0.111 (0.206)
Tobinsq	0.067*** (2.918)	0.121** (2.523)	0.036 (1.633)	0.055 (1.452)	0.070*** (3.054)	0.123*** (2.627)	0.034 (1.523)	0.056 (1.470)
Cfo	0.966 (0.972)	-2.436 (-1.438)	0.840 (0.810)	-0.196 (-0.155)	0.965 (0.974)	-2.338 (-1.387)	0.852 (0.821)	-0.030 (-0.024)
Top1	-0.007** (-2.162)	-0.007 (-1.331)	-0.001 (-0.360)	-0.003 (-0.930)	-0.007** (-2.058)	-0.007 (-1.218)	-0.001 (-0.320)	-0.004 (-0.969)
Size	0.096* (1.778)	0.114 (1.391)	0.038 (0.723)	-0.026 (-0.479)	0.096* (1.782)	0.111 (1.366)	0.034 (0.648)	-0.028 (-0.511)

续表

	(1)	(2)	(3)	(4)	(5)	(6)	(7)	(8)
	Fnum	Fnum	Fnum	Fnum	Fnum	Fnum	Fnum	Fnum
	非国有 and G_GM	国有 and G_GM	非国有 and B_GM	国有 and B_GM	非国有 and G_GM	国有 and G_GM	非国有 and B_GM	国有 and B_GM
_cons	-3.520*** (-2.707)	-3.393* (-1.874)	-2.104* (-1.785)	-0.672 (-0.556)	-3.568*** (-2.762)	-3.705** (-2.060)	-1.954* (-1.655)	-0.740 (-0.613)
行业	Yes	Yes	Yes	Yes	Yes	Yes	Yes	Yes
年度	Yes	Yes	Yes	Yes	Yes	Yes	Yes	Yes
N	2928	1212	2392	1874	2928	1212	2392	1874
Pseudo R^2	0.019	0.030	0.013	0.010	0.020	0.028	0.014	0.009

注：表中括号内为 t 值，经 White 异方差调整。* 表示 p<0.1，** 表示 p<0.05，*** 表示 p<0.01。
资料来源：笔者运用 Stata 计算整理得到。

在表 5-15 中，（1）列、（3）列、（5）列和（7）列是在企业性质为非国有企业的组中对企业是否具有政治关联和企业政治关联比例分别与企业违规程度的回归结果，其中（1）列和（5）列是政府干预经济较低的非国有企业组别，其系数分别为-0.196 和-0.815，t 值分别为-2.340 和-2.715，分别在 5%和 1%的显著性水平上显著为负；（3）列和（7）列是政府干预经济较高的非国有企业组别。虽然（7）列的系数在 10%的显著性水平上显著为负，但其显著程度明显低于（5）列，这说明对于非国有企业来说，相对于在政府干预经济较高的企业，政府干预经济较低的政治关联企业更能抑制公司的违规行为，且政治关联比例越高，抑制作用更强。另外，（2）列、（4）列、（6）列和（8）列均为企业性质为国有企业的组别，其结果均不显著。

表 5-15 不同企业性质及不同制度环境下政治关联对企业违规程度的影响

	(1)	(2)	(3)	(4)	(5)	(6)	(7)	(8)
	Fdegree	Fdegree	Fdegree	Fdegree	Fdegree	Fdegree	Fdegree	Fdegree
	非国有 and G_GM	国有 and G_GM	非国有 and B_GM	国有 and B_GM	非国有 and G_GM	国有 and G_GM	非国有 and B_GM	国有 and B_GM
Po_yn	-0.196** (-2.340)	-0.293 (-1.597)	-0.082 (-0.880)	-0.174 (-1.591)	—	—	—	—
Po_per	—	—	—	—	-0.815*** (-2.715)	-0.205 (-0.498)	-0.623* (-1.812)	-0.387 (-1.331)
Dual	0.040 (0.646)	0.150 (1.046)	0.046 (0.674)	0.074 (0.677)	0.038 (0.608)	0.145 (1.013)	0.042 (0.620)	0.083 (0.758)
Roa	-2.485*** (-3.949)	-2.796** (-2.557)	-3.860*** (-6.179)	-1.277* (-1.723)	-2.474*** (-3.924)	-2.986*** (-2.743)	-3.871*** (-6.192)	-1.198 (-1.600)

续表

	(1)	(2)	(3)	(4)	(5)	(6)	(7)	(8)
	Fdegree	Fdegree	Fdegree	Fdegree	Fdegree	Fdegree	Fdegree	Fdegree
	非国有 and G_GM	国有 and G_GM	非国有 and B_GM	国有 and B_GM	非国有 and G_GM	国有 and G_GM	非国有 and B_GM	国有 and B_GM
Lev	0.042 (0.259)	0.277 (1.145)	0.114 (0.745)	0.352** (2.224)	0.051 (0.312)	0.239 (0.992)	0.114 (0.744)	0.354** (2.240)
Rpt	-0.278 (-0.875)	1.087** (2.075)	-0.055 (-0.174)	0.041 (0.110)	-0.299 (-0.941)	1.099** (2.096)	-0.054 (-0.172)	0.033 (0.088)
Tobinsq	0.003 (0.174)	0.071* (1.949)	-0.004 (-0.250)	0.029 (1.066)	0.005 (0.304)	0.074** (2.044)	-0.007 (-0.403)	0.029 (1.085)
Cfo	0.591 (0.882)	-2.546** (-2.373)	1.149 (1.565)	-0.614 (-0.731)	0.590 (0.881)	-2.528** (-2.360)	1.180 (1.607)	-0.505 (-0.601)
Top1	-0.003 (-1.188)	-0.003 (-0.937)	0.000 (0.001)	0.002 (0.689)	-0.002 (-1.056)	-0.003 (-0.834)	0.000 (0.066)	0.002 (0.627)
Size	-0.014 (-0.381)	0.022 (0.424)	0.012 (0.336)	-0.012 (-0.326)	-0.014 (-0.377)	0.022 (0.424)	0.009 (0.239)	-0.013 (-0.357)
_cons	-0.336 (-0.387)	-1.148 (-0.974)	-1.123 (-1.372)	-0.754 (-0.939)	-0.382 (-0.442)	-1.373 (-1.175)	-1.000 (-1.219)	-0.804 (-1.003)
行业	Yes	Yes	Yes	Yes	Yes	Yes	Yes	Yes
年度	Yes	Yes	Yes	Yes	Yes	Yes	Yes	Yes
N	2886	1195	2367	1865	2886	1195	2367	1865
Pseudo R^2	0.019	0.019	0.018	0.013	0.020	0.017	0.019	0.012

注：表中括号内为 t 值，经 White 异方差调整。* 表示 p<0.1，** 表示 p<0.05，*** 表示 p<0.01。

资料来源：笔者运用 Stata 计算整理得到。

二、不同政治关联性质对公司违规行为的影响

本章认为，若企业的大股东、董事或者高管与政府领导人员具有密切联系，或者他们现任或曾任政府官员等职务，则认为他们所在企业具有政治关联。在上文研究中发现企业的政治关联会抑制公司违规行为，但并没有区分企业具有的政治关联是何种政治关联，只是笼统地研究了公司大股东、董事会成员、高层管理人员政治关联对公司违规行为的共同影响。那么，当区分了他们各自的政治关联之后，这种政治关联对公司违规行为又会产生什么影响呢？是否会有不同？

首先，董事会对高管具有聘任和解聘的权力，高管行使权力或做出决策时必须对董事会负责。在公司中，高管主要负责生产经营管理工作、组织董事会决议和实施公司年

度经营计划以及投资方案并对公司内部管理机构的设置选择拟定方案。在企业中，高层管理人员更加注重公司业绩，以此来使自身获得更高的报酬。当高层管理人员具有政治关联时，他们更可能利用政治关联进行违规操作以达到公司业绩增长的目的，进而得到他们想要的利益。同时在制度环境更差的地区，企业受到的监督更弱，高管借助政治关联来弱化或者屏蔽违规的动机加强，进一步促进了政治关联高管违规行为的发生。故本章预期当高管具有政治关联时，会增加公司违规行为，且在制度环境更差的地区，这种行为更加严重。

其次，股东对董事具有解除其职务的权力，董事会在行使权力时，必须要对股东负责。董事会主要负责股东大会的召开以及向股东报告工作安排与进展，对公司内部管理机构的设置起到决策作用，同时管理公司经理的相关事项，比如他们的聘任、解聘和报酬等。

一方面董事代表了股东的权益，与企业的利益更具有一致性，更加在意违规成本以及违规给企业带来的声誉影响；另一方面董事代表了大股东的利益，如果进行违规操作，则增加了大股东失去控制权的可能性。基于这两方面的考虑，董事更不愿意采取违规操作。当董事具有政治关联时，他们更愿意通过政治关联来获取对自身更有利的信息，促进企业发展，更不倾向于冒险进行违规操作，产生高额的违规成本。在制度环境较好的地区，企业受到的监督力度更大，企业违规后被查处的可能性更高，惩罚力度也可能更大，同时由于政治关联的规范化，董事利用政治关联进行违规操作的可能性降低。故本章预期董事政治关联会抑制公司违规行为，且在制度环境更好的地区，董事政治关联企业更不会倾向于违规。

最后，独立董事是公司聘任的在某些方面具有高级技能或知识理论的董事，是属于公司的外部董事，在聘任时，其工资收入已经固定了，即使企业采取违规行为获得了超额收益，但独立董事并不能获得该部分收益，相反，他们还要承担公司由于违规遭受的损失，所以对于公司的违规行为来说，独立董事应该会持有强烈的反对态度。受政治关联独立董事的固定薪酬以及他们享受的较高社会地位和专业影响力的影响，独立董事的薪酬不会与企业绩效相关，且他们对声誉更为看重，所以若企业聘任了政治关联的独立董事，他们更加倾向于将其作为一种声誉资本为企业谋利，而不会利用其进行违规操作进而让企业和自身承担被监察处罚的风险。政治关联独立董事更愿意借助其身份为企业提供更有利的发展建议以及咨询服务，避免企业发生违规行为进而对他们的声誉和利益造成损失。故本章认为政治关联的独立董事身份会对公司违规行为起到抑制作用。并且，由于在制度环境较好的地区，无论是企业还是独立董事，他们受到的监督更加严格，其违规操作更加容易被查处且惩罚可能会更加严重，进而导致独立董事面临更大的声誉损失，所以政治关联的独立董事会不愿企业发生违规行为，从而对抑制企业违规行为起到了良好的作用。

基于以上分析，本章继续检验企业不同政治关联性质对公司违规行为的影响。本章继续构建三个细化的政治关联变量：①Po_exe，该变量是高管政治关联变量，当企业高管现任或者曾任政府官员、人大代表或者政协委员时，则取值为“1”，否则为“0”，且当高管具有政治关联时，则认为所在企业具有政治关联；②Po_dir，该变量是董事政治关联变量，当企业某个或者某些董事现任或者曾任政府官员时，则取值为“1”，否则为“0”，且当董事具有政治关联时，则认为所在企业具有政治关联；③Po_idir，该变量是独立董事政治关联变量，当企业的某个独立董事现任或者曾任政府官员等职务时，则取值为“1”，否则为“0”，且当独立董事具有政治关联时，则认为其所在企业具有政治关联。在表5-16中，（1）列、（4）列和（7）列是当企业具有高管政治关联性质时，分别对企业是否违规、违规频率以及违规程度的影响，公司是否违规以及违规频率的回归结果其系数分别为0.077、0.100，t值分别为2.317、1.870，且分别在5%和10%的显著性水平上显著为正，而（7）列显示高管政治关联企业并不会显著影响公司违规程度。（2）列、（5）列和（8）列是当企业具有董事政治关联性质时，分别对企业是否违规、违规频率以及违规程度的影响，其系数分别为-0.097、0.158、0.111，t值分别为-2.270、-2.343、-2.386，且均在5%的显著性水平上显著为负。（3）列、（6）列和（9）列是当企业具有独立董事政治关联性质时，分别对企业是否违规、违规频率以及违规程度的影响，其系数分别为-0.112、-0.169、-0.099，t值分别为-3.318、-3.133、-2.701，且均在1%的显著性水平上显著为负。

表5-16 企业不同政治关联性质对公司违规行为的影响

	(1)	(2)	(3)	(4)	(5)	(6)	(7)	(8)	(9)
	Fo_yn	Fo_yn	Fo_yn	Fnum	Fnum	Fnum	Fdegree	Fdegree	Fdegree
Po_exe	0.077** (2.317)	—	—	0.100* (1.870)	—	—	-0.019 (0.534)	—	—
Po_dir	—	-0.097** (-2.270)	—	—	-0.158** (-2.343)	—	—	-0.111** (-2.386)	—
Po_idir	—	—	-0.112*** (-3.318)	—	—	-0.169*** (-3.133)	—	—	-0.099*** (-2.701)
Dual	-0.010 (-0.275)	0.020 (0.573)	0.017 (0.484)	0.002 (0.037)	0.046 (0.801)	0.041 (0.714)	0.040 (1.017)	0.037 (0.960)	0.035 (0.887)
Roa	-1.286*** (-3.931)	-2.207*** (-6.966)	-2.211*** (-6.981)	-1.751*** (-3.427)	-3.012*** (-6.202)	-3.021*** (-6.218)	-2.803*** (-8.123)	-2.786*** (-8.072)	-2.795*** (-8.102)
Lev	0.261*** (3.308)	-0.039 (-0.522)	-0.035 (-0.461)	0.529*** (4.235)	0.082 (0.668)	0.089 (0.728)	0.174** (2.124)	0.177** (2.161)	0.181** (2.204)
Rpt	-0.044 (-0.272)	0.102 (0.650)	0.105 (0.668)	0.029 (0.116)	0.210 (0.847)	0.215 (0.869)	-0.008 (-0.045)	-0.003 (-0.018)	-0.003 (-0.016)

续表

	(1)	(2)	(3)	(4)	(5)	(6)	(7)	(8)	(9)
	Fo_yn	Fo_yn	Fo_yn	Fnum	Fnum	Fnum	Fdegree	Fdegree	Fdegree
Tobinsq	0.015	0.041***	0.041***	0.016	0.059***	0.059***	0.017*	0.015	0.015
	(1.522)	(4.507)	(4.473)	(1.078)	(4.367)	(4.368)	(1.708)	(1.513)	(1.539)
Cfo	0.149	0.084	0.067	0.501	0.346	0.321	0.152	0.139	0.123
	(0.414)	(0.238)	(0.190)	(0.857)	(0.599)	(0.555)	(0.392)	(0.358)	(0.318)
Top1	−0.002	−0.003***	−0.003***	−0.002	−0.005***	−0.005***	−0.001	−0.001	−0.001
	(−1.555)	(−3.202)	(−3.091)	(−1.080)	(−2.794)	(−2.698)	(−0.710)	(−0.668)	(−0.580)
Size	−0.060***	0.028*	0.029*	−0.094***	0.045	0.046*	0.004	0.003	0.003
	(−3.255)	(1.691)	(1.704)	(−3.108)	(1.643)	(1.668)	(0.205)	(0.142)	(0.171)
_cons	−0.053	−1.039***	−1.051***	−0.727	−2.169***	−2.205***	−1.026**	−0.914**	−0.955**
	(−0.128)	(−2.742)	(−2.785)	(−1.080)	(−3.520)	(−3.594)	(−2.497)	(−2.207)	(−2.315)
行业	Yes	Yes	Yes	Yes	Yes	Yes	Yes	Yes	Yes
年度	Yes	Yes	Yes	Yes	Yes	Yes	Yes	Yes	Yes
N	8475	8475	8475	8475	8475	8475	8475	8475	8475
Pseudo R^2	0.011	0.011	0.012	0.012	0.011	0.011	0.014	0.014	0.015

注：表中括号内为 t 值，经 White 异方差调整。* 表示 p<0.1，** 表示 p<0.05，*** 表示 p<0.01。
资料来源：笔者运用 Stata 计算整理得到。

表 5-17 报告了在不同制度环境下高管政治关联对公司违规行为的影响。其中（1）列、（3）列和（5）列代表政府干预经济程度较低的组，而（2）列、（4）列和（6）列代表政府干预经济程度较高的组。由表 5-17 可知：在政府干预经济程度较高的组中，高管政治关联与公司是否违规的系数为 0.093，t 值为 2.034，且在 5%的水平上显著为正，高管政治关联与公司违规频率的系数为 0.144，t 值为 2.011，且在 5%的显著性水平上显著为正；而高管政治关联对公司违规程度并没有显著影响。同时，在政府干预经济较低的组中，其系数均不显著。

表 5-17 在不同制度环境下高管政治关联对公司违规行为的影响

	(1)	(2)	(3)	(4)	(5)	(6)
	Fo_yn	Fo_yn	Fnum	Fnum	Fdegree	Fdegree
	G_GM	B_GM	G_GM	B_GM	G_GM	B_GM
Po_exe	0.067	0.093**	0.055	0.144**	−0.002	0.046
	(1.378)	(2.034)	(0.671)	(2.011)	(−0.036)	(0.913)
Dual	0.009	−0.020	0.044	−0.019	0.030	0.034
	(0.180)	(−0.377)	(0.513)	(−0.232)	(0.528)	(0.587)

续表

	(1)	(2)	(3)	(4)	(5)	(6)
	Fo_yn	Fo_yn	Fnum	Fnum	Fdegree	Fdegree
	G_GM	B_GM	G_GM	B_GM	G_GM	B_GM
Roa	-1.268**	-1.296***	-2.050***	-1.553**	-1.885***	-2.066***
	(-2.543)	(-2.950)	(-2.596)	(-2.293)	(-3.434)	(-4.307)
Lev	0.259**	0.271***	0.490**	0.559***	0.487***	0.454***
	(2.088)	(2.622)	(2.393)	(3.527)	(3.553)	(4.067)
Rpt	-0.042	-0.043	-0.091	0.093	-0.087	-0.131
	(-0.175)	(-0.199)	(-0.234)	(0.287)	(-0.319)	(-0.549)
Tobinsq	0.033**	0.004	0.040*	0.002	0.017	-0.018
	(2.159)	(0.295)	(1.728)	(0.087)	(1.031)	(-1.183)
Cfo	-0.239	0.451	0.037	0.812	-0.288	0.587
	(-0.461)	(0.894)	(0.043)	(1.016)	(-0.501)	(1.059)
Top1	-0.003**	-0.001	-0.005*	0.000	-0.002	0.002
	(-2.106)	(-0.335)	(-1.737)	(0.010)	(-0.915)	(1.484)
Size	-0.048*	-0.073***	-0.070	-0.116***	-0.085***	-0.074***
	(-1.646)	(-2.959)	(-1.420)	(-2.959)	(-2.625)	(-2.762)
_cons	-0.135	0.062	-1.054	-0.539	0.226	-0.351
	(-0.205)	(0.113)	(-0.948)	(-0.604)	(0.307)	(-0.590)
行业	Yes	Yes	Yes	Yes	Yes	Yes
年度	Yes	Yes	Yes	Yes	Yes	Yes
N	4195	4280	4195	4280	4195	4280
Pseudo R^2	0.048	0.036	0.044	0.035	0.056	0.041

注：表中括号内为 t 值，经 White 异方差调整。* 表示 p<0.1， ** 表示 p<0.05， *** 表示 p<0.01。
资料来源：笔者运用 Stata 计算整理得到。

表 5-18 报告了在不同制度环境下董事政治关联对公司违规行为的影响，其中（1）列、（3）列和（5）列代表政府干预经济程度较低的组，（2）列、（4）列和（6）列代表政府干预经济程度较高的组。由表 5-18 可知：在政府干预经济程度较低的组中，董事政治关联与公司是否违规的系数为-0.162，t 值为-2.596，且在 1%的显著性水平上显著为负；高管政治关联与公司违规频率的系数是-0.223，t 值为-2.250，且在 5%的显著性水平上显著为负；高管政治关联与公司违规严重程度的系数是-0.160，t 值为-2.330，且在 5%的显著性水平上显著为负。

表 5-18 在不同制度环境下董事政治关联对公司违规行为的影响

	(1)	(2)	(3)	(4)	(5)	(6)
	Fo_yn	Fo_yn	Fnum	Fnum	Fdegree	Fdegree
	G_GM	B_GM	G_GM	B_GM	G_GM	B_GM
Po_dir	-0.162***	-0.028	-0.223**	-0.082	-0.160**	-0.059
	(-2.596)	(-0.476)	(-2.250)	(-0.882)	(-2.330)	(-0.914)
Dual	0.048	0.015	0.095	0.032	0.058	0.055
	(0.966)	(0.285)	(1.129)	(0.389)	(1.052)	(0.991)
Roa	-2.245***	-2.028***	-3.434***	-2.524***	-2.655***	-2.656***
	(-4.648)	(-4.760)	(-4.585)	(-3.908)	(-5.012)	(-5.740)
Lev	-0.079	-0.004	-0.021	0.152	0.139	0.209**
	(-0.674)	(-0.038)	(-0.108)	(0.981)	(1.073)	(1.963)
Rpt	0.133	0.035	0.117	0.184	0.031	-0.067
	(0.562)	(0.164)	(0.305)	(0.564)	(0.118)	(-0.286)
Tobinsq	0.053***	0.029**	0.077***	0.043**	0.023	0.005
	(3.868)	(2.389)	(3.774)	(2.351)	(1.507)	(0.365)
Cfo	-0.218	0.335	0.040	0.565	-0.344	0.496
	(-0.432)	(0.674)	(0.047)	(0.713)	(-0.617)	(0.911)
Top1	-0.005***	-0.002	-0.008***	-0.003	-0.003*	0.001
	(-3.120)	(-1.455)	(-2.821)	(-1.148)	(-1.868)	(0.553)
Size	0.040	0.006	0.074*	0.006	-0.012	-0.004
	(1.551)	(0.270)	(1.701)	(0.157)	(-0.424)	(-0.160)
_cons	-1.228**	-0.636	-2.845***	-1.398*	-0.388	-0.887
	(-2.033)	(-1.260)	(-2.816)	(-1.739)	(-0.581)	(-1.617)
行业	Yes	Yes	Yes	Yes	Yes	Yes
年度	Yes	Yes	Yes	Yes	Yes	Yes
N	4195	4280	4195	4280	4195	4280
Pseudo R^2	0.016	0.009	0.016	0.009	0.018	0.017

注：表中括号内为 t 值，经 White 异方差调整。* 表示 p<0.1，** 表示 p<0.05，*** 表示 p<0.01。
资料来源：笔者运用 Stata 计算整理得到。

表 5-19 报告了在不同制度环境下独立董事政治关联对公司违规行为的影响，其中，（1）列、（3）列、（5）列代表政府干预经济程度较低的组，（2）列、（4）列和（6）列代表政府干预经济程度较高的组。由表 5-19 可知：在政府干预经济程度较低的组中，独立董事政治关联对公司是否违规的系数为-0.139，t 值为-2.886，且在 1%的显著性水平上显著为负；独立董事政治关联对公司违规频率的系数是-0.171，t 值为

-2.137，且在5%的显著性水平上显著为负；独立董事政治关联对公司违规严重程度的系数是-0.103，t值为-1.922，且在10%的显著性水平上显著为负。

表 5-19　在不同制度环境下独立董事政治关联对公司违规行为的影响

	(1)	(2)	(3)	(4)	(5)	(6)
	Fo_yn	Fo_yn	Fnum	Fnum	Fdegree	Fdegree
	G_GM	B_GM	G_GM	B_GM	G_GM	B_GM
Po_idir	-0.139***	-0.085*	-0.171**	-0.059	-0.103*	-0.091*
	(-2.886)	(-1.789)	(-2.137)	(-0.791)	(-1.922)	(-1.771)
Dual	0.046	0.011	0.090	-0.001	0.056	0.051
	(0.920)	(0.207)	(1.075)	(-0.010)	(1.011)	(0.917)
Roa	-2.282***	-2.008***	-3.473***	-1.495**	-2.696***	-2.646***
	(-4.730)	(-4.713)	(-4.646)	(-2.211)	(-5.096)	(-5.714)
Lev	-0.075	-0.001	-0.021	0.542***	0.138	0.212**
	(-0.636)	(-0.012)	(-0.105)	(3.428)	(1.067)	(1.990)
Rpt	0.148	0.033	0.133	0.078	0.040	-0.072
	(0.625)	(0.156)	(0.347)	(0.238)	(0.152)	(-0.310)
Tobinsq	0.055***	0.028**	0.080***	0.001	0.026*	0.004
	(4.042)	(2.272)	(3.973)	(0.033)	(1.720)	(0.274)
Cfo	-0.253	0.311	-0.000	0.790	-0.374	0.476
	(-0.501)	(0.625)	(-0.001)	(0.988)	(-0.672)	(0.874)
Top1	-0.005***	-0.002	-0.007***	-0.000	-0.003*	0.001
	(-2.997)	(-1.412)	(-2.741)	(-0.100)	(-1.792)	(0.600)
Size	0.043	0.006	0.077*	-0.111***	-0.009	-0.004
	(1.641)	(0.244)	(1.780)	(-2.826)	(-0.325)	(-0.184)
_cons	-1.319**	-0.587	-2.988***	-0.498	-0.514	-0.861
	(-2.198)	(-1.165)	(-2.976)	(-0.558)	(-0.776)	(-1.574)
行业	Yes	Yes	Yes	Yes	Yes	Yes
年度	Yes	Yes	Yes	Yes	Yes	Yes
N	4195	4280	4195	4280	4195	4280
Pseudo R^2	0.016	0.017	0.016	0.016	0.017	0.017

注：表中括号内为t值，经White异方差调整。*表示p<0.1，**表示p<0.05，***表示p<0.01。
资料来源：笔者运用Stata计算整理得到。

前文研究结果显示，对企业政治关联的性质进行区分之后，不同的政治关联性质企业对公司违规行为呈现出不一样的影响。其中，若企业为高管政治关联企业，则会促进公司违规行为的发生，而若企业为董事政治关联企业与独立董事政治关联时，都会显著抑制公司违规行为。该结论说明当企业高管拥有政治关联时，会借助政治关联为其带来政治庇佑，从而使他们在与政府建立关系上花费大量的时间与精力，对公司治理方面有所忽视。并且，由于高管政治关联企业在权力与寻租方面有较强的优势，进而会增强高管对股东权力侵蚀的动机及能力，同时高管的政治关联身份可以弱化行政监管，促进公司违规行为的发生。所以必须完善高管政治关联企业的监督机制，正确引导政治关联高管的行为，并加强对他们的监督，进而降低公司违规行为。

第六节 稳健性检验

在稳健性检验部分，本章主要采用的方式是通过替换变量和滞后一期的方式。替换变量的方法是将解释变量政治关联划分等级，以省级政治关联为分界点，省级及省级以上政治关联取值为“1”，否则为“0”，且认为省级及省级以上政治关联的强度比省级以下的政治关联更高；进一步，本章计算了省级及省级以上政治关联的人数，并回归分析了其与公司违规行为之间的关系。滞后一期是为了解决本章的内生性问题，该方法是将企业政治关联进行了滞后一期的处理，在此基础上进一步研究滞后一期的政治关联与公司违规行为之间的关系。

表 5-20 是本章采用替代变量方式所做的稳健性检验。由表 5-20 可知，企业省级政治关联与公司是否违规、违规频率以及违规严重程度均在 10%的显著性水平上显著为负，企业省级政治关联总数与公司是否违规、违规频率以及违规严重程度分别在 5%、5%、1%的显著性水平上显著为负。说明企业的政治关联的层级越高，以及关联程度越大，越能抑制公司违规行为，具体表现为政治关联层级越高、关联程度越大，公司发生违规行为的概率越低，同时发生违规行为的频率越低，且违规行为的强度越小。

表 5-20 主要变量替换稳健性检验

	(1)	(2)	(3)	(4)	(5)	(6)
	Foccur	Foccur	Logfnum	Logfnum	Fdegree	Fdegree
Po_pro	-0.062* (-1.679)	—	-0.099* (-1.667)	—	-0.066* (-1.650)	—
Po_allpro	—	-0.019** (-2.120)	—	-0.032** (-2.105)	—	-0.026*** (-2.657)
Dual	0.019 (0.530)	0.016 (0.442)	0.044 (0.766)	0.040 (0.683)	0.036 (0.914)	0.031 (0.794)

续表

	(1)	(2)	(3)	(4)	(5)	(6)
	Foccur	Foccur	Logfnum	Logfnum	Fdegree	Fdegree
Roa	-2.214***	-2.206***	-3.024***	-3.007***	-2.794***	-2.778***
	(-6.988)	(-6.962)	(-6.224)	(-6.187)	(-8.098)	(-8.045)
Lev	-0.045	-0.043	0.072	0.077	0.171**	0.175**
	(-0.600)	(-0.568)	(0.589)	(0.627)	(2.093)	(2.134)
Rpt	0.102	0.101	0.210	0.206	-0.003	-0.003
	(0.650)	(0.644)	(0.847)	(0.833)	(-0.019)	(-0.017)
Tobinsq	0.042***	0.042***	0.060***	0.061***	0.016	0.016
	(4.586)	(4.639)	(4.456)	(4.511)	(1.608)	(1.626)
Cfo	0.083	0.075	0.344	0.332	0.137	0.121
	(0.236)	(0.214)	(0.594)	(0.575)	(0.354)	(0.314)
Top1	-0.003***	-0.003***	-0.005***	-0.005***	-0.001	-0.001
	(-3.226)	(-3.168)	(-2.818)	(-2.758)	(-0.693)	(-0.621)
Size	0.031*	0.034**	0.048*	0.054*	0.005	0.010
	(1.821)	(1.995)	(1.766)	(1.943)	(0.274)	(0.536)
_cons	-1.116***	-1.191***	-2.290***	-2.413***	-1.004**	-1.101***
	(-2.965)	(-3.159)	(-3.740)	(-3.927)	(-2.441)	(-2.670)
行业	Yes	Yes	Yes	Yes	Yes	Yes
年度	Yes	Yes	Yes	Yes	Yes	Yes
N	8475	8475	8475	8475	8475	8475
Pseudo R^2	0.011	0.011	0.010	0.011	0.014	0.015

注：表中括号内为 t 值，经 White 异方差调整。* 表示 p<0.1，** 表示 p<0.05，*** 表示 p<0.01。
资料来源：笔者运用 Stata 计算整理得到。

表 5-21 是本章采用滞后一期方式所做的稳健性检验，由表 5-21 可知，滞后一期的政治关联与公司是否违规、违规频率以及违规严重程度均在 1%的显著性水平上显著为负，与前文的研究结论一致。

表 5-21　滞后一期稳健性检验

	(1)	(2)	(3)
	Fo_yn	Fnum	Fdegree
L. Po_yn	-0.158***	-0.212***	-0.122***
	(-4.719)	(-3.763)	(-3.304)
Dual	0.020	0.044	0.036
	(0.549)	(0.767)	(0.925)

续表

	(1)	(2)	(3)
	Fo_yn	Fnum	Fdegree
Roa	-2.173***	-2.963***	-2.764***
	(-6.862)	(-6.098)	(-8.013)
Lev	-0.021	0.103	0.191**
	(-0.275)	(0.840)	(2.323)
Rpt	0.071	0.168	-0.027
	(0.454)	(0.677)	(-0.154)
Tobinsq	0.046***	0.066***	0.020**
	(5.115)	(4.927)	(2.034)
Cfo	0.119	0.401	0.171
	(0.337)	(0.693)	(0.441)
Top1	-0.003***	-0.005***	-0.001
	(-2.954)	(-2.602)	(-0.502)
Size	0.022	0.037	-0.002
	(1.313)	(1.335)	(-0.090)
_cons	-1.130***	-2.317***	-1.028**
	(-3.000)	(-3.783)	(-2.498)
行业	Yes	Yes	Yes
年度	Yes	Yes	Yes
N	8475	8475	8475
Pseudo R^2	0.013	0.012	0.015

注：表中括号内为 t 值，经 White 异方差调整。* 表示 p<0.1，** 表示 p<0.05，*** 表示 p<0.01。
资料来源：笔者运用 Stata 计算整理得到。

第七节　本章小结

基于以上分析，本章选取 2010~2017 年中国 A 股上市公司作为研究样本，以政府干预理论、资源依赖理论等为基础，实证检验了企业政治关联对公司违规行为的影响，以及在不同的制度环境情况下，这种影响会存在怎样的差别，并进一步区分了不同企业性质和不同政治关联性质，对政治关联与违规行为的关系进行了研究。经研究，得出如下研究结论：

第一，通过实证研究，本章发现企业政治关联会抑制公司违规行为，且在制度环境较好的地区，企业政治关联对公司违规行为的抑制作用更显著。具体表现为：当用是否具有政治关联来衡量企业政治关联时，企业具有政治关联与公司是否违规呈显著负相关；企业政治关联会显著降低公司违规频率，且企业政治关联会显著降低公司违规的严重程度。当用企业政治关联比例衡量企业政治关联时，企业政治关联比例与公司是否违规呈显著负相关，即企业政治关联比例越高，公司发生违规行为的概率越低，企业政治关联比例越高，公司违规的频率越低；且企业政治关联的比例越高，公司违规的严重程度越低。在对制度环境进行分组回归后发现：相对于在市场发达程度较低的地区，市场发达程度较高的地区具有政治关联的企业违规概率较低，违规频率降低，违规的严重程度也较轻，且企业政治关联比例越高，违规的概率越低，违规频率也越低，同时违规的严重程度降低。相对于政府干预经济较严重的地区，政府干预经济程度较低的地区具有政治关联的企业违规概率较低，违规频率降低，违规的严重程度也较轻，且企业政治关联比例越高，违规的概率越低，违规频率也越低，同时违规的严重程度降低。相对于在法制环境较差的地区，法制环境较好的地区具有政治关联的企业违规概率较低，违规频率降低，违规的严重程度也较轻，且企业政治关联比例越高，违规的概率越低，违规频率也越低，同时违规的严重程度也降低。

第二，进一步对企业性质区分后发现：当非国有企业具有政治关联时，能显著降低公司的违规行为。具体表现为：若非国有企业具有政治关联，则公司的违规概率较低，违规的频率显著降低，违规行为的严重程度显著降低；若在非国有企业中政治关联的比例越高，则公司的违规概率越低，违规频率也越低，同时违规的严重程度也显著降低。进一步对制度环境分组后发现，在制度环境较好的地区，非国有企业是否具有政治关联、政治关联比例都与公司是否违规、公司违规频率以及违规严重程度呈显著负相关，而在政治关联的国有企业中，是否具有政治关联只能显著影响公司违规概率和公司违规频率，并不能显著影响公司违规行为的严重程度，且总体来说，政治关联对非国有企业的影响显著大于对国有企业的影响。

第三，本章研究了企业不同政治关联性质下，企业政治关联对公司违规行为的影响。研究发现：当企业为高管政治关联企业时，企业政治关联会增加公司违规概率与违规频率，但对公司违规行为的严重程度没有显著影响；当企业为董事政治关联企业，企业政治关联会降低公司违规概率，降低公司违规发生的频率且公司违规行为的程度也显著较低；当企业为独立董事政治关联企业，企业政治关联会降低公司违规概率，降低公司违规发生的频率且公司违规行为的程度也显著较低。进一步对制度环境进行分组后发现：当企业为高管政治关联企业时，相对于制度环境较好的地区，制度环境较差地区的企业政治关联会增加公司违规概率与违规频率但对公司违规行为的严重程度没有显著影响；当企业为董事政治关联企业时，相对于制度环境较差的地区，制度环境较好地区的企业政治关联会降低公司违规概率，降低公司违规发生的频率且公司违规行为的严重程度也显著较低；当企业为独立董事政治关联企业时，相对于制度环境较差的地区，制度环境较好地区的企业政治关联会降低公司违规概率，降低公司违规发生的频率且公司违规行为的严重程度也显著较低。

根据以上结论，本章提出如下政策建议：

第一，加强引导政治关联合理化、规范化使用。我国是一个资源丰富的大国，各地区的经济发展较不平衡，制度环境也存在较大差异。制度环境发展不平衡会对各地区的经济发展造成巨大影响，为了平衡差异，当前中国由正式制度和非正式制度共同发挥治理效用。虽然作为正式制度的替代机制，政治关联可以在很大程度上弥补由于制度发展不完善所带来的不利影响，但必须要对政治关联进行正确的引导与运用，促进政治关联的合理化和规范化。在制度环境良好的地区，政治联系的合法化、规范化以及合理化使用的程度都相对较高。但是当制度环境较差时，政治关联有可能会借助制度环境漏洞，导致政治关联的错误运用，甚至有可能对社会造成不利影响，所以依靠正式制度对政治关联进行制约，并不能达到理想效果。所以应该设置一套专门用来规范政治关联的制度，对其加以约束，并不断规范化和合理化。

第二，要加强执法力度与国家的政策支持。最近几年在反腐倡廉政策下，提高了市场的公平竞争和秩序稳定，营造良好的环境，确保不会因为贪污、贿赂等手段扰乱市场秩序。在经济环境差和依靠能源生产的企业，政府可以进行补贴和税收优惠，但要确保政府的优惠政策是用在有需要的企业上，我们还需要规范补助程序和完善优惠政策，实施公开透明的补贴政策。政府也要在环境保护方面指明方向，地方官员不能因为个人政绩而牺牲环境。

第三，建立更加完善与规范的企业违规治理机制。由于当前的制度规范体系存在缺陷，以及整个资本市场的发展也有待进一步规范，导致企业违规现象层出不穷。但是，资本市场所含范围甚广，比如：企业、银行、会计师事务所、证券机构等众多的机构都属于资本市场范畴，他们的不规范都会导致企业违规现象越发严重。频发的违规现象并不是由于其中某一个原因，而是众多因素共同作用的结果。所以，要想改善目前这种违规现象，就必须统筹考虑，仅从规范企业行为或者增加监督监察机构的惩罚力度出发是不能对抑制违规行为起到良好治理效果的，我们应该从更深层次上分析企业违规行为频发的原因，并通过采取对违规行为的监督检查机构以及其他治理机制的规范、建立与健全等多种手段，尽全力对违规行为进行制约，且目前我国的资本市场基础建设还不够健全，为了给企业构建更加公平与合理的市场环境，必须对其进行完善与规范。

第四，需要加强法制建设，提高执法效率。建立健全举报制度，维护举报人的合法权益，保护举报人的人身安全。同时企业自身也要有积极向上的企业文化，高层管理者要以身作则，要遵守职业道德，定期对员工开展道德教育。提高企业信息公开的透明度，加强企业自身处理舞弊等违规行为的能力，让媒体与公众一起监督企业的运行。加大对违规行为的处罚力度，而不能因为企业具有政治关联就选择减轻处罚。要合理利用好互联网等媒介的作用，降低企业发生违规行为的动机，逐渐完善我国的制度体系。

第六章　政企关系的信息效应之信息披露质量

第一节　引言

在金融健康有序的运行中，资本市场的作用举足轻重、不容忽视。上市公司作为资本市场的基石，其数量随着资本市场的不断发展而显著增加，质量也在随着资本市场的不断完善而提高，且推动国民经济发展的作用日益凸显，在我国经济高质量发展中既是主力军，又是领跑者、排头兵。但是上市公司经营治理不规范、发展质量不高的问题依然突出，与建立现代经济体制、促进经济高质量发展的要求还有差距。同时，突如其来的新冠肺炎疫情对部分上市公司生产经营造成一定的影响，上市公司发展面临新的考验与挑战。提高上市公司质量、减少上市公司违规违法行为，是资本市场亟待解决的问题，是推动资本市场健康有序发展的内在要求，是新时代加快完善社会主义市场经济体制的重要内容。2020 年 10 月，为了进一步规范上市公司的违规行为，打造一个规范、透明、开放、有活力、有韧性的资本市场，全面提升其上市公司质量，国务院发布了《关于进一步提高上市公司质量的意见》①，这是全面深化资本市场改革、助力形成双循环新发展格局的又一重大举措，其从六个方面 17 个维度，提出了一系列举措。其中，提高上市公司质量的基础是提高上市公司治理水平，并且强调了公司治理和信息披露这两个核心点，而股票质押风险、资金占用、违规担保等问题是当前要下大力气解决的“痛点”。提高违法违规成本和形成工作合力，是目前提高上市公司质量的关键点和薄弱点，这对于上市公司财务舞弊、利益勾结、操控市场等恶意破坏资本市场运行秩序行为进行强力打击，及时将资质能力差的上市公司清除，以保证我国资本市场稳定、可持续发展。2021 年 3 月，证监会根据上市公司信息披露监管面临的新形势与新问题，再

① 参见 http：//www. gov. cn/zhengce/content/2020-10/09/content_5549924. htm。

次修订并发布了《上市公司信息披露管理办法》，规章与时俱进地调整表现出信息披露质量问题已经成为监管工作的核心内容，对上市公司“蹭热点”、董监高对定期报告“不保真”等乱象做出针对性安排，修订内容包括完善信息披露基本要求、完善上市公司董监高异议声明制度、细化临时报告要求、完善信息披露事务管理制度、提升监管执法效能五方面[①]。可见信息披露质量对资本市场健康可持续发展的重要意义，信息披露监管规则的有效完善对提高上市公司质量、提高资本市场的透明度和效率具有重要意义。

由于管理层与外部投资者之间存在信息不对称以及代理问题，引发了管理层信息披露的问题。上市公司信息披露是公众公司向投资者和社会公众全面沟通信息的桥梁，是资本市场的核心问题。利益相关者通过上市公司信息披露了解其经营成果和财务状况，从而做出正确的投融资决策。因此，上市公司信息披露质量的好坏直接影响到资本市场能否健康有序地运行。根据我国有关政策法规规定且为了使投资者做出正确的投资决策，上市公司有必要向外界披露充分、真实、及时、有效的相关信息，由此提高资本市场的运行效率。随着深圳证券交易所、上海证券交易所的成立，我国的资本市场越来越趋向于规范，形成了覆盖范围广、层次结构清晰的监管制度，监管机构也在不断地完善与上市公司信息披露有关的规范性文件，信息披露制度的建立极大地提升了上市公司的信息披露质量。然而，由于当下公司制企业中的委托代理问题，公司外部利益相关者和公司内部高管在信息掌控方面处于不对等地位。当上市公司披露的信息不能如实反映企业内部的真实财务状况、与投资者做出决策有关的关键信息有所欠缺、披露时间滞后，外部投资者也只能被动接受，因而有可能被误导，做出错误决策。

虽然监管部门一直着力提升上市公司的信息披露质量，但我国的资本市场处于起步阶段，各方面还有待进一步规范，因为信息披露违规而受到处罚的企业不在少数。并且，上市公司自愿披露过程中乱象丛生，不乏借助自愿披露“炒概念、蹭热点”的违法违规情形，监管层对选择性信息披露行为保持高度关注。近年来，信息披露违规的事件层出不穷，这些事件在资本市场上引起了极大的关注，证监会等监管部门对这些财务造假行为表示强烈的谴责并对其信息披露违规处以罚款，但弄虚作假的现象仍屡禁不止，这些行为不仅严重破坏了市场运行秩序，也使股民的利益遭受了重大的损害。低质量的信息披露一方面会误导投资者做出错误的投资决策，使投资者遭受巨大的经济损失；另一方面会导致资本市场的资源错配，降低资源配置效率。

2021 年 7 月，深圳证券交易所完成了主板、创业板上市公司 2020 年度信息披露考核工作。在 2350 家深圳上市公司中，考核结果为优秀的有 417 家，良好的有 1529 家，及格的有 308 家，不及格的有 96 家。与 2019 年度信息披露考核公布的数据相比，考核

---

① 参见 http：//www. csrc. gov. cn/pub/newsite/zjhxwfb/xwdd/202103/t20210319_394493. html。

结果为优秀和良好的公司占比上升 1.43%，考核结果为及格和不及格的公司占比下降 1.43%[①]。上市公司信息披露质量总体虽有所改善，但仍有待提高。公司治理和公司财务特征会对信息披露质量产生影响，已有文献在研究公司治理对信息披露质量的影响时，主要从以下三个维度进行考虑，一是股权结构，二是董事会特征，三是高管激励，并且研究表明公司的价值和企业的行为会受到政治关联的影响。考虑到我国处于转轨经济与新兴资本市场的现实背景，政治关联作为一种特殊的资源，在众多影响信息披露的因素中，政治关联关系是一个不容忽视的重要因素，上市公司的信息披露在一定程度上会受到政治因素的影响。目前，在世界上大多数国家，政企关系都是非常重要的公共政策议题。搞好政企关系，历来都为企业界所重视。许多企业的部分高管都具有政治关联以帮助企业获得更多的稀缺资源、融资优势以及更高的 IPO 定价，减轻税负，获取财政补贴，降低企业的违规成本，提高企业的长期绩效等。根据社会交换关系理论，企业从政府获得其给予的一些政策性支持来实现发展，作为交换条件，政府也需要企业履行更多的社会责任。那么，具有政治背景的高管是如何影响企业的信息披露质量的呢？是提高还是降低？由于产权性质的不同，民营企业有更强烈的动机试图建立政治关联以获得更多的资源优势。

同时，基于对政治关联、高管薪酬和信息披露方面的文献进行梳理，本章发现，已有文献主要从建立政治关联的原因，建立政治关联的积极影响和消极影响展开研究，究竟是正向影响大于负向影响，还是负向影响大于正向影响，还没有定论。通过对信息披露质量的文章进行梳理发现，相关研究多集中在信息披露质量的影响因素分析方面。其中包括董事会治理、独立董事及监事会治理、管理层治理、股权集中程度、流通股所占比例、企业内部控制制度、公司规模、媒体关注度与区域内披露信息的企业密度。因此，本章研究民营企业政治关联高管对企业信息披露质量的影响以及如何影响。

基于以上背景，国有企业的最终控制人为国家，其本身便与政府有着密切的“血缘”关系，拥有着天然的政治关联。民营企业自身不具有这种优势，需要依靠自己主动与政府建立一定的联系，从而获得一定的资源支持和优惠政策。因此，本章将研究样本的范围锁定在民营企业，探究高管具有政治关联后会怎样影响信息披露质量？影响的内在机制是什么？两者之间的关系是否会受到制度环境的影响，且影响如何？高管的政治关联层级不同又如何影响信息披露质量呢？

---

① 资料来源：笔者根据深圳证券交易所信息披露考评评级数据整理而得，原始数据网址为 http://www.szse.cn/disclosure/supervision/check/index.html。

第二节 理论分析与假设演绎

一、政治关联高管与信息披露质量

中国当前正处于经济转型时期，正式制度尚有待完善，在实施过程中易受政府部门或者政府官员干预的影响。在这种特殊背景下，政治关联作为正式制度的替代机制，通常被认为是企业与政府间进行交流沟通的一种重要形式。因此，企业广泛青睐于与政府建立以及维持良好的关系。一方面，政府作为利益资源的分配者，掌握并有权力分配一定的与企业经营密切相关的关键资源，企业可以通过这些关键资源获得竞争优势。另一方面，国家制定的一系列政策法规也与企业的生存和发展息息相关，如为企业提供财政补贴、多种融资渠道和融资优惠等，进而影响企业的经营。然而，与国有企业不同，民营企业面临的外部不确定性更大，需要有更强的应对风险的能力和经营能力，因此和国有企业相比，民营企业的竞争优势相对较弱。为了在市场竞争中，获得一定的资源优势，越来越多的民营企业试图与政府建立联系，其中包括雇用在政府部门担任过职务的离职或退休人员在企业担任高管，或者是民营企业内部高管当选人大代表、政协委员等，通过与政府建立政治关联以此进行寻租活动，从而获取有利于自身发展的条件。

依据社会交换关系理论，企业与政府之间基于双方有效合作与实现共赢而建立起有利于促进两者发展的良好政企关系。政府发挥管理职能，提供平台、创造环境；企业发挥微观经济主体职能，推动微观经济发展。政府以其掌握的诸多优质资源为企业的生存发展创造了良好条件，企业也用潜在的方式以其经济实力反哺政府的绩效与长远发展。企业与政府之间相互依存、共同发展，政府在为政治关联企业提供稀缺资源以及政策保护的同时，政府也需要企业履行更多的社会责任，如增加企业的透明度。田利辉和张伟（2013）提出了政治关联的“社会负担效应”，即对于政府而言，政治目标和经济目标都至关重要。政治关联企业（特别是国有企业）承担着维护社会稳定、构建和谐社会的社会责任，并且需要主动承担更多的社会责任，以及提高信息披露质量。根据政治成本理论，企业的行为以监管机构的要求为导向，并试图满足监管要求而披露有利于投资者做出正确决策的信息（Zadeh et al.，2016）。此外，政治成本理论认为，政治关联公司可能更容易受到政治压力的影响，而倾向于采用能够降低预期政治成本的会计政策（Watts and Zimmerman，1978），并且这些公司可能会更加受媒体、公众和政治家的关注，因此其有动机披露更多以及质量更高的信息，来提高其形象并转移不必要的注意力（Linsley and Shrives，2000）。Guedhami 等（2014）采用强有力的证据研究发现，有政治关联的公司更有可能任命来自知名会计师事务所的审计师，这一做法表明了这些政治关联公司渴望提高会计信息透明度。

此外，随着资本市场发展的日益复杂，传统的财务会计信息已经不能满足利益相关者对企业信息的需求，较大范围、高质量的信息披露成为企业迎合利益相关者的一条重要途径。研究表明，具有政治关联的上市公司对各种“关系”更加看重，为了与众多利益相关者维持较好的关系，它们会更加重视公司的形象。除了通过较高的经济贡献来提高形象外，信息披露质量的提高也能为企业赢得良好的社会声誉（王成方等，2013）。除此之外，相比于一般的民营企业，拥有政治关联的民营企业往往会选择积极迎合政府的各项政策，从而与政府间维持良好的关系，获得政府和社会的认可。然而政府干预和董事会中政治关联高管的存在往往会影响企业决策行为和商业轨迹（Rahman and Ismail，2016）。企业中大多数重大战略决策都是高管做出的，高管是否具有政治背景，会直接影响到企业的决策制定。在中国特殊的制度环境之下，具有政治背景的高管往往具有较高的政治素养，思想也更进步，他们在做出决策时会考虑这一决策对构建和谐社会和促进社会发展的影响，自觉承担一定的社会义务（张正勇等，2014）。当企业拥有政府官员的高管时，由于其本身具有的从政经历，出于职业思维的惯性，政治关联高管往往会依据国家出台的相关政策，依据国家政策主导来调整企业的发展战略目标，因此也更有动力去提高信息披露质量来对政府和投资者负责。因此，企业高管在做出决策时可能更倾向于树立企业正面的良好形象而主动提高信息披露质量。从声誉视角来看，政治关联高管因具有“名人”效应，若信息披露质量存在问题被证监会查处，将会对政治关联高管的声誉造成严重影响，而这些政治关联高管往往是社会上很有名望、具有积极影响且受到社会广泛关注的“名人”，出于对自身社会声誉维持的考虑，他们将具有强烈动机规避被处罚的风险，以降低负面消息对自己声誉的折损，从而有强烈动机提高信息披露质量，以树立企业以及自己的良好形象。政治关联高管除了出于对自身特殊身份的保护的动机而倾向于选择提高信息披露质量外，国家的政策法规也对其行为有更加严格的要求与约束。根据中国的现行条例规定，当曾经具有从政经历的工作者转行到商业领域时，他们的行为将会受到中国纪检监察部门的严格监督与检查，这就致使企业在经营上更加公开、透明，从而提高信息披露的质量。而且政治关联高管出于政治晋升的动机，也会在其做出决策时考虑其决策对社会事业的贡献。信息披露水平便是上市公司高管要做出衡量的一项重大决策，信息披露水平低，不利于外界投资者了解企业，对于企业而言，会使市场低估企业，对于资本市场而言，会造成企业外部人员和内部人员掌握的信息处于不对等的位置，资本市场的资源不能流向能将其充分高效利用的地方，最终导致资本市场运行的效率低，资源被浪费；相反，较高的披露水平，能够提高资本市场的资源配置效率，对于企业而言，可能会被竞争对手掌握，从而降低企业的竞争优势。对于政治关联高管而言，其可能会考虑信息披露水平对整个资本市场的积极意义，在一定程度上，能够发挥监督上市公司的作用，促使上市公司的信息披露质量进一步提升。

综上所述，本章提出如下假设：

H1a：民营企业雇用政治关联高管会提高企业的信息披露质量。

政治关联也有其负面影响，研究表明，有政治关联的公司比没有政治关联的公司拥有更高的财务杠杆比率，这将会降低他们的盈利能力，而且与非政治关联的公司相比，有政治关联的公司表现出更差的会计质量（Boubakri et al.，2008）。政治关联所带来的影响可以被视为寻租。Krueger（1974）最初将寻租理论描述为"人们寻求在政府保护下进行的财富转移活动"。从这个角度看，政治关联使企业的寻租活动成为可能。企业在公开披露信息时，为了树立良好的形象，可能会隐瞒一些"不好的"信息，夸大一些"好的"信息。从代理成本角度来说，政治关联公司的代理成本显著高于非政治关联公司的（Khan et al.，2016）。因此，政治关联可能导致多数股东和少数股东之间的第二类代理问题（Schipper，1989）。有政治关联的公司可能会从其关系中获得利益（Bani-Khalid and Al-Own，2020），并且在政治关联公司中，政治关联高管可能在公司中拥有自己的利益圈子以及人际关系网络。因此，可能存在这样一种情况，即他们以牺牲股东财富和公司资源为代价来实现自己的相关利益，从而导致代理问题（Rahman and Ismail，2016），并且披露较低质量水平的信息（Al-Dhamari and Ku Ismail，2015；Hashmi et al.，2018）。根据政治成本理论，政治关联的高管和董事通常被认为是有权势的，因为他们可以利用与政治家的关系，利用各种资源优势，让政治关联公司从他们的关联中受益，他们可能会故意隐藏或掩盖那些误导投资者的行为（Khan et al.，2016）。并且，他们还可以利用自己的政治权力来缓解政治压力，避免过度的政府监督，作为替代解决方案，他们往往选择不披露更多信息，这最终可能会影响管理层的披露倾向。

市场力量与行政力量两者之间的博弈过程是政治关联的实质，政治关联主要包括两个层面：一是产权的政治关联；二是高管的政治关联。在中国经济发展的转型时期，政府依然是经济发展的主导者，政治关联企业可以从政府处获得资源优势，但也要认识到，在企业主动与政府建立关联的背后，也要付出相应的代价和成本。政治关联作为一种特殊的资源也会影响到信息披露的质量，其往往会影响到政府对其所掌握资源的分配，而这些分配极有可能是不透明的，而且上市公司为了获取这些资源需要付出一定的成本，这种隐性的交易使上市公司在信息披露时有可能进行选择性披露或者包装后披露进而影响到公司的信息披露质量。Ball 等（2000）认为，政府与企业之间需要高昂的政治维护成本来维持良好的政治关联关系，企业从政治关联中获利。从另一个角度说明，拥有政治关联的公司会优先获得信贷（资本），使它们受到的资本市场压力较小，披露的信息也因此较少。然而，相比于拥有政治关联的公司，政治上没有关联的公司如果需要从资本市场上获得额外资本，他们就需要披露更多的信息，从而提高公司的可信度。相比之下，民营企业获得银行贷款的难度较大（段莎，2016）。综上，不难理解为何民营企业存在融资难题。但是，当民营企业建立起与地方甚至中央政府的关联时，企业在向银行提出融资请求时便会在无形中得到一定的担保，即银行会认为具有政治背景的民营企业按时归还贷款的可能性更大，因为当民营企业陷入经营困境时，其更有可能获得政府的资金帮助，面临风险更小（田利辉，2005）。因此，具有政治关联高管的上市公司有更大的可能性获得银行提供的长期贷款。由此可见，政治关联高管的存在，降低了民营企业为获得融资优势而披露高质量财务和非财务信息的需求。

政治关联通常被认为是一种隐性的政府担保，利益相关方（如投资者、债权人或审计师等）对于拥有政治关联的企业，通常会降低其信息披露质量的要求（Faccio，2010）。有政治关系的民营企业可以通过特殊的"人脉资源"和"人际关系"从现有审计师处购买审计意见，以控制成本（郑军等，2010）。有研究表明，拥有政治关联的企业的信息透明度较低（Bushman et al.，2004），会计信息质量（如会计稳健性）更弱（杜兴强、周泽将，2010）。如果上市公司不能真实、及时、充分、稳健地披露信息（即信息披露质量低），上市公司会受到监管部门以及法律的处罚，从而面临一定的诉讼风险，而通过建立政治关联可以规避政策风险（逯东等，2013）。鉴于强调将经济增长作为衡量政府绩效的一项指标，政治关联高管可能更加注重于经济增长目标的实现，做出符合自身最佳利益的决策，而对高质量的信息披露有所松懈，并且通过政治关系寻求保障。换句话说，当高管拥有政治关联背景时，部分高管可能会更加关注自己的政治晋升，而不是公司的业绩。高管在政治上得到晋升时，更容易增加与政府接近程度，以便获得更多的税收优惠、政府补贴等，从而为企业带来更多的经济效益。这就导致了管理者有动机和意愿暂时隐瞒企业负面新闻，增加信息不对称程度，从而披露低质量的财务信息。另外，企业雇用政治关联高管会引导民营企业仅将精力放在与政府建立关联，以期通过非市场竞争的手段获取融资优势、税收优惠等，而不是优化内部治理结构，加强内部控制制度建设，注重自身能力建设，虽然短期内获得了一定的经济收益，但从长期来看，企业的经营业绩变差。另外，具有政治背景的高管会利用其政治背景和职务便利，追求自身利益最大化，此时，企业对高管的监督作用减弱，企业的内控机制不能正常发挥其作用（游家兴，2010）。内部控制制度是加强企业监督作用的内部治理方式，有助于缓解实际所有人和高层管理者之间的利益冲突，减少高层管理者操纵利润的次数和程度，从而使公司的会计信息更加可信，有价值含量，进而提高信息披露质量。如果企业的内控运行差，企业管理者会增加盈余操纵行为，Chi 等（2016）考察了政治关联是否与中国企业的盈余管理实践有关。他们认为，有政治关系的公司参与了盈余管理实践，倾向于通过盈余管理"隐藏利润"，以逃避行业监管。

综上所述，本章提出如下假设：

H1b：民营企业雇用政治关联高管会降低企业的信息披露质量。

二、政治关联高管、薪酬激励与企业信息披露质量

公司做出财务报告决定是为了将政治成本降至最低，企业管理其报告的收益是为了

避免或最小化在重大政治或环境事件后受到的政治或监管审查。由于我国特殊的制度背景，企业为了在经营中获取资源优势，降低交易成本，企业期望通过与政府建立一定的联系来获取资源优势。和天然具有政治背景的国有企业相比，民营企业更加强烈地希望能够建立起与政府的联系。企业通过引入具有政治背景的人员和内部向外构建政治背景来达到建立政治关联的目的，通过给予高管更高的薪酬回报，来激励高管为企业争取资源优势，给企业带来更高的经营业绩。在公司制企业中，公司所有者雇用专业的经理人为其管理公司，分配财产，创造经济价值，公司的所有权和控制权分离，而且股东和经理人员的利益出发点不一致，使委托代理问题日益突出。自 1984 年 Hambrick 等提出高层梯队理论以来，高管的激励问题就得到了学者的广泛研究。高层梯队理论认为，管理者的认知水平和价值观念受其个性和阅历的影响，存在一定的差异，因此其所做的行为决策各不相同，其中包括信息的生产和传递，因此就产生了激励问题，即高管作为企业的核心人力资本，企业需要建立良好的激励机制来激励管理者，提高管理者为公司发展而努力工作的积极性，促进其潜能的充分发挥，降低因两权分离而产生的代理成本。并且，基于代理理论，公司的所有权和经营权分离，管理者有时会为了自身利益最大化而做出损害公司价值的自利行为，产生道德风险和逆向选择问题，从而产生较高的委托代理成本。因此，为了防止管理层谋取私利、损害股东债权人等利益相关者的利益，需要企业通过设置良好的激励机制来减少委托人与代理人两方的利益冲突，降低委托代理成本。薪酬激励的目的，在于促进委托人与代理人之间的目标趋于一致，而适当的薪酬激励水平在一定程度上可以起到激励高层管理者的作用，且薪酬水平越高，对管理层的正向激励作用越强，即管理层的薪酬水平与企业未来绩效之间存在正相关关系（张燕红，2016）。郭雪萌等（2019）的研究也得出了类似结论，通过实证研究发现：管理层薪酬激励会显著促使企业对资本结构进行调整，有利于提高企业绩效，而对资本结构的调整起到中介作用。

Watts 和 Zimmerman（1986）认为管理层操纵利润的原因中，有一项便是薪酬引起的。他们指出，为了解决委托代理问题，企业会给予提高企业绩效的高管显著较高的薪酬，而对企业绩效不佳的高管实施惩罚，选取一些会计指标作为标准，当高管无法达到公司为其设置的会计指标时，就会试图操纵盈余，使自己获得高额薪酬。Baker（1999）发现，当公司面临与高管薪酬合理性相关的潜在政治成本时，更倾向于对信息披露的行为进行管理，以最小化公众监督。王生年和尤明渊（2015）发现信息披露质量与管理层的薪酬激励存在倒“U”形关系，即适当的薪酬激励水平可以提升管理层的责任意识，增强管理层的社会责任感，促使他们更加积极地治理企业，通过提高信息透明度来回馈社会和投资者。薪酬激励在一定程度上可以缓解管理层与股东之间的利益冲突，减少管理层的逆向选择和不道德行为，降低企业的风险。当管理层的薪酬水平过低时，他们会发现其所获得的薪酬与他们为企业所做的贡献以及所付出的努力不对等，过低的薪酬回报不能对管理层的付出进行合理补偿，理性的管理者将进行归因分析，排除薪酬契约不公平的因素，管理层还意识到公司可能存在信息不对称的情况，而外界并没有完全了解企业所披露的信息，这就迫使管理层改进信息披露，提高未来加薪的可能性。另外，管理层会有动机操纵利润，实施一定程度的盈余管理，有选择性地向外界披露信息以达到企业规定的经营业绩。此时，如果提高管理层的薪酬水平，对管理层的努力付出进行合理的补偿，随着薪酬的提高，管理层与上市公司的利益逐渐趋于一致，委托代理问题得到缓解，薪酬的激励效果也凸显出来，盈余管理程度降低，信息披露质量提高。然而，当管理层薪酬激励水平超过某一水平时，管理层努力付出也无法达到企业所规定的业绩目标，此时，管理层为了避免没有完成业绩目标的惩罚以及继续获得超额薪酬，便有动机进行盈余管理和信息披露管理，适当减少与财务方面有关的信息披露，信息披露质量也随之降低。综上所述，本章进一步探究民营企业中，政治关联高管影响企业信息披露质量的内在路径和机制。

综上所述，本章提出如下假设：

H2：高管薪酬在民营企业政治关联高管影响信息披露质量中具有中介作用。

三、制度环境、政治关联高管与信息披露质量

信息披露质量不仅受到微观层面的影响，还受到宏观环境如制度、政策、法治水平等的影响。制度环境是一个地区所具有的正式制度和非正式制度的总和，并对经济发展产生影响，其是基于生产、交换和分配资源而建立起来的集法律、经济、政治、社会为一体的环境，包含政府与市场的关系、法律制度环境以及市场化程度等（Scott，2012）。政治关联关系作为正式制度的补充，被视为获得政府青睐和支持的潜在宝贵资源。政治关联的现象在新兴市场更为普遍，因为它们深受股东法律保护不力的影响（Al-Hadi et al.，2018）。此外，政治关联公司在腐败程度较高和法律制度无效的国家更为常见（Faccio and Parsley，2009），受环境制度的影响。我国疆土辽阔，不同地区由于地理位置、先天资源等的不同，发展程度有所差异。东部地区整体发展水平高于中西部地区，相应地，东部地区的制度环境也优于西部地区。东部地区处于开放前沿，市场化程度高、各项制度更加完善、法律体系更加健全、创新活力强、政府更加灵活、政府多措并举并且受到市场的全面监督，营造了积极有活力的竞争氛围，企业之间更多的是战略制定、风险应对、创新能力等方面的竞争，而政治关联在民营企业经营中发挥的作用被弱化了。除此之外，在制度环境完备的地区，资本市场运行更加规范，投资者保护强度高，管理层进行盈余管理的空间被压缩，盈余管理的程度降低了。La Porta 等（1998）发现，如果加强对投资者的保护，完善法律制度和法律体系，将会弱化管理层攫取私人收益的能力，从而减少盈余管理行为。在制度环境较完备的地区，资本市场运行更加规范，投资者保护强度高，监管部门和投资者对上市公司披露的信息提出更加严格的要求，为了避免惩罚和降低与外部投资者的信息不对称，管理层会提高其信息披露质量。

不仅如此，政治关联作为企业的一项重要资源，会受到各地方制度政策、执法效果

的影响。在薄弱的制度环境中，政治关联的影响将会被放大。东部地区拥有更强的市场，这与更严格的产权执法和更稳定的法律体系相对应，这将削弱政治关联对增强市场机制的作用。在中西部地区，地方政府对经济的干预程度较高，政治关联可以帮助企业克服法律制度的低效率，这是替代非正式制度的一种更有效的产权保护方式。已有研究表明，民营企业在产权保护、政府干预、金融发展水平不同的地区，与政府建立政治关联的动机也不同，相对来说，在产权保护程度越低、金融发展越落后、政府干预程度越高的地区，民营上市公司越有动机与政府建立政治关联（罗党论、唐清泉，2009），从而寻求政府的保护、降低未来的不确定性。在制度运行相对良好的东部地区，国有企业和民营企业在经济上的位置几乎相同，企业的寻租行为会减少，企业寻求政治关联的动机会下降（Zhao and Ma，2011）。因此，在东部地区，无论是民营企业还是国有企业，政治关联对企业发展绩效的影响都不显著。在制度不完善的中西部地区，政府任命的高管在“一票否决”政策下更愿意通过政治关联寻租，他们会披露更详细、更积极的企业信息，打造负责任的宣传形象。

在不同的地区，市场力量和行政力量的同时存在，导致了各地区市场化程度、政府干预程度以及法律制度环境等有所差异。在制度环境好的地区，一方面，政治关联在获取资源方面的优势被弱化了，另一方面，较强的投资者保护和法规制度使企业的信息披露质量提高了，即在较强的投资者保护地区，政府对投资者以及利益相关者的利益更加重视，对于上市公司不当行为拥有着更低的容忍度，如企业有隐瞒信息、损害投资者利益的行为将会受到更加严厉的处罚。因此，可以预期，企业出于获得各种资源优势和优惠政策等企业目的而雇用的政治关联高管，可能会推动上市公司行为与政府行为的“利益趋同”，从而促使信息披露质量得到提升。

综上所述，本章提出如下假设：

H3：制度环境在民营企业政治关联高管影响信息披露质量中具有调节作用。

第三节　研究设计

一、样本选择与数据来源

本章的样本为2008~2017年A股民营上市公司。这样选择是因为目前CSMAR数据库不再提供与政治关联相关的数据，笔者之前做过“政治关联”方面的研究，保留有之前的研究数据，年份区间和当下差距不远而且官方数据库数据更加准确。“政治关联”的数据来自CSMAR数据库中的董事、监事、高级管理人员个人特征数据；“信息披露质量”的部分数据是经过对深圳证券交易所提供的“信息披露考评”整理后获得；

“制度环境”的数据来自《中国分省份市场化指数报告（2018）》；其他数据来自CSMAR数据库和CCER数据库。将所有数据合并之后，删除上市公司第一大股东的最后控制股东为国有控股的数据，删除上海证券交易所上市公司的数据；删除特殊数据，包括金融行业数据，被ST、PT的数据，有缺失值数据等。由于极端值不具有代表性，且会对研究结果产生一定的误差，故我们对本章的连续变量进行上下3%的缩尾处理，最终得到14718个公司—年度观测值。

二、模型设定

为验证H1的正确性，本章参考已有文献，在其基础上，构建如下模型：

$$IDQ_{i,t}=\alpha_0+\alpha_1 Pcm\_corp_{i,t}+\alpha_2 Size_{i,t}+\alpha_3 Lev_{i,t}+\alpha_4 Boardsize_{i,t}+\alpha_5 Independ_{i,t}+\alpha_6 Meeting_{i,t}+\alpha_7 Top1_{i,t}+\alpha_8 Dual_{i,t}+\alpha_9 Growth_{i,t}+\sum Industry+\sum Year+\sum Region+\varepsilon_{i,t} \quad (6-1)$$

模型（6-1）用来检验政治关联高管对民营企业信息披露质量的影响，其中，i和t分别表示公司与年度。在该模型中，企业是否具有政治关联高管，用变量Pcm_corp表示。企业信息披露质量采用深圳证券交易所的信息披露考评（正向指标）和盈余管理程度（反向指标）这两个指标来衡量。若系数α_1为正，则在民营企业中，政治关联高管会提高企业信息披露质量，此时H1a成立；若系数α_2为负，则在民营企业中，政治关联高管会降低企业信息披露质量，此时H1b成立。

为了验证H2的正确性，本章借鉴Baron、Kenny（1986）等的中介作用逐步回归三步法来进行检验，构建模型（6-2）、模型（6-3）和模型（6-4）：

$$Lnpay_{i,t}=\alpha_{10}+\alpha_{11} Pcm\_corp_{i,t}+\sum \alpha_j Controls_{i,t}+\sum Industry+\sum Year+\sum Region+\varepsilon_{i,t} \quad (6-2)$$

$$IDQ_{i,t}=\alpha_{12}+\alpha_{13} Lnpay+\sum \alpha_j Controls_{i,t}+\sum Industry+\sum Year+\sum Region+\varepsilon_{i,t} \quad (6-3)$$

$$IDQ_{i,t}=\alpha_{14}+\alpha_1{}' Pcm\_corp+\alpha_{13}{}' Lnpay+\sum \alpha_j Controls+\sum Industry+\sum Year+\sum Region+\varepsilon_{i,t} \quad (6-4)$$

其中，模型（6-2）的被解释变量Lnpay是政治关联高管的货币薪酬取对数，其他变量定义与模型（6-1）一致。具体的检验步骤为：对模型（6-2）、模型（6-3）进行回归，若α_{11}和α_{13}均显著，则继续对模型（6-4）进行回归。若$\alpha_1{}'$显著，而Pcm_corp对信息披露质量（IDQ）的影响减弱甚至消失，则表明政治关联高管货币薪酬存在部分或完全中介作用。

为了验证H3的正确性，本章依照王小鲁等（2019）的市场化指数，分别从市场化程度、政府干预程度、法规制度三个方面量化制度环境，分别用Mark、Rgm、Law三个变量表示，建立模型（6-5）。

$$IDQ_{i,t}=\alpha_{15}+\alpha_{16}Pcm\_corp+\alpha_{17}Mark+\alpha_{18}Rgm+\alpha_{19}Law+\alpha_{20}Interact+\sum\alpha_jControls+\sum Industry+\sum Year+\sum Region+\varepsilon_{i,t} \quad (6-5)$$

三、变量定义

（一）解释变量

政治关联是企业与政府之间建立的一种并不直接的关系，因此不像薪酬水平那样，数字可以直观地看到，能够直接量化。余明桂等（2008）判断政治关联的标准是董事长或者CEO是否有过政府部门工作经历。高伟等（2010）考察企业股东、董事会成员以及高管是否在政府部门担任过职务来衡量企业是否具有政治关联。在国外，Fisman（2001）首次提出了“政治关系”的说法。Faccio等（2006）认为判定大股东和高管是否具有政治背景，主要是看大股东、董事长、首席运营官、董事会秘书是否曾经在政府部门担任职务或者与政府部门关系紧密。综上所述，现有文献认为公司高管在政府部门有过工作经历或者与政府部门关系紧密即认为高管有政治关联，但是高管自身和政府的关系是隐形不容易量化的。本章采用虚拟变量将“政治关联高管”量化，如果企业中的高管具有政治背景，则将该变量赋值为“1”，否则就赋值为“0”。

（二）被解释变量

在现有文献中，学者们对信息披露质量的量化方式主要有三种：

1. 权威组织的综合考评结果

2001年，普华永道发布了一份“不透明指数”调查报告，从国家宏观政策制度层面对政府向外界公布的信息是否公开、完整进行评价。但“不透明指数”并不是针对企业评价的一个标准，并且具有主观性，而对于公司层面的信息披露质量无法评分，因此这一指数的应用范围较小。紧接着，深圳证券交易所发布了评价上市公司信息披露水平的数据，主要从以下几个方面展开：时效性、充分性、准确性、真实性、规范性、公平性。最终将评分归类到A、B、C、D四个等级，分数依次降低。国内的许多学者将深交所的评分等级作为衡量上市公司的信息披露质量的数据来源，如曾颖和陆正飞（2006）、王生年和尤明渊（2015）。“A”“B”“C”“D”四个等级对应的分数分别为“4”“3”“2”“1”，该数据主要来源于深圳证券交易所网站“诚信档案”。

2. 研究者自建的信息披露质量衡量指标

沈红梅（2003）根据企业自愿披露的信息情况依次对上市公司的信息披露情况打分，其中自愿披露的信息包括宏观策略制定信息、会计信息和非会计信息，最后将分值加和，得到每家样本公司的最终分值，即为该样本公司的信息披露水平。杨忠海（2010）从信息来源、信息内容、信息监督、信息传播、信息使用者五个方面构建论文信息披露水平评价体系。总之，研究者在衡量信息披露质量时，会选择一些重要指标并赋予其权重，先分类后打分，根据分值来综合评价上市公司在信息披露方面的情况。

3. 已有的变量作为衡量指标

信息披露的频率和盈余管理程度是当下学者使用最多的衡量指标。上市公司的信息披露次数越多，外界对于上市公司的资产状况、盈利能力等信息了解越充分，此时，上市公司的信息披露质量是高的，但是这种衡量方式只关注了信息披露的数量而没有关注信息披露的质量。何平林等（2019）采用可操纵性盈余来测度信息披露质量。当上市公司的盈余管理程度较高时，该公司向外界披露的信息便不能反映其真实财务状况，上市公司所披露的信息质量变差。

本章参考其中的两种做法：一种是具有公众说服力的机构——深圳证券交易所提供的关于信息披露水平的考评结果，这一考核结果从数量和质量两个角度全面衡量信息披露质量，弥补了其他信息披露质量衡量方式的不足。另一种是选择“盈余管理程度”反向衡量。

本章参考了 Dechow 等（1995）的做法，构建模型（6-6）和模型（6-7）确定盈余管理程度，将数据代入回归分别得到了总应计（TA）和可操控性应计（DA）。

$$\frac{TA_{i,t}}{A_{i,t-1}}=\beta_1\frac{1}{A_{i,t-1}}+\beta_2\left(\frac{\Delta REV_{i,t}}{A_{i,t-1}}-\frac{\Delta REC_{i,t}}{A_{i,t-1}}\right)+\beta_3\frac{PPE_{i,t}}{A_{i,t-1}}+\varepsilon_{i,t} \tag{6-6}$$

$$DA=\left|\frac{TA_{i,t}}{A_{i,t-1}}-\left[\beta_1\frac{1}{A_{i,t-1}}+\beta_2\left(\frac{\Delta REV_{i,t}}{A_{i,t-1}}-\frac{\Delta REC_{i,t}}{A_{i,t-1}}\right)+\beta_3\frac{PPE_{i,t}}{A_{i,t-1}}\right]\right| \tag{6-7}$$

其中，$TA_{i,t}$ 表示当年应计利润的总数，$\Delta REV_{i,t}$ 表示本年的主营业务收入减去上一年的主营业务收入后得到的差值，$\Delta REC_{i,t}$ 表示本年的应收账款减去上一年的应收账款后得到的差值，$PPE_{i,t}$ 表示固定资产的净值，DA 表示操纵性应计利润。

由模型（6-6）得到相应系数 β_1、β_2、β_3 的估计值后，将 β_1、β_2、β_3 的估计值代入模型（6-7），此时的差值便是可操纵性应计利润 DA。

本章的研究结果并不关注上市公司是虚增利润还是虚减利润，因此 DA 的正负情况可以忽略，统一取绝对值。实际上，上市公司并不只是虚增利润，也会根据其实际需要虚减利润。因此，本章对可操纵性应计利润取绝对值即盈余管理程度。

（三）中介变量

本章借鉴林斌等（2012）、刘慧凤和杨扬（2009）的做法，将排名前三的上市公司高管的薪酬水平平均数作为该上市公司高管的薪酬，并对其取自然对数。

（四）调节变量

在衡量制度环境时，本章采用“市场化综合指数”“政府干预程度”“法制程度”数据。其中“市场化综合指数”越高，“政府干预程度”评分越高，“法制程度”评分越高，则表示企业所处地区的市场化程度越高，制度环境越完善。

（五）控制变量

本章参考王生年和尤明渊（2015）的做法，选择以下变量作为最终的控制变量：

公司规模（Size）、资产负债率（Lev）、董事会规模（Boardsize）、独立董事比例（Independ）、董事会会议（Meeting）、股权集中度（Top1）、两职合一（Dual）、成长性（Growth），同时控制了行业、年份以及地区，表 6-1 是详细变量定义及解释。

表 6-1　变量说明

变量	变量符号		变量解释
企业是否具有政治关联高管	Pcm_corp		企业存在政治关联高管取值为“1”，否则为“0”
高管政治关联层级	Pcm_per		高管具有的政治关联层级为省级及省级以上取值为“1”，否则为“0”
高管薪酬	Lnpay		薪酬水平最高的前 3 名高管的薪酬平均值再取自然对数
信息披露质量	信息披露质量评级	Rating	A 取值为“4”，B 取值为“3”，C 取值为“2”，D 取值为“1”
	盈余管理程度	DA	信息披露质量的反向指标
制度环境	市场化综合指数	Mark	值越大，市场化程度越高，制度环境越完备
	政府干预程度	Rgm	值越大，政府干预程度越低，制度环境越完备
	法制程度	Law	值越大，法律制度环境越高，制度环境越完备
公司规模	Size		总资产取对数
资产负债率	Lev		总负债与总资产的比值
董事会规模	Boardsize		董事会总人数
独立董事比例	Independ		独立董事与董事会总人数的比值
董事会会议	Meeting		董事会会议频数
股权集中度	Top1		持有股权最多的股东的比例
两职合一	Dual		董事长兼任 CEO 时取值为“1”，否则为“0”
成长性	Growth		主营业务收入增长率
行业	Industry		控制行业
年份	Year		控制年份
地区	Region		控制地区

资料来源：笔者整理得到。

第四节　实证结果

一、描述性统计

表 6-2 报告了主要变量的描述统计结果，其中信息披露代理变量深圳证券交易所

信息披露质量评级 Rating 的均值为 3.012，距离最大值 4 更近，距离最小值 1 较远，表明样本公司的信息披露平均达到良好水平；信息披露另一个变量盈余管理程度 DA 的最大值和最小值分别为 2.758 和 0.000，均值和方差分别为 0.064 和 0.093，均值不是很高，方差也不是很大，说明数据整体偏平稳，而且总的来说，我国上市公司均存在一定的盈余管理，只是程度有所不同，但是整体水平偏低。综上，说明我国上市公司的信息披露质量较高。政治关联变量企业是否具有政治关联高管（Pcm_corp）的均值为 0.527，表明有 52.7%的民营企业内有政治关联高管；高管政治关联层级（Pcm_per）的均值为 0.071，表明在民营企业中具有省级层面政治关联的高管比例为 7.1%。

表 6-2　描述性统计

变量	观测值	均值	方差	最小值	最大值
Rating	14718	3.012	0.589	1.000	4.000
DA	14718	0.064	0.093	0.000	2.758
Pcm_corp	14718	0.527	0.499	0.000	1.000
Pcm_per	14718	0.071	0.122	0.000	0.936
Lnpay	14718	17.594	1.305	12.272	23.647
Size	14718	21.533	0.939	17.806	26.761
Lev	14718	0.335	0.185	0.008	2.394
Boardsize	14718	5.258	1.398	1.000	15.000
Independ	14718	0.624	0.222	0.000	5.000
Meeting	14718	9.704	3.847	0.000	77.000
Top1	14718	59.589	14.943	0.328	95.990
Dual	14718	0.472	0.499	0.000	1.000
Growth	14718	0.338	4.491	-0.926	363.068

资料来源：笔者运用 Stata 计算整理得到。

二、均值差异检验

为了进一步分析信息披露质量在不同类别的民营上市企业中（以是否具有政治关联作为区分标准）是否存在差异，本章以民营企业是否具有政治关联高管作为分类标准，将所有研究的样本进行分组，分别对信息披露质量、高管薪酬进行检验，以检验不同类型的子样本范围内，本章的关键变量是否具有显著差异。均值检验的结果如表 6-3 所示。在两组子样本中，有政治关联高管企业的信息披露得分为 3.045，而无政治关联高管企业的得分为 3.105，表明无政治关联高管的企业信息披露质量更高，两组具有显著差异；盈余管理程度变量 DA 在有政治关联高管的样本组中的值为 0.016，而在无政治关联高管的样本组中的值为 0.013，两者也具有显著差异。高管薪酬变量 Lnpay 在有政治关联高管企业中的值为 12. 496，而在无政治关联高管的样本组中的值为 12. 437，表明有政治关联高管企业的高管薪酬高于无政治关联高管企业的。

表 6-3　单变量均值差异检验

变量	有政治关联高管企业均值	无政治关联高管企业均值	均值差异	T 值	P 值
Rating	3. 045	3. 105	0. 059	10. 590	0. 000
DA	0. 016	0. 013	-0. 003	-6. 686	0. 000
Lnpay	12. 496	12. 437	-0. 059	-11. 671	0. 000

资料来源：笔者运用 Stata 计算整理得到。

三、相关性分析

表 6-4 报告了 Pearson 相关系数矩阵。通过表 6-4 可以发现，信息披露质量评级（Rating）与企业是否具有政治关联高管变量（Pcm_corp）的相关系数为-0. 024，在 1%的显著性水平上显著；盈余管理程度（DA）与企业是否具有政治关联高管变量（Pcm_corp）的相关系数为 0. 010，在 5%的显著性水平上显著，以上结果初步验证 H1。其他控制变量也与被解释变量显著相关。表 6-4 中大多数变量的相关系数在 0. 5 以下，表明不存在严重的多重共线性关系。

表 6-4　主要变量 Pearson 相关系数矩阵

变量	Pcm_corp	Rating	DA	Size	Lev	Boardsize	Independ	Meeting	Top1	Dual	Growth
Pcm_corp	1										
Rating	-0. 024***	1									
DA	0. 010**	0. 052***	1								
Size	0. 126***	0. 188***	0. 089***	1							
Lev	0. 020**	-0. 100***	-0. 013	-0. 115***	1						
Boardsize	0. 090***	0. 038**	0. 002	0. 283***	-0. 008	1					
Independ	-0. 024***	-0. 029*	-0. 002	-0. 053***	0. 001	-0. 548***	1				
Meeting	0. 003	-0. 040**	0. 079***	0. 251***	0. 005	0. 012	0. 008	1			
Top1	0. 008	0. 187***	0. 072***	0. 035***	-0. 051***	-0. 038***	0. 011	-0. 055***	1		
Dual	0. 003	0. 037**	0. 028***	-0. 071***	-0. 014*	-0. 088***	0. 043***	-0. 037***	0. 062***	1	
Growth	0. 002	-0. 001	0. 162***	0. 022**	0. 002	0. 002	-0. 003	-0. 002	0. 020**	0. 008	1

注：***、**、*分别代表在 1%、5%、10%的显著性水平上显著。

资料来源：笔者运用 Stata 计算整理得到。

四、假设检验

（一）H1 实证检验结果

表 6-5 报告了对模型（6-1）进行回归估计的结果，企业是否具有政治关联高管虚拟变量（Pcm_corp）与信息披露质量评级（Rating）、盈余管理程度（DA）的回归系数分别为-0.349 和 0.003，t 值分别为-6.12 和 4.95，且均在 1%的显著性水平上显著，这说明当企业拥有政治关联高管时，企业的信息披露考评等级会有所降低，盈余管理程度升高，即企业的信息披露质量降低，证实了拥有政治关联高管的民营企业相较于没有政治关联高管的民营企业来说具有一定的资源优势，这种资源优势会使企业的内部和外部治理强度变弱。公司规模（Size）、资产负债率（Lev）与信息披露质量评级（Rating）的回归系数分别为 0.119 和-0.495，t 值分别为 10.42 和-11.14，且均在 1%的显著性水平上显著；公司规模（Size）、资产负债率（Lev）与盈余管理程度（DA）的回归系数分别为 0.008 和-0.026，t 值分别为 28.90 和-25.01，且均在 1%的显著性水平上显著，说明公司规模越大，信息披露质量评级越高，但管理层的盈余管理行为也随之增多，而随着企业资产负债率的提高，信息披露质量评级会有所降低，管理层的盈余管理行为也随之减少。综上，民营企业雇用具有政治关联高管会降低企业的信息披露质量。

表 6-5 政治关联高管对企业信息披露质量的影响

变量	(1)	(2)
	Rating	DA
Pcm_corp	-0.349***	0.003***
	(-6.12)	(4.95)
Size	0.119***	0.008***
	(10.42)	(28.90)
Lev	-0.495***	-0.026***
	(-11.14)	(-25.01)
Boardsize	0.007	-0.001***
	(1.02)	(-6.24)
Independ	-0.015	-0.011***
	(-0.38)	(-7.23)
Meeting	-0.016***	0.002***
	(-8.62)	(27.08)
Top1	0.004***	0.001***
	(6.53)	(30.93)

续表

变量	(1)	(2)
	Rating	DA
Dual	0.017	0.007***
	(1.08)	(12.78)
Growth	0.159***	0.001***
	(7.87)	(120.10)
Constant	0.494**	-0.185***
	(2.10)	(-32.25)
Industry	Yes	Yes
Year	Yes	Yes
Region	Yes	Yes
Observations	14718	14718
R^2	0.298	0.284

注：表中括号内为 t 值，经 White 异方差调整。* 表示 $p<0.1$，** 表示 $p<0.05$，*** 表示 $p<0.01$。
资料来源：笔者运用 Stata 计算整理得到。

（二）H2 实证检验结果

为检验 H2，我们继续对模型（6-2）进行回归估计，结果如表 6-6 所示，在（1）列中，企业是否具有政治关联高管虚拟变量（Pcm_corp）与高管薪酬（Lnpay）的回归系数为 0.178，t 值为 3.30，且在 1%的显著性水平上显著，说明在民营企业中，高管具有政治关联会获得显著较高的薪酬、这一结论与以往研究一致。王生年和尤明渊（2015）发现信息披露质量与管理层的薪酬激励存在倒“U”形关系。当管理层的薪酬水平过低时，他们会发现其所获得的薪酬与他们为企业所做的贡献以及所付出的努力不对等，过低的薪酬回报不能对管理层的付出进行合理补偿，理性的管理者将进行归因分析，排除薪酬契约不公平的因素。此时，管理层会有动机操纵利润，实施一定程度的盈余管理，有选择性地向外界披露信息以完成企业规定的业绩，迫使管理层改变信息披露，提高未来加薪的可能性。如果提高管理层的薪酬水平，对管理层的努力付出进行合理的补偿，随着薪酬的提高，管理层与上市公司的利益逐渐趋于一致，委托代理问题得到缓解，薪酬的激励效果也凸显出来，盈余管理程度降低，信息披露质量提高。然而，当管理层薪酬激励超过某一水平时，管理层努力付出也无法达到企业所规定的业绩目标，此时，管理层为了避免没有完成业绩目标的惩罚继续获得超额薪酬，便有动机进行盈余管理和信息披露管理，适当减少与财务方面有关的信息披露，信息披露质量也随之降低。

表 6-6 政治关联高管、薪酬激励与信息披露质量

变量	Lnpay	薪酬水平高		薪酬水平低	
		Rating	DA	Rating	DA
	(1)	(2)	(3)	(4)	(5)
Pcm_corp	0.178 ***				
	(3.30)				
Lnpay		-0.034 ***	0.019 **	0.018 **	-0.011 ***
		(-3.02)	(2.10)	(2.15)	(-16.30)
Size	-0.021 ***	0.121 ***	-0.005	0.139 ***	0.010 ***
	(-3.53)	(9.81)	(-0.78)	(7.42)	(24.76)
Lev	0.081 ***	-0.510 ***	0.051 *	-0.478 ***	-0.045 ***
	(2.96)	(-10.69)	(1.85)	(-6.50)	(-23.51)
Boardsize	-0.023 ***	-0.003	-0.015 ***	0.038 ***	-0.002 ***
	(-5.83)	(-0.37)	(-4.29)	(3.63)	(-6.18)
Independ	-0.011	-0.008	-0.122 ***	-0.056	-0.011 ***
	(-0.4)	(-0.21)	(-4.08)	(-0.79)	(-5.73)
Meeting	-0.007 ***	-0.017 ***	0.002	-0.011 ***	0.002 ***
	(-5.83)	(-8.96)	(1.42)	(-4.51)	(21.42)
Top1	0.004 ***	0.005 ***	0.000	0.003 ***	0.000 ***
	(11.49)	(7.11)	(0.48)	(3.21)	(10.29)
Dual	0.049 ***	0.028 *	0.029 **	0.023	0.006 ***
	(4.85)	(1.80)	(2.22)	(0.90)	(9.05)
Growth	-0.001	0.122 ***	0.033 ***	0.215 ***	0.001 ***
	(-1.02)	(6.11)	(4.61)	(6.94)	(134.25)
Constant	10.992 ***	0.721 **	0.062	-0.146	-0.062 ***
	(89.06)	(2.45)	(0.50)	(-0.38)	(-6.53)
Industry	Yes	Yes	Yes	Yes	Yes
Year	Yes	Yes	Yes	Yes	Yes
Region	Yes	Yes	Yes	Yes	Yes
Observations	14718	9344	9344	5374	5374
R^2	0.250	0.224	0.242	0.382	0.382

注：表中括号内为 t 值，经 White 异方差调整。* 表示 $p<0.1$，** 表示 $p<0.05$，*** 表示 $p<0.01$。

为使结果稳健，本章借鉴孟庆斌等（2019）的研究，将高管薪酬以中位数为界限分为两组：高管薪酬水平高于中位数为薪酬水平高组，高管薪酬水平低于中位数为薪酬水平低组，之后对模型（6-3）进行分组回归，结果如表 6-6 所示。（2）列、（3）列、（4）列和（5）列显示，当高管薪酬处于较高水平时，高管薪酬（Lnpay）与信息披露

质量评级（Rating）的回归系数为-0.034，t值为-3.02，在1%的显著性水平上显著，说明当薪酬水平较高时，随着高管薪酬的增加，信息披露质量评级有所降低；高管薪酬（Lnpay）与盈余质量（DA）的回归系数为0.019，t值为2.10，在5%的显著性水平上显著，说明当高管薪酬水平较高时，增加高管薪酬，盈余管理活动也会随之增加，信息披露质量有所降低。在薪酬水平较低的组，高管薪酬（Lnpay）与信息披露质量评级（Rating）的回归系数为0.018，t值为2.15，且在5%的显著性水平上显著，说明当高管薪酬水平较低时，增加高管的薪酬可以提高信息披露质量，薪酬对高管的行为起到一定的激励作用；高管薪酬（Lnpay）与盈余质量（DA）的回归系数为-0.011，t值为-16.30，且在1%的显著性水平上显著为负，说明当高管薪酬水平较低时，提高高管的薪酬，在一定程度上可以抑制盈余管理活动的增加，薪酬起到一定的激励作用。在薪酬水平较高的情况下，高管薪酬（Lnpay）与信息披露质量评级（Rating）、盈余质量（DA）的回归系数分别在1%和5%的显著性水平上显著，表明在民营企业中，随着管理层薪酬激励的提高，企业的信息披露水平在下降。

综合以上分析，本章继续预期民营企业雇用具有政治关联高管会降低企业的信息披露质量，可能是因为民营企业为了奖励政治关联高管带来的资源优势，给予政治关联高管显著较高的薪酬，而这一较高水平的薪酬，恰好处于管理层薪酬激励水平与企业信息披露质量负相关的区间。为了验证这一推断，我们继续选取“薪酬水平高”这一组的数据，之后运用该子样本对模型（6-4）进行回归，结果如表6-7所示。其中，（2）列中企业是否具有政治关联高管（Pcm_corp）与信息披露质量评级（Rating）的回归系数为-0.268，t值为-4.38，在1%的显著性水平上显著。（1）列中企业是否具有政治关联高管（Pcm_corp）与信息披露质量评级（Rating）的回归系数为-0.349，（2）列中高管薪酬变量（Lnpay）与信息披露质量评级（Rating）的回归系数为-0.021，t值为-1.78，在10%的显著性水平上显著。（6）列中企业是否具有政治关联高管（Pcm_corp）与盈余管理程度（DA）的回归系数为0.002，t值为15.42，在1%的显著性水平上显著，小于（5）列中企业是否具有政治关联高管（Pcm_corp）与盈余管理程度（DA）的回归系数为0.003，高管薪酬（Lnpay）与盈余管理程度（DA）的回归系数为0.002，t值为4.26，且在1%的显著性水平上显著，由此验证了H2的预期，即高管薪酬在民营企业政治关联高管影响信息披露质量中具有中介作用。

表6-7 薪酬激励的中介效应影响

变量	Rating			Lnpay	DA		
	(1)	(2)	(3)	(4)	(5)	(6)	(7)
Pcm_corp	-0.349***	-0.268***		0.178***	0.003***	0.002***	
	(-6.12)	(-4.38)		(3.30)	(4.95)	(15.42)	

续表

变量	Rating			Lnpay	DA		
	(1)	(2)	(3)	(4)	(5)	(6)	(7)
Lnpay		-0.021*	-0.034***			0.002***	0.019**
		(-1.78)	(-3.02)			(4.26)	(2.10)
Size	0.119***	0.140***	0.121***	-0.021***	0.008***	0.009***	-0.005
	(10.42)	(12.62)	(9.81)	(-3.53)	(28.90)	(32.32)	(-0.78)
Lev	-0.495***	-0.476***	-0.510***	0.081***	-0.026***	-0.026***	0.051*
	(-11.14)	(-9.91)	(-10.69)	(2.96)	(-25.01)	(-25.43)	(1.85)
Boardsize	0.007	0.006	-0.002	-0.023***	-0.001***	-0.001***	-0.015***
	(1.02)	(0.94)	(-0.37)	(-5.83)	(-6.24)	(-5.95)	(-4.29)
Independ	-0.015	-0.021	-0.008	-0.011	-0.011***	-0.010***	-0.122***
	(-0.38)	(-0.53)	(-0.21)	(-0.4)	(-7.23)	(-6.57)	(-4.08)
Meeting	-0.016***	-0.019***	-0.017***	-0.007***	0.002***	0.002***	0.002
	(-8.62)	(-7.23)	(-8.96)	(-5.83)	(27.08)	(26.83)	(1.42)
Top1	0.004***	0.004***	0.005***	0.004***	0.001***	0.001***	0.000
	(6.53)	(6.69)	(7.11)	(11.49)	(30.93)	(31.48)	(0.48)
Dual	0.017	0.004	0.028*	0.049***	0.007***	0.007***	0.029**
	(1.08)	(0.23)	(1.80)	(4.85)	(12.78)	(13.17)	(2.22)
Growth	0.159***	0.145***	0.122***	-0.001	0.001***	0.001***	0.033***
	(7.87)	(4.58)	(6.11)	(-1.02)	(120.10)	(120.20)	(4.61)
Constant	0.494**	0.160	0.721**	10.992***	-0.185***	-0.166***	0.062
	(2.10)	(0.59)	(2.45)	(89.06)	(-32.25)	(-27.84)	(0.50)
R^2	0.298	0.158	0.224	0.250	0.284	0.285	0.242

注：表中括号内为 t 值，经 White 异方差调整。* 表示 p<0.1，** 表示 p<0.05，*** 表示 p<0.01。

（三）H3 实证检验结果

为检验 H3，我们对模型（6-5）进行回归估计，结果如表 6-8 所示。表 6-8 中的新增变量为交乘项（Interact），（1）列和（4）列中的交乘项为企业是否具有政治关联高管虚拟变量（Pcm_corp）与市场化综合指数（Mark）的交乘，（2）列和（5）列中的交乘项为企业是否具有政治关联高管虚拟变量（Pcm_corp）与市场化综合指数分指标政府干预程度（Rgm）的交乘；（3）列和（6）列中的交乘项为企业是否具有政治关联高管虚拟变量（Pcm_corp）与市场化综合指数分指标法制程度（Law）的交乘。表 6-8 中（1）列数据显示，企业是否具有政治关联高管（Pcm_corp）与信息披露质量评级（Rating）的回归系数为-0.341，企业是否具有政治关联高管（Pcm_corp）与市场化综合指数（Mark）的交乘项（Interact）与信息披露质量评级（Rating）的回归系数为 0.074，以上两个系数分别在 1%和 5%的显著性水平上显著，且信息披露质量的另一个指标盈余管理程度（DA），其回归结果也得出了相同的结论，在（4）列、（5）列和（6）列中，市场化综合指数（Mark）、政府干预程度（Rgm）以及法制程度（Law）与盈余管理程度（DA）的回归系数分别为-0.001、-0.004、-0.003，在 1%到 10%的显著性水平上显著为负，且在这三个样本中，企业是否具有政治关联高管（Pcm_corp）与盈余管理程度（DA）的回归系数分别为 0.029、0.029、0.034，且均在 1%的显著性水平上显著为正，而其交乘项（Interact）与盈余管理程度（DA）的回归系数分别为-0.021、-0.017、-0.006，在 1%到 10%的显著性水平上显著为负，这说明制度环境变量削弱了主效应，即在市场化程度高的地区，政治关联对企业信息披露质量负面影响的效应得到削弱。在政府干预程度低、法规制度完善的地区，民营企业政治关联高管对企业信息披露质量的抑制作用得到缓解。

表 6-8　制度环境、政治关联高管与信息披露质量

变量	Rating			DA		
	(1)	(2)	(3)	(4)	(5)	(6)
Mark	0.019*** (3.54)			-0.001* (1.95)		
Rgm		0.019*** (2.60)			-0.004*** (-2.72)	
Law			0.012*** (2.89)			-0.003*** (-3.65)
Pcm_corp	-0.341*** (-5.98)	-0.329*** (-5.75)	-0.219*** (-3.24)	0.029*** (6.53)	0.029*** (6.30)	0.034*** (6.68)
Interact（交乘项）	0.074** (2.08)	0.282*** (5.71)	0.111*** (3.66)	-0.021*** (-3.55)	-0.017*** (-2.62)	-0.006* (-1.96)
Size	0.118*** (10.32)	0.121*** (10.60)	0.114*** (9.89)	0.013*** (5.70)	0.013*** (5.53)	0.016*** (4.68)
Lev	-0.496*** (-11.13)	-0.507*** (-11.35)	-0.473*** (-10.54)	-0.007 (-1.41)	-0.005 (-1.17)	-0.010* (-1.95)
Boardsize	0.008 (1.15)	0.005 (0.80)	0.006 (0.93)	0.004*** (4.66)	0.004*** (5.71)	0.004*** (5.66)
Independ	-0.014 (-0.35)	0.001 (0.02)	-0.018 (-0.45)	0.001 (0.88)	0.000 (0.43)	0.003 (0.36)
Meeting	-0.015*** (-7.94)	-0.168*** (-8.87)	-0.017*** (-8.86)	0.001*** (8.81)	0.001*** (8.84)	0.001*** (7.87)

续表

变量	Rating			DA		
	(1)	(2)	(3)	(4)	(5)	(6)
Top1	0.004***	0.004***	0.004***	0.001***	0.001***	0.001***
	(6.28)	(6.44)	(6.71)	(8.19)	(8.25)	(8.56)
Dual	0.013	0.018	0.016	0.076***	0.008***	0.005***
	(0.85)	(1.17)	(1.03)	(4.04)	(6.27)	(6.46)
Growth	0.154***	0.153***	0.153***	0.001***	0.001***	0.001***
	(7.61)	(7.55)	(7.53)	(3.66)	(3.53)	(3.68)
Constant	0.373	0.302	0.511**	-0.333***	-0.302***	-0.391***
	(1.58)	(1.24)	(2.17)	(-2.27)	(-1.25)	(-2.38)
Year	Yes	Yes	Yes	Yes	Yes	Yes
Region	Yes	Yes	Yes	Yes	Yes	Yes
Indcd	Yes	Yes	Yes	Yes	Yes	Yes
Observations	14718	14718	14718	14718	14718	14718
R^2	0.376	0.279	0.368	0.261	0.267	0.328

注：表中括号内为 t 值，经 White 异方差调整。* 表示 p<0.1，** 表示 p<0.05，*** 表示 p<0.01。

第五节　稳健性检验

一、自选择问题控制

在民营上市公司中，雇用具有从政经历或政治背景的人士进入企业担任董事、高管等职务的现象在我国较为普遍，民营企业会主动选择聘任某些人士，而这些政府官员及从政人员选择进入某一企业兼职或任职也是其自行选择的结果。因此，两者相互选择的内生性问题可能对本章主要结果产生影响。我国正处于经济转型时期，政府依旧掌握着关键资源的分配权力。政治关联可以帮助企业获得一定程度的资源优势。然而，与政府建立和维护联系，需要付出一定的成本，包括人力成本、时间成本等。所以，民营企业会根据自己的实际需要，选择是否与政府建立政治关联。由此发现，环境因素和企业自身情况会影响企业是否具有政治关联高管，此时就会产生内生性问题，使研究结果的可靠性受到影响。针对这一问题，本章参考 Chen 等（2011）的研究，建立如下的 Logit 模型，即模型（6-8），采用 PSM 倾向得分匹配法最大限度地降低由于自行选择误差带来的研究结果误差。

$$Pcm\_corp = \alpha + \beta_1 Unemployment + \beta_2 Ln\ (GDP) + \beta_3 Top1 + \beta_4 Roe + \beta_5 Size + \beta_6 Lev + \beta_7 Mage + \varepsilon \quad (6-8)$$

其中，因变量是企业是否具有政治关联高管（Pcm_corp），与前文定义一致。方程右边的变量 Unemployment 表示失业率、Ln（GDP）表示人均 GDP，这两个变量可以衡量一个地区的发展情况，相对落后的地区，如我国中西部地区企业的政治关联更普遍。第一大股东持股比例、公司规模、净资产收益率和资产负债率等也会影响企业是否选择建立政治关联。高管年龄越大，其人脉可能越广，建立政治关联的可能性也就越高。

运用 Logit 模型对模型（6-8）进行回归，得到每个企业的政治关联倾向得分（Propensity Score）。之后，根据该得分最接近原则，进行 1∶1 不重复匹配，即每一个具有政治关联高管的企业都和一个没有政治关联高管的企业匹配，共得到 4994 个观测值，2497 对。匹配后，配对样本中的倾向得分（企业有政治关联高管）的差异低于 0.01%，在统计上显著，表明配对效果良好。

以上步骤完成后，利用 PSM 配对样本对模型（6-1）再次进行回归估计，结果如表 6-9 所示。可见，企业是否具有政治关联高管（Pcm_corp）与信息披露质量的两个代理变量信息披露质量评级（Rating）和盈余管理程度（DA）的回归系数分别为 -0.324 和 0.028，t 值分别为 2.04、3.53，且分别在 5%和 1%的显著性水平上显著，得出的研究结论与上文一致，表明主回归结果稳健，即在民营企业中，聘任政治关联高管会降低企业的信息披露质量。

表 6-9　匹配样本后回归结果

变量	(1)	(2)
	Rating	DA
Pcm_corp	-0.324**	0.028***
	(2.04)	(3.53)
Size	-0.239**	0.013***
	(-2.14)	(10.35)
Lev	-5.780***	-0.006
	(-10.22)	(-1.01)
Boardsize	-0.009	0.004***
	(-0.12)	(5.84)
Independ	0.180	0.000
	(0.42)	(0.05)
Meeting	-0.065***	0.001***
	(-3.11)	(4.13)
Top1	-0.018***	0.001***
	(-2.87)	(11.81)

续表

变量	(1)	(2)
	Rating	DA
Dual	0. 186	0. 007 ***
	(1. 05)	(3. 76)
Growth	−0. 023	0. 001 ***
	(−0. 75)	(4. 10)
Constant	13. 318 ***	−0. 329 ***
	(4. 56)	(−12. 98)
Observations	4994	4944
R^2	0. 283	0. 243

注：表中括号内为 t 值，经 White 异方差调整。* 表示 p<0. 1，** 表示 p<0. 05，*** 表示 p<0. 01。

二、变量替换

企业与政府建立的政治关联程度有强弱之分，本章以省级政治关联为划分标准，将政治关联程度进行进一步的细分，高于省级政治关联和包括其在内的高管为政治关联程度相对较高的高管，其他的为政治关联程度相对较低的高管。本章构建变量 Pcm_per 表示政治关联高管程度，如果该企业有政治关联程度强的高管，则 Pcm_per 赋值为“1”，其他情况则取值为“0”。用 Pcm_per 代替模型（6-1）中的 Pcm_corp，重新对模型（6-1）进行回归，探究其与企业信息披露质量之间的关系。

替换变量进行稳健性检验的结果如表 6-10 所示。高管政治关联层级（Pcm_per）与信息披露质量代理变量“信息披露质量评级（Rating）”和盈余管理程度（DA）的系数分别为-0. 099 和 1. 028，t 值分别为-3. 46 和 4. 01，两者均在 1%的水平上显著，说明随着高管政治关联程度的增强，信息披露质量评级降低，且盈余管理活动随之增加，即在政治关联企业中，其所在企业的信息披露质量随着高管政治关联程度的增强而降低，与前文的结论并无差异，表明本章主要结论稳健。

表 6-10 高管政治关联层级与企业信息披露质量

变量	(1)	(2)
	Rating	DA
Pcm_per	−0. 099 ***	1. 028 ***
	(−3. 46)	(4. 01)
Size	−0. 139 ***	−0. 138 ***
	(−9. 58)	(−9. 61)

续表

变量	(1)	(2)
	Rating	DA
Lev	-5.620*** (-60.14)	-5.622*** (-60.36)
Boardsize	0.008 (0.70)	0.009 (0.80)
Independ	0.480*** (5.83)	0.472*** (5.72)
Meeting	-0.062*** (-16.79)	-0.062*** (-16.58)
Top1	-0.019*** (-16.15)	-0.019*** (-16.06)
Dual	0.154*** (5.42)	0.154*** (5.40)
Growth	0.001*** (6.48)	0.001*** (6.94)
Constant	10.689*** (24.88)	10.657*** (24.90)
Observations	14718	14718
R^2	0.339	0.255

注：表中括号内为 t 值，经 White 异方差调整。* 表示 $p<0.1$，** 表示 $p<0.05$，*** 表示 $p<0.01$。

第六节　本章小结

本章主要研究结论如下：

第一，民营企业政治关联高管与企业信息披露质量呈负相关。本章通过梳理现有文献，同时结合信息不对称理论、信号传递理论和资源依赖理论，提出了假设：在民营企业中，政治关联高管会降低企业的信息披露质量。实证结果也验证了假设：首先，政治关联高管的存在降低了民营企业为获得融资优势而披露高质量财务和非财务信息的需求；其次，政治关联高管的存在会弱化企业内部控制监督机制，从而使企业管理者增加盈余操纵行为，盈余质量变差，信息披露质量也就随之降低。

第二，在民营企业中，政治关联高管首先具有显著较高的薪酬激励水平，其次通过这一中介降低了信息披露质量。据前文分析，民营企业为了增强其竞争优势，会主动建立与政府的联系，以便在经营过程中获取一定的资源和竞争优势。因此，民营企业会给予政治关联高管更高的薪酬，激励政治关联高管尽职尽责，为企业创造更高的经济利益。但是，与企业业绩挂钩的薪酬水平如果设置过高，会引发高管为了追求短期利益最大化，做出一些对自身有利而损害公司和外部投资者利益的自利行为。而且，信息披露是企业高管在各种利益平衡之后做出的决策，所以部分高管为了掩盖自己的自利行为，会降低企业的信息披露质量。综上，在民营企业中，政治关联高管通过高管薪酬激励降低了企业的信息披露质量。

第三，进一步研究发现，在市场化程度高、政府干预程度低、法规制度完善的地区，民营企业中政治关联高管对企业信息披露质量的抑制作用会有所减弱。

根据以上结论，本章提出如下政策建议：

第一，对投资者的建议。一般来说，投资者对于具有政治关联高管的企业会有一种天然的好感，认为其是“好企业”。具有政治关联高管的企业，确实能够在经营过程中利用其政治背景获得一定的资源优势，但是本章通过理论分析和实证检验发现，在民营企业中政治关联高管会降低企业的信息披露质量，通过进一步研究还发现，这种抑制有部分原因是政治关联高管为了掩盖其自利行为而降低了信息披露质量水平。因此投资者在做出投资决策前，首先应该通过多种形式收集企业的资料，包括公司的股权结构、高管结构、业务结构、财务规范和依法纳税情况等，特别应关注高管结构，不是仅凭有无政治关联高管这一指标做出企业好坏的判定，更为重要的是看其高管结构是否合理等。其次应该争取机会对企业的经营、研发、生产、管理、资源等情况进行实地考察也能得到额外的信息。再次可以对公司进行竞争调查，梳理清楚该市场的竞争格局和其竞争对手情况，思考企业聘用政治关联高管是否出于不正当竞争等目的。最后可进行协会走访与政府走访，了解企业所在行业发展态势与政府实际能提供多大程度的支持。总之，只有充分地了解企业的信息，全面客观地评价目标企业，才有可能降低自身利益遭受损失的风险，获得预期收益。

第二，对企业的建议。本章研究发现，在民营企业中政治关联高管显著较高的薪酬是其降低企业信息披露质量的原因。具体来讲，民营企业为了补偿和激励政治关联高管为企业创造的经济利益，包括降低交易成本等，会给予其显著较高水平的薪酬。但是企业应当设置合理有效地与企业绩效挂钩的货币薪酬水平。（货币）薪酬太低，无法起到激励政治关联高管的作用；（货币）薪酬太高，也有可能会导致政治关联高管为了获得高薪，从而做出有损公司和投资者利益的自利行为。

如何掌握好这个“度”，并制定出合理的货币薪酬水平，民营企业需要采取行动。首先，应该理性衡量政治关联高管到底能够为企业的发展带来哪些资源与信息，而这些资源与信息是否能真正促进企业发展，使企业在激烈的竞争中获得机会，占据优势地位。在考虑政治关联高管积极作用的同时，也要深刻认识到其负面影响，盲目地追求高管的从政经历，耗费大量的时间与金钱资源，则得不偿失。其次，企业在聘任政治关联高管时，要基于构建合理高管结构的目的，做到优势互补，团队协作，高管专业背景、政治背景及工作经历的互补。再次，防患未然。企业要具备危机意识，谨防对政治关联的过度依赖，应积极引进并培养管理人才。最后，努力助力构建新型“亲”“清”的政企关系，充分重视与政府的联系与合作，让营商环境好上加好，企业也能在激荡的发展涌流中充分披露信息，向外传递公司的实际情况，获得资源，实现健康可持续发展。

第三，对政府的建议。政治关联作为一种非正式关系，能够帮助企业在经营竞争中获得一定的资源优势。例如，金融机构更倾向于为具有政治关联的企业提供资金支持，有政治关联的企业也更容易上市，在税收方面也会获得一定的优惠政策，在企业经营状况不佳时，政府也会倾向于给予其一定的政策扶持和资金帮助，获得更多的多元化资源等。因此，许多企业特别是民营企业试图通过与政府建立政治关联，而忽视自身盈利能力的提高，信息披露质量也有所降低，这不利于资本市场的有效运行，可能会造成资源的错配，从而产生严重的逆向选择问题，作为政策的制定者，政府应当制定更加规范有效的市场竞争规则，合理引导民营企业正确认识政治关联，助推政企关系“亲”“清”化，营造优良的竞争环境，使市场竞争更加公平，市场竞争机制能够更好地发挥作用。同时，认真贯彻落实《上市公司信息披露管理办法》等信息披露有关规章的执行效率和执行力度，对政治关联民营企业的信息披露违规加大处罚力度。加快形成对民营企业政治高管网络的约束机制，适当限制高管成员的政治身份，加强对政治关联企业的监督力度，由此抑制政治关联高管对企业信息披露质量的负面影响。

当然，本章也有一些局限性。本章在衡量企业的信息披露质量时，由于数据获取的有限性和时间的限制，只采用了两种方法衡量信息披露质量这一关键的被解释变量，未来的研究会采用全面的衡量方式，增加研究结论的可靠性和说服力。另外，本章对民营企业中，雇用具有政治关联高管降低企业的信息披露质量的内在机理和路径的研究并不深入，只研究了政治关联高管薪酬激励一条路径，也没有将高管薪酬细分为货币薪酬、股权激励和在职消费，为未来的学术研究提供了思路和方向。本章在理论分析和实证检验部分还有所欠缺，未来还要进一步强化理论基础的学习，打好坚实的理论基础，实证方面也不可忽视，需要继续努力。

第七章　政企关系的社会责任效应之环保投资决策

第一节　引言

经济与环境保护的协调发展，一直是国内外政治、经济领域关注的重要问题。转变发展方式、树立绿色协调发展理念势在必行。近年来，我国政府将生态文明建设提到了前所未有的历史高度。环境保护作为一个公共问题，需要利益相关者的积极参与（陈东、陈爱贞，2018）。若政府积极运用利益相关者对环境保护的不竭动力，将极大程度地提高国家环境保护的治理效率。环保投资是企业重要的财务决策，也是企业承担社会环保责任的重要一环，其涵盖了经济效益、环境效益和社会效益等诸多维度的财务决策。已有研究表明，对内而言，企业规模（Welch et al.，2002；Hussey and Eagan，2007）、财务状况、行业属性（唐国平等，2013），对外而言，政府规制（Gray and Deily，1996；原毅军、耿殿贺，2010；薛求知等，2015；王云，2017）和大众监督（王云，2017）等都会影响企业进行环保投资的决策。对于企业而言，其进行环保投资有一定的原始动机，这种动机一方面表现在对合规性压力的屈服（Gray and Deily，1996；原毅军、耿殿贺，2010），另一方面表现在通过环保投资这种社会责任的履行而获得竞争优势（Porter and Kramer，2011）。然而，在我国特定的制度背景之下，政府对企业行为也具有重要影响。那么，政企关联是如何影响企业进行环保投资决策、履行环保责任的？通过聘任董事和高管建立的政治联系对企业环保投资是否有不同影响？这些都是值得探讨的重要问题，但截至目前，探究这些问题的研究还比较缺乏。

基于以上现实和理论背景，本章选取了 2010~2017 年 A 股上市公司为样本，手工摘录和整理上市公司环境报告书、可持续发展报告、社会责任报告和年度报告的环保投资数据，研究了企业政治关联对环保投资决策的影响。具体而言，探索了以下问题：第一，政治关联对环保投资是促进还是抑制作用；第二，高管政治关联和董事政治关联对环保投资的效应是否存在差异。

第二节　理论分析与假设演绎

一、企业政治关联与环保投资

“十三五”规划提出了“创新、协调、绿色、开放、共享”五大发展理念，凸显出国家保护环境的决心。环保责任是企业社会责任的重要组成部分。根据社会责任研究中的战略选择理论，企业履行社会责任是其长期战略选择的一部分，因为履行社会责任能够带来竞争优势、声誉和战略性收益（Porter and Kramer，2011；Martin and Moser，2016）。虽然环保投入会增加企业成本，但对污染治理方面的技术创新能够抵消环保投资成本，从而实现盈利与环保的双赢（Porter and Van der Linde，1995）。但是环保投资效益需要较长时间才能实现，短期内，在资源约束特别是在融资和现金流约束下，企业对环保责任的投资会挤占投资于其他项目的资金流，从而影响企业盈利。企业经营的最终目的是获得显著的经济回报和在一定程度上规避风险，企业进行环保投资会致使生产管理成本上升，对企业短期财务业绩产生不良影响，因此企业需要获取发展资源以减轻环保投资带来的财务成本压力。环境责任是具有典型外部性的公共产品，企业进行环保投资的主要受益群体并非企业本身，而是社会主体。但是，环境问题的日益严重在长期内会阻碍宏观经济运行，从而使微观经济主体也无法享受长期的经济红利。外部性理论表明，环境污染的负外部效应导致企业成本和社会成本发生偏差，使市场资源配置无法达到帕累托最优（Pigou，1920）。近期关注空气污染的研究也证明，环境污染（如雾霾）会显著降低中国经济发展质量，且随着时间流逝，这种负的外部性会越来越强（陈诗一、陈登科，2018）。从初级阶段来说，环保投资的演变趋势是一种经济现象，而从根源上来讨论，环保投资是由经济发展、人口增长、环境保护需求、技术水平等多种因素决定的。具体而言，在环境—经济—社会大系统中，受经济、社会条件的制约，一个国家在一定时期内的环保投资规模与环境问题以及既定环境目标之间保持着一种动态平衡（颉茂华等，2010）。因此，企业履行环保责任需要外部监管和约束。政府作为外部环境的主要监管者，通过法律法规规范企业环保责任的履行，如资源开发、污染治理和环境保护行为。对合规性压力的屈从是企业进行环保投资的原始动因之一（Gray and Deily，1996；原毅军、耿殿贺，2010）。政府环境规制的强度越大，企业环保投资越多（薛求知、伊晟，2015；王云等，2017）；污染行业因受到政府和社会较高的关注度，面临处罚风险更大，较非污染行业倾向于进行更多的环保投资（唐国平等，2013）。

我国经济运行的重要特点之一是政府干预程度较强（Shleifer and Vishny，1994，1997，1998；余明桂等，2008；潘红波等，2011）。《国家环境保护“十二五”规划》明确将环境保护纳入地方各级人民政府政绩考核，并实行环境保护的一票否决制。地方各级官员的任用、考核和晋升与环境保护密切相连。因此，地方官员出于政治晋升的需求有动机督促当地企业做好环保工程，向企业施加外部压力，迫使企业积极进行污染治理等环保行为（马文超、唐永军，2018），这种效应在具有政治关联，或聘有具有政府背景或公职经历的高管或董事的企业中更为显著（张琦等，2019）。这表明从政府强制、企业被动履职角度，政治关联会促使企业进行环保投资。另外，从企业本身来看，政治关联作为重要的非正式制度，为企业带来了诸多“资源效应”，政治关联被视为一种有效的非正式环境规制通道。新制度经济学认为，制度由正式制度和非正式制度组成，在转轨期，由于市场机制并不完善，政府手里掌握较多资源，从而能对市场主体施加较大的影响力，企业通过政治关联可以在一定程度上弥补正规制度的不足，在合法合规的基础上为企业争取相关政策扶持或者政策优惠，对企业进行资源供给（陈东、陈爱贞，2018）。当地企业的环保投资数额在较大程度上会受到企业的融资约束，往往出于企业自身缺乏稳定的现金流和存在着难以从银行取得信贷额度的原因，致使企业缺乏资金，无法按质按量完成企业的环保投资目标，承担其应尽的环保责任。丰富的研究表明，相对充沛的资金支持是开展项目投资和创新活动的前提之一（王红建等，2016）。当企业内部资金有限时，环保投资的负外部性对其他更具有价值的投资项目具有挤出作用，如果存在明显的融资约束，企业为防范资金短缺的预防性动机需要，会审慎地留存、管理现金，以备未来投资项目之需。政治关联企业面临着更少的融资约束（Johnson and Mitton，2003；Claessens et al.，2008；Fan et al.，2008；余明桂、潘红波，2008；连军等，2011）、更易获得政府补助（Faccio，2006；余明桂等，2010；陈冬华，2003），较弱的融资约束和政府补贴优势使政治关联企业现金流较为充裕，因而在财务上能够保证其进行环保投资。所以，政治关联企业也具备主动进行环保投资的条件。

除此之外，当民营企业出资人或实控人或高管具有政治背景或政治身份时，企业一旦出现重大环境污染问题，就会成为社会敏感话题，由此带来负面影响，形成不良的社会舆论危机。此时，为树立良好的政治和商业形象，相关企业可能会积极加强环保投资方面的财务支出（范子英、田彬彬，2016）。总体而言，当地在一定时期内的环保投资水平应与其经济发展相适应。环保投资总量及其占地区生产总值的比例，会随着地区经济发展和环境标准提高而增长，而地区生产总值往往也是地方政府衡量其官员的主要指标之一。综上所述，政治关联企业可以通过政治关联获得寻常企业根本无法获得的隐形资源，还会促使企业主动地履行社会责任，重视环境保护投资，政府官员积极主动为企业出谋划策，共同构造良好的可持续化营商环境，最终有助于企业提高产业竞争力。

基于以上分析，本章提出第一个待验证的假设：

H1a：企业政治关联对环保投资具有促进作用。

然而，与上述预期相反，也存在另外一种逻辑。有学者的研究表明，政治关联会导致公司过度投资、冗员、人力资源成本上升、降低企业创新能力等负面效果（Faccio，2006；Fan et al.，2014；梁莱歆、冯延超，2010；张敏等，2010；袁建国等，2015）。根据政府干预相关理论研究，政府有动机利用自身的权力对受其管辖的企业经营活动进行干涉，影响市场自由竞争，这种干涉企业经营活动的行为在很大程度上会使一小部分企业获得超额收益。正因如此，一些企业渴望试图通过各种方法与政府之间建立密切联系，以此期待获得本不属于自己的超额收益资源。有学者认为，在政府干预较强的国家和地区，政府拥有对稀有资源进行自由分配的权力，因此一些企业愿意付出一定的物质资源或者人力资源等去获得政府部门能够自由分配的资源，而政府部门则得到了与之对应的经济利益。正因如此，政治和企业会因为利益联盟的存在，变成越来越紧密的结合体。但是，寻租活动极有可能不利于其他企业的正常生产经营活动，这在一定程度上会对高效生产方式的发展产生不利影响，企业经济管理能力或许会随之下降，或许会造成经济资源的极大浪费，使有着高效生产方式、高效生产力的企业得不到大力支持，形成不正常的市场竞争局面，严重情况下可能会产生市场垄断（姚瑶，2018）。因此，预期政治关联可能对企业环保投资也存在负面影响，此预期的理论逻辑如下：

首先，基于烙印理论（Imprinting Theory），政治关联企业由于其所聘的政治关联高管、董事身上的烙印，使其在管理企业过程中更注重政企关系的维系。

其次，制度经济学和公司治理相关理论表明，一国或地区的现存体系和外部环境等因素会影响公司治理的路径选择（刘汉民、康丽群，2013）。某种路径的收益越高，主体越可能选择相应路径，并长期维系，形成路径依赖。政治关联企业与地方政府长期的互惠行为使其享受到各种资源和便利，从而形成对关系建设这条路径的依赖。地方政府对政绩的期望使这些企业也会着眼于投资回报期短的项目。环保投资的回报期较长，很可能在现任官员任期内无法显现，因此在资源约束下，这些企业会选择更为现实的短期目标，放弃长期、对社会和环境有益的目标，从而减少环保投资。

基于以上分析，我们提出 H1a 的竞争性假设：

H1b：企业政治关联对环保投资具有抑制作用。

二、高管型/董事型政治关联与环保投资

基于信息不对称理论和委托代理理论，由于企业发展过程中逐渐产生经营权和所有权相分离，股东们拥有的是公司的所有权，大部分股东不需要其参与到企业的日常管理

之中，管理层则负责公司的日常生产经营，在这样的背景之下，可能出现对公司失去控制的经营风险，同时股东无法直接观测管理者行为和能力，只能采取根据管理者过去和当期绩效的策略，支付管理者与其业绩相匹配的薪酬，因此管理者可能为了一己私利，有动机因为“短视主义”，试图通过提高短期绩效，较早地表现自己的能力来获取高额薪酬。环保投资这种较长投资周期、较慢投资回报的投资项目，则会带来短期业绩下降和投资风险激增，从根本上促使高管放弃或者暂缓环保投资项目这一长期投资行为。高管和董事在公司治理结构中的角色不同，高管主要是执行董事会决策，并且直接参与公司经营，享有信息优势；Bennedsen 等（2020）研究表明，高管在公司盈利、投资等方面具有重要影响。董事则是董事会的组成部分，董事会的主要功能是监督和咨询。企业可以通过聘任有政治背景的高管或董事来建立政治关联。以往文献也提及，高管政治关联和董事政治关联的不同（唐雪松、林雁，2016；Tang et al.，2016）。当董事和高管都具有政治关联时，谁更能影响环保投资决策时？首先，高管作为公司治理的核心成员，在战略选择、经营决策等各方面发挥着重要作用。政治关联的高管既具有普通高管对事务决策、执行的职能，又具有政治关系网络的属性，深刻影响着企业的发展。董事接受股东大会的委托，为公司提供监督、咨询（Hillman and Daziel，2003），《公司法》中也明确了由董事会决定公司投资方案，企业的环保投资便与董事密不可分。然而企业聘任具有政治背景的董事来建立政治联系，其主要目的在于提高声誉或增加经济利益（唐雪松、林雁，2016），并非最优化决策。已有研究表明，政治关联的董事能够助力企业进入高壁垒行业（罗党论等，2005）、降低融资成本（Houston et al.，2014）。环保投资包括费用化支出和资本化支出。其中，费用化支出包括环保设施的运营费用、环境税费、污染治理等，这些通常根据生产经营情况而决定，在企业高管的决策权限内。资本化支出包括环保技术的研发、环保设施的投入及改造支出等（唐国平等，2013），根据公司章程中对高管和董事会的投资权限进行划分，在股东大会的投资计划内，低于一定限额的环保投资方案由高管决定，高于一定限额的环保投资方案由高管报董事会审议批准（柳建华等，2015）。此外，董事会作为会议体机构（李哲松，2000），只有董事会召开时才能行使决策权，而每年会议召开的次数和时间有限，独立董事有可能因为分身乏术而无暇参会（马连福、石晓飞，2014；Byrne，1996），这将影响决策和监督功能的行使。因此，政治关联高管的决策与执行双重职能，较政治关联董事的监督、咨询及决策由高管上报的投资方案而言，对环保投资的影响更为显著。基于以上分析并延续 H1 的逻辑，我们提出以下两个竞争性假设：

H2a：高管型政治关联比董事型政治关联对企业环保投资的促进作用更强。

H2b：高管型政治关联比董事型政治关联对企业环保投资的抑制作用更强。

第三节 研究设计

一、样本选择与数据来源

本章选取2010~2017年披露环保数据的A股上市公司作为研究样本。在2010年出台的《上市公司环境信息披露指南》（征求意见稿）中，要求16类重污染行业上市公司发布年度环境报告，因此我们的样本从2010年开始，而本章开始进行研究是在2018年，故样本区间到2017年为止。

本章数据包括：①企业环保投资原始数据由我们手工整理和摘录上市公司披露的环境报告书、可持续发展报告、社会责任报告和年度报告而得；②政府环境规制的数据来自《中国环境年鉴》；③企业政治关联信息由笔者根据CSMA数据库中高管简历筛选而得；④财务数据、公司治理相关数据来自CSMAR数据库。本章数据处理过程如下：①剔除ST样本与金融行业样本；②剔除财务数据、公司治理数据缺失的样本，得到910个样本。为消除极端值影响，本章对所有连续变量上下1%的极端值样本采用Winsorize处理。

二、模型设定与变量定义

（一）H1的检验模型

$$Envirp_{i,t}=\alpha+\beta_0 Pc_{i,t}+\beta_1\sum Controls_{i,t}+\varepsilon_{i,t} \tag{7-1}$$

模型（7-1）中涉及的变量：

1. 被解释变量：环保投资（Envirp）

我们摘录和整理上市公司环境报告书、可持续发展报告、社会责任报告和年度报告披露的环保投资额（万元）加“1”取自然对数作为企业环保投资变量（Envirp）。环保投资包括了资本化支出和费用化支出，具体包括环保设施的投入及改造支出、环保技术的研发、环保设施的运营费用、环境税费、污染治理等。

2. 解释变量：政治关联相关指标（Pc）

Pc为企业政治关联情况，以政治关联高管比例Mpc_rat和政治关联等级Mpc_level分别衡量企业政治关联的相对比例和级别。Mpc_rat以年度样本公司政治关联高管人数除以当年该公司所有高管人数得到；Mpc_level以当年政治关联高管的最高等级作为公司政治关联的级别。

3. 控制变量（Controls）

本章选择公司规模（Size）、资产负债率（Lev）、净资产收益率（Roe）、第一大股东持股比例（Top1）、公司成长性（Growth）、自由现金流（Fcf）、独立董事比例（Outrat）、董事会规模（Boardsize）、产权性质（Soe）等作为控制变量，同时控制了行业（Ind）与年度（Year）效应。主要变量定义如表7-1所示。

表7-1 主要变量定义

变量符号	变量描述	变量说明
Envirp	环保投入	以企业环境报告书、可持续发展报告、社会责任报告和年度报告披露的当年环保投资额加“1”取自然对数得到
Mpc_rat	公司高管政治关联比例（%）	具有政治关联高管人数/高管总人数
Bpc_rat	公司董事政治关联比例（%）	具有政治关联董事人数/董事总人数
Mpc_level	公司高管政治关联等级	根据高管政治关联的最高级别确认高管政治关联等级，国家级取3，省部级取2，厅级市级及其他取1，无则取0
Bpc_level	公司董事政治关联等级	根据董事政治关联的最高级别确认董事政治关联等级，国家级取3，省部级取2，厅级市级及其他取1，无则取0
Pc_dummy	公司是否具有政治关联	公司高管具有政治关联取1；否则取0
Size	公司规模	期末总资产自然对数
Lev	资产负债率（%）	期末总负债/期末总资产
Roe	净资产收益率（%）	当期净利润/期末净资产
Growth	公司成长性（%）	（当期营业总收入-上期营业总收入）/上期营业总收入
Fcf	自由现金流（%）	经营活动产生的现金流量净额/期末总资产
Top1	第一大股东持股比例（%）	第一大股东持股比例
Outrat	独立董事比例（%）	公司当年独立董事人数/当年董事总人数
Boardsize	董事会规模	公司当年董事会总人数
Soe	产权性质	根据CSMAR数据库中“上市公司实际控制人”整理，公司的实际控制人为个人、集体所有、外资企业和其他非政府社会法人等，为民企，取0；实际控制人为各级政府、国有资产监督管理委员会，为国企，取1

资料来源：笔者整理得到。

（二）H2的检验模型

$$\text{Envirp}_{i,t}=\alpha+\beta_0\text{Mpc}_{i,t}+\beta_1\text{Bpc}_{i,t}+\beta_2\sum\text{Controls}_{i,t}+\varepsilon_{i,t} \qquad (7-2)$$

模型（7-2）中，Mpc为高管政治关联情况，以政治关联高管比例Mpc_rat和政治关联高管等级Mpc_level分别衡量高管政治关联的相对比例和级别；Bpc为董事政治关联情况，以政治关联董事比例Bpc_rat和政治关联董事等级Bpc_level分别衡量董事政治关联的相对比例和级别。控制变量与模型（7-1）一致。

三、主要变量描述性统计

表7-2报告了主要变量的描述性统计结果。由表7-2中数据可知，样本企业的环

保投资（Envirp）、企业规模（Size）、资产负债率（Lev）、净资产收益率（Roe）、自由现金流（Fcf）、第一大股东持股比例（Top1）均值与中位数接近，说明就基本特征而言，该样本趋于正态分布。被解释变量企业的环保投资（Envirp）的均值为 8.008，25 分位数为 6.649，95 分位数为 11.25，表明企业作为社会主义市场经济的重要组成部分，积极承担社会责任重视环保投资是每个企业义不容辞的义务。不同企业的环保投资情况相差较大，则表明探究企业环保投资的影响因素不仅具有迫切的现实意义还具有重大的理论意义。在公布环保投资数据的企业中，政治关联高管的比例（Mpc_rat）的中位数为 0，95 分位数为 25，而政治关联董事的比例（Bpc_rat）的中位数为 11.11，95 分位数为 55.56，表明 50%的企业其高管不具有政治关联，而超过 50%的企业其董事具有政治关联。且政治关联高管的比例（Mpc_rat）的均值为 4.236，政治关联董事的比例（Bpc_rat）的均值为 18.17，说明企业中董事政治关联现象相较高管政治关联现象更为普遍。政治关联高管的等级（Mpc_level）的均值为 0.446，中位数为 0，25 分位数为 0，95 分位数为 3。政治关联董事的等级（Bpc_level）的均值为 1.419，中位数为 1，25 分位数为 0，95 分位数为 3，则说明政治关联董事的等级较政治关联高管更高。

表 7-2　主要变量描述性统计

变量	样本量	均值	中位数	标准差	25 分位数	95 分位数
Envirp	910	8.008	8.11	1.982	6.649	11.25
Mpc_rat	910	4.236	0	9.316	0	25
Bpc_rat	910	18.17	11.11	19.79	0	55.56
Mpc_level	910	0.446	0	0.946	0	3
Bpc_level	910	1.419	1	1.332	0	3
Size	910	13.96	13.83	1.576	12.8	16.88
Lev	910	49.21	50.4	18.86	35.45	79.03
Roe	910	6.974	7.2	10.98	2.818	21.92
Growth	910	13.4	8.53	30.07	-0.456	56.31
Fcf	910	5.818	5.687	6.527	2.148	16.78
Top1	910	39.73	39.81	16.6	27.95	68.89
Outrat	910	37.45	33.33	6.174	33.33	50
Boardsize	910	9.305	9	2.102	8	14
Soe	910	0.597	1	0.491	0	1

资料来源：笔者运用 Stata 计算整理得到。

表 7-3 中数据表明，各变量间的相关系数较高符合预期。从 Spearman 检验结果来看，企业的环保投资（Envirp）与政治关联高管的比例（Mpc_rat）的相关系数为-0.0573，

表 7-3 主要变量 Pearson 和 Spearman 相关系数矩阵

	Envirp	Mpc_rat	Bpc_rat	Mpc_level	Bpc_level	Size	Lev	Roe	Growth	Fcf	Top1	Outrat	Boardsize	Soe
Envirp	1	-0.0573*	-0.0077	-0.0403	-0.0089	0.5605***	0.2624***	0.0183	0.0178	0.1643***	0.1813***	0.0555*	0.1326***	0.1572***
Mpc_rat	-0.096***	1	0.5365***	0.9879***	0.4486***	0.1312***	-0.0198	0.0903***	-0.0369	0.0427	0.0203	0.0513	-0.0074	0.0061
Bpc_rat	0.015	0.539***	1	0.5331***	0.8684***	0.1382***	0.1208***	-0.0362	-0.1653***	0.0118	0.1226***	0.0321	0.0712**	0.1715***
Mpc_level	-0.033	0.848***	0.535***	1	0.4539***	0.1573***	-0.0138	0.0915***	-0.0312	0.0484	0.0353	0.0547*	0.0106	0.0267
Bpc_level	0.004	0.397***	0.758***	0.435***	1	0.0983***	0.1070***	-0.0633*	-0.1927***	0.0018	0.1063***	-0.0525	0.1746***	0.1641***
Size	0.517***	0.122***	0.202***	0.223***	0.123***	1	0.4756***	0.0605*	0.0185	0.0901***	0.2931***	0.1206***	0.2554***	0.2405***
Lev	0.254***	-0.028	0.094***	0	0.096***	0.453***	1	-0.2377***	-0.067**	-0.2086***	0.1484***	0.0415	0.0949***	0.2284***
Roe	0.017	0.072**	-0.007	0.086***	-0.064*	0.064*	-0.278***	1	0.3069***	0.3377***	-0.006	0.0172	-0.063*	-0.2290***
Growth	0.019	-0.024	-0.117***	0.007	-0.138***	-0.003	-0.046	0.251***	1	0.0159	-0.0946***	0.0285	-0.0421	-0.1236***
Fcf	0.182***	0.024	0.031	0.058*	0.02	0.113***	-0.208***	0.332***	-0.016	1	0.1179***	-0.0278	-0.0051	0.0181
Top1	0.205***	0.014	0.143***	0.070**	0.107***	0.350***	0.137***	-0.04	-0.078**	0.119***	1	0.0814**	-0.014	0.2421***
Outrat	0.047	0.107***	0.118***	0.093***	-0.012	0.189***	0.080**	0.054	0.021	-0.053	0.115***	1	-0.3651***	0.0298
Boardsize	0.116***	-0.005	0.033	0.088***	0.179***	0.227***	0.083**	-0.018	-0.027	0.002	0.01	-0.362***	1	0.2206***
Soe	0.174***	0.01	0.145***	0.061*	0.158***	0.243***	0.223***	-0.179***	-0.113***	-0.002	0.233***	0.015	0.243***	1

注：右上角为 Spearman 相关系数矩阵，左下角为 Pearson 相关系数矩阵。* 表示 $p<0.1$，** 表示 $p<0.05$，*** 表示 $p<0.01$。

资料来源：笔者运用 Stata 计算整理得到。

并且在10%的显著性水平上显著为负。从 Pearson 检验结果来看，企业的环保投资（Envirp）与政治关联高管的比例（Mpc_rat）的相关系数为-0.096，在1%的显著性水平上显著为负。这表明政治关联高管的比例越高，企业的环保投资越少，证实企业政治关联对环保投资具有抑制作用。初步验证了本章的假设，政治关联企业会更倾向于满足当下更为现实的短期经营目标，而对于投入和回报周期较长的环保投资重视程度较小且分配资源较少。此外，政治关联高管的比例（Mpc_rat）、政治关联高管的等级（Mpc_level）、政治关联董事的比例（Bpc_rat）、政治关联董事的等级（Bpc_level）是用来衡量政治关联的四个代理变量，除此之外，表中其他变量之间的相关系数大多都在0.5以下，说明不存在严重的共线性问题，在进行回归时基本不会受到共线性的影响。

第四节　实证结果

一、企业政治关联与环保投资的假设检验

表7-4报告了运用模型（7-1）对H1的检验结果，回归方程的拟合度 R^2 均达到0.2以上，说明该模型能够很好地拟合实际情况，具有良好的解释能力。如（1）列和（2）列所示，未控制行业和年度时，政治关联高管的比例（Mpc_rat）对环保投资（Envirp）的回归系数为-0.0325，在1%的显著性水平下为负，控制行业和年度后回归系数为-0.0280，仍在1%的显著性水平下显著，表明无论是否控制行业和年度，政治关联高管的比例与环保投资呈显著负相关关系，即政治关联高管的比例越高，企业的环保投资越少。如（3）列和（4）列所示，未控制行业和年度时，政治关联高管的等级（Mpc_level）对环保投资（Envirp）的回归系数为-0.3189，在1%的显著性水平下为负，控制行业和年度后回归系数为-0.3098，仍在1%的显著性水平下显著，表明无论是否控制行业和年度，政治关联高管的等级与环保投资均呈显著负相关关系，即政治关联高管的等级越高，企业的环保投资越少。回归结果证实企业环保投资决策确实受到企业政治关联的影响，且企业政治关联对环保投资具有明显的抑制作用，支持H1。这与袁建国等（2015）研究政治关联的“诅咒效应”结果类似，由于政治关联企业所聘的政治关联高管、董事身上的烙印且违规成本比环保投入成本更低，因此这些企业会更倾向于选择更为现实的短期目标，而放弃长期、对社会和环境有益的目标，从而减少环保投资。在控制变量方面，企业规模（Size）与环保投资（Envirp）在1%的显著性水平下呈正相关，表明企业规模越大，环保投资越多，根据企业社会责任理论，企业的规模越大则越有动机和能力保持较高水平的环保投资。这与 Hayami（1984）、Welch 等（2002）、Hussey 和 Eagan（2007）、王云等（2017）的研究结论一致。自由现金流（Fcf）与环保投资（Envirp）在1%的显著性水平

下呈正相关，表明企业的自由现金流越大，企业环保投资越多，说明企业在现金流充足时，在财务上能够保证进行环保投资，因此更愿意主动承担社会责任，更注重社会形象的建设和维护，以求树立良好的企业形象，从而会积极地进行环保投资。这与 Richardson（2006）、程仲鸣等（2008）、钟海燕等（2010）、徐业坤等（2013）的研究结论一致。

表 7-4 企业政治关联与环保投资的回归结果（H1 的实证检验结果）

	(1)	(2)	(3)	(4)
	Envirp	Envirp	Envirp	Envirp
Mpc_rat	-0.0325*** (-5.44)	-0.0280*** (-4.55)		
Mpc_level			-0.3189*** (-5.32)	-0.3098*** (-5.01)
Size	0.6345*** (13.84)	0.7621*** (15.65)	0.6489*** (14.01)	0.7856*** (15.93)
Lev	0.0037 (1.03)	0.0079** (2.16)	0.0034 (0.96)	0.0079** (2.18)
Roe	-0.0078 (-1.34)	-0.0088 (-1.54)	-0.0079 (-1.37)	-0.0086 (-1.51)
Growth	0.0024 (1.28)	0.0009 (0.49)	0.0028 (1.48)	0.0013 (0.69)
Fcf	0.0451*** (4.87)	0.0339*** (3.75)	0.0462*** (4.98)	0.0345*** (3.83)
Top1	0.0003 (0.08)	0.0038 (1.06)	0.0008 (0.22)	0.0043 (1.21)
Outrat	-0.0114 (-1.13)	0.0002 (0.02)	-0.0116 (-1.15)	0.0015 (0.15)
Boardsize	-0.0248 (-0.82)	-0.0387 (-1.31)	-0.0144 (-0.47)	-0.0307 (-1.04)
Soe	0.193 (1.58)	0.1578 (1.32)	0.2024* (1.66)	0.1575 (1.33)
_Cons	-0.6026 (-0.97)	-2.1195 (-1.22)	-0.9139 (-1.45)	-2.5609 (-1.48)
Ind/Year	No	Yes	No	Yes
N	910	910	910	910
Adj. R^2	0.308	0.383	0.307	0.386

注：* 表示 p<0.1，** 表示 p<0.05，*** 表示 p<0.01，括号内为 t 值，经 White 异方差调整。
资料来源：笔者运用 Stata 计算整理得到。

二、政治关联高管、政治关联董事与环保投资

表 7-5 报告了 H2 的实证检验结果。我们首先将政治关联董事的比例（Bpc_rat）和政治关联董事的等级（Bpc_level）代入模型（7-1）中，结果如（1）列和（4）列所示，政治关联董事的比例（Bpc_rat）的回归系数为-0.0086，在 5%的显著性水平下显著；政治关联董事的等级（Bpc_level）的回归系数为-0.1076，在 10%的显著性水平下显著。表明政治关联董事的比例越高，政治关联董事的等级越高，企业环保投资越少。再将政治关联高管的代理变量政治关联高管的比例（Mpc_rat）和政治关联高管的等级（Mpc_level）代入模型（7-1）中，结果如（2）列和（5）列所示，政治关联高管的比例（Mpc_rat）的回归系数为-0.0280，在 1%的显著性水平下显著；政治关联高管的等级（Mpc_level）的回归系数为-0.3098，在 1%的显著性水平下显著。表明政治关联高管的比例和等级与环保投资也具有较强的负相关性。将政治关联董事的比例（Bpc_rat）、政治关联高管的比例（Mpc_rat）以及政治关联董事的等级（Bpc_level）、政治关联高管的等级（Mpc_level）代入模型（7-2）中，（3）列中，政治关联高管的比例（Mpc_rat）与环保投资（Envirp）在 1%的显著性水平下为-0.0270，而政治关联董事的比例（Bpc_rat）的回归系数为-0.0014，说明政治关联董事的比例与企业环保投资之间不再具备显著的相关性。（6）列中，政治关联高管的等级（Mpc_level）与环保投资（Envirp）在 1%的显著性水平下为-0.3021，而政治关联董事的等级（Bpc_level）的回归系数为-0.0265，则说明政治关联董事的等级与企业环保投资之间也不再具备显著的相关性。以上结果表明，其他条件一致，相较于政治关联董事而言，政治关联高管对环保投资的抑制作用更强，负面影响更大，从而支持 H2。政治关联高管不仅掌握着企业生存发展所需要的关键资源，同时还在战略选择、经营决策等各方面发挥着重要作用，对企业经营决策拥有更多的干预引导能力，并对企业产生直接的后果。因此，政治关联高管对环保投资的抑制作用要大于政治关联董事。

表 7-5 政治关联高管、政治关联董事与环保投资的回归结果（H2 的实证检验结果）

	(1)	(2)	(3)	(4)	(5)	(6)
	Envirp	Envirp	Envirp	Envirp	Envirp	Envirp
Bpc_rat	-0.0086**		-0.0014			
	(-2.30)		(-0.34)			
Mpc_rat		-0.0280***	-0.0270***			
		(-4.55)	(-3.92)			
Bpc_level				-0.1076*		-0.0265
				(-1.79)		(-0.43)
Mpc_level					-0.3098***	-0.3021***
					(-5.01)	(-4.69)

续表

	(1)	(2)	(3)	(4)	(5)	(6)
	Envirp	Envirp	Envirp	Envirp	Envirp	Envirp
Size	0.7542***	0.7621***	0.7646***	0.7405***	0.7856***	0.7863***
	(15.20)	(15.65)	(15.52)	(15.13)	(15.93)	(15.93)
Lev	0.0089**	0.0079**	0.0078**	0.0093**	0.0079**	0.0078**
	(2.42)	(2.16)	(2.14)	(2.54)	(2.18)	(2.15)
Roe	-0.0099*	-0.0088	-0.0089	-0.0102*	-0.0086	-0.0087
	(-1.72)	(-1.54)	(-1.55)	(-1.77)	(-1.51)	(-1.53)
Growth	0.0006	0.0009	0.0009	0.0006	0.0013	0.0013
	(0.29)	(0.49)	(0.47)	(0.32)	(0.69)	(0.67)
Fcf	0.0351***	0.0339***	0.0340***	0.0350***	0.0345***	0.0346***
	(3.86)	(3.75)	(3.76)	(3.83)	(3.83)	(3.84)
Top1	0.0046	0.0038	0.0038	0.0048	0.0043	0.0043
	(1.29)	(1.06)	(1.06)	(1.34)	(1.21)	(1.21)
Outrat	0.0007	0.0002	0.0004	-0.0004	0.0015	0.0016
	(0.07)	(0.02)	(0.04)	(-0.04)	(0.15)	(0.16)
Boardsize	-0.0405	-0.0387	-0.0395	-0.0299	-0.0307	-0.0298
	(-1.35)	(-1.31)	(-1.33)	(-1.00)	(-1.04)	(-1.01)
Soe	0.1745	0.1578	0.1589	0.1678	0.1575	0.1572
	(1.45)	(1.32)	(1.33)	(1.39)	(1.33)	(1.32)
_Cons	-2.0139	-2.1195	-2.1088	-1.9257	-2.5609	-2.5135
	(-1.15)	(-1.22)	(-1.21)	(-1.10)	(-1.48)	(-1.44)
Ind/Year	Yes	Yes	Yes	Yes	Yes	Yes
N	910	910	910	910	910	910
Adj. R^2	0.373	0.383	0.383	0.371	0.386	0.386

注：* 表示 $p<0.1$，** 表示 $p<0.05$，*** 表示 $p<0.01$，括号内为 t 值，经 White 异方差调整。
资料来源：笔者运用 Stata 计算整理得到。

第五节　稳健性检验

一、变量替换

为对 H1 的结果进行稳健性检验，本章首先将企业政治关联的代理变量政治关联高管的比例（Mpc_rat）、政治关联高管的等级（Mpc_level），替换为政治关联高管人数（Mpc_num）、是否具有政治关联高管的虚拟变量（Pc_dummy），然后依次将两个变量代入模型（7-1）重新进行回归。（1）列为政治关联高管人数与环保投资的回归结果，回归结果显示政治关联高管人数（Mpc_num）的系数为-0.3565，在1%的显著性水平上显著为负；（2）列为政治关联高管的虚拟变量与环保投资的回归结果，回归结果显示政治关联高管的虚拟变量（Pc_dummy）的系数为-0.6294，仍在1%的显著性水平上显著为负。其次将被解释变量环保投资的对数（Envirp）替换为环保投资占期初资产的比例（Envirp1）、环保投资占当期营业收入的比例（Envirp2）代入模型（7-1）重新回归后，结果如表7-6中（3）列至（6）列所示。（3）列为政治关联高管的比例与环保投资占期初资产的比例的回归结果，回归结果显示政治关联高管的比例（Mpc_rat）的系数为-0.0221，在1%的显著性水平上显著为负；（4）列为政治关联高管的等级与环保投资占期初资产的比例的回归结果，回归结果显示政治关联高管的等级（Mpc_level）的系数为-0.2358，在1%的显著性水平上显著为负；（5）列和（6）列分别为政治关联高管的比例和政治关联高管的等级与环保投资占当期营业收入的比例的回归结果，结果显示政治关联高管的比例（Mpc_rat）的系数为-0.0289，政治关联高管的等级（Mpc_level）的系数为-0.3265，回归系数均在1%的显著性水平下为负。最后同时替换解释变量与被解释变量，如（7）列至（10）列所示。政治关联高管人数与环保投资占期初资产的比例的回归系数为-0.2570，政治关联高管的虚拟变量与环保投资占期初资产的比例的回归系数为-0.6142，政治关联高管人数与环保投资占当期营业收入的比例的回归系数为-0.3524，政治关联高管的虚拟变量与环保投资占当期营业收入的比例的回归系数为-0.8508，即政治关联的相关替代变量均在1%的显著性水平下为负，与上文结论一致。因此，支持H1的结论稳健。

二、Probit估计方法

为了使回归结果更加稳健，我们构建模型（7-3），采用Probit回归进行检验。

$$En\_dummy_{i,t}=\alpha+\beta_0 Pc_{i,t}+\beta_1\sum controls_{i,t}+\varepsilon_{i,t} \tag{7-3}$$

模型（7-3）中，En_dummy为是否在上市公司的环境报告书、可持续发展报告、社会责任报告或年报中披露环保投资的数据，披露取“1”，否则取“0”。如表7-7所示，Mpc_rat与En_dummy的回归系数为-0.0131，Mpc_level与En_dummy的回归系数为-0.1077，回归结果均在1%的显著性水平下为负。因此，本章的结论具有稳健性。

三、内生性问题

（一）互为因果

为消除互为因果关系对结论的影响，本章构建模型（7-4）进行检验：

$$Envirp_{i,t}=\alpha+\beta_0 Pc_{i,t-n}+\beta_1\sum controls_{i,t-n}+\varepsilon_{i,t} \tag{7-4}$$

表 7-6 稳健性检验结果——变量替换

	自变量替换		因变量替换				自变量、因变量同时替换			
	(1)	(2)	(3)	(4)	(5)	(6)	(7)	(8)	(9)	(10)
	Envirp	Envirp	Envirp1	Envirp1	Envirp2	Envirp2	Envirp1	Envirp1	Envirp2	Envirp2
Mpc_num	-0. 3565***						-0. 2570***		-0. 3524***	
	(-4. 71)						(-2. 73)		(-2. 88)	
Pc_dummy		-0. 6294***						-0. 6142***		-0. 8508***
		(-4. 42)						(-3. 49)		(-3. 71)
Mpc_rat			-0. 0221***		-0. 0289***					
			(-2. 89)		(-2. 91)					
Mpc_level				-0. 2358***		-0. 3265***				
				(-3. 08)		(-3. 27)				
Size	0. 7834***	0. 7756***	-0. 1446**	-0. 1275**	-0. 0993	-0. 0739	-0. 1313**	-0. 1258**	-0. 0796	-0. 0715
	(15. 85)	(15. 74)	(-2. 40)	(-2. 08)	(-1. 26)	(-0. 93)	(-2. 14)	(-2. 07)	(-1. 00)	(-0. 90)
Lev	0. 0077**	0. 0079**	-0. 0029	-0. 0029	0. 0032	0. 0031	-0. 0029	-0. 0033	0. 0031	0. 0026
	(2. 12)	(2. 17)	(-0. 65)	(-0. 64)	(0. 53)	(0. 53)	(-0. 65)	(-0. 72)	(0. 52)	(0. 44)
Roe	-0. 0083	-0. 0085	0. 0077	0. 0078	0. 0067	0. 0069	0. 008	0. 0081	0. 0072	0. 0074
	(-1. 45)	(-1. 49)	(1. 09)	(1. 10)	(0. 73)	(0. 75)	(1. 13)	(1. 15)	(0. 78)	(0. 81)
Growth	0. 0008	0. 0009	0. 0096***	0. 0099***	0. 0015	0. 0019	0. 0095***	0. 0096***	0. 0013	0. 0015
	(0. 42)	(0. 48)	(4. 14)	(4. 26)	(0. 48)	(0. 62)	(4. 09)	(4. 16)	(0. 44)	(0. 50)
Fcf	0. 0341***	0. 0345***	0. 0383***	0. 0388***	0. 0293**	0. 0300**	0. 0385***	0. 0388***	0. 0296**	0. 0299**
	(3. 78)	(3. 81)	(3. 43)	(3. 47)	(2. 01)	(2. 06)	(3. 44)	(3. 48)	(2. 03)	(2. 06)

续表

	自变量替换		因变量替换				自变量、因变量同时替换			
	(1)	(2)	(3)	(4)	(5)	(6)	(7)	(8)	(9)	(10)
	Envirp	Envirp	Envirp1	Envirp1	Envirp2	Envirp2	Envirp1	Envirp1	Envirp2	Envirp2
Top1	0. 0037	0. 004	0. 0004	0. 0008	−0. 0112*	−0. 0107*	0. 0004	0. 0004	−0. 0112*	−0. 0113**
	(1. 05)	(1. 12)	(0. 09)	(0. 18)	(−1. 96)	(−1. 88)	(0. 09)	(0. 09)	(−1. 96)	(−1. 98)
Outrat	0. 0005	0. 0005	0. 0055	0. 0065	0. 0086	0. 01	0. 0056	0. 0061	0. 0088	0. 0095
	(0. 04)	(0. 05)	(0. 44)	(0. 52)	(0. 53)	(0. 62)	(0. 45)	(0. 49)	(0. 54)	(0. 58)
Boardsize	−0. 0305	−0. 0325	0. 0089	0. 0151	0. 0503	0. 0586	0. 0151	0. 014	0. 0585	0. 057
	(−1. 03)	(−1. 10)	(0. 24)	(0. 41)	(1. 05)	(1. 23)	(0. 41)	(0. 38)	(1. 23)	(1. 20)
Soe	0. 161	0. 1387	0. 2633*	0. 2634*	−0. 1811	−0. 1817	0. 2664*	0. 2423	−0. 1774	−0. 2109
	(1. 35)	(1. 16)	(1. 78)	(1. 79)	(−0. 94)	(−0. 95)	(1. 80)	(1. 64)	(−0. 92)	(−1. 10)
_Cons	−2. 7368	−2. 6288	2. 7985	2. 4639	2. 2773	1. 811	2. 5779	2. 5575	1. 9724	1. 9405
	(−1. 58)	(−1. 52)	(1. 30)	(1. 14)	(0. 81)	(0. 65)	(1. 20)	(1. 19)	(0. 70)	(0. 69)
Ind/Year	Yes	Yes	Yes	Yes	Yes	Yes	Yes	Yes	Yes	Yes
N	910	910	910	910	910	910	910	910	910	910
Adj. R^2	0. 384	0. 383	0. 1	0. 101	0. 18	0. 183	0. 099	0. 104	0. 18	0. 185

注：* 表示 p<0. 1，** 表示 p<0. 05，*** 表示 p<0. 01，括号内为 t 值，经 White 异方差调整。

资料来源：笔者运用 Stata 计算整理得到。

表 7-7 Probit 模型的稳健性检验结果

	(1)	(2)
	En_dummy	En_dummy
Mpc_rat	-0.0131***	
	(-8.21)	
Mpc_level		-0.1077***
		(-5.90)
Size	0.2516***	0.2475***
	(17.04)	(16.88)
Lev	-0.0050***	-0.0049***
	(-5.11)	(-5.02)
Roe	-0.0050***	-0.0050***
	(-3.18)	(-3.16)
Growth	-0.0007*	-0.0007*
	(-1.76)	(-1.66)
Fcf	0.0167***	0.0167***
	(6.71)	(6.76)
Top1	0.0004	0.0005
	(0.39)	(0.50)
Outrat	-0.0018	-0.0019
	(-0.54)	(-0.56)
Boardsize	-0.0062	-0.0075
	(-0.65)	(-0.78)
Soe	0.3220***	0.3262***
	(8.93)	(9.08)
_Cons	-4.7873***	-4.7520***
	(-23.64)	(-23.62)
Ind/Year	Yes	Yes
N	19586	19586
Pseudo R^2	0.1015	0.0958

注：* 表示 $p<0.1$，** 表示 $p<0.05$，*** 表示 $p<0.01$，括号内为 t 值，经 White 异方差调整。

资料来源：笔者运用 Stata 计算整理得到。

我们将政治关联高管的比例（Mpc_rat）和政治关联高管的等级（Mpc_level）代入模型（7-4），进行滞后一至三期的回归，结果如表 7-8 所示。Mpc_rat 和 Mpc_level 滞后一期的回归系数分别为-0.0291 和-0.2795，滞后二期的回归系数分别为-0.0277 和-0.2678，滞后三期的回归系数分别为-0.0301 和-0.2726。根据回归结果，Mpc_rat 和 Mpc_level 滞后一至三期的回归系数均在 1%的显著性水平下为负。因此，本章结论不存在较大的互为因果关系问题。

表 7-8　互为因果的稳健性检验结果

	滞后一期		滞后二期		滞后三期	
	(1)	(2)	(3)	(4)	(5)	(6)
	Enenvirp	Enenvirp	Enenvirp	Enenvirp	Enenvirp	Enenvirp
n	1	1	2	2	3	3
Mpc_rat_{t-n}	-0.0291*** (-5.22)		-0.0277*** (-5.12)		-0.0301*** (-5.34)	
Mpc_level_{t-n}		-0.2795*** (-5.04)		-0.2678*** (-4.74)		-0.2726*** (-4.63)
$Size_{t-n}$	0.8203*** (15.50)	0.8358*** (15.61)	0.8233*** (14.87)	0.8353*** (14.91)	0.8111*** (13.83)	0.8187*** (13.79)
Lev_{t-n}	0.0053 (1.32)	0.0055 (1.36)	0.0042 (1.04)	0.004 (0.97)	0.0057 (1.34)	0.005 (1.16)
Roe_{t-n}	-0.0088 (-1.41)	-0.0084 (-1.35)	-0.0128** (-2.16)	-0.0116* (-1.94)	0.0051 (0.74)	0.0058 (0.83)
$Growth_{t-n}$	-0.0019 (-1.20)	-0.0016 (-1.00)	-0.0011 (-0.54)	-0.0008 (-0.39)	-0.0016 (-0.81)	-0.0013 (-0.65)
Fcf_{t-n}	0.0275*** (2.86)	0.0282*** (2.93)	0.0310*** (3.01)	0.0298*** (2.90)	0.0132 (1.28)	0.012 (1.16)
$Top1_{t-n}$	0.0013 (0.35)	0.0016 (0.43)	-0.0011 (-0.30)	-0.0009 (-0.22)	0.0001 (0.02)	0.0002 (0.04)
$Outrat_{t-n}$	-0.0057 (-0.52)	-0.0046 (-0.41)	-0.0078 (-0.65)	-0.008 (-0.67)	-0.0187 (-1.53)	-0.0192 (-1.56)
$Boardsize_{t-n}$	-0.0284 (-0.91)	-0.0197 (-0.63)	-0.0102 (-0.31)	-0.001 (-0.03)	-0.0091 (-0.27)	-0.0002 (-0.01)
Soe_{t-n}	-0.0056 (-0.04)	0.0208 (0.17)	-0.1438 (-1.09)	-0.0873 (-0.66)	-0.143 (-1.02)	-0.0491 (-0.35)
$\_Cons_{t-n}$	-1.166 (-0.69)	-1.9981 (-1.18)	-1.8745 (-1.48)	-2.085 (-1.63)	-1.4144 (-1.10)	-1.6119 (-1.24)
Ind/Year	Yes	Yes	Yes	Yes	Yes	Yes
N	756	756	673	673	589	589
Adj. R^2	0.404	0.403	0.405	0.401	0.397	0.389

注：n 为滞后期，分别取 1、2、3，* 表示 p<0.1，** 表示 p<0.05，*** 表示 p<0.01，括号内为 t 值，经 White 异方差调整。

资料来源：笔者运用 Stata 计算整理得到。

（二）自选择问题

1. 政治关联高管的自选择问题

公司聘请政治关联高管的同时，政治关联高管也会选择加入不同的公司。为缓解政治关联高管自选择问题，本章采用倾向得分匹配法（PSM）进行配对处理，构建政治关联与非政治关联高管所在公司尽量类似的样本组，之后重新对模型（7-1）进行估计。

对模型（7-5）进行 Logit 回归，估计有政治关联高管的公司和无政治关联的倾向得分：

$$Pc\_dummy_{i,t}=\alpha+\beta_0 Indpc_{i,t}+\beta_1 Size_{i,t}+\beta_2 Lev_{i,t}+\beta_3 Roe_{i,t}+\beta_4 Growth_{i,t}+\beta_5 Fcf_{i,t}+\beta_6 Top1_{i,t}+\beta_7 Outrat_{i,t}+\beta_8 Boardsize_{i,t}+\beta_9 Soe_{i,t}+V_{i,t} \tag{7-5}$$

模型（7-5）中，被解释变量 Pc_dummy 为“是否具有政治关联”虚拟变量，当公司存在政治关联高管时取“1”，否则取“0”。本章还选取样本企业同一年度内政治关联高管比率的均值（Indpc）作为控制变量进行匹配，其他变量与前文定义一致，同时也对行业（Ind）和年度（Year）进行了控制。根据倾向得分最接近的、没有政治关联的公司作为配对样本。PSM 配对后，大多数变量的标准化偏差小于 5%，且 p 值显示匹配后大多数变量的 t 检验结果都不拒绝处理组与控制组无系统性差异的原假设，表明匹配效果良好。

本章根据配对样本对模型（7-1）重新回归，结果如表 7-9（1）列、（2）列所示。政治关联高管的比例（Mpc_rat）与环保投资（Envirp）的回归系数为-0.0262，在 1%的显著性水平上显著为负；政治关联高管的等级（Mpc_level）与环保投资（Envirp）的回归系数为-0.2222，在 5%的显著性水平下显著为负。回归结果依然显著，说明本章结论未受到政治关联高管自选择问题的影响。

表 7-9　自选择问题的稳健性检验结果

	PSM 半径匹配		PSM 邻近匹配	
	(1)	(2)	(3)	(4)
	Envirp	Envirp	Envirp	Envirp
Mpc_rat	-0.0262*** (-3.04)		-0.0152*** (-5.66)	
Mpc_level		-0.2222** (-2.49)		-0.1937*** (-5.88)
Size	0.8288*** (6.98)	0.8713*** (7.44)	0.8781*** (32.12)	0.8938*** (32.19)
Lev	0.0038 (0.50)	0.0052 (0.67)	0.0013 (0.73)	0.0011 (0.60)

续表

	PSM 半径匹配		PSM 邻近匹配	
	(1)	(2)	(3)	(4)
	Envirp	Envirp	Envirp	Envirp
Roe	-0.0326**	-0.0327**	-0.0055*	-0.0058**
	(-2.30)	(-2.28)	(-1.94)	(-2.06)
Growth	-0.0012	-0.0004	-0.0035***	-0.0035***
	(-0.33)	(-0.11)	(-6.13)	(-6.00)
Fcf	0.0294	0.03	0.0282***	0.0293***
	(1.59)	(1.60)	(7.15)	(7.47)
Top1	0.005	0.0055	0.0084***	0.0085***
	(0.72)	(0.78)	(3.95)	(4.02)
Outrat	-0.0144	-0.0089	-0.0063	-0.0049
	(-0.73)	(-0.44)	(-1.02)	(-0.79)
Boardsize	-0.0776	-0.0609	0.0133	0.0166
	(-1.50)	(-1.16)	(0.72)	(0.90)
Soe	0.3155	0.308	0.5877***	0.5778***
	(1.27)	(1.23)	(7.82)	(7.69)
_Cons	-5.3468**	-6.1852***	-5.1807***	-5.4076***
	(-2.38)	(-2.77)	(-8.25)	(-8.58)
Ind/Year	Yes	Yes	Yes	Yes
N	223	223	1884	1884
Adj. R^2	0.432	0.424	0.909	0.909

注：* 表示 $p<0.1$，** 表示 $p<0.05$，*** 表示 $p<0.01$，括号内为 t 值，经 White 异方差调整。

资料来源：笔者运用 Stata 计算整理得到。

2. 环保信息披露的自选择问题

本章选取披露环保投资信息的公司作为样本，这可能存在样本选择偏差问题。为缓解这一问题，我们采用两种方式进行检验：

第一，PSM 邻近匹配。我们构建模型（7-6），并进行 Logit 回归，得到倾向得分，进行 1：1 邻近匹配。

$$En\_dummy_{i,t}=\alpha+\beta_0 Size_{i,t}+\beta_1 Lev_{i,t}+\beta_2 Roe_{i,t}+\beta_3 Growth_{i,t}+\beta_4 Fcf_{i,t}+\beta_5 Top1_{i,t}+\beta_6 Outrat_{i,t}+\beta_7 Boardsize_{i,t}+\beta_8 Soe_{i,t}+V_{i,t} \quad (7-6)$$

模型（7-6）中，En_dummy 为是否在上市公司的环境报告书、可持续发展报告、社会责任报告或年报中披露环保投资的数据，披露取“1”，否则取“0”。PSM 配对后得到 1884 个样本，结果如表 7-9 中（3）列、（4）列所示，Treated 显著，而政治关联高管的比例（Mpc_rat）、政治关联高管的等级（Mpc_level）与环保投资（Envirp）的回归系数分别为-0.0152和-0.1937，均在1%的显著性水平下为负，表明存在企业环保投资信息披露的自选择问题，但并不影响本章的结论。

第二，我们进行了未披露和未持续披露环保投资公司的数据细化处理。在上市公司首次披露之前没有披露任何环保投资数据的，我们将其视为数据缺失样本；在上市公司首次披露年度后出现间断性披露的，如果间断期在2年以内，我们视未披露的年度环保投资额是零；如果间断期连续3年及以上，出于数据谨慎性的考虑，我们将未披露环保投资的年份视为数据缺失，从回归中剔掉。进行以上处理后，我们的样本扩充到999个公司—年度观测值。我们运用扩充后的样本重新对模型（7-1）进行回归，结果如表7-10所示。（1）列未控制行业和年度时，政治关联高管的比例（Mpc_rat）与环保投资（Envirp）的回归系数为-0.0396，在1%的显著性水平下为负，（2）列控制行业和年度后回归系数为-0.0307，仍在1%的显著性水平下显著为负，表明无论是否控制行业和年度，政治关联高管的比例均与环保投资呈负相关。（3）列未控制行业和年度时，政治关联高管的等级（Mpc_level）与环保投资（Envirp）的回归系数为-0.4742，在1%的显著性水平下为负，（4）列控制行业和年度后回归系数为-0.4296，仍在1%的显著性水平下显著为负。表明无论是否控制行业和年度，政治关联高管的等级越高，企业的环保投资越少，与本章结论相同。可见，样本问题并未对主要结果产生严重影响，表明结论稳健。

表7-10　扩充样本后的回归结果

	(1)	(2)	(3)	(4)
	Envirp	Envirp	Envirp	Envirp
Mpc_rat	-0.0396*** (-5.10)	-0.0307*** (-3.76)		
Mpc_level			-0.4742*** (-6.12)	-0.4296*** (-5.29)
Size	0.6786*** (11.40)	0.8160*** (12.57)	0.7092*** (11.87)	0.8567*** (13.11)
Lev	0.0014 (0.31)	0.0069 (1.44)	0.0009 (0.19)	0.0064 (1.35)
Roe	-0.0035 (-0.45)	-0.0048 (-0.62)	-0.0028 (-0.36)	-0.0037 (-0.49)
Growth	-0.0026 (-0.69)	-0.0058 (-1.50)	-0.0028 (-0.74)	-0.0056 (-1.47)
Fcf	0.0565*** (4.78)	0.0464*** (3.94)	0.0577*** (4.91)	0.0470*** (4.02)

续表

	(1)	(2)	(3)	(4)
	Envirp	Envirp	Envirp	Envirp
Top1	0.0065	0.0107**	0.0066	0.0107**
	(1.38)	(2.27)	(1.41)	(2.29)
Outrat	-0.0046	0.0076	-0.0049	0.0089
	(-0.34)	(0.56)	(-0.38)	(0.66)
Boardsize	-0.045	-0.0566	-0.0295	-0.0458
	(-1.14)	(-1.44)	(-0.75)	(-1.17)
Soe	-0.0343	-0.0491	-0.0204	-0.0534
	(-0.22)	(-0.31)	(-0.13)	(-0.34)
_Cons	-1.6436**	-3.2467	-2.1493***	-3.8189
	(-2.04)	(-1.37)	(-2.66)	(-1.62)
Ind/Year	No	Yes	No	Yes
N	999	999	999	999
Adj. R^2	0.221	0.273	0.23	0.283

注：* 表示 $p<0.1$，** 表示 $p<0.05$，*** 表示 $p<0.01$，括号内为 t 值，经 White 异方差调整。

资料来源：笔者运用 Stata 计算整理得到。

3. 样本选择偏差问题

国有企业政治关联的高管主要是由政府任命的有政治背景的官员，在一定程度上是外生的，但该国企的内在条件也会影响政府对任命官员的选择，这在一定程度上是内生的，而民营企业的政治关联高管却是自我寻求的，是根据当时的经济环境，企业出于利益最大化选择的结果，主要是内生的。如果存在某些内生因素既决定了政治关联，又影响了环保投资，那么政治关联与环保投资可能只是简单的伪相关关系。同时，我们无法收集到更多的样本进行研究。为了解决样本选择偏差对结论的影响，本章采用 Heckman（1979）两阶段回归的方法来排除可能存在的内生性问题。在第一阶段回归中，我们通过 Logistic 模型（7-7）来预测公司是否具有政治关联。

$$Pc\_dummy_{i,t}=\alpha+\beta_0 Lngdppc_{i,t}+\beta_1 Deficit_{i,t}+\beta_2 Unemploy_{i,t}+\beta_3 Size_{i,t}+\beta_4 Lev_{i,t}+\beta_5 Roe_{i,t}+\beta_6 Growth_{i,t}+\beta_7 Fcf_{i,t}+\beta_8 Top1_{i,t}+\beta_9 Outrat_{i,t}+\beta_{10} Boardsize_{i,t}+\beta_{11} Soe_{i,t}+V_{i,t} \tag{7-7}$$

模型（7-7）中，被解释变量 Pc_dummy 为“是否具有政治关联”虚拟变量，当公司存在政治关联高管时取“1”，否则取“0”。借鉴 Chen 等（2011）、唐松和孙铮（2014）以及杜兴强等（2009）的研究，在上述模型中添加了公司所在省份经济发展状况的变量：人均 GDP 的自然对数（Lngdppc）、地区财政赤字占 GDP 的比重（Deficit）、城镇登记失业率（Unemploy），以上数据均来源于国家统计局网站。回归结果如表 7-11

中（1）列所示。人均 GDP 的自然对数（Lngdppc）的回归系数为-0.0822、地区财政赤字占 GDP 的比重（Deficit）的回归系数为-0.0299、城镇登记失业率（Unemploy）的回归系数为-0.3560，均在1%的显著性水平下为负。表明经济越落后的地区，企业规模越大，资产负债率越小的企业，越有可能具有政治关联。由模型（7-7）的回归，我们得到了 Inverse Mills Ratio，并将其作为自变量放入模型（7-1）中进行第二阶段的回归，重新检验政治关联与环保投资的关系。检验结果如表 7-11 中（2）列至（5）列所示，无论是否控制行业年度，Inverse Mills Ratio 的回归系数都在1%的显著性水平下显著，表明样本存在选择性偏差的问题。然后，再控制这一偏差之后，未控制行业和年度时，政治关联高管的比例（Mpc_rat）的回归系数为-0.0255，在1%的显著性水平下为负，控制行业和年度后回归系数为-0.0209，仍在1%的显著性水平下显著。表明无论是否控制行业和年度，政治关联高管的比例与环保投资均呈显著负相关。未控制行业和年度时，政治关联高管的等级（Mpc_level）的回归系数为-0.2782，在1%的显著性水平下为负，在控制行业和年度后回归系数为-0.2618，仍在1%的显著性水平下显著为负，这与本章的结论一致。

表 7-11　Heckman 两阶段回归结果

	Heckman 第一阶段	Heckman 第二阶段			
	(1)	(2)	(3)	(4)	(5)
	Pc_dummy	Envirp	Envirp	Envirp	Envirp
Lngdppc	-0.0822*** (-2.90)				
Deficit	-0.0299*** (-3.12)				
Unemploy	-0.3560*** (-5.24)				
Mpc_rat		-0.0255*** (-4.42)	-0.0209*** (-3.54)		
Mpc_level				-0.2782*** (-4.67)	-0.2618*** (-4.29)
Mill		0.8839*** (3.75)	0.7648*** (3.22)	0.9228*** (3.96)	0.7688*** (3.26)
Size	0.1904*** (4.44)	0.8043*** (13.83)	0.9191*** (15.19)	0.8256*** (14.22)	0.9427*** (15.58)
Lev	-0.0089*** (-2.66)	-0.0034 (-0.88)	0.0006 (0.14)	-0.0039 (-1.02)	0.0004 (0.11)
Roe	0.0011 (0.21)	-0.0042 (-0.78)	-0.0072 (-1.37)	-0.004 (-0.75)	-0.0069 (-1.32)

续表

	Heckman 第一阶段	Heckman 第二阶段			
	(1)	(2)	(3)	(4)	(5)
	Pc_dummy	Envirp	Envirp	Envirp	Envirp
Growth	-0.0011	0.0013	-0.0003	0.0016	0
	(-0.73)	(0.82)	(-0.17)	(0.97)	(0.02)
Fcf	0.002	0.0431***	0.0337***	0.0440***	0.0343***
	(0.24)	(4.86)	(3.90)	(4.97)	(3.99)
Top1	-0.0043	-0.0009	0.0018	-0.0006	0.0021
	(-1.30)	(-0.25)	(0.49)	(-0.15)	(0.59)
Outrat	0.0113	-0.0046	0.0054	-0.0035	0.0071
	(1.24)	(-0.44)	(0.52)	(-0.34)	(0.69)
Boardsize	0.0107	-0.0092	-0.0255	0.0013	-0.0185
	(0.42)	(-0.31)	(-0.87)	(0.04)	(-0.64)
Soe	-0.0989	0.1206	0.101	0.1266	0.0997
	(-0.89)	(1.00)	(0.85)	(1.05)	(0.85)
_cons	-1.4707**	-4.1941***	-7.8523***	-4.6719***	-8.3075***
	(-2.16)	(-3.99)	(-6.61)	(-4.48)	(-7.08)
Ind/Year	No	No	Yes	No	Yes
N	910	910	910	910	910
Pseudo R^2	0.0889				
Adj. R^2		0.331	0.401	0.333	0.405

注：*表示 p<0.1，**表示 p<0.05，***表示 p<0.01，括号内为 t 值，经 White 异方差调整。
资料来源：笔者运用 Stata 计算整理得到。

4. 控制公司固定效应

在上文的检验中，我们未对公司个体固定效应进行控制，为剔除公司层面因素对主回归结果的影响，我们控制了公司、年度固定效应，重新对 H1、H2 进行回归，结果如表 7-12 所示。表 7-12 中（1）列、（2）列数据显示，政治关联高管的比例（Mpc_rat）与环保投资（Envirp）的回归系数为-0.0325，在 1%的显著性水平下显著为负。政治关联高管的等级（Mpc_level）与环保投资（Envirp）的回归系数为-0.3190，在 1%的显著性水平下显著为负。（4）列和（6）列中，政治关联高管的比例（Mpc_rat）的回归系数为-0.0307，在 1%的显著性水平下显著为负，而政治关联董事的比例（Bpc_rat）的回归系数为-0.0016，结果并不显著；政治关联高管的等级（Mpc_level）的回归系数为-0.3155，在 5%的显著性水平下显著为负，政治关联董事的等级（Bpc_level）的回归系数为-0.0057，在统计上不显著，进一步验证了前文的结果。表明由于政治关联高管可能对企业经营决策拥有更直接的干预引导能力，在战略选择方面发挥着重要作用并对企业产生直接的后果，因此政治关联高管对环保投资的抑制作用要大于政治关联董事。

表 7-12 控制公司固定效应的稳健性检验

	Envirp					
	(1)	(2)	(3)	(4)	(5)	(6)
Mpc_rat	-0. 0325 *** (-3. 81)			-0. 0307 *** (-3. 19)		
Mpc_level		-0. 3190 *** (-3. 05)				-0. 3155 ** (-2. 49)
Bpc_rat			-0. 0095 *** (-2. 67)	-0. 0016 (-0. 42)		
Bpc_level					-0. 1032 ** (-2. 40)	-0. 0057 (-0. 09)
Size	0. 6354 *** (5. 94)	0. 6498 *** (6. 15)	0. 6209 *** (5. 56)	0. 6365 *** (5. 94)	0. 6058 *** (5. 38)	0. 6494 *** (6. 11)
Lev	0. 0037 (0. 57)	0. 0035 (0. 53)	0. 0052 (0. 79)	0. 0038 (0. 58)	0. 0055 (0. 84)	0. 0035 (0. 53)
Roe	-0. 0078 (-0. 96)	-0. 008 (-0. 97)	-0. 0087 (-1. 01)	-0. 0078 (-0. 95)	-0. 0093 (-1. 09)	-0. 008 (-0. 97)
Growth	0. 0024 (0. 91)	0. 0028 (1. 12)	0. 0022 (0. 79)	0. 0023 (0. 86)	0. 0023 (0. 85)	0. 0028 (1. 07)
Fcf	0. 0452 *** (5. 65)	0. 0463 *** (5. 89)	0. 0464 *** (6. 06)	0. 0453 *** (5. 63)	0. 0468 *** (5. 99)	0. 0463 *** (5. 83)
Top1	0. 0003 (0. 04)	0. 0008 (0. 11)	0. 0016 (0. 22)	0. 0004 (0. 06)	0. 0015 (0. 20)	0. 0008 (0. 12)
Outrat	-0. 0115 (-0. 73)	-0. 0117 (-0. 72)	-0. 0129 (-0. 77)	-0. 0113 (-0. 71)	-0. 0148 (-0. 86)	-0. 0117 (-0. 72)
Boardsize	-0. 0248 (-0. 40)	-0. 0144 (-0. 24)	-0. 0234 (-0. 36)	-0. 0246 (-0. 39)	-0. 0136 (-0. 21)	-0. 0139 (-0. 23)
Soe	0. 1943 (1. 18)	0. 2037 (1. 23)	0. 2252 (1. 28)	0. 1998 (1. 20)	0. 2127 (1. 24)	0. 2047 (1. 23)
_Cons	-0. 6154 (-0. 42)	-0. 9269 (-0. 66)	-0. 4825 (-0. 31)	-0. 6319 (-0. 43)	-0. 321 (-0. 20)	-0. 9224 (-0. 66)
Stkcd/Year/Ind	Yes	Yes	Yes	Yes	Yes	Yes

续表

	Envirp					
	(1)	(2)	(3)	(4)	(5)	(6)
N	910	910	910	910	910	910
Adj. R^2	0. 308	0. 307	0. 294	0. 307	0. 29	0. 306

注：*表示 p<0. 1，**表示 p<0. 05，***表示 p<0. 01，括号内为 t 值，经 White 异方差调整。

资料来源：笔者运用 Stata 计算整理得到。

5. 依据重要职位分组对 H2 的稳健性检验

在公司治理结构中，重要职位对公司治理、经营、决策的影响强于非重要职位。例如，在董事会中，最重要的职位为董事长。董事长会影响企业研发投入（刘运国等，2013）、高管薪酬水平和薪酬业绩敏感性（潘红波、张哲，2019）；民营企业董事长党员身份有利于抑制财务舞弊（戴亦一等，2017）。高管团队中最重要的职位为 CEO（或总经理），Bennedsen 等（2020）运用丹麦高管住院暂时性离职的数据进行研究，发现相比其他高管，CEO 住院对公司业绩具有显著影响。因此，为使本章结论稳健，我们根据重要职位（董事长/CEO）是否具有政治关联进行分组，并重新对模型（7-2）进行回归，结果如表 7-13 所示。在（1）列至（4）列中，当董事长具有政治关联时，企业高管政治关联的比例（Mpc_rat）和政治关联的等级（Mpc_level）的回归系数分别为-0. 0542 和-0. 4998，均在 1%的显著性水平下显著为负；当董事长不具有政治关联时，回归系数分别为-0. 0151 和-0. 2115，分别在 10%和 5%的显著性水平下显著为负。回归结果表明，无论董事长是否具有政治关联，高管政治关联指标（Mpc_rat、Mpc_level）都对环保投资具有显著的影响；在（5）列至（8）列中，当 CEO 具有政治关联时，董事政治关联的比例（Bpc_rat）和政治关联的等级（Bpc_level）的回归系数分别为 0. 0039 和 0. 0656，在统计上均不显著；当 CEO 不具有政治关联时，回归系数分别为-0. 0063 和-0. 0818，在统计上均不显著。说明无论 CEO 是否具有政治关联，董事政治关联指标（Bpc_rat、Bpc_level）在统计上均不显著。以上结论表明，在考虑了重要职位交叉影响的前提下，相比董事政治关联，高管政治关联可能对企业经营决策拥有更直接的干预引导能力，对企业环保投资的影响更强，由此巩固了 H2b 的结论。

表 7-13 依据重要职位分组对 H2 的稳健性检验

	Envirp							
	董事长具有 PC		董事长不具有 PC		CEO 具有 PC		CEO 不具有 PC	
	(1)	(2)	(3)	(4)	(5)	(6)	(7)	(8)
Mpc_rat	-0. 0542*** (-5. 23)		-0. 0151* (-1. 67)					

续表

	Envirp							
	董事长具有 PC		董事长不具有 PC		CEO 具有 PC		CEO 不具有 PC	
	(1)	(2)	(3)	(4)	(5)	(6)	(7)	(8)
Mpc_level		-0.4998*** (-4.82)		-0.2115** (-2.48)				
Bpc_rat					0.0039 (0.22)		-0.0063 (-1.56)	
Bpc_level						0.0656 (0.23)		-0.0818 (-1.33)
Size	0.9755*** (8.15)	0.9907*** (8.01)	0.7966*** (14.47)	0.8117*** (14.63)	1.1153*** (4.99)	1.1315*** (5.17)	0.7883*** (15.20)	0.7807*** (15.20)
Lev	-0.0083 (-1.08)	-0.0047 (-0.62)	0.0102** (2.40)	0.0100** (2.36)	-0.0339* (-1.85)	-0.0355* (-1.88)	0.0095** (2.50)	0.0095** (2.50)
Roe	-0.017 (-1.28)	-0.0192 (-1.45)	-0.0076 (-1.01)	-0.0075 (-1.01)	-0.0591** (-2.37)	-0.0585** (-2.37)	-0.0058 (-0.86)	-0.006 (-0.89)
Growth	-0.0004 (-0.07)	0 (0.01)	0.0012 (0.41)	0.0014 (0.50)	0.0033 (0.36)	0.0028 (0.31)	0 (-0.01)	-0.0001 (-0.03)
Fcf	-0.0107 (-0.57)	-0.0121 (-0.63)	0.0502*** (4.62)	0.0513*** (4.72)	-0.0371 (-0.83)	-0.036 (-0.81)	0.0410*** (4.25)	0.0409*** (4.24)
Top1	-0.0025 (-0.28)	0.0035 (0.41)	-0.0005 (-0.13)	-0.0004 (-0.11)	0.026 (1.39)	0.0239 (1.33)	-0.0005 (-0.14)	-0.0008 (-0.21)
Outrat	-0.0162 (-0.71)	-0.0075 (-0.33)	0.0073 (0.62)	0.0078 (0.66)	-0.0233 (-0.47)	-0.0237 (-0.48)	0.0063 (0.59)	0.0052 (0.49)
Boardsize	-0.1407*** (-2.62)	-0.086 (-1.63)	0.008 (0.22)	0.006 (0.17)	-0.0816 (-0.96)	-0.0904 (-1.17)	-0.0113 (-0.35)	-0.005 (-0.15)
Soe	0.1111 (0.43)	0.091 (0.35)	0.1719 (1.29)	0.1645 (1.24)	0.6036 (1.18)	0.5659 (1.03)	0.1357 (1.12)	0.1261 (1.04)
_Cons	-2.8634* (-1.69)	-4.8016*** (-2.79)	-1.8124 (-1.31)	-1.9819 (-1.44)	-7.3046** (-2.07)	-6.6664* (-1.94)	-2.1720* (-1.67)	-2.0626 (-1.59)
Ind/Year	Yes	Yes	Yes	Yes	Yes	Yes	Yes	Yes
N	215	215	695	695	69	69	841	841
Adj. R^2	0.437	0.426	0.420	0.423	0.625	0.625	0.383	0.383

注：*表示 $p<0.1$，**表示 $p<0.05$，***表示 $p<0.01$，括号内为 t 值，经 White 异方差调整。

资料来源：笔者运用 Stata 计算整理得到。

第六节　进一步分析

一、董事会下属委员会的制衡作用

董事会咨询和监督功能的有效性备受争议。一些学者提出了“咨询无效”“监督无效”的假说（曹春方、林雁，2017）。这是源于董事会“会议体机关”的属性（谢增毅，2005），即董事会只有在董事会会议召开时行使决策权，在开会时对公司提案进行讨论和表决。虽然《公司法》中明确规定了董事会制定方案的职责，但这些方案无法依赖董事会集体形成和提出，需要在董事会召开前，由高管直接管理的下属部门进行初步拟定，并根据议案的性质和级别，由董事会下属委员会决策或报董事会决策。例如，南通明诺机械有限公司在董事会下设立了战略委员会、审计委员会、投资委员会、经营委员会等，并有详细公司章程规定各委员会职责。审计委员会担负监督公司治理和高管、董事的职责，具体如提出聘请或者更换外部审计机构的提案、监督公司内控制度及具体执行情况、协调内部审计与外部审计之间的信息交流、审核公司财务报告及财务报告披露的真实情况、对公司重大关联交易和重大投资项目进行审计、审核公司董事会授权的其他事项、监督公司内部审计制度的实施，审计委员会对董事会负责，其提案和报告提交董事会审议，并配合监事会的监督审计活动。由此可见，董事会委员会的设立和良好运行能够弥补董事会作为会议体机关的缺陷，有助于董事会在闭会期间发挥监督和一定程度的决策作用，可以在一定程度上制约高管。

前文我们已经得出高管政治关联会抑制企业环保投资的结论，而在董事会下设立各类委员会是对董事会权力的巩固，为其职能的有效行使提供保障，因此预期能够制衡高管政治关联对环保投资的阻碍。为了检验这一预期，我们构建模型（7-8）进行研究。

$$\mathrm{Envirp}_{i,t}=\alpha+\beta_0\mathrm{Mpc}_{i,t}+\beta_1\mathrm{Mpc}_{i,t}\times\mathrm{Wyh}_{i,t}+\beta_2\mathrm{Zlrat}_{i,t}+\beta_3\mathrm{Tmrat}_{i,t}+\beta_4\mathrm{Sjrat}_{i,t}+\beta_5\mathrm{Xcrat}_{i,t}+\beta_6\sum\mathrm{Controls}_{i,t}+\varepsilon_{i,t}\qquad(7\text{-}8)$$

模型（7-8）中，Mpc 代表高管政治关联的情况，Wyh 代表成立董事会委员会的个数，Mpc×Wyh 表示高管政治关联与董事会委员会的个数的交乘，若存在制衡作用，其回归系数为正。Zlrat、Tmrat、Sjrat、Xcrat 分别代表该委员会灰色董事占战略委员会、提名委员会、审计委员会、薪酬委员会的比例，若未成立该委员会以及该委员会内灰色董事的人数为零，比率均取值为零，其他控制变量同模型（7-1）。以上数据都来源于 CSMAR 数据库，或根据 CSMAR 数据库的相关信息手工整理。之所以控制这四个委员会的比例，是因为大多数企业都会成立这四个委员会（谢增毅，2005），回归结果如表 7-14 所示。其中：（1）列和（3）列为未控制年度和行业的固定效应，只加入了其他控制变量的结果；（2）列和（4）列为控制了年度和行业的固定效应也加入了其他控制变量的结果。（1）列和（3）列中的政治关联指标分别选择政治关联高管的比例（Mpc_rat）和政治关联高管的等级（Mpc_level）两个变量，未控制年度和行业，结果发现，政治关联高管的比例的回归系数为-0.1679，政治关联高管的等级的回归系数为-2.3830，均在1%的水平上显著为负，这说明政治关联对环保投资的负面影响依然存在。但是交乘项Mpc_rat×Wyh的回归系数为0.0360，Mpc_level×Wyh的回归系数为0.5213，均在1%的水平上显著为正，说明设立董事会委员会对环保投资有正面影响。（2）列和（4）列为控制了年度和行业的固定效应后的结果，结果发现交乘项的系数分别为0.0363和0.5222，依然显著为正，这说明设立董事会委员会确实能够调节政治关联高管对环保投资的抑制效应，且在一定程度上弥补董事会作为会议体机关的缺陷，帮助董事会在闭会期间发挥监督和一定程度的决策作用，同时可以在一定程度上制约高管，即董事会委员会能够起到制衡作用，能够缓解政治关联造成的负面影响。设立董事会委员会是以内部治理手段弱化环境污染的外部性问题，为企业环境治理提供了新思路。

表7-14 董事会下属委员会制衡作用的回归结果

	(1)	(2)	(3)	(4)
	Envirp	Envirp	Envirp	Envirp
Mpc_rat	-0.1679*** (-3.84)	-0.1634*** (-3.83)		
Mpc_rat×Wyh	0.0360*** (3.11)	0.0363*** (3.21)		
Mpc_level			-2.3830*** (-5.89)	-2.3739*** (-6.15)
Mpc_level×Wyh			0.5213*** (5.13)	0.5222*** (5.39)
Wyh	-0.0736 (-0.62)	-0.0032 (-0.03)	-0.1616 (-1.37)	-0.1048 (-0.91)
Zlrat	0.0511 (0.13)	0.4366 (1.13)	0.1024 (0.27)	0.4685 (1.23)
Tmrat	0.1301 (0.25)	0.012 (0.02)	0.1791 (0.34)	0.0799 (0.16)
Sjrat	-0.313 (-0.61)	0.1513 (0.30)	-0.3566 (-0.70)	0.0948 (0.19)
Xcrat	0.3806 (0.71)	0.4345 (0.83)	0.2634 (0.49)	0.3134 (0.61)

续表

	(1)	(2)	(3)	(4)
	Envirp	Envirp	Envirp	Envirp
Size	0. 6140***	0. 7390***	0. 6162***	0. 7512***
	(13. 19)	(14. 97)	(13. 26)	(15. 27)
Lev	0. 0055	0. 0094**	0. 0063*	0. 0101***
	(1. 51)	(2. 55)	(1. 76)	(2. 79)
Roe	-0. 0062	-0. 0081	-0. 0052	-0. 0071
	(-1. 06)	(-1. 43)	(-0. 91)	(-1. 26)
Growth	0. 0024	0. 0008	0. 0029	0. 0013
	(1. 29)	(0. 41)	(1. 52)	(0. 68)
Fcf	0. 0435***	0. 0325***	0. 0444***	0. 0332***
	(4. 70)	(3. 62)	(4. 85)	(3. 75)
Top1	0. 0002	0. 0045	0	0. 0041
	(0. 04)	(1. 24)	(0. 01)	(1. 15)
Outrat	-0. 0059	0. 0055	-0. 0029	0. 0099
	(-0. 58)	(0. 54)	(-0. 29)	(0. 99)
Boardsize	-0. 0254	-0. 0419	-0. 0107	-0. 0312
	(-0. 83)	(-1. 41)	(-0. 35)	(-1. 07)
Soe	0. 2204*	0. 2258*	0. 2319*	0. 2217*
	(1. 78)	(1. 87)	(1. 89)	(1. 86)
_ Cons	-0. 357	-2. 537	-0. 3248	-2. 5939
	(-0. 46)	(-1. 42)	(-0. 41)	(-1. 47)
Ind/Year	No	Yes	No	Yes
N	910	910	910	910
Adj. R^2	0. 313	0. 391	0. 325	0. 408

注：*表示 p<0. 1，**表示 p<0. 05，***表示 p<0. 01，括号内为 t 值，经 White 异方差调整。
资料来源：笔者运用 Stata 计算整理得到。

二、环保投资与企业价值

资源依赖理论认为，企业会为了自身的发展需要，期望从政府手中获取一些资源优势，因此企业有动机与政府建立较为良好而紧密的关系。目前，我国政府已将环境治理与环境保护纳入各级政府的绩效考核体系之中，这使各级政府制定了一系列的规章制度来约束当地企业的污染行为和违法违规行为。面对一系列规章制度以及巨额罚款的约束，各企业不得不加大企业自身的环保投资，把对环境污染的治理与维护的重视程度上升到一个全新的高度。在当地政府对环境问题的严密关注下，存在政治关联的企业会为了与政府建立良好的关系，树立良好的绿色环保企业形象，加大企业环保投资用于企业生产过程中污染的治理与维护，以及后期生态环境的治理与改善（胡立新、高杰，2020）。资源依赖理论和以往文献表明，政治关联企业能够获得更多的社会资源（Claessens et al.，2008；连军等，2011；潘红波等，2008），较弱的融资约束和政府补贴优势使政治关联企业现金流较为充裕，因而在财务上能够保证其进行环保投资，但依然存在不履行环保责任的现象，这是否与资本市场对企业环保投资的反应有关？我们假设资本市场对企业环保投资的认可度较低，这种态度会导致企业价值降低。为验证这一设想，我们通过两种方式进行验证：

第一，构建模型（7-9），用现有样本进行检验。

$$Value_{i,t}=\alpha+\beta_0 Envirp_{i,t}+\beta_1\sum Controls_{i,t}+\varepsilon_{i,t} \quad (7-9)$$

模型（7-9）中，Value为公司价值，分别用Tobin's Q和市账比（MB）来表示，数据来源于CSMAR数据库，控制变量与前文一致。

第二，针对样本量特征问题，采用PSM邻近匹配，弥补了第一种方式可能存在的样本自选择的问题。通过模型（7-6）构建披露环保投资与未披露环保投资公司尽量类似的样本组，在同一行业同一年度进行邻近匹配，用匹配后的样本重新对模型（7-9）进行估计。

回归结果如表7-15和表7-16所示，环保投资对Tobin's Q和MB的回归系数均在1%的显著性水平下为负，环保投资越大，企业价值越小，从侧面说明了市场对环保投资缺乏普遍的价值认同。其中的原因可能是我国的环保理念和社会责任意识较薄弱，多数投资者在投资选股时可能并不会考虑把社会责任作为一种投资依据，资本市场基本不能针对政府处罚和环境诉讼等负面环境事件准确做出较为有效的市场反应，这与沈红波等（2012）的研究结果一致。政治关联企业倾向于获取普遍认同的、现时的短期利益，而对环保投资缺乏普遍的价值认同，政治关联企业将在环保投资上尽可能少投资，这也解释了政治关联与环保投资的负向显著关系。

表7-15 环保投资与企业价值、基于党的十八大的DID分析结果

	环保投资与企业价值						基于党的十八大的DID分析	
	(1)	(2)	(3)	(4)	(5)	(6)	(7)	(8)
	MB1	MB2	Tobin'sQ1	Tobin'sQ2	Tobin'sQ3	Tobin'sQ4	Envirp	Envirp
Envirp	-0.0789***	-0.0793***	-0.0789***	-0.1002***	-0.0793***	-0.1029***		
	(-4.32)	(-4.33)	(-4.32)	(-4.77)	(-4.33)	(-4.87)		
Treat							-0.6901*	-0.7297**
							(-1.84)	(-2.02)

续表

	环保投资与企业价值						基于党的十八大的DID分析	
	(1)	(2)	(3)	(4)	(5)	(6)	(7)	(8)
	MB1	MB2	Tobin'sQ1	Tobin'sQ2	Tobin'sQ3	Tobin'sQ4	Envirp	Envirp
Post							−0.2239 (−0.83)	−0.4644 (−1.22)
Treat×Post							0.8526** (2.19)	0.6078* (1.70)
Size	−0.3755*** (−12.67)	−0.3765*** (−12.66)	−0.3755*** (−12.67)	−0.4003*** (−11.75)	−0.3765*** (−12.66)	−0.3995*** (−11.65)	0.5620*** (7.88)	0.7260*** (9.83)
Lev	−0.0214*** (−10.72)	−0.0113*** (−5.62)	−0.0214*** (−10.72)	−0.0229*** (−9.98)	−0.0113*** (−5.62)	−0.0123*** (−5.33)	0.0117* (1.95)	0.0160*** (2.78)
Roe	0.0151*** (4.83)	0.0157*** (4.98)	0.0151*** (4.83)	0.0157*** (4.36)	0.0157*** (4.98)	0.0161*** (4.45)	−0.0136* (−1.85)	−0.0156** (−2.21)
Growth	0.0010 (0.97)	0.0010 (0.93)	0.0010 (0.97)	0.0018 (1.57)	0.001 (0.93)	0.0020* (1.73)	−0.0002 (−0.08)	−0.0013 (−0.55)
Fcf	0.0096* (1.92)	0.0093* (1.86)	0.0096* (1.92)	0.0118** (2.06)	0.0093* (1.86)	0.0112* (1.95)	0.0221* (1.68)	0.0068 (0.55)
Top1	0.0060*** (3.09)	0.0061*** (3.12)	0.0060*** (3.09)	0.0063*** (2.81)	0.0061*** (3.12)	0.0063*** (2.80)	0.0106* (1.80)	0.0136** (2.39)
Outrat	0.0215*** (3.89)	0.0213*** (3.84)	0.0215*** (3.89)	0.0235*** (3.70)	0.0213*** (3.84)	0.0232*** (3.62)	−0.0270* (−1.69)	0.0038 (0.24)
Boardsize	0.0185 (1.14)	0.0187 (1.15)	0.0185 (1.14)	0.0226 (1.21)	0.0187 (1.15)	0.0250 (1.33)	−0.0584 (−1.36)	−0.0325 (−0.80)
Soe	−0.2294*** (−3.51)	−0.2329*** (−3.55)	−0.2294*** (−3.51)	−0.2467*** (−3.28)	−0.2329*** (−3.55)	−0.2469*** (−3.26)	0.18 (0.93)	0.112 (0.61)
_Cons	7.5346*** (7.91)	7.5612*** (7.91)	7.5346*** (7.91)	7.9127*** (7.22)	7.5612*** (7.91)	7.8578*** (7.12)	0.383 (0.41)	−0.6803 (−0.47)
Ind/Year	Yes	Yes	Yes	Yes	Yes	Yes	No	Yes
N	910	910	910	910	910	910	386	386
Adj. R^2	0.563	0.486	0.563	0.552	0.486	0.482	0.301	0.439

注：* 表示 $p<0.1$，** 表示 $p<0.05$，*** 表示 $p<0.01$，括号内为 t 值，经 White 异方差调整。

资料来源：笔者运用 Stata 计算整理得到。

表 7-16 环保投资与企业价值（PSM 匹配后的样本）

	环保投资与企业价值					
	(1)	(2)	(3)	(4)	(5)	(6)
	MB1	MB2	Tobin'sQ1	Tobin'sQ2	Tobin'sQ3	Tobin'sQ4
Envirp	-0.0431***	-0.0426***	-0.0431***	-0.0555***	-0.0426***	-0.0560***
	(-2.76)	(-2.73)	(-2.76)	(-3.25)	(-2.73)	(-3.27)
Size	-0.4667***	-0.4675***	-0.4667***	-0.4868***	-0.4675***	-0.4859***
	(-12.79)	(-12.82)	(-12.79)	(-12.21)	(-12.82)	(-12.15)
Lev	-0.0206***	-0.0105***	-0.0206***	-0.0232***	-0.0105***	-0.0127***
	(-8.84)	(-4.49)	(-8.84)	(-9.12)	(-4.49)	(-4.98)
Roe	0.0166***	0.0169***	0.0166***	0.0164***	0.0169***	0.0166***
	(4.76)	(4.83)	(4.76)	(4.31)	(4.83)	(4.34)
Growth	0.0003	0.0003	0.0003	0.0009	0.0003	0.0010
	(0.28)	(0.27)	(0.28)	(0.80)	(0.27)	(0.91)
Fcf	0.0102*	0.0099*	0.0102*	0.0116*	0.0099*	0.0110*
	(1.75)	(1.70)	(1.75)	(1.83)	(1.70)	(1.74)
Top1	0.0048**	0.0050**	0.0048**	0.0042	0.0050**	0.0041
	(2.03)	(2.08)	(2.03)	(1.61)	(2.08)	(1.59)
Outrat	0.0190***	0.0190***	0.0190***	0.0196**	0.0190***	0.0196**
	(2.72)	(2.71)	(2.72)	(2.56)	(2.71)	(2.55)
Boardsize	0.0181	0.0182	0.0181	0.018	0.0182	0.0202
	(0.91)	(0.91)	(0.91)	(0.82)	(0.91)	(0.92)
Soe	-0.2117***	-0.2130***	-0.2117***	-0.2221**	-0.2130***	-0.2174**
	(-2.67)	(-2.68)	(-2.67)	(-2.56)	(-2.68)	(-2.50)
_Cons	7.7914***	7.7918***	7.7914***	8.3770***	7.7918***	8.3568***
	(12.09)	(12.10)	(12.09)	(11.90)	(12.10)	(11.84)
Ind/Year	Yes	Yes	Yes	Yes	Yes	Yes
N	858	858	858	858	858	858
Adj. R^2	0.496	0.422	0.496	0.492	0.422	0.418

注：* 表示 $p<0.1$，** 表示 $p<0.05$，*** 表示 $p<0.01$，括号内为 t 值，经 White 异方差调整。
资料来源：笔者运用 Stata 计算整理得到。

三、政府环保导向能否缓解政治关联对环保投资的抑制效应？

党的十八大报告提出，要把生态文明建设放在突出地位，融入经济建设、政治建设、文化建设、社会建设各方面和全过程，努力建设美丽中国，实现中华民族永续发展。那么，党的十八大“美丽中国”的号召是否能够提高企业对履行环保责任的重视程度？是否能够缓解企业政治关联对环保投资的抑制效应？为了验证这一设想，我们选取了双重差分（Difference-in-Difference，DID）的方法进行研究。

首先，我们运用倾向得分匹配法（PSM）对样本进行配对，具体而言，先用 Probit 模型估计模型（7-10），得到样本公司的倾向得分，然后根据得分进行匹配，得到配对样本。其中，被解释变量 Pc_dummy 为“是否具有政治关联”虚拟变量，当企业存在政治关联时取“1”，否则取“0”。模型中其他变量定义均与上文相同，并对行业（Industry）和年度（Year）效应进行了控制。经过 PSM 配对之后，配对的样本除了是否具有政治关联这一特征不同外，其他特征均无显著差异。

$$Pc\_dummy_{i,t}=\alpha+\beta_0 Size_{i,t}+\beta_1 Lev_{i,t}+\beta_2 Roe_{i,t}+\beta_3 Growth_{i,t}+\beta_4 Fcf_{i,t}+\beta_5 Top_{i,t}+\beta_6 Outrat_{i,t}+\beta_7 Boardsize_{i,t}+\beta_8 Soe_{i,t}+V_{i,t} \quad (7-10)$$

经过 PSM 配对后，设定双重差分模型，即模型（7-11），其中，Post 为时间变量，由于党的十八大于 2012 年 11 月 8 日召开，故年度为 2010~2012 年，Post 取“0”，年度为 2013~2017 年，Post 取“1”；Treat 为分组变量，公司 i 年具有政治关联，有则取“1”，否则取“0”；控制变量与前文保持一致。回归结果如表 7-15 中（7）列、（8）列所示。在未控制年度和行业时，分组变量和时间变量交乘项（Treat×Post）的回归系数为 0.8526，在 5%的显著性水平下为负；控制年度和行业后，分组变量和时间变量交乘项（Treat×Post）的回归系数为 0.6078，在 10%的显著性水平下为负。表明无论是否控制行业和年度，我们所关注的双重差分估计量，即分组变量和时间变量交乘项（Treat×Post）的系数均显著为正，而 Treat 的系数均显著为负，表明政治关联企业倾向于更少地进行环保投资，但党的十八大召开后，其提出的“美丽中国”的号召是中国未来一个发展周期的指导思想之一，是企业处理自身发展与生态环境之间的思想指南，地方政府和当地企业在前所未有的程度上，高度重视党的十八大召开后党和国家领导人关于环境保护的重要讲话精神，缓解了政治关联对环保投资的抑制效应。

$$Envirp_{i,t}=\alpha+\beta_0 Treat_{i,t}+\beta_1 Post_{i,t}+\beta_2 Treat_{i,t}\times Post_{i,t}+\beta_3\sum Controls_{i,t}+\varepsilon_{i,t} \quad (7-11)$$

四、企业政治关联、制度环境与环保投资

由于当前的环境治理主要以自上而下的形式进行，政府对企业环保投资的约束力，具有重要的支配地位，企业的环境管理并不能被视作一种自发的战略行为，这种行为的积极性与政府监管的态度息息相关，政府监管仍是决定性环节。企业环保投资的动因主要来自外部制度环境的监管和约束，政府作为外部制度环境的主体，其环境规制行为能够提升工业绿色竞争力（杜龙政等，2019），确保企业履行环保责任。政府环境规制的手段主要分为三类，即行政法规手段、经济手段和市场机制手段。我国政府主要采用了行政法规手段和经济手段。同时，实施环境战略管理的企业，会根据省级政府对环境保护的外部监管严厉程度，及时做出环保投资方面的反应，紧跟地方政府的最新政策导

向，改变企业的环保投资投入水平。换而言之，企业环保投资会因监管约束不同，而呈现出动态的变化差异现象（马文超、唐勇军，2018）。我国政府的经济手段主要为征收排污费，采用该手段在减少污染的同时也会抑制经济发展（范庆泉，2018）。排污费的收费标准由各地政府因地制宜确定，难以辨别各地监管的强弱，因此，本章通过政府行政法规手段来研究外部制度环境中的政府规制对环保投资的影响。各地政府通过颁布地方法规和地方规章来完善环境保护、污染治理等问题，并对违反相关法律法规的企业给予环保行政处罚。本章将政府颁布地方法规和地方规章视为环境法治监管（Legal），将政府给予违规企业的环保行政处罚视为环境污染监管（Punish）。

环境法制监管（Legal），选取《中国环境年鉴》中各地区环境法制工作情况中关于颁布地方性法规的件数（李树、翁卫国，2014），对其取自2009年开始的逐年累加值，所在省份大于当年均值取“1”，表示监管较强；否则取“0”，表示监管较弱。环境污染监管（Punish），选取《中国环境年鉴》里各地区当年行政处罚案件数除以当地工业企业总数来衡量，所在省份大于当年均值取“1”，表示监管较强；否则取“0”，表示监管较弱。在以往的文献研究中，通常取环境法制工作情况中各地区当年受理环境行政处罚案件数来衡量（王云等，2017；王书斌、徐盈之，2015），而笔者认为，我国不同省份的经济结构不一致，工业企业数量差异较大，使用受理环境行政处罚案件数并不能直接反映环境污染监管的强度，故采用当地工业企业总数进行修正，同时各地区当年受理环境行政处罚案件数在近几年的《中国环境年鉴》中并未公布，所以我们采用各地区当年行政处罚案件数除以当地工业企业总数来衡量环境污染监管强度也更为直观、准确。

本章先将样本数据根据政府规制的强弱分组进行描述性统计，结果如表7-17所示。可见环境污染监管较弱地区和较强地区环保投资（Envirp）均值分别为8.121、7.813，环境法制监管较弱地区和较强地区环保投资（Envirp）均值分别为8.203、7.744，表明政府规制较弱地区的环保投资大于政府规制较强地区的环保投资，从侧面说明存在“污染天堂假说”。我国幅员辽阔，各地政府环境规制的强度有所差异，较强的政府规制使企业的经营成本上升。根据成本遵循的原则，企业出于利益最大化的考虑，将选择在政府环境规制较弱的地区投资建厂、开办企业。由于污染行业的环保投资额普遍高于非污染行业，所以在政府环境规制较弱的地区其环保投资的均值反而更大。因此，我们将政府环境规制的强度作为分组变量放入模型（7-1），探讨不同的环境规制强度下政治关联对环保投资的影响效应。

表7-18通过分组的方式报告了在政府法制监管和污染监管强弱的不同环境下，政治关联对环保投资的影响。如（1）列至（4）列所示，在污染监管较弱的地区，政治关联高管的比例（Mpc_rat）与环保投资（Envirp）的回归系数为-0.0241，政治关联高管的等级（Mpc_level）与环保投资（Envirp）的回归系数为-0.3268，均在1%的显著性水平下为负；在污染监管较强的地区，政治关联高管的比例（Mpc_rat）和政治关联

表 7-17 不同政府规制强度下环保投资分组统计

		N	均值	p50	sd	p25	p95	均值差异
Envirp	环境污染监管较弱	582	8.121	8.209	1.872	6.82	11.18	0.308**
	环境污染监管较强	328	7.813	7.866	2.142	6.349	11.33	
	环境法制监管较弱	527	8.203	8.294	2.003	6.909	11.64	0.459***
	环境法制监管较强	383	7.744	7.822	1.913	6.361	10.78	

资料来源：笔者运用 Stata 计算整理得到。

高管的等级（Mpc_level）的回归系数分别为-0.0138 和-0.051，在统计学上均不显著。如（5）列至（8）列所示，在法制监管较弱的地区，政治关联高管的比例（Mpc_rat）和政治关联高管的等级（Mpc_level）的回归系数分别为-0.0242 和-0.3142，均在 1%的显著性水平下为负；在法制监管较强的地区，政治关联高管的比例和政治关联高管的等级的回归系数分别为-0.0352 和-0.3011，在 1%水平下显著为负。以上结果表明，政府颁布地方法规、地方规章的法制监管手段，以及政府给予违规企业的环保行政处罚的污染监管手段，这两种类型的政府规制手段均加强对政治关联弱化环保投资的效应，具有较为明显的控制和减弱作用。说明环境规制确实可以给予企业一定压力，企业可能因为担心受到处罚而被动进行环保投资，因此环境规制可以在一定程度上规范企业的环境行为。但相对于政府法制监管，政府污染监管，即环境污染监管方面的行政处罚，这一方式将对企业的环境保护和环境投资更为有效，其中的原因可能是政治关联企业对政府下达环保行政处罚较为敏感，由于企业的生产经营战略大多以利益最大化原则和成本最小化原则为决策基础，通常来说，由于环保行政处罚往往就意味着巨额的财务成本，出于对企业经营成本的考虑，企业会以环保行政处罚作为当地环境规制强弱的风向标，进行环保投资的经济决策。

表 7-18 政府规制、企业政治关联与环保投资

	污染监管较弱		污染监管较强		法制监管较弱		法制监管较强	
	(1)	(2)	(3)	(4)	(5)	(6)	(7)	(8)
	Envirp	Envirp	Envirp	Envirp	Envirp	Envirp	Envirp	Envirp
Mpc_rat	-0.0241***		-0.0138		-0.0242***		-0.0352***	
	(-3.07)		(-1.28)		(-2.88)		(-3.73)	
Mpc_level		-0.3268***		-0.051		-0.3142***		-0.3011***
		(-4.49)		(-0.44)		(-4.01)		(-2.78)
Size	0.9102***	0.9310***	0.8003***	0.7943***	0.7129***	0.7415***	0.8795***	0.8925***
	(14.64)	(15.07)	(9.50)	(9.12)	(11.10)	(11.48)	(11.16)	(11.07)
Lev	0.0052	0.0051	-0.0029	-0.0026	0.0082	0.0076	0.0082	0.0089
	(1.26)	(1.24)	(-0.37)	(-0.33)	(1.63)	(1.52)	(1.52)	(1.63)

续表

	污染监管较弱		污染监管较强		法制监管较弱		法制监管较强	
	(1)	(2)	(3)	(4)	(5)	(6)	(7)	(8)
	Envirp	Envirp	Envirp	Envirp	Envirp	Envirp	Envirp	Envirp
Roe	-0.0044 (-0.74)	-0.0039 (-0.66)	-0.0207 (-1.48)	-0.021 (-1.49)	-0.0041 (-0.54)	-0.0036 (-0.49)	-0.0086 (-0.95)	-0.0097 (-1.07)
Growth	0.0004 (0.18)	0.001 (0.51)	0.0023 (0.54)	0.0024 (0.56)	0.0014 (0.58)	0.0019 (0.78)	0.0001 (0.02)	0.0003 (0.09)
Fcf	0.0444*** (4.53)	0.0446*** (4.59)	0.0038 (0.21)	0.0036 (0.19)	0.0239* (1.93)	0.0242** (1.97)	0.0483*** (3.62)	0.0505*** (3.76)
Top1	0.0080* (1.95)	0.0078* (1.92)	0.003 (0.43)	0.0037 (0.54)	0.0008 (0.16)	0.0009 (0.17)	0.0071 (1.33)	0.0087 (1.63)
Outrat	-0.0055 (-0.49)	-0.0019 (-0.17)	0.0014 (0.07)	-0.0012 (-0.06)	0 (-0.00)	0.0018 (0.14)	-0.0115 (-0.60)	-0.0111 (-0.58)
Boardsize	-0.0696* (-1.90)	-0.0673* (-1.86)	0.0227 (0.44)	0.028 (0.54)	-0.0906** (-2.44)	-0.0819** (-2.22)	0.0409 (0.76)	0.0464 (0.85)
Soe	0.3049** (2.23)	0.3088** (2.29)	-0.2241 (-0.97)	-0.2307 (-0.99)	0.11 (0.67)	0.1072 (0.66)	0.1321 (0.74)	0.1369 (0.76)
_cons	-2.6537** (-2.02)	-3.0576** (-2.34)	-5.0065*** (-2.73)	-5.0225*** (-2.71)	0.0978 (0.05)	-0.4661 (-0.25)	-4.1055** (-2.09)	-4.5374** (-2.28)
Ind/Year	Yes	Yes	Yes	Yes	Yes	Yes	Yes	Yes
N	582	582	328	328	527	527	383	383
Adj. R^2	0.432	0.442	0.397	0.394	0.352	0.362	0.432	0.422

注：*表示 p<0.1，**表示 p<0.05，***表示 p<0.01，括号内为 t 值，经 White 异方差调整。
资料来源：笔者运用 Stata 计算整理得到。

第七节 本章小结

企业作为环境保护的重要一员，在实现绿色生产、节约资源、降低能耗方面发挥着至关重要的作用。本章以政治关联为视角，收集了 2010~2017 年上市公司环保投资的数据，考察政治关联对环保投资的影响。研究结果表明：①企业政治关联阻碍了环保投资，表现为政治关联高管的比例越高，政治关联高管的等级越高，企业环保投资越少。②通过对比政治关联高管和政治关联董事对环保投资的影响发现，政治关联高管较政治关联董事对环保投资的抑制作用更显著。③进一步分析表明，从公司内部治理结构而言，设立多种类型的董事会下属委员会能够制衡高管政治关联对环保投资的抑制效应；从环保投资的后果来看，资本市场对环保投资的反馈较差，表现在企业环保投资越大，企业市场价值越小。④党的十八大对“美丽中国”的号召和政府环境规制均能够削弱政治关联对环保投资的负向影响，而政府环境规制中的环境污染监管较法制监管的削弱效应更强。

本章研究结论具有一定现实启示：

第一，完善环境保护的相关政策及法律法规。我国企业环保投资普遍不足，究其原因，在于现有政策不能完全解决环境污染负外部性问题。因此，可以采取定期根据企业的生产工艺是否节能环保、污染排放及治理情况进行环保评级，根据评级结果对企业的环评审批、信贷融资、水价电价、排污费实行差异化管理和征收，通过对环保评级较低的企业不予取得税收优惠和其他财政补贴，其实际控制人不予注册成立新公司等措施激发企业环保投资的内生动力，激励企业积极进行产品结构优化升级、改进生产工艺、研发新型技术和治理污染等，从源头减少污染排放。

政府部门应建立环保投资信息披露的监管条例，用法律法规等措施来约束企业的环境保护行为。在国家层面应该切实加强相关法律法规的建设，提高公司和个人的违法成本，如将披露虚假环保投资信息的公司记在失信名单上，对其进行行政处罚。另外，政府可以建立有法可循的政治关联监督体系，运用法律法规来约束政治关联型企业的经营决策和环保投资行动，在最大程度上发挥政治关联的正向激励作用，从而实现当地政府与企业的互赢，运用强制手段让企业能够树立良好的经营理念，积极主动加大环保投资力度。政府应严格执行环境政策并加大监管力度，避免企业对合法合规的政治关联产生负面影响，且运用政策漏洞规避环境保护法律法规制度和条例的监管，从而促使政治关联企业合法合规生产，发展可持续化、可循环经济，减少自身对生态环境的影响。

第二，加强政府环保监管。提高环境数据的透明性，加大对环境数据的监管，严惩操纵行为，将环境绩效与地方官员自身利益切实紧密联系，以实现科学合理的环保政策有效地落地执行是今后政府职能改革的必要方向。地方政府应该加大对政治关联型企业的监管。一直以来，政治关联型企业往往与当地政府形成较为亲密的关系，由于利益关系容易滋生出某种程度的腐败现象。地方政府应该重点对具有政治关联型特征的企业进行监管，对其进行党政教育以及重大力度的反腐工作监督，从根源上避免政治关联型企业为了满足当地政府官员的地区生产总值以及财政收入的绩效考核目标，从而迎合这些官员，一心追求经济发展，选择性忽视了环保投资。

第三，树立企业环保投资意识。目前我国大多数企业环保意识十分薄弱、不具备基本的环保投资能力。部分企业对于自己的定位仅是一个营利性的公司组织，并没有意识到自己所肩负的社会责任，忽视了自己作为一个社会性组织应具备的职能，没有发挥出自己对于社会环境保护的应尽之责，没有选择用真金白银对环境保护和环境投资付诸行动。应该加大对企业环保投资理念和方式的引导作用，避免出现当污染产生以后才罚款或者制裁等执法情况。由于企业的急功近利，可能此时的处罚金额与企业违规的盈利水平相比，已经不值一提，但对于生态环境的污染，已经造成了难以挽回的重大后果，当地的生态环境已经无法复原。正因如此，政府应该督促对企业相关排污设施的优化和结构升级，运用科技手段把污染排放控制在符合国家标准的范围之内。除此之外，还应该引导企业积极进行自主环境保护，企业应该将绿色、可持续、环保、低碳、健康的绿色环保生产理念提升到公司文化的战略高度，内化于心，外化于行，加强自身社会责任、环境保护主人翁的意识，积极树立绿色环保的企业外在形象。

企业应该完善企业环保投资信息披露制度。企业应该重视环保投资信息披露制度的各项建设，在企业内部建立一套完善的信息披露制度和建立专业的信息披露团队。企业内部应该重视外部利益相关者关于环保投资的舆论声音，通过他们来对自身的相关行为进行约束和监督。

第四，发挥社会公众利益相关者的参与和监督作用。应加强人民群众对环境保护的监督，如在数字化平台（微信公众号、抖音、今日头条等门户网站）开通政府环保部门的自媒体账号，让人民群众只需要通过手机以及网络就能将身边企业关于环境保护和环保投资中的违法违规行为进行举报和监督，降低人民群众的监督难度和举证成本，拉近人民群众和相关执法部门的沟通距离，提高沟通的效率。对环境保护的监督可以由公众来执行的具体方式，诸如人民群众可以积极监督相关企业的环保资金的使用分配范围以及实际的资金去向，有没有及时公布在官网首页或者企业相应公告之处、积极监督管理相关企业治污设施施工的具体情况、相关企业治污设施运行的真实情况以及相关企业治污设施后续维修状况等。

政府应在完善相关环境保护的法律法规这一大框架之下，积极推动社会公众形成以法律为最低要求、以道德为最高要求的法律保护观念。通过系统化的法律法规和制度政策来引领利益相关者成为环境保护的实践者、监督者、守护者，从而实现多主体、全方位、立体化，具有多管齐下效能的监督模式。积极运用社会媒体的作用，对于企业违法违规行为，社会媒体可以深入一线，了解真实现状，以事实为依据，发挥自身“传话筒”的使命和作用，勇于发现与环境保护相关的问题，综合事件背景，缜密分析问题，再积极发挥社会舆论的监督和导向作用，用事实和真相唤醒社会公众的环保意识，引导社会公众积极参与环境保护，诸如监督和曝光污染环境的违法违规行为。

第五，缓解企业融资约束。政府应该积极主动为企业提供多样的融资渠道，具体的融资优惠政策，解决企业的融资约束难题和解决企业银行贷款难题。在中国经济的转型期，重污染行业的企业普遍存在着融资约束和难以从银行获得贷款的财务难题，应加大对这一特定行业的企业捐赠税收减免、财政拨款、专项贷款等具体优惠政策，加快对当前融资结构改革的决心和力度，积极发展直接融资和间接融资等多维度和多渠道资本来源的资本市场，降低企业对银行贷款的依赖。政府应在税收减免优惠、合同竞价优惠、政府松懈的监管和大额融资便利等政策性福利，对志在转型的企业提供力所能及的帮助。帮助企业提高自身的价值创造和投资效率，大力推进混合所有制改革，在一定程度上重塑企业的股权结构、治理机制、规章制度，从而让企业拥有较为充沛的现金流，使企业能够获得较多的融资，从根源上解决企业的融资约束难题，让企业能够心有余力，主动将资金投入到投入资本较大、投资回报期较长、短期收益较少的环保投资上。

除此之外，应该进一步减少政府干预市场的相关职能效用，加大市场资源配置改革的力度。让市场经济能够充分发挥市场的资源配置作用。诸如前文所提到的行政审批、土地划拨、银行贷款等稀缺资源，乃至环保投资能够较少地受政府干预的影响。避免政府中某些官员为了一己私利，运用行政手段强行干预企业的正常生产经营，破坏市场的和谐、可持续化发展，从而让政府关联企业的环保投资达到其均值水平。

第六，优化企业股权结构。为了避免具有政治关联特征的高管在环保投资上独断专行，形成“一言堂”式的企业文化和现象，最直接的应对措施便是优化股权结构。平衡大股东和小股东之间、董事会和管理层之间的话语权，让企业的持股比例处于合理、公正、相互制衡的基础上。具体的措施如根据国家的法律法规，用合法合规的手段，来调整企业人员的持股比例。企业通过资本运作，引入多元化的持股比例改革方案，如让有资质的基金企业参与到企业的决策之中，让异常持股比例得到稀释。另外，在企业的运营管理中，可以尝试引进职业经理人来全盘操作这一专业措施，从而做出较为专业和理性的战略发展规划。

以上应对措施，能够较为有效地约束具有政治关联特征的高管特别是等级较高的、具有话语权的企业高管，出于一己私利，而在环保投资中做出错误决策，从而妨碍企业的长远发展。

第七，建立健全企业内控制度。设立多类型的董事会下属委员。在如今激烈的市场竞争中，企业的发展往往出人意料，与此同时，企业内部的相关制度和体系存在一定程度上的不足，所以企业需通过搭建更加完善的企业治理结构，逐步建立健全内部控制制度。具体措施如下：首先，企业高层应该形成以职业道德为核心导向的正确价值观，塑造出一套以国家法律为最低要求，以职业道德为最高要求的完善制度体系。从根源上创造一个理想的内控环境，设立多类型的董事会下属委员，有效制衡高管政治关联对环保投资的抑制效应。其次，在建立健全企业内控制度的基础上，应该保证内部控制制度的实施力度，具体措施如细分各项制度的责任人，通过赏罚分明来让每个人都各司其职。只有真正地使法治和人治得到有机结合，才能将一套较为完善的内控制度落到实处，发挥其真正的威慑力和影响力。

本章研究局限在于：由于上市企业环保投资数据并非强制披露内容，进行环保投资披露的企业较少，并且部分企业披露的内容只有投资总额，无明细分类，使深入研究受到限制，我们无法判断和通过经验数据证实政治关联主要影响环保投资的费用化支出还是资本化支出，或是都具有重大影响。今后的研究可以结合越发详细的披露要求和企业环保信息的披露内容进一步探索政企关系与企业绿色发展道路的关联。

下篇　政企关系与产品市场竞争态势

第八章　关系与产品市场竞争总体效应

第一节　引言

政府与市场是经济运行中的主体，两者的关系问题一直是社会各界关注的重要问题。企业作为重要的市场主体，其与政府的关系在微观层面影响企业经营和治理，中观层面影响市场行为，宏观层面影响经济运行。

在大多数国家，政府对资源配置起重要作用，因此政企关系历来为商界所重视。企业通过聘任具有政治背景、从政经历的人士到企业担任重要职位，从而与政府建立政治关联的现象在世界各国普遍存在，特别是在正式制度欠发达的国家和地区，政治关联被视为正式制度的重要替代机制，受到企业的广泛青睐。但是，在政治关联能够帮助企业获取外部资源优势的情况下，企业可能把自身更多资源投入到政企关系的维护中，从而忽视企业自身的能力建设，不利于市场公平竞争环境的营造。在企业创新方面，企业为维系过高的政治关系会挤占技术创新的投入水平（李园园等，2021）。处于较差市场环境中的政治关联企业获取事前补贴并不利于企业创新效率的提升（赵文等，2020）。相比非政治关联企业，高管政治关联企业的创新投入会更低（黄丽英、何乐融，2020）；政治关联高科技企业会更关注企业短期绩效，降低企业创新意愿，阻碍了企业差异化发展（苏屹等，2021）。蒋长流等（2021）利用2009~2017年中国上市企业的数据也验证了政治关联会明显抑制企业的创新水平，具体表现为政治关联会显著降低企业发明专利申请数量以及企业实用新型和外观设计专利申请数量。然而，政商关系的“亲、清”程度有助于提升民营企业的创新效率（杨兰品、孙孟鸽，2020）。在企业对外经营层面，政治关联增加了跨国企业在国际市场上的合法性障碍（潘镇等，2020），不利于企业对外直接投资（刘娟、曹杰，2021），增加了跨国并购的复杂性，强化了并购距离对并购绩效的不利影响（武天兰、范黎波，2020）。在企业公司治理方面，企业政治关联会抑制企业环境治理水平，同时抑制由于地方官员变更引发的政策不确定性（钟廷勇等，2019）。

经济新常态下强调市场的决定性作用，就是强调市场经济条件下，各经济主体在自由、规范、法治的市场环境下享有地位和权利平等、准入门槛平等、竞争规则平等、竞争公平。党的十九大报告指出，要坚持新发展理念，使市场在资源配置中起决定性作用，更好地发挥政府作用。2019 年 1 月，中央经济工作会议也提出，要强化竞争政策的基础性地位，创造公平竞争的制度环境。强化竞争政策基础性地位，本质上就是要厘清政府和市场的关系，使市场在资源配置中起决定性作用，同时更好地发挥政府作用，建设统一开放、竞争有序的市场体系。

2018 年 4 月，在博鳌亚洲论坛"政府与市场"分论坛上，各界与会嘉宾提出，随着改革进入深水区，如何进一步理顺政府和市场的关系，持续完善政府职能，促进政府为不同类型的市场主体创造公平的竞争环境、保证市场发挥决定性作用是值得深入思考的重要问题。①

那么，企业政治关联对产品市场竞争态势究竟有何影响？这种影响通过什么路径实现？这是当前改革与转型过程中值得探讨的问题，但截至目前，鲜有学者直接对这一问题进行探索和研究。基于以上背景和分析，本章将探讨企业政治关联对产品市场竞争态势的影响效应及其作用路径。

第二节　理论分析与假设演绎

一、政治关联、禀赋与产品市场竞争态势：理论框架

资源依赖理论（Resource Dependence Theory）认为，组织的生存是组织活动的第一要务，组织需要资源维系自身的生存和发展，然而每个组织往往不能自己生产出其所需要的全部资源，因此组织的生存和经营就必须依赖其生存的外部环境及环境中的其他组织。在我国转型经济的制度背景下，政府对资源分配具有绝对的主导权，资源稀缺性和资源禀赋的约束决定了政府在资源分配过程中必须有所取舍、有所侧重，因此与政府建立良好关系从而提升资源获取效率就成为转型经济体生存和发展的一种重要方式（Allen et al.，2005），而政治资本也成为公司发展的一种重要资源（Boubakri et al.，2008）。政治关联企业相比无政治关联企业，在竞争开始时便具有资源优势，即两组企

① 如何平衡政府与市场关系：让"两只手"各得其所相得益彰［EB/OL］．［2018-04-12］．http：//www.ce.cn/xwzx/gnsz/gdxw/201804/12/t20180412_28792983.shtml.

业在竞争之初便拥有不同的禀赋。福利经济学第二定理表明，对于每一种帕累托有效率的资源配置，市场都能找到一组价格达到总体均衡，而政府需要做的就是调整市场参与者的初始禀赋，其他的可以由市场解决。这个定理的含义就是市场机制只能在既定的资源禀赋下发挥作用，如果初始禀赋就是不公平或者偏离帕累托最优的位置，那么仅靠市场竞争机制无法使整个市场达到帕累托最优。以图 8-1 为例，假设市场中仅存在两个企业——A 和 B，在完全竞争市场下，x′应为帕累托最优的组合，那么如果 A 和 B 的初始禀赋组合是 w′，则市场机制可以实现最优配置即 x′。但是，如果 A 和 B 的初始禀赋不是 w′，而是 w，这种情况可以假设为两个企业中 B 企业具有政治关联，且政治关联带来了初始的资源优势，使在竞争机制发挥作用前 A 和 B 的禀赋就有显著差异。在这种情况下，市场竞争机制仅能够实现的效率是 x，而无法实现帕累托最优的配置 x′，要实现帕累托最优，需要政府干预调整两个企业的初始禀赋，使禀赋配置从 w 转移到 w′，此时才能依靠市场力量达到帕累托最优配置 x′。因此，市场竞争不公平的结果只是市场复制了不公平禀赋资源的结果，而非市场无效。

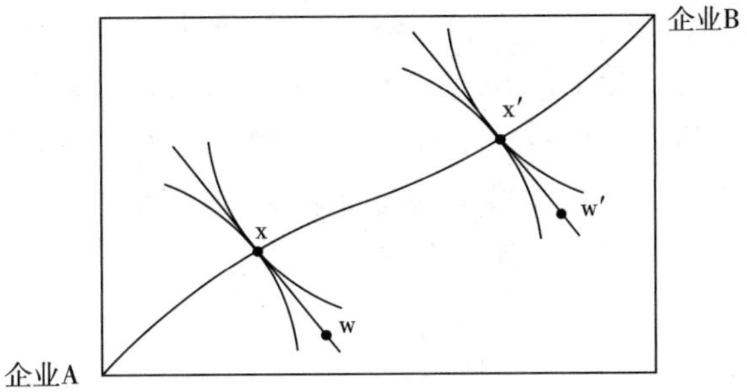

图 8-1　政治资源禀赋与产品市场竞争态势的福利经济学分析

资料来源：笔者参考王桂胜主编的《福利经济学》第 25 页图 2-9 绘制。

另外，Rose 和 Iootty（2012）运用 212 个国家样本的研究也表明，资源依赖对市场竞争的提升具有负面效应，对整个社会的经济发展也会产生负的外部性。Banerji 等（2018）研究发现政治关联负的外部性表现在，经济衰退时，由于政治因素，银行也会贷款给政治关联企业，而贷款后却属于事后信息收集和监管，这种信息效率损失是一种隐性成本，会降低公司价值，也会降低政治关联带来的财富效应。

基于以上理论分析，本章预期由于政治关联会造成有政治关联企业和无政治关联企业两个群体资源禀赋的差异，最终使市场竞争机制无法实现整个社会的帕累托最优。

二、企业政治关联与产品市场竞争态势：总体效应

政治关联通常是连接企业与政府的一座隐性桥梁。政府在发展过程中通常有增长地方经济、改善社会福利、缓解就业压力和促进国家税收等目标需要企业的参与。企业通

常也会为了获取政府的资源倾斜，而主动与政府建立连接。政治关联企业会为了维护企业与政府的关系而主动进行慈善捐赠活动（徐智等，2021），承担更多社会责任和提高企业的信息披露质量（李慧云等，2021）。非政治关联企业为了获取非竞争优势，会比政治关联企业更倾向于进行慈善捐赠和承担社会责任来与政府构建联系（范黎波等，2019）。

在我国，企业通常通过聘任具有政治背景、从政经历的人士加入企业担任 CEO、董事，或者私营企业家通过获得政治身份与政府建立关联。上文分析也表明，政治关联企业与非政治关联企业相比，具有显著的资源优势。已有研究表明，政治关联有利于帮助企业获取政府补助和银行信贷等融资优势（李慧云等，2021）；有助于企业降低融资约束，获取契约保护以及提高企业生产率（李宏亮、谢建国，2020）；有助于企业降低制度风险，提高企业投资效率，改善经济稳定期民营企业投资不足现象（段姝、钟宇，2019）；有助于帮助企业获取政府援助，降低对企业非税收入的征收（彭飞等，2020）；有助于提高企业风险承担水平、信息获取质量和帮助企业处理税收危机，从而强化企业避税行为（张明等，2020）；也能在一定程度上为企业提供外部合法性认同和产权保护（贾佳、刘小元，2020）。Schweize 等（2020）研究发现，政治关联企业更有可能以更低的成本发行债券，并且投资者对政治关联企业发行的债券能够给予更积极的市场反应。基于政治关联能够帮企业获取以上优势，因此从企业创新的角度来看，相比非政治关联企业，政治关联企业更有可能推进民营企业进行创新决策，扩大民营企业创新投资规模（李政毅等，2020），强化企业创新能力（宋林、张丹，2019），提高企业进行绿色创新的可能性（李杰、陈子钰，2020），促使企业进行商业模式创新（曾萍等，2020），推进高新技术企业进行技术创新（王岭等，2019），增加企业创新绩效（陈金波，2020）。熊家财和桂荷发（2020）研究发现，政治关联不仅能够促进企业创新产出的数量和提高企业创新产出的质量，还能够促进创新对企业未来业绩的正向影响。同时，政治关联能够通过缓解企业外部融资约束而降低金融错配对企业创新的阻碍作用（冉茂盛、同小歌，2020）。Li 等（2021）研究发现，政治关联有助于帮助企业获取更多政府补贴，促进企业的投资和创新。

政治关联除了有助于促进企业创新以外，企业董事政治关联有助于改善新三板企业的经营绩效（何平林等，2019）；券商政治关联有助于券商获取单项业务资格以及助力券商营业部扩张（马啸腾等，2019）；政治关联企业更有可能进行产品多元化发展（曾萍等，2021）；政治关联企业在宏观经济不确定的情况下更能减少企业对关联交易的依赖（侯德帅，2019）；存在政府背景的大客户会明显降低审计费用，并且政治层级越高越会强化这种结果（窦超等，2020）；拥有政治关联的母公司更倾向于选择以独资模式在异地开设子公司（贾佳、刘小元，2020）；民营企业政治关联可以降低企业融资约束来强化连锁董事网络对企业社会责任的推进作用（李小青等，2020）；官员型政治关联能够显著推动上市公司参与国家标准的制定，使其生产率得到提升（侯俊军等，

2020）。代理 CEO 政治关联能为代理 CEO 的合法性背书以及给企业带来非竞争优势，从而提高媒体对企业未来发展的信心，降低媒体对企业的负面报道（连燕玲等，2020）。政治关联企业倾向利用政治关联来管理企业与媒体的关系以获得有利的报道，同时媒体也有意愿向政治关联企业提供有利报道以加强其与政府的关系（Guo et al.，2021）。

从风险的角度看，政治关联也有利于帮助企业更好地抵御风险。王兵等（2019）研究表明，政治关联企业有更低的涉诉风险。陈作华和刘子旭（2019）的研究表明，政治关联有助于降低主要由企业管理水平、创新专利利用以及固定资产投资等因素影响的企业特质风险。Zhang 等（2017）从政治关联解除的角度出发，研究发现政治关联解除会增加企业经理人资源获取压力从而强化经理人坏消息的囤积行为，增大股价崩盘风险。此外，政治关联的资源效应也有助于显著降低企业为应对外部环境不确定性和融资成本上升不利情况的交易性和预防性现金持有水平（韦浪、宋浩，2020），但是当企业政治关联被迫中断后，企业会显著提升预防性现金持有水平以应对不利环境来维护企业价值（田利辉、王可第，2019）。政治关联企业也会面临更低的经营风险。Chow 等（2012）研究表明，建立政治关联是企业降低环境不确定性的重要途径。在企业战略选择中，政治关联企业实施多元化带来的风险远低于非政治关联企业实施多元化带来的风险（张敏、黄继承，2009）。

反腐能够为同地区其他企业获取融资资源提供公平的竞争环境，从而激励同地区其他企业进行创新，强化同地区其他企业的创新行为（田利辉、王可第，2020）。政治关联的民营企业能够获取更多的政府补贴，但随着我国为构建新型政商关系而出台一系列政策，政治关联的这种资源优势作用逐渐变弱（宋加山等，2020）。同时，政治关联被迫中断明显抑制了民营企业的寻租行为，提升了信贷市场资源配置的公平性（张会芹，2020）；政治关联被迫解除后，非国有企业的财政补贴减少，并且需要承担更多税负，从而导致企业创新效率降低（乐菲菲等，2020）。嵇尚洲和田思婷（2019）研究发现，独董（独立董事）政治关联解除有助于抑制企业过度投资行为，从而提升企业绩效。另外，在少许文献中，区分企业层面政治关联和个人层面政治关联后，企业层面的政治关联比个人层面的政治关联更有利于改善企业绩效（王龙伟等，2021），国有股权的政治背景比企业家个人层面的政治背景更能促进企业进行基础性创新（蒲勇健、韦琦，2020）。综上，政治关联企业与非政治关联企业相比，具有资源易获性优势和低成本、低风险优势，由此导致了其在产品市场竞争中具有较好的竞争地位和竞争优势，增加了产品市场竞争的不平等性。因此，本章预期企业政治关联会对产品市场竞争态势产生负面影响。

基于以上分析，本章提出第一个待验证假设：

H1：企业政治关联对产品市场竞争态势具有负面影响，具体表现为：①政治关联企业与非政治关联企业相比，具有更高的市场竞争地位；②政治关联企业与非政治关联企业相比，市场竞争优势更强；③行业内政治关联企业越多，行业竞争程度越低。

三、企业政治关联与产品市场竞争态势：基于董事和高管的微观效应

（一）政治关联人士任职身份与产品市场竞争态势

任职身份是指政治关联企业内，具体的政治关联个体在企业内的任职身份是高管（CEO/总经理或董事长）还是董事（执行董事、非执行董事和独立董事）。我们将企业通过高管建立的政治关联称为“高管型政治关联”，而将通过董事建立的政治关联称为“董事型政治关联”。

在所有权与经营权分离的情况下，高管是股东的代理人，理想状况下，高管应以股东利益为本，追求企业价值最大化。但是，作为理性的经济人，高管却有自己的效用函数（Jensen，1986），管理层的机会主义动机及堑壕防御效应（Entrenchment Effect）的显现，使其在进行投资决策时会为了自身利益背离企业价值最大化的目标（Shleifer and Vishny，1989）。高管的政治身份往往会使高管面临政治干预，导致管理者目标混乱（Shleifer and Vishny，1994），进而导致企业经营偏离股东财富最大化目标。同时管理者也因政府干预而未被充分监督，再加上管理者对公司不具有所有权或者持股比例不足，所以缺乏足够的激励去提升企业业绩。董事会是公司治理的核心机制，对高管起到监督和咨询的作用，公司的很多重大决策是由高管提案但需要董事会批准。已有研究表明，董事会的独立性和勤勉尽责能够抑制因高管薪酬诱发的机会主义行为（徐沛勣，2020）。董事会中的执行董事能发挥监督作用，抑制高管保守主义，提高企业技术创新产出（顾露露、张凯歌，2021）。与股东有关联的执行董事能够抑制企业高管为获取股权激励行权而进行的盈余管理行为（宋常等，2019）。孙光国和孙瑞琦（2018）研究表明，企业控股股东委派执行董事参与公司治理有助于缓解大股东与高管之间的代理问题，强化股东对高管行为的监督和激励作用。此外，董事会中的非执行董事能发挥监督和治理作用，明显抑制高管激励方案中对在职消费隐性激励契约的选择（王敏等，2017），而且还能够对高管负面消息囤积行为发挥治理作用，降低股价崩盘发生的可能性（胡珺等，2020）。家族企业中的非执行董事也有助于强化对高管行为的监督，从而提高企业投资效率以及企业业绩，有利于家族企业稳定的长期发展（赵宜一、吕长江，2017）。另外，董事会中的独立董事通过发挥监督和咨询作用，能够抑制高管过度自信对企业探索型创新的选择偏好（周霞等，2020），能够推进企业进行创新（章永奎等，2019）。院士（候选人）独立董事能够有效发挥监督和咨询作用，降低高管短视行为倾向，促使企业进行创新（许荣、李从刚，2019）。当董事会具有政治关联时，董事会对决策的批复更多地会受到政治层面因素的影响，他们会更多地考虑与政府互惠的提案从而保持政治关联带来的竞争优势。企业通常也会为了获取政府的资源倾斜，主动与政府建立连接。例如，政治关联企业会为了维护企业与政府的关系而主动进行慈善捐赠活动（徐智等，2021），承担更多社会责任和提高企业信息披露（李慧云等，2021）。非政治

关联企业为了获取非竞争优势，会比政治关联企业更有倾向进行慈善捐赠和承担社会责任来与政府构建联系（范黎波等，2019）。胡旭阳（2020）研究表明，存在企业家政治身份“代际接力”的企业会明显提高家族企业的社会责任承担水平。

基于以上分析，本章提出第二个待验证假设：

H2：相比“高管型政治关联”，“董事型政治关联”对产品市场竞争态势的负面影响更强，表现为：①“董事型政治关联”对关联企业市场竞争地位的影响更强；②“董事型政治关联”对关联企业市场竞争优势的影响更强；③行业内“董事型政治关联”企业越多，行业竞争度越低的效应越显著。

（二）政治关联董高行业专长与产品市场竞争态势

各方面的行业专长都有助于企业在市场中获取竞争优势，体现行业专长的“专业效应”。在审计方面，会计师事务所区域范围内的行业专长有助于会计师事务所获取更高的审计收费溢价（陈胜蓝、马慧，2015），有利于促进事务所规模经济收益的提升，强化企业规模经济传递效应（陈胜蓝、马慧，2013），能够提高审计质量，控制风险以及保证客户会计稳健性（梅丹、高强，2016），提高审计生产效率（周楷唐等，2020）。同时，审计师行业专长有助于缓解上市企业资产误定价，强化审计监督作用，提高资本市场资源配置效率（王生年等，2018），也有助于降低企业财务重述的可能性（谢盛纹等，2015），以及降低企业股价崩盘风险（熊家财，2015）。宋子龙和余玉苗（2018）研究表明，审计“产品型”行业专长有助于增加审计收费以及提高审计质量。赵艺和倪古强（2020）研究表明，审计师行业专长能为客户带来有价值的外部信息，提高企业的投资效率。在证券行业方面，风险投资行业专长有助于提高企业 IPO 审核通过率和企业 IPO 后长期绩效，并抑制企业 IPO 后业绩波动（徐虹等，2020）。分析师的行业专长有助于提高分析师预测准确性（刘永泽、高嵩，2014）。从高管专长来看，高管农业行业专长能够提高生物资产信息披露质量（谢帮生等，2020）。企业审计委员会财务专长有助于降低企业财务重述的可能性（王守海等，2019），有助于提高企业应计盈余管理质量，提高企业财务报表可靠性（潘珺、余玉苗，2017）。企业 CFO 的财务专长有助于企业适应会计准则的复杂性（周华等，2017），降低企业会计差错发生的可能性及次数（王霞等，2011），提高企业会计稳健性（张兆国等，2011）。企业 CEO 财务专长能够通过降低企业盈余管理和强化企业内部控制来减少企业风险（孙芳城等，2020）。高管财务背景能够促使企业更多地使用商业信用（何威风、刘巍，2018），获取市场竞争力。高管的环境领导力能够促使企业进行主动式生态创新（杨静等，2021）。董事技术专长也有助于提升企业创新效率和企业业绩（胡元木、纪端，2017），有助于优化企业技术资源配置，扩大技术资源规模，从而促进企业成长（许秀梅等，2019）。董事技术专长能够驱动企业进行创新，强化企业可持续增长（刘中燕、周泽将，2019），能够推动家族企业持续创新（许永斌、万源星，2019）。技术董事的“专家效应”有助于提高企业创新绩效（龚红、彭玉瑶，2021）。程新生和赵旸（2019）研究表明，权威董事的专业性能够促进企业创新，提高企业创新效率和创新可持续性。独立董事的财务背景有助于提高企业信息披露质量，从而提高分析师预测准确性（翟淑萍、袁克丽，2019）。

此外，管理者能力能够在一定程度上间接反映高管行业专长。管理者任期能够增长管理者行业专长，提高企业研发投资，强化企业创新强度（杨风等，2016），以及强化企业社会责任对创新的提升作用（Angela Kamidi、郭俊华，2021）。管理者能力越强，代表管理者在认知能力、处理事务、控制风险以及获取资源等方面都具有专长，有助于企业降低审计费用（何威风、刘巍，2018），强化管理者风格对管理者宏观认知的促进作用（罗勇根等，2021），能够提高企业决策的质量和满意度（王倩楠、葛玉辉，2021），提高企业内部控制质量（沈烈、郭阳生，2017），抑制企业投资“羊群效应”（张敦力、江新峰，2015），提高非国有企业的会计稳健性，从而降低股价崩盘风险（周兰、张玥，2019），抑制企业非效率投资行为来改善企业债券违约风险（张馨月，2021），促进企业进行创新（梁安琪、武晓芬，2020），提高企业创新能力（张军、许庆瑞，2018），提升民营科技企业的经营绩效（孙慧琳，2016），提高企业现行价值以及企业的未来价值（段文奇、宣晓，2018；焉昕雯、孔爱国，2021）。另外，高管团队行业专长经验异质性有助于为企业制定正确决策提供丰富信息，提高企业竞争策略组合的复杂性（邓新明等，2021）；有助于促进企业适调商业模式（胡保亮等，2020）和进行商业模式创新（庞长伟等，2021），提高企业创新绩效（赵丙艳等，2016），增加企业价值（崔小雨等，2018）。高管团队行业经验也有助于强化企业创新能力、吸收能力以及适应能力，从而加大企业进行战略突变的可能性（杨林等，2020）。

高管和董事的行业专长对其个人履职及公司经营都有重要影响。面对外部审计时，高管或董事具备审计方面的行业专长有利于企业与审计师的沟通（赵子夜、周静，2013）。对于公司本身业务和治理而言，行业专长也有重要影响。研究发现高管行业专长影响薪酬业绩敏感性，且这种影响与高管专长的专属性有关。当高管行业专长专属于该公司，且对公司业绩尤为重要时，则这种专长降低了最优薪酬业绩敏感性；当高管行业专长为通用型专长时，则会提升最优薪酬业绩敏感性（Dutta and Fan，2008）。高管行业专长也会通过影响资产剥离影响公司价值。面对多元化资产剥离计划，CEO 往往倾向于剥离自身行业专长较低的资产（Mai D，et al.，2014）。对于董事而言，行业专长也具有重要作用。Gul 和 Leung（2004）研究表明，非执行董事和外部董事的行业专长有助于履行监督职能，能够缓解两职合一造成的公司信息披露质量恶化效应。张斌和王跃堂（2014）的研究发现，独董的行业专长削弱了公司业务复杂度与股价同步性的正相关关系，但当行业专家独董具有政治关联时，这种作用会被削弱，表明聘入政治关联型行业专长独董的目的在于构建关系，而非履行监督。

本章预期，企业内具有政治关联的董高具备行业专长时，对市场竞争态势的影响更强。其一，行业专长使董高具有更高的行业信息优势和行业竞争敏感性。董高的行业专长使其熟知行业内竞争状况和各公司发展的主要状况，且是公司治理和经营的核心团体，因此能够通过及时对企业的竞争战略、经营战略进行调整来抢占先机、参与市场竞争。其二，具备行业专长的董高如果再兼具政治关联，那么从政治关联中获得的“资源效应”或者政府“扶持之手”的效应将与行业专长的“专业效应”进行叠加，从而对平衡有序的市场竞争造成更大影响。

基于以上分析，本章提出第三个待验证假设：

H3：企业内政治关联人士（高管和董事）的行业专长强化了企业政治关联对产品市场竞争态势的负面影响，表现为：①政治关联董高具备行业专长的企业，市场竞争地位显著高于政治关联董高不具备行业专长的企业；②政治关联董高具备行业专长的企业，市场竞争优势强于政治关联董高不具备行业专长的企业；③行业内政治关联董高具备行业专长的企业越多，政治关联降低行业竞争度的效应越强。

（三）政治关联董事任职身份与产品市场竞争态势

董事会是公司治理的核心机制，在公司治理过程中，董事会主要有两个功能：一是监督管理层行为（Fama，1980；Fama and Jensen，1983），二是为公司的重要决策提供咨询和建议（Mace，1971；Adams and Ferria，2008）。已有研究表明，董事会的独立性和勤勉尽责能够抑制高管薪酬诱发高管的机会主义行为（徐沛勣，2020）。董事会独立性有助于强化董事会的治理作用，能够降低风险资本退出对企业创新的不利影响（董屹宇、郭泽光，2020）。良好的董事会治理有助于促进企业创新（肖忠意等，2021）。龚辉锋和茅宁（2014）研究表明，在董事会中，董事会中监督董事的数量会强化董事会监督绩效，董事会中咨询董事的数量能够正向影响董事会的咨询绩效。祝继高等（2021）研究表明，非控股股东在董事会有较强的监督意愿和监督效果，非控股股东董事在董事会投的非赞成票有助于降低上市企业的代理成本，提高企业经营效率和企业价值。大量文献也分别从执行董事、非执行董事和独立董事三方面探究董事会成员的监督治理作用和提供咨询建议功能。首先，执行董事能够发挥监督作用，抑制高管保守主义，提高企业技术创新产出（顾露露、张凯歌，2021），也有助于抑制企业创新研发活动盈余管理，提高企业的长期绩效（王文慧、孙光国，2021）。执行董事人数占比和持股占比能够显著降低企业多元化经营程度以及抑制企业多元化经营降低企业价值的折价效应（薛有志等，2010）。与股东有关联的执行董事能够抑制企业高管为获取股权激励行权而进行的盈余管理行为（宋常等，2019），也能够抑制企业过度投资行为（章卫东、黄一松，2015）。孙光国和孙瑞琦（2018）研究表明，企业控股股东委派执行董事参与公司治理有助于缓解大股东与高管之间的代理问题，强化股东对高管行为的监督和激励作用。

已有研究表明，非执行董事通过发挥监督治理作用，能够明显抑制高管在激励方案中对在职消费隐性激励契约的选择（王敏等，2017），也能够抑制高管负面消息囤积行为，降低企业股价崩盘发生的可能性（胡珺等，2020）。非执行董事能够发挥积极的治理作用，推动企业进行技术创新（陈险峰等，2019）。家族企业中的非执行董事也能强化对高管行为的监督，从而提高企业投资效率以及企业业绩，有利于家族企业稳定地长期发展（赵宜一、吕长江，2017）。商业银行中董事会规模和非执行董事占比都有助于提高商业银行的经营绩效（刘家松等，2019）。独立董事也能提高企业治理水平以及为企业提供咨询建议。企业引入独立董事不仅能够优化企业董事会治理结构，也能为企业发展提供咨询建议服务。已有研究表明，独立董事有助于提高企业公司治理水平，为企业决策带来更多差异化的信息和专业知识，也有助于企业获取更多外部资源（励莉、周芳玲，2019）。企业独立董事通过发挥监督和咨询作用，有助于降低企业税收激进程度，缓解税收激进提升企业融资约束的效应（许艳，2021）；有助于抑制高管过度自信对企业探索型创新的选择偏好（周霞等，2020）；也有助于推进企业进行创新，提高企业研发投资（章永奎等，2019），同时也提高了企业创新产出及质量（吴迪、张玉昌，2019）。独立董事通过有效履行监督和咨询职责，有助于降低企业财务风险（丁维国，2018）。高管背景的独立董事在董事会中更会发表异议意见，充分发挥董事的监督和咨询作用，在强化企业公司治理水平，改善企业会计信息披露的同时，提高企业投资效率（刘琳晨等，2019）。董事的海外背景强化了董事的监督和咨询作用，能够明显降低企业债务融资成本（谢获宝等，2019）。院士（候选人）独立董事能够有效发挥监督和咨询作用，降低高管短视倾向，促使企业进行创新（许荣、李从刚，2019）。

董事会成员的政治关联对企业具有重要影响。Agrawal 和 Knoeber（2001）研究发现，在美国的上市公司中，很多公司董事会中的外部董事都具有政治经历或者法律从业经验，这些董事在某种程度上都具有“政治角色”，他们在公司与政府部门相关的决策中能够提供有益建议，而这些建议可能会影响行政部门的决策。陈冬华（2003）基于我国中央与地方政府财政分权改革的背景研究发现，在我国上市公司的董事会成员大部分都有政治背景，特别是与当地政府有关联，这种政治关联使公司能够获得更多财政补贴。Goldman 等（2009）研究发现，当某位董事获得政党成员的提名时，公司会有显著为正的异常回报率。Houston 等（2014）研究发现，董事会中具有政治关联董事的公司，获得银行贷款的成本显著低于其他公司。田利辉和王可第（2019）研究发现，企业独董政治关联解除后，企业显著提升预防性现金持有水平来应对外部环境不确定性和融资成本上升，促进企业价值提升。嵇尚洲和田思婷（2019）研究发现，独董政治关联解除有助于抑制企业过度投资行为，从而提升企业绩效。

董事会成员大致可分为执行董事、非执行董事和独立董事（陆正飞、胡诗阳，2015）。执行董事多由企业内高管担任。非执行董事在监督管理层盈余管理、过度投资等方面具有显著作用。相比独立董事，非执行董事有更强的监督能力、建议意愿和建议能力，促使企业在面临业绩落差的情况下，保持企业战略变革在合理的范围内（陈伟宏等，2018）。相比独立董事，执行董事更受股权激励的影响（车响午、彭正银，2018），能为企业提供更多外部资源（王营、张光利，2018）。

基于以上分析，本章提出第四个待验证假设：

H4：在“董事型政治关联”企业中，比起独立董事具有政治关联的企业，执行董事与非执行董事具有政治关联的企业对产品市场竞争态势的影响作用更强，表现为：①比起独立董事具有政治关联的企业，执行董事与非执行董事具有政治关联的企业，市场竞争地位更高；②比起独立董事具有政治关联的企业，执行董事与非执行董事具有政治关联的企业，市场竞争优势更强；③比起独立董事具有政治关联的企业，执行董事与非执行董事具有政治关联的企业越多，行业竞争程度越弱。

第三节　研究设计

一、样本选择与数据来源

本章选取 2008~2017 年 A 股全部上市公司为样本。本章根据 CSMAR 数据库中高管和董事的政治背景层级手工判断政治关联企业相关指标，由于该数据在 CSMAR 数据库中仅从 2008 年开始，因此本章选取 2008 年为起始年份。同时对样本进行了如下处理：①剔除数据缺失的样本；②剔除 ST 或 * ST 公司。本章所用的财务数据和公司治理数据均来自 CSMAR 数据库。行业依据证监会 2012 年《上市公司行业分类指引》划分。为避免异常值的影响，本章对所有连续变量进行了上下 1%的 Winsorize 处理。

二、检验模型和变量说明

我们构建模型（8-1）检验 H1：

$$Mar\_ComPetition_{i,j.t}(PCM/Strength/EI)=\alpha+\beta(PC_{i.t}/PC\_Percent_{j,t})+\sum\lambda_i Controls_i+\varepsilon \quad (8-1)$$

本章通过模型（8-1）检验企业政治关联对产品市场竞争态势的影响。其中 Mar_ComPetition 代表企业产品市场竞争态势，分别包括刻画企业竞争地位的勒纳指数（PCM）、刻画企业竞争优势的主营业务利润率（Strength）以及刻画行业竞争度的熵指数（EI）；PC 和 PC_Percent 分别代表政治关联企业虚拟变量和政治关联企业行业占比。本章关注的重点为 β 系数，并且预期 β 系数在企业层面将显著为正，即政治关联企业比非政治关联企业具有更高的市场竞争地位；政治关联企业比非政治关联企业具有更强的市场竞争优势。预期 β 系数在行业层面将显著为正，即行业内政治关联企业越多，行业竞争程度越低。

在模型（8-1）中，i 表示公司，j 表示公司所属行业，t 表示年度，其他变量解释如下：

（一）被解释变量

本章的被解释变量为“产品市场竞争态势（Mar_ComPetition）”，具体采用以下三个指标衡量：

（1）企业竞争地位（PCM）。根据已有文献，本章选用勒纳指数（PCM）来衡量企业的竞争地位（Kale and Loon，2011；邢立全、陈汉文，2013；郑立东、程小可，2014）。本章定义勒纳指数为：年度（营业收入-营业成本-销售费用-管理费用）/年度营业收入，勒纳指数越大，代表企业的定价能力越强，企业竞争地位越高，谈判能力越强（Peress，2010）。

（2）企业竞争优势（Strength）。本章选取主营业务利润率作为企业竞争优势的替代变量，主营业务利润率在某种程度上可视为企业的“垄断租金”，而垄断租金越高，意味着产品市场的垄断性越高，竞争优势越高（Nickell，1996）。

（3）行业竞争程度（EI）。本章遵循国内主流研究的做法（吴昊旻等，2012），采用反映市场集中度的熵指数（EI）来度量公司所在行业的行业间竞争状况，EI 越低，表示行业竞争程度越低，市场集中度越高，竞争态势越差，反之则表示行业竞争态势越好。

（二）解释变量

本章的解释变量为企业政治关联指标，具体采取企业层面和行业层面两个分指标，具体衡量如下：

企业政治关联（PC）变量为虚拟变量。我们考察样本公司的高管（包括 CEO/总经理/董事长/CFO/副总等）和董事（包括独董、执行董事和非执行董事）的政治背景或从政经历，当企业高管或董事曾任或现任中央、地方（市及以上）官员（副处及以上）、地方或全国人大代表、政协委员时，该变量取“1”，否则取“0”（Faccio，2006；Fan et al.，2007）。

行业政治关联企业比例（PC_Percent）变量为连续变量，根据 2012 年《上市公司行业分类指引》，制造业行业取二级代码，其余行业取一级代码，在行业内计算具有政治关联企业占该行业总企业数比例。

（三）控制变量

本章的控制变量包括企业层面和个人层面的系列常用变量，具体地：企业特征变量包括：企业寿命（Life）、上市年份（Listyear）、企业规模（Size）、企业债务结构（Lev）、企业盈利状况（Roe）、产权性质（Soe）、第一大股东持股比例（Top1）、是否属于管制行业（Reguind）等；董事会特征变量包括：董事会规模（Boardsize）、财务会计董事比例（Findirector）、忙碌董事比例（Busydir）、董事会会议频次（Meeting）、两职合一（Duel）等。另外，我们在模型中还控制了行业（Ind）和年度（Year）固定效应，具体变量定义及度量方式如表 8-1 所示。

表 8-1　主要变量定义及度量

变量名称	变量说明	变量符号	变量描述
产品市场竞争态势	企业竞争地位	PCM	我们用勒纳指数代理企业竞争地位，计算方法为：年度（营业收入-营业成本-销售费用-管理费用）/年度营业收入
	企业竞争优势	Strength	用主营业务利润率代理企业竞争优势，计算方法为：年度主营业务利润/年度主营业务收入
	行业竞争程度	EI	用熵指数（EI）代理行业竞争度，计算方法为：$EI=\sum_{f=1}^{n} S_f \log\left(\frac{1}{S_{f,i}}\right)$ $S_{f,i}$ 为公司 f 第 i 年的市场份额，n 为行业内公司数
政治关联变量	政治关联企业虚拟变量	PC	根据 CSMAR 数据库中样本公司董事和高管个人政治背景行政层级数据，将董事、高管现任或曾任中央、地方（市及以上）官员（副处及以上）、地方或全国人大代表、政协委员的企业定义为政治关联企业，政治关联企业该变量取“1”，其他取“0”
	高管型政治关联企业虚拟变量	PC_Mg	在企业政治关联虚拟变量 PC 的基础上，将政治关联全部来源于高管的企业设置为“1”，删除高管和董事同时具有政治身份的企业，其余设置为“0”
	董事型政治关联企业虚拟变量	PC_Dir	在企业政治关联虚拟变量 PC 的基础上，将政治关联全部来源于董事的企业设置为“1”，删除高管和董事同时具有政治身份的企业，其余设置为“0”
	行业专长政治关联董高	PC_Ind	在董高全部具有政治关联的基础上，搜集董高的工作背景与所在企业的主营业务，手工进行匹配，匹配标准为董事或者高管具备企业所在行业或者企业主营业务的职业背景或者从业经验，具有行业专长的董高为“1”，其余为“0”
	行业政治关联企业比例	PC_Percent	根据 2012 年《上市公司行业分类指引》，制造业行业取二级代码，其余行业取一级代码，在行业内计算具有政治关联企业占该行业总企业数比例
	行业高管型政治关联企业比例	PC_MgPercent	在行业内计算具有高管型政治关联企业占该行业总企业数比例
	行业董事型政治关联企业比例	PC_DirPercent	在行业内计算具有董事型政治关联企业占该行业总企业数比例
	行业内董高政治关联专长企业比例	PC_IndPercent	在行业内计算具有行业专长政治关联企业占该行业总企业数比例

续表

变量名称	变量说明	变量符号	变量描述
控制变量	企业寿命	Life	公司年龄，观测年度减去公司成立年份
	上市年份	Listyear	公司上市年数，观测年度减去公司上市年份
	企业规模	Size	公司年末总资产的自然对数
	企业债务结构	Lev	公司年末负债总额/资产总额
	企业盈利状况	Roe	公司年度净资产收益率
	产权性质	Soe	实际控制人为国企、国资委等国有性质组织，取"1"，其他取"0"。实际控制人数据来自 CCER 数据库
	第一大股东持股比例	Top1	年度第一大股东持股比例
	管制行业	Reguind	管制行业虚拟变量，当公司所属行业涉及国家安全的行业、自然垄断的行业、提供重要公共产品和服务的行业以及支柱产业和高新技术产业界定为管制性行业，具体包括以下行业：采掘业；石油、化学、塑胶、塑料；金属、非金属；电力、煤气及水的生产和供应业；交通运输、仓储业；信息技术业（夏立军、陈信元，2007）。以上行业取"1"，其他取"0"
	董事会规模	Boardsize	年度董事会总人数
	财务会计董事比例	Findirector	公司当年具有财务、会计、金融类教育或工作背景的董事定义为财务会计董事，该比例为当年财务会计董事比例除以当年董事会总人数
	忙碌董事比例	Busydir	根据 Ferris 等（2003），我们将当年兼任三家及三家以上董事席位的董事定义为"忙碌董事"，该指标用当年忙碌董事人数除以当年董事会总人数得到
	董事会会议频次	Meeting	年度董事会会议次数
	两职合一	Duel	CEO、董事长两职合一取"1"，否则取"0"

资料来源：笔者整理得到。

进一步，本章构建模型（8-2）和模型（8-3），用于检验 H2：

$$Mar\_ComPetition_{i,j,t}(PCM/Strength/EI)=\alpha+\beta(PC\_Mg_{i.t}/PC\_MgPercent_{j,t})+\sum\lambda_i Controls_i+\varepsilon \quad (8-2)$$

$$Mar\_ComPetition_{i,j,t}(PCM/Strength/EI)=\alpha+\beta(PC\_Dir_{i.t}/PC\_DirPercent_{j.t})+\sum\lambda_i Controls_i+\varepsilon \quad (8-3)$$

H2 进一步从企业内部微观层面考察政治关联与产品市场竞争态势的效应。具体而言，探讨任职身份对政治关联影响产品市场竞争态势的效应。任职身份是指在政治关联企业内，具体的政治关联个体在企业内的任职身份是高管还是董事。为检验 H2，我们在全样本基础上删除了董事和高管同时具备政治关联的公司样本，将剩余样本区分为通过高管建立政治关联的公司（“高管型政治关联”企业）和通过董事建立政治关联的公司（“董事型政治关联”企业），然后分样本对模型（8-2）和模型（8-3）进行回归。

当考察“高管型政治关联”的影响时，我们在模型（8-1）的基础上构建模型（8-2）来进行回归，将原政治关联企业虚拟变量（PC）以及政治关联企业行业占比变量（PC_Percent）更换为“高管型政治关联”企业虚拟变量（PC_Mg）以及“高管型政治关联”企业行业占比变量（PC_MgPercent），新变量具体构造如下：解释变量为PC_Mg，当样本公司为“高管型政治关联”企业时，取“1”，否则取“0”；同时选取行业层面解释变量PC_MgPercent，即在行业内计算具有高管型政治关联企业占该行业总企业数比例。

当考察“董事型政治关联”的影响时，我们在模型（8-1）的基础上构建模型（8-3）来进行回归，将原政治关联企业虚拟变量（PC）以及政治关联企业行业占比变量（PC_Percent）更换为“董事型政治关联”企业虚拟变量（PC_Dir）以及“董事型政治关联”企业行业占比变量（PC_DirPercent），新变量具体构造如下：解释变量为PC_Dir，当样本公司为“董事型政治关联”企业时，取“1”，否则取“0”；同时选取行业层面解释变量PC_DirPercent，即在行业内计算具有董事型政治关联企业占该行业总企业数比例。模型（8-3）中其他变量定义及控制变量与模型（8-1）一致。

在模型（8-2）和模型（8-3）中，本章的关注焦点依然是β系数，预测模型（8-3）中的β系数在系数值和显著程度上都优于模型（8-2）中的β系数。并且，模型（8-3）中的β系数在企业层面将显著为正，在行业层面将显著为负。由此符合H2的预期，即相比“高管型政治关联”，“董事型政治关联”对产品市场竞争态势的负面影响更强，表现为：①“董事型政治关联”对关联企业市场竞争地位的影响更强；②“董事型政治关联”对关联企业市场竞争优势的影响更强；③行业内“董事型政治关联”企业越多，行业竞争度越低的效应越显著。

完成以上步骤后，我们继续构建模型（8-4）考察H3：

$$Mar\_ComPetition_{i,j,t}(PCM/Strength/EI) = \alpha+\beta(PC\_Ind_{i,j,t}/PC\_IndPercent_{j,t}) + \sum \lambda_i Controls_i + \varepsilon \quad (8-4)$$

本章H3检验的是董高行业专长对其政治关联与产品市场竞争的影响。观测值从公司层面细化到个人层面，此时样本包含所有具备政治关联的董事或高管个人，共35299条公司—个人—年度数据。在模型（8-4）中，当考察个人层面行业专长影响时，解释变量为“是否具备行业专长的政治关联人士（PC_Ind）”，此时i表示公司，j表示个人，t表示年度；当样本公司的政治关联董事或者高管具备该公司主营业务相关的专业、职业背景时，定义其具备该行业的行业专长，此时该变量取“1”，否则取“0”。当考察行业层面效应时，被解释变量为行业竞争度（EI），此时样本共包括19336条公司—行业—年度数据。在模型（8-4）中，i表示公司，j表示行业，t表示年度。我们在董事和高管的个人层面将其职业背景与企业所属行业的二级分类进行手工匹配，如董事或高管具备政治关联，且具备任职企业所属行业从业经验，则变量 PC_Ind 取“1”，否则取“0”。其他变量定义与模型（8-1）一致，控制变量在模型（8-1）基础上加入个体特征变量，如年龄、性别、学历等。与 H1 一致，我们还考察了行业层面效应，此时，解释变量为具有行业专长政治关联企业占该行业总上市企业数比例（PC_IndPercent）。

在模型（8-4）中，本章的关注焦点依然是 β 系数，预期 β 系数在企业层面将显著为正，在行业层面将显著为负，由此 H3 得以验证，即企业内政治关联人士（高管和董事）的行业专长强化了企业政治关联对产品市场竞争态势的负面影响，表现为：①政治关联董高具备行业专长的企业，市场竞争地位显著高于政治关联董高不具备行业专长的企业；②政治关联董高具备行业专长的企业，市场竞争优势强于政治关联董高不具备行业专长的企业；③行业内政治关联董高具备行业专长的企业越多，政治关联降低行业竞争度的效应越强。

为检验 H4，本章继续构建模型（8-5）：

$$Mar\_ComPetition_{i,j,t}(PCM/Strength/EI)=\alpha+\beta PC\_Exe_{i,t}(Indep)/PC\_Exepercent_{j,t}(IndPercent)+\sum\lambda_i Controls_i+\varepsilon \tag{8-5}$$

在以上分析基础上，为进一步探究董事会董事任职类型及其政治关联对产品市场竞争态势的影响，我们在检验 H2“董事型政治关联”企业层面的基础上，进一步探究董事个人层面“执行与非执行董事政治关联”和“独立董事政治关联”任职的考察。我们首先剔出了两类董事同时具备政治关联的样本，保留后的初始样本共有公司—个人—年度观测值 14479 条，删除个人层面特征变量缺失值后得到最终样本 9687 条，同时得到公司—行业—年度观测值 10139 条。个人层面样本为保留所有具有政治关联的董事数据。

在模型（8-5）中的解释变量为“政治关联执行与非执行董事虚拟变量（PC_Exe）”，当政治关联董事为执行董事或非执行董事时，取“1”，否则取“0”。在行业层面，计算在第 t 年行业 j 内，执行或者非执行政治关联董事企业占董事型政治关联企业比例（PC_ExePercent）和政治关联独立董事企业占董事型政治关联企业比例（PC_IndPercent）。其他变量定义与模型（8-1）一致，控制变量与模型（8-3）一致。

模型（8-5）中，本章的关注焦点还是 β 系数，预期 β 系数在企业层面将显著为正，在行业层面将显著为负，由此 H4 得以验证，在“董事型政治关联”企业中，比起独立董事具有政治关联的企业，执行董事与非执行董事具有政治关联的企业对产品市场竞争态势的影响作用更强，表现为：①比起独立董事具有政治关联的企业，执行董事与非执行董事具有政治关联的企业，市场竞争地位更高；②比起独立董事具有政治关联的企业，执行董事与非执行董事具有政治关联的企业，市场竞争优势更强；③比起独立董事具有政治关联的企业，执行董事与非执行董事具有政治关联的企业越多，行业竞争程度越弱。

三、变量描述性统计

表 8-2 报告了主要变量的描述性统计结果。表 8-2 中数据显示，超过半数的企业都具有政治关联（PC 中位数为“1”），行业内政治关联企业比例，表明行业内政治关联企业比例达 82.4%（PC_Percent 均值为 0.824），可见政治关联企业在我国普遍存在。企业竞争地位（PCM）和市场竞争优势（Strength）最大值和最小值以及标准差表明不同企业的竞争地位和优势差异明显。反映行业竞争度的 EI 指数均值为 4.476，中位数为 5.124，表明我国行业普遍竞争度较低。

表 8-2 主要变量描述性统计

变量	观测值	均值	标准差	最小值	中位数	最大值
PC	19401	0.828	0.378	0.000	1.000	1.000
PC_Percent	19401	0.824	0.076	0.554	0.827	1.000
PCM	19401	0.126	0.120	-0.413	0.104	0.523
Strength	19401	0.268	0.156	-0.081	0.239	0.766
EI	19401	4.476	1.138	0.672	5.124	5.582
Life	19401	15.263	5.576	3.000	15.000	29.000
Listyear	19401	8.990	6.818	0.000	8.000	23.000
Lev	19401	0.427	0.208	0.047	0.421	1.037
Soe	19401	0.398	0.490	0.000	0.000	1.000
Roe	19401	0.087	0.070	-0.695	0.076	0.368
Size	19401	22.027	1.294	18.954	21.844	26.895
Top1	19401	36.384	15.203	8.500	34.700	75.510
Boardsize	19401	8.753	1.726	5.000	9.000	15.000
Busydir	19401	0.138	0.165	0.000	0.091	0.667
Findirector	19401	0.359	0.190	0.000	0.333	1.000
Duel	19401	0.259	0.438	0.000	0.000	1.000
Meeting	19401	9.535	3.749	4.000	9.000	23.000
Reguind	19401	0.349	0.477	0.000	0.000	1.000

资料来源：笔者运用 Stata 计算整理得到。

表 8-3 报告了主要变量相关系数矩阵。表 8-3 中数据显示，企业政治关联（PC）与三个维度的产品市场竞争态势指标均在 1%或 5%的水平上显著相关，具体表现为：政治关联（PC）与企业竞争地位（PCM）在 1%的水平上显著，系数为 0.022；政治关联（PC）与企业竞争优势（Strength）在 5%的水平上显著，系数为 0.017；政治关联

（PC）与行业竞争度（EI）在1%的水平上显著，系数为-0.045。初步印证H1，即与非政治关联企业相比，政治关联企业具有更高的市场竞争地位和更强的市场竞争优势，并且从行业层面来看，行业内政治关联企业越多，行业竞争程度越低。此外，多数变量之间的相关系数均在0.5以下，表明不存在严重的共线性问题。

表8-3　主要变量相关系数矩阵

	PCM	Strength	EI	PC	Life	Listyear	Lev	Soe
PC	0.022***	0.017**	-0.045***	1				
Life	-0.080***	-0.065***	-0.044***	0.016**	1			
Listyear	-0.173***	-0.208***	-0.071***	-0.007	0.630***	1		
Lev	-0.210***	-0.391***	-0.146***	0.017***	0.206***	0.372***	1	
Soe	-0.082***	-0.215***	-0.152***	0.033***	0.154***	0.403***	0.299***	1

注：*表示 $p<0.1$，**表示 $p<0.05$，***表示 $p<0.01$。

资料来源：笔者运用Stata计算整理得到。

第四节　实证结果

一、H1的实证检验结果

表8-4报告了运用模型（8-1）对H1进行回归估计的结果。表8-4中被解释变量为产品市场竞争态势，分别为：企业竞争地位、企业竞争优势以及行业竞争度。（1）列和（2）列分别用勒纳指数（PCM）和主营业务利润率（Strength）代理企业竞争地位和企业竞争优势，（3）列用熵指数（EI）代理行业竞争度。（1）列和（2）列从企业层面考察，解释变量为企业政治关联虚拟变量（PC），（3）列的解释变量为行业内政治关联企业比例（PC_Percent）。政治关联（PC）在10%的水平上显著正向影响企业竞争地位（PCM），并且系数为0.0031；政治关联（PC）在5%的水平上显著正向影响企业竞争优势（Strength），并且系数为0.0049；在行业上，行业内政治关联企业比例（PC_Percent）越高，行业竞争度（EI）越低。综上可见，企业政治关联对产品市场竞争态势具有显著影响。具体而言，在表8-4（1）列中，PC的系数为0.0031，t值为1.67，在10%的水平上显著为正，结果表明政治关联企业与非政治关联企业相比，具有更高的市场竞争地位；（2）列中，PC的系数为0.0049，t值为2.08，在5%的水平上显著为正，结果表明政治关联企业与非政治关联企业相比，市场竞争优势更强；（3）列中，

行业层面政治关联变量 PC_Percent 的系数为-3.2601，t 值为-26.26，结果表明行业内政治关联企业越多，行业竞争程度越低。以上数据和结果验证了本章 H1 的预期。控制变量方面，企业寿命（Life）越长，竞争优势越强，行业竞争度越低。企业负债率（Lev）越高，竞争优势越弱，这与李科和徐龙炳（2009）的研究结论一致。企业规模（Size）越大，竞争优势越强。总经理和董事长两职合一（Duel）的企业竞争优势强于两职分离的企业，因为根据朱玉杰等（2016）的研究，两职合一可以带来“一把手”的信息优势，降低沟通成本、提高沟通效率，由此促进公司业绩的提升，所以两职合一对代理成本的降低能够促使企业在市场竞争中获得优势。管制行业虚拟变量（Reguind）系数显著为负，表明管制行业的竞争态势劣于非管制行业，与现实情况一致，因为管制行业有政府政策倾斜和支持，因此竞争态势较弱。第一大股东持股比例（Top1）对行业竞争度有正面影响。在董事会层面，董事会规模（Boardsize）与产品市场竞争态势呈负相关，表明董事会规模越大不一定意味着治理效率越高。忙碌董事的比例（Busydir）越高，企业的竞争优势越低，表明忙碌董事与董事会监督效率呈负相关（段海艳，2016），不利于企业获取竞争优势。

表 8-4 企业政治关联与产品市场竞争态势总体效应的回归结果①

变量	(1)	(2)	(3)
	PCM	Strength	EI
PC	0.0031*	0.0049**	—
	(1.67)	(2.08)	
PC_Percent	—	—	-3.2601***
			(-26.26)
Life	0.0006***	0.0001	0.0083***
	(3.60)	(0.46)	(4.7)
Listyear	-0.0025***	-0.0016***	-0.0049***
	(-14.49)	(-7.27)	(-2.75)
Lev	-0.1490***	-0.2633***	-0.4810***
	(-28.81)	(-42.57)	(-10.27)
Soe	-0.0075***	-0.0130***	-0.3037***
	(-3.97)	(-5.62)	(-15.55)
Roe	0.6308***	0.6060***	-1.0067***
	(-39.14)	(33.58)	(-8.48)

① (3) 列中，由于指标 EI 和 PC_Percent 是基于层面指标计算，故此时不再在行业年度层面控制，下同。

续表

变量	(1)	(2)	(3)
	PCM	Strength	EI
Size	0.0136***	-0.001	0.0013
	(-15.6)	(-0.95)	(0.14)
Top1	0.0001	-0.0003***	-0.0047***
	(1.21)	(-5.38)	(-8.76)
Boardsize	-0.0006	0.0019***	-0.0165***
	(-1.27)	(3.42)	(-3.27)
Busydir	-0.0206***	-0.0165***	0.6137***
	(-4.79)	(-2.94)	(13)
Findirector	-0.0153***	-0.0054	-0.2248***
	(-3.62)	(-1.07)	(-5.18)
Duel	0.0016	0.0068***	0.1188***
	(0.99)	(3.1)	(6.7)
Meeting	-0.0004*	0.0007**	-0.0271***
	(-1.82)	(2.53)	(-11.97)
Reguind	-0.0132***	-0.0976***	-0.0573***
	(-7.81)	(-36.73)	(-3.45)
常量	-0.1412***	0.3172***	8.0256***
	(-7.73)	(14.9)	(43.19)
行业	Yes	Yes	No
年度	Yes	Yes	No
N	19401	19401	19401
Adj. R^2	0.3693	0.3758	0.1358

注：表中括号内为 t 值，经 White 异方差调整。* 表示 $p<0.1$，** 表示 $p<0.05$，*** 表示 $p<0.01$。
资料来源：笔者运用 Stata 计算整理得到。

二、H2 的实证检验结果

（一）H2 主回归结果

表 8-5 报告了运用模型（8-2）和模型（8-3）对“高管型政治关联”以及“董事型政治关联”与产品市场竞争态势的实证结果，其中，（1）列至（3）列为对“高管型政治关联”与产品市场竞争态势的检验，（4）列至（6）列为对“董事型政治关联”与产品市场竞争态势的检验。表 8-5 中（1）列、（2）列数据显示，“高管型政治关联”对产品市场竞争态势没有显著影响，（3）列显示 PC_Mg 的系数在 1%的水平上显

著。在（4）列至（6）列中，“董事型政治关联”对产品市场竞争态势的影响在10%或1%水平上显著。综上所述，相比“高管型政治关联”，“董事型政治关联”对产品竞争态势的影响更强，“董事型政治关联”对关联企业市场竞争地位和市场竞争优势影响更强，且行业内“董事型政治关联”企业越多，行业竞争度越低的效应越显著。符合H2的预期。同时也验证了，企业中的董事除了对高管起到监督和咨询的作用，也会对企业中重大决策和高管提案起到严格管控和审批作用，这说明董事在企业公司治理中担任重要角色，在企业经营方向上具有重要话语权。

表8-5 董事/高管型政治关联对产品市场竞争态势影响的回归结果

变量	高管型政治关联			董事型政治关联		
	(1)	(2)	(3)	(4)	(5)	(6)
	PCM	Strength	EI	PCM	Strength	EI
PC_Mg	0.0095 (1.31)	0.0019 (0.21)	—	—	—	—
PC_Dir	—	—	—	0.0037* (1.81)	0.0051* (1.92)	—
PC_MgPercent	—	—	-3.8673*** (-8.29)	—	—	—
PC_DirPercent	—	—	—	—	—	-0.8088*** (-7.13)
Life	0.0007 (1.49)	-0.0002 (-0.30)	-0.0013 (-0.30)	0.0009*** (4.08)	0.0005* (1.71)	0.001 (0.43)
Listyear	-0.0033*** (-8.22)	-0.0020*** (-3.97)	0.0003 (0.08)	-0.0028*** (-12.60)	-0.0021*** (-7.56)	0.0016 (0.72)
Lev	-0.1478*** (-14.22)	-0.2620*** (-20.33)	-0.2344** (-2.37)	-0.1412*** (-22.21)	-0.2594*** (-33.75)	-0.2568*** (-4.85)
Soe	-0.0080* (-1.85)	-0.0157*** (-2.93)	-0.1020** (-2.24)	-0.0126*** (-5.55)	-0.0196*** (-7.03)	-0.1419*** (-6.22)
Roe	0.7031*** (26.83)	0.6912*** (21.27)	-0.6533*** (-5.91)	0.6116*** (24.19)	0.5659*** (21.05)	-0.7447*** (-10.59)
Size	0.0188*** (9.91)	0.0026 (1.1)	0.0602*** (3.19)	0.0135*** (12.05)	-0.0008 (-0.58)	0.0340*** (3.41)
Top1	0.0001 (0.41)	-0.0005*** (-3.04)	-0.0013 (-1.07)	0.0001* (1.81)	-0.0004*** (-4.38)	0.0002 (0.38)
Boardsize	-0.0017 (-1.61)	0.0014 (1.06)	-0.0368*** (-3.23)	-0.0001 (-0.22)	0.0020*** (2.8)	-0.0350*** (-5.84)

续表

变量	高管型政治关联			董事型政治关联		
	(1)	(2)	(3)	(4)	(5)	(6)
	PCM	Strength	EI	PCM	Strength	EI
Busydir	-0.0177	-0.0246*	0.6537***	-0.0242***	-0.0195***	0.5283***
	(-1.59)	(-1.77)	(6.23)	(-4.57)	(-2.85)	(9.29)
Findirector	-0.0302***	-0.0224**	-0.092	-0.0159***	-0.0077	-0.4022***
	(-4.13)	(-2.47)	(-1.15)	(-3.07)	(-1.23)	(-7.88)
Duel	0.0017	0.0104*	0.1143***	0.0053**	0.0090***	0.0486**
	(0.39)	(1.92)	(2.78)	(2.47)	(3.13)	(2.1)
Meeting	-0.0005	0.0007	-0.0226***	-0.0005*	0.0007**	-0.0266***
	(-0.99)	(1.13)	(-4.26)	(-1.93)	(2.22)	(-9.87)
Reguind	-0.0109**	-0.0820***	-0.3309***	-0.0134***	-0.0994***	-0.4039***
	(-2.36)	(-14.31)	(-8.73)	(-6.43)	(-30.81)	(-20.17)
常量	-0.2402***	0.2380***	4.1533***	-0.1443***	0.3245***	5.2205***
	(-6.18)	(4.94)	(10.99)	(-6.27)	(11.89)	(25.43)
行业	Yes	Yes	No	Yes	Yes	No
年度	Yes	Yes	No	Yes	Yes	No
N	3286	3286	4413	12900	12900	16149
Adj. R^2	0.3657	0.3931	0.0711	0.3622	0.3833	0.0651

注：表中括号内为t值，经White异方差调整。*表示 $p<0.1$，**表示 $p<0.05$，***表示 $p<0.01$。

资料来源：笔者运用Stata计算整理得到。

（二）样本选择偏差处理

由于在我们的样本中，“高管型政治关联”的样本较少，为了排除以上结果可能由于样本选择偏差造成，我们对“高管型政治关联”企业和没有高管政治关联的企业进行了PSM配对处理。具体地，我们采用最近邻匹配的方式，根据倾向得分，找出倾向得分最接近，但没有高管政治关联的公司作为配对样本。经匹配后，匹配变量的标准化偏差都小于5%，相关变量的t统计量在匹配后并不显著，表明匹配方式合理，匹配效果良好。

之后，我们根据匹配后的样本对模型（8-2）进行重新回归，结果如表8-6所示。在排除样本选择偏差问题后，在企业层面，存在更多高管政治背景的企业在市场竞争中更有优势，但在统计上并不显著；在行业层面，存在政治背景高管更多的企业占比越高，越不利于行业完全竞争。表8-6中数据仍然支持本章H2的预期，表明结果稳健。

表 8-6 “高管型政治关联”与产品市场竞争态势的 PSM 稳健性检验结果

变量	PSM 稳健性检验		
	(1)	(2)	(3)
	PCM	Strength	EI
PC-Mg	0.0063 (0.65)	0.0053 (0.49)	—
PC-MgPercent	—	—	-8.6262*** (-10.06)
Life	0.0022** (1.98)	0.0004 (0.37)	-0.0028 (-0.31)
Listyear	-0.0022** (-2.16)	-0.0008 (-0.72)	-0.0013 (-0.14)
Lev	-0.1721*** (-5.90)	-0.2324*** (-7.19)	-0.6302*** (-2.66)
Soe	0.0017 (0.14)	-0.0103 (-0.76)	-0.1645 (-1.56)
Roe	0.4210*** (11.59)	0.2738*** (6.8)	-0.3463 (-1.11)
Size	0.0189*** (3.79)	-0.0045 (-0.82)	0.0276 (0.67)
Top1	0.0006 (1.59)	0.0003 (0.75)	-0.0083*** (-2.80)
Boardsize	0.005 (1.61)	0.0072** (2.12)	-0.0025 (-0.09)
Busydir	0.0399 (1.15)	-0.0009 (-0.02)	1.4604*** (5.17)
Findirector	-0.0575*** (-2.82)	-0.0607*** (-2.69)	0.0082 (0.05)
Duel	0.0011 (0.09)	-0.0039 (-0.29)	0.131 (1.26)
Meeting	-0.0013 (-0.97)	0.0007 (0.43)	-0.0238** (-2.06)
Reguind	-0.015 (-1.18)	-0.0867*** (-6.15)	0.1796** (2.07)
常量	-0.3414*** (-3.35)	0.2630** (2.33)	5.2446*** (6.37)
行业	Yes	Yes	No
年度	Yes	Yes	No

续表

变量	PSM 稳健性检验		
	(1)	(2)	(3)
	PCM	Strength	EI
N	575	575	575
Adj. R^2	0.3949	0.3867	0.2277

注：表中括号内为 t 值，经 White 异方差调整。* 表示 $p<0.1$，** 表示 $p<0.05$，*** 表示 $p<0.01$。
资料来源：笔者运用 Stata 计算整理得到。

三、H3 的实证检验结果

在 H1 分析的基础上，我们进一步考察样本公司具有政治关联的董事或高管若同时具备行业专长将如何影响企业政治关联对产品市场竞争态势的作用。我们对模型（8-4）进行回归估计，结果如表 8-7 所示。表 8-7（1）列和（2）列的样本为公司—个人—年度数据，因此我们在模型（8-1）控制变量基础上加入了个人层面年龄（Age）、学历（Degree）和性别（Gender）变量。其中，年龄为董高实际年龄的对数，学历为离散变量，博士研究生赋值“5”，硕士研究生“4”，本科“3”，大专“2”，中专及以下“1”，其他为“0”；性别为虚拟变量，女性取“1”，男性取“0”，以上数据来自 CSMAR 个人特征数据库。（3）列的数据结构为公司—行业—年度。在表 8-7（1）列和（2）列中，PC_Ind 对企业竞争地位和竞争优势均在 1%的水平上产生正向影响，并且相比表 8-4，在董事或高管的加持下，政治关联对企业竞争地位和竞争优势的显著性均有所上升，政治关联对企业竞争地位的影响程度也由表 8-4 中的 0.0031 提高为 0.0054，政治关联对企业竞争优势的回归系数也由表 8-4 中的 0.0049 上升为 0.0136，表明政治关联董事或高管的行业专长进一步强化了政治关联给企业竞争带来的非竞争优势，助力企业在市场竞争中获取更高的竞争地位和优势，反而并不利于市场中非政治关联企业的公平竞争，从而恶化市场环境。从行业层面来看，表 8-7 中（3）列的回归结果也与预期一致，PC_IndPercent 对行业竞争度（EI）的回归系数为-0.8773，并且在 1%的水平上显著，表明在行业层面，企业政治关联人士（高管和董事）的行业专长强化了企业政治关联对产品市场竞争态势的负面影响，支持本章 H3 的预期。

表 8-7 政治关联董高行业专长与产品市场竞争态势的回归结果

变量	(1)	(2)	(3)
	PCM	Strength	EI
PC_Ind	0.0054***	0.0136***	—
	(4.17)	(8.04)	

续表

变量	(1)	(2)	(3)
	PCM	Strength	EI
PC_IndPercent	—	—	-0.8773*** (-21.92)
Life	0.0003*** (2.75)	-0.0002 (-1.22)	0.0055*** (2.74)
Listyear	-0.0017*** (-12.97)	-0.0008*** (-4.68)	0.0125*** (6.58)
Lev	-0.1401*** (-33.18)	-0.2437*** (-50.98)	-0.2699*** (-5.41)
Soe	-0.0089*** (-5.96)	-0.0110*** (-6.18)	-0.2539*** (-11.99)
Roe	0.5067*** (52.18)	0.3579*** (40.03)	-0.5578*** (-8.21)
Size	0.0120*** (18.83)	-0.0040*** (-5.54)	-0.0692*** (-7.89)
Top1	0.0001 (1.49)	-0.0004*** (-7.68)	0.0012** (1.99)
Boardsize	0.0008** (2.14)	0.0023*** (5.55)	-0.0523*** (-9.46)
Busydir	-0.0289*** (-8.33)	-0.0337*** (-7.66)	0.5100*** (9.42)
Findirector	0.0097*** (2.58)	0.0102** (2.24)	-1.0094*** (-20.14)
Duel	-0.0004 (-0.34)	0.0076*** (4.65)	0.0697*** (3.43)
Meeting	-0.0015*** (-8.77)	-0.0005** (-2.32)	-0.0168*** (-7.00)
Reguind	-0.0099*** (-7.09)	-0.1069*** (-48.27)	-0.2674*** (-14.34)
Age	-0.0119*** (-3.34)	0.0042 (0.94)	—

续表

变量	(1)	(2)	(3)
	PCM	Strength	EI
Degree	0.0004	0.0059***	—
	(0.64)	(7.86)	
Gender	−0.0005	0.0020	—
	(−0.32)	(0.96)	
常量	−0.0531***	0.3683***	7.2903***
	(−2.79)	(16.13)	(42.93)
行业	Yes	Yes	No
年度	Yes	Yes	No
N	35299	35299	19336
Adj. R^2	0.4294	0.3765	0.1386

注：表中括号内为 t 值，经 White 异方差调整。* 表示 $p<0.1$，** 表示 $p<0.05$，*** 表示 $p<0.01$。
资料来源：笔者运用 Stata 计算整理得到。

四、H4 的实证检验结果

在 H3 分析的基础上，我们取“董事型政治关联企业”为样本，根据政治关联董事的任职角色不同，划分为“执行与非执行董事政治关联”和“独立董事政治关联”，同时构建变量 PC_Exe，当企业政治关联为“执行与非执行董事政治关联”时，取“1”，当企业政治关联为“独立董事政治关联”时，取“0”。为使结果稳健，我们同时构建变量 PC_ExePercent，表示董事政治关联企业所属行业内，“执行与非执行董事政治关联”企业占行业内企业总数的比例。之后运用模型（8-5）进行回归，结果如表 8-8 所示。在表 8-8（1）列中，PC_Exe 的回归系数为 0.0052，且在 5%的水平上显著，说明相比独立董事政治关联，执行与非执行董事政治关联更能显著提高企业在市场中的竞争地位；（2）列中，PC_Exe 的回归系数为 0.0092，且在 1%的水平上显著，同样说明相比独立董事政治关联，执行与非执行董事政治关联更能显著提高企业在市场中的竞争优势；（3）列中，PC_ExePercent 的回归系数为−1.1182，且在 1%的水平上显著，在行业层面也表明执行与非执行董事政治关联比独立董事政治关联对行业竞争度的影响更强。综上结论与 H4 预期一致，即在“董事型政治关联”企业中，比起独立董事具有政治关联的企业，执行董事与非执行董事具有政治关联的企业对产品市场竞争态势的影响作用更强。

表 8-8　董事任职身份、政治关联与产品市场竞争态势的回归结果

变量	(1)	(2)	(3)
	PCM	Strength	EI
PC_Exe	0. 0052** (2. 05)	0. 0092*** (2. 97)	—
PC_ExePercent	—	—	-1. 1182*** (-5. 63)
Life	0. 0001 (0. 52)	-0. 0005* (-1. 73)	-0. 0001 (-0. 02)
Listyear	-0. 0017*** (-6. 76)	-0. 0010*** (-3. 22)	0. 0036 (1. 31)
Lev	-0. 1166*** (-15. 36)	-0. 2207*** (-25. 44)	-0. 2291*** (-3. 36)
Soe	-0. 0189*** (-6. 73)	-0. 0335*** (-10. 07)	-0. 1857*** (-6. 14)
Roe	0. 4525*** (27. 2)	0. 3171*** (21. 56)	-0. 5530*** (-5. 53)
Size	0. 0148*** (11. 9)	-0. 0009 (-0. 61)	0. 0203 (1. 57)
Top1	0. 0002*** (2. 79)	-0. 0002* (-1. 88)	0. 0001 (0. 12)
Boardsize	0. 0002 (0. 33)	0. 0009 (1. 1)	-0. 0255*** (-3. 25)
Busydir	-0. 0083 (-1. 37)	-0. 0216*** (-2. 77)	0. 4095*** (5. 58)
Findirector	-0. 0066 (-1. 02)	-0. 0087 (-1. 15)	-0. 4854*** (-7. 04)
Duel	0. 0040* (1. 65)	0. 0061** (2. 01)	0. 0311 (1. 12)
Meeting	-0. 0004 (-1. 17)	0. 0003 (0. 82)	-0. 0253*** (-7. 49)
Reguind	-0. 0155*** (-6. 06)	-0. 1143*** (-28. 30)	-0. 4255*** (-17. 09)

续表

变量	(1)	(2)	(3)
	PCM	Strength	EI
Gender	-0.0052 (-1.53)	0.0043 (1.11)	—
Age	-0.0041 (-0.60)	0.0251*** (2.89)	—
Degree	0.0018 (1.52)	0.0080*** (5.14)	—
常量	-0.1642*** (-4.47)	0.2409*** (5.35)	5.2084*** (18.96)
行业	Yes	Yes	No
年度	Yes	Yes	No
N	9687	9687	10139
Adj. R^2	0.4135	0.3916	0.0625

注：表中括号内为 t 值，经 White 异方差调整。* 表示 p<0.1，** 表示 p<0.05，*** 表示 p<0.01。
资料来源：笔者运用 Stata 计算整理得到。

第五节　稳健性检验

一、解释变量和被解释变量的替代性测量稳健性检验

为对主要结果进行稳健性检验，我们首先将政治关联型企业虚拟变量（PC）替换为企业政治关联高管比例（PC1）和政治关联董事比例（PC2）。政治关联高管比例（PC1）为企业内具备政治关联的高管人数与高管总人数的比值，政治关联董事比例（PC2）为企业内具备政治关联的董事人数与该企业董事总人数的比值。我们将以上两个变量分别代入模型（8-1）进行回归，结果如表 8-9（1）列至（4）列所示。在表 8-9（1）列的回归结果中，企业政治关联高管比例（PC1）对企业竞争地位（PCM）的回归系数为 0.0172，并且在 1%的水平上显著，表明相比非政治关联企业，存在高管政治关联的企业更能获取资源优势，并且企业中存在高管政治背景的人数越多，企业越能通过非竞争优势来提高企业的竞争地位。在（2）列的回归结果中，企业政治关联高管比例（PC1）对企业竞争优势（Strength）的回归系数为 0.0298，并在 1%的水平上

显著为正，表明在企业中，存在高管政治关联的人数越多，企业越能在市场竞争中获取更强的竞争优势。(3) 列的回归结果表明，企业政治关联董事比例（PC2）在1%的水平上显著提高企业竞争地位（PCM），并且回归系数为0.0271，表明存在较多政治背景董事的企业在市场竞争中具有更高的竞争地位。（4）列的回归结果表明，政治关联董事比例（PC2）在1%的水平上显著增强企业竞争优势（Strength），并且回归系数为0.0368，表明存在较多政治背景董事的企业更有利于在市场竞争中获取竞争优势。我们继续替换被解释变量。在此选取同样测量行业竞争度的赫芬因德指数做替代测量，具体算法为 $\sum_{i=1}^{N}\left(\frac{X_i}{X}\right)^2$。其中，N为行业内企业总数，$X_i$ 为企业i的年度销售收入，X为市场内企业年度销售收入总和。HHI1越小，表明行业内竞争性越强，HHI1越大，表明市场集中度越高，而EI指数越大，则市场集中度越低。所以我们预测HHI1指数系数为正，与EI指数系数相反。同时由于HHI1可能存在偏差，因此我们将参考孔东民等（2013）的做法，分年度分行业按主营业务收入计算出HHI2，进一步只分年度按照营业收入计算HHI3，将以上变量替换EI代入模型（8-1）进行回归，结果如表8-9中（5）列至（7）列所示。可见，(5) 列中行业内政治关联企业比例（PC_Percent）能在21.71%的程度上显著增加赫芬因德指数（HHI1），结果与预期一致，即行业内政治关联企业比例（PC_Percent）越高，行业集中度越高，行业竞争度越低。(6) 列和（7）列中行业内政治关联企业比例（PC_Percent）的回归系数在1%的水平上显著，且符号与预期一致，同样说明行业内政治关联企业比例（PC_Percent）会显著降低行业竞争度。综上结果表明，主要结果不受指标测度的影响，结果稳健。由于表8-9中（5）列至（7）列的回归是分行业，故未对行业和年度固定效应进行控制。

表8-9 主要变量替代性测试的稳健性检验

变量	解释变量替代测试的稳健性检验				被解释变量替代测试的稳健性检验		
	(1)	(2)	(3)	(4)	(5)	(6)	(7)
	PCM	Strength	PCM	Strength	HHI1	HHI2	HHI3
PC1	0.0172***	0.0298***	—	—	—	—	—
	(3.51)	(4.86)					
PC2	—	—	0.0271***	0.0368***	—	—	—
			(3.73)	(4.26)			
PC_Percent	—	—	—	—	0.2171***	0.1742***	0.0160***
					(19.22)	(17.74)	(15.85)
Life	0.0006***	0.0001	0.0006***	0.0001	−0.0002	−0.0002	0
	(3.75)	(0.62)	(3.62)	(0.49)	(−1.12)	(−1.09)	(0.01)

续表

变量	解释变量替代测试的稳健性检验				被解释变量替代测试的稳健性检验		
	(1)	(2)	(3)	(4)	(5)	(6)	(7)
	PCM	Strength	PCM	Strength	HHI1	HHI2	HHI3
Listyear	-0.0026***	-0.0016***	-0.0025***	-0.0016***	-0.0004***	-0.0006***	-0.0000***
	(-14.38)	(-7.22)	(-14.14)	(-7.07)	(-2.71)	(-4.37)	(-3.21)
Lev	-0.1491***	-0.266***	-0.1487***	-0.2652***	-0.0226***	-0.0167***	0.0010***
	(-28.08)	(-41.99)	(-28.00)	(-41.83)	(-5.33)	(-4.30)	(2.81)
Soe	-0.0069***	-0.0127***	-0.0068***	-0.0125***	0.0185***	0.0160***	0.0010***
	(-3.56)	(-5.39)	(-3.48)	(-5.29)	(10.71)	(10.24)	(7.49)
Roe	0.6276***	0.6009***	0.6281***	0.6016***	0.0777***	0.0652***	0.0061***
	(37.11)	(32.11)	(37.11)	(32.1)	(6.58)	(6.07)	(6.96)
Size	0.0134***	-0.0016	0.0136***	-0.0011	0.0058***	0.0056***	0.0002***
	(14.82)	(-1.49)	(15.07)	(-1.08)	(6.37)	(6.66)	(3.43)
Top1	0.0001	-0.0004***	0.0001	-0.0003***	0.0003***	0.0003***	0.0000***
	(1.05)	(-5.35)	(1.17)	(-5.24)	(5.34)	(5.83)	(5.81)
Boardsize	-0.0006	0.0021***	-0.0006	0.0020***	0.0012**	0.0009**	0.0000
	(-1.14)	(3.7)	(-1.28)	(3.52)	(2.43)	(2.02)	(0.89)
Busydir	-0.0211***	-0.0181***	-0.0200***	-0.0165***	-0.0330***	-0.0303***	-0.0029***
	(-4.84)	(-3.17)	(-4.62)	(-2.89)	(-7.80)	(-7.79)	(-8.17)
Findirector	-0.0131***	-0.0003	-0.0134***	-0.0006	0.0094**	0.0024	0.0013***
	(-2.82)	(-0.05)	(-2.89)	(-0.10)	(2.36)	(0.69)	(3.87)
Duel	0.0018	0.0068***	0.0008	0.0053**	-0.0055***	-0.0047***	-0.0004***
	(1.14)	(3.1)	(0.47)	(2.4)	(-3.56)	(-3.38)	(-3.22)
Meeting	-0.0003	0.0008***	-0.0003	0.0007***	0.0017***	0.0016***	0.0002***
	(-1.34)	(2.98)	(-1.52)	(2.75)	(7.81)	(7.96)	(10.48)
Reguind	-0.0137***	-0.0991***	-0.0140***	-0.0995***	0.0246***	0.0212***	0
	(-7.91)	(-36.45)	(-8.08)	(-36.61)	(14.89)	(14.05)	(0.23)
常量	-0.1442***	0.3171***	-0.1465***	0.3120***	-0.2825***	-0.2434***	-0.0173***
	(-7.66)	(14.41)	(-7.77)	(14.22)	(-14.95)	(-14.50)	(-12.21)
行业	Yes	Yes	Yes	Yes	No	No	No
年度	Yes	Yes	Yes	Yes	No	No	No
N	18625	18625	18625	18625	19401	19401	19401
Adj. R^2	0.3646	0.378	0.3648	0.3779	0.0846	0.0743	0.0535

注：表中括号内为 t 值，经 White 异方差调整。* 表示 $p<0.1$，** 表示 $p<0.05$，*** 表示 $p<0.01$。
资料来源：笔者运用 Stata 计算整理得到。

二、内生性问题的处理

（一）自选择问题

由于聘任具有政治关联的董事、高管和具体的董事和高管选择进入某家公司存在自选择问题。为解决这一问题，我们运用倾向得分匹配法对此进行缓解。

具体而言，我们首先建立 PSM 匹配的模型，即对模型（8-6）进行估计，得到公司聘任政治关联董高的概率。左侧变量为匹配变量“是否为政治关联企业虚拟变量（PC）”，是则取“1”，否则取“0”，判断标准与前文一致。右侧为匹配标准变量。我们对模型（8-6）进行 Logit 估计，在匹配过程中，本章选用非替代性的最近邻匹配算法进行倾向得分匹配，得到除了是否聘任政治关联董高这一因素不同，其他特征均基本相同的 PSM 配对样本共 7839 条公司—年度观测值。之后我们运用 PSM 配对后的样本重新对模型（8-1）进行回归估计，结果如表 8-10 所示。表 8-10 中（1）列的回归结果表明，政治关联（PC）能够在 5%的水平上显著提高企业在市场中的竞争地位；（2）列的回归结果表明，政治关联（PC）能够在 5%的水平上明显增强企业在市场中的竞争优势；（3）列的回归结果表明，行业中政治关联的企业数越多越不利于市场充分竞争。以上结果均显示，企业政治关联对产品市场竞争态势具有显著影响，结论与表 8-4 一致，表明本章主要结果不受样本自选择问题影响，结果稳健。

$$PC_{i,t}=\alpha+\beta_0 Life_{i,t}+\beta_1 Listyear_{i,t}+\beta_2 Lev_{i,t}+\beta_3 Soe_{i,t}+\beta_4 Roe_{i,t}+\beta_5 Size_{i,t}+\beta_6 Busydir_{i,t}+\beta_7 Top1_{i,t}+\beta_8 Boardsize_{i,t}+\beta_9 Findirector_{i,t}+\beta_{10} Duel_{i,t}+\beta_{11} Meeting_{i,t}+\beta_{12} Reguind_{i,t}+\upsilon_{i,t} \quad (8-6)$$

表 8-10 PSM 配对样本的稳健性检验结果

变量	(1)	(2)	(3)
	PCM	Strength	EI
PC	0.0058**	0.0067**	—
	(2.38)	(2.28)	
PC_Percent	—	—	-2.5432***
			(-15.91)
Life	0.0008***	0.0004	0.0058**
	(2.69)	(1.19)	(2.02)
Listyear	-0.0034***	-0.0022***	-0.0124***
	(-12.33)	(-6.55)	(-4.52)
Lev	-0.1003***	-0.2218***	-0.5259***
	(-13.74)	(-24.97)	(-7.43)

续表

变量	(1)	(2)	(3)
	PCM	Strength	EI
Soe	-0.0051*	-0.0200***	-0.2208***
	(-1.67)	(-5.38)	(-7.15)
Roe	0.5208***	0.3415***	-0.6306***
	(48.24)	(25.96)	(-5.75)
Size	0.0165***	-0.0016	0.0383***
	(12.57)	(-0.97)	(2.95)
Top1	0.0003***	-0.0001	-0.0040***
	(3.38)	(-1.36)	(-4.55)
Boardsize	-0.001	0.0008	-0.0086
	(-1.31)	(0.88)	(-1.10)
Busydir	-0.0228***	-0.0230**	0.6331***
	(-2.99)	(-2.48)	(8.24)
Findirector	-0.0130**	-0.0088	-0.2032***
	(-2.15)	(-1.20)	(-3.30)
Duel	0.0063**	0.0108***	0.0768***
	(2.24)	(3.15)	(2.65)
Meeting	-0.0005	0.0007*	-0.0248***
	(-1.31)	(1.69)	(-7.07)
Reguind	-0.0111***	-0.0880***	-0.0144
	(-3.28)	(-21.39)	(-0.55)
常量	-0.2305***	0.3300***	6.5722***
	(-8.56)	(10.06)	(23.84)
行业	Yes	Yes	No
年度	Yes	Yes	No
N	7839	7839	7839
Adj. R^2	0.415	0.3723	0.0945

注：表中括号内为 t 值，经 White 异方差调整。* 表示 $p<0.1$，** 表示 $p<0.05$，*** 表示 $p<0.01$。
资料来源：笔者运用 Stata 计算整理得到。

（二）反向因果内生性检验

很多企业取得较好成绩和竞争地位以后会将目标转向政治方面。例如，很多成功的民营企业家会通过寻求政治关联的方式获得更多资源，从而反哺企业。对于这类内生性问题，我们运用 Logit 模型估计当年度企业竞争优势是否会诱发下一年度寻求政治关联的回归方程。结果如表 8-11 所示。在（1）列至（3）列中，在分别控制年度、行业和同时控制年度与行业的情况下，企业竞争地位正向影响下一年度企业寻求政治关联，但统计上不显著。在（4）列至（6）列中，在分别控制年度、行业和同时控制年度与行业的情况下，企业竞争优势会正向影响下一年度企业寻求政治关联，但统计上仍不显著。由此，企业竞争态势对下一年度企业寻求政治关联的概率影响系数为正但统计上不显著，表明不存在反向因果的内生性问题。

表 8-11　反向因果内生性问题的检验结果

变量	PC_t					
	(1)	(2)	(3)	(4)	(5)	(6)
PCM_{t+1}	0.272 (1.17)	0.1575 (0.64)	0.0439 (0.32)	—	—	—
$Strength_{t+1}$	—	—	—	0.3024 (1.4)	0.2199 (0.96)	0.2402 (1.03)
$Life_{t+1}$	0.0034 (0.39)	-0.0051 (-0.66)	0.0013 (0.28)	0.0037 (0.43)	-0.0052 (-0.67)	0.0015 (0.18)
$Listyear_{t+1}$	-0.0136* (-1.86)	-0.0161** (-2.18)	-0.0096** (-2.30)	-0.0140* (-1.92)	-0.0161** (-2.19)	-0.0166** (-2.22)
Lev_{t+1}	-0.023 (-0.12)	0.0266 (0.14)	-0.0590 (-0.52)	0.0229 (0.11)	0.0607 (0.3)	-0.0523 (-0.25)
Soe_{t+1}	0.2864*** (3.39)	0.2562*** (3.04)	0.1597*** (3.34)	0.2892*** (3.42)	0.2594*** (3.07)	0.2761*** (3.19)
Roe_{t+1}	0.1862 (0.43)	-0.1111 (-0.27)	0.0230 (0.09)	0.1606 (0.38)	-0.1404 (-0.34)	-0.0081 (-0.02)
$Size_{t+1}$	0.1017*** (2.98)	0.0755** (2.32)	0.0569*** (2.96)	0.1076*** (3.2)	0.0778** (2.42)	0.1038*** (3.02)
$Top1_{t+1}$	-0.0016 (-0.70)	-0.001 (-0.44)	-0.0012 (-0.92)	-0.0015 (-0.64)	-0.0009 (-0.40)	-0.0021 (-0.91)
$Boardsize_{t+1}$	0.1468*** (7.52)	0.1526*** (7.94)	0.0820*** (7.61)	0.1457*** (7.45)	0.1523*** (7.92)	0.1479*** (7.5)
$Busydir_{t+1}$	0.8803*** (3.94)	0.7897*** (3.59)	0.4956*** (4.16)	0.8830*** (3.95)	0.7899*** (3.6)	0.9025*** (4.02)
$Findirector_{t+1}$	1.6041*** (7.8)	1.4613*** (7.29)	0.7603*** (7.42)	1.5996*** (7.77)	1.4562*** (7.28)	1.5084*** (7.3)
$Duel_{t+1}$	0.1926** (2.5)	0.2015*** (2.65)	0.1184*** (2.74)	0.1908** (2.48)	0.1996*** (2.62)	0.2116*** (2.73)

续表

变量	PC_t					
	(1)	(2)	(3)	(4)	(5)	(6)
$Meeting_{t+1}$	0.0075 (0.93)	-0.0028 (-0.35)	0.0039 (0.86)	0.0072 (0.9)	-0.003 (-0.37)	0.0063 (0.77)
$Reguind_{t+1}$	0.011 (0.15)	-0.0059 (-0.06)	-0.0055 (-0.10)	0.0264 (0.37)	0.0134 (0.13)	0.0199 (0.19)
常量	-2.8109*** (-4.13)	-1.9802*** (-2.86)	-1.4878*** (-3.67)	-3.0001*** (-4.44)	-2.0742*** (-3.00)	-2.9139*** (-4.00)
行业	No	Yes	Yes	No	Yes	Yes
年度	Yes	No	Yes	Yes	No	Yes
N	16167	16167	16167	16167	16167	16167
Pseudo R^2	0.05	0.0353	0.0554	0.0501	0.0354	0.0559

注：表中括号内为t值，经White异方差调整。*表示p<0.1，**表示p<0.05，***表示p<0.01。
资料来源：笔者运用Stata计算整理得到。

（三）排除替代性假说

由于具有政治关联的企业在参与市场竞争开始之前可能就具备了非竞争性优势，因此以上结果可能受企业初始竞争优势的影响。为排除这一竞争性假说，我们按竞争指标的中位数、75%分位数对样本进行分组，分别保留竞争指标中位数以下的样本和75%分位数以下的样本，然后重新对模型（8-1）进行回归，结果如表8-12所示。表8-12中（1）列、（2）列是在保留中位数以下样本情况下的回归结果，表明政治关联（PC）依然能够在10%的水平上显著增加企业的竞争地位和竞争优势，回归系数分别为0.0092和0.0035。表8-12中（3）列、（4）列为在保留75%分位数以下样本情况下的回归结果，表明政治关联（PC）同样能够在10%的水平上显著增加企业的竞争地位和竞争优势，回归系数分别为0.0148和0.0050。由此可见，剔除竞争优势较强的样本后，剩余样本的回归结果仍然支持主假设，结果稳健。

表8-12　排除政治关联企业本身竞争优势的稳健性检验结果

变量	中位数以下样本		75%分位数以下样本	
	(1)	(2)	(3)	(4)
	PCM	Strength	PCM	Strength
PC	0.0092* (1.74)	0.0035* (1.77)	0.0148* (1.77)	0.0050* (1.85)
Life	0.0017*** (3.24)	0.0002 (1.26)	0.0020** (2.21)	-0.0002 (-0.55)

续表

变量	中位数以下样本		75%分位数以下样本	
	(1)	(2)	(3)	(4)
	PCM	Strength	PCM	Strength
Listyear	-0.0041***	-0.0016***	-0.0040***	-0.0001
	(-8.56)	(-9.11)	(-5.01)	(-0.56)
Lev	0.0334***	-0.0401***	0.0494***	-0.0236***
	(2.69)	(-9.03)	(2.72)	(-4.03)
Soe	0.0176***	-0.0002	0.0339***	0.0019
	(3.48)	(-0.13)	(4.25)	(0.74)
Roe	0.3482***	0.1222***	0.3556***	0.0365***
	(26.75)	(29.68)	(17.72)	(13.48)
Size	0.0137***	0.0016**	0.0172***	-0.0011
	(6.45)	(2.26)	(5.33)	(-1.10)
Top1	0.0003*	-0.0003***	0.0005**	-0.0001*
	(1.71)	(-4.93)	(2.36)	(-1.76)
Boardsize	-0.0007	-0.0006	-0.0017	-0.0013**
	(-0.55)	(-1.39)	(-0.90)	(-2.13)
Busydir	-0.0102	0.0057	-0.0071	0.0028
	(-0.78)	(1.17)	(-0.33)	(0.39)
Findirector	-0.0363***	-0.0111***	-0.0474***	-0.0118**
	(-3.37)	(-2.81)	(-2.82)	(-2.18)
Duel	0.0024	0.0001	0.0067	0.0046*
	(0.49)	(0.05)	(0.84)	(1.7)
Meeting	-0.0006	0.0006***	-0.001	0.0005*
	(-0.97)	(3.03)	(-1.09)	(1.76)
Reguind	-0.0046	-0.0301***	-0.005	-0.0227***
	(-0.78)	(-13.75)	(-0.52)	(-7.62)
常量	-0.2906***	0.1131***	-0.4135***	0.0920***
	(-6.64)	(7.56)	(-6.29)	(4.51)
行业	Yes	Yes	Yes	Yes
年度	Yes	Yes	Yes	Yes
N	11110	10882	5509	3298
Adj. R^2	0.2033	0.2035	0.2523	0.1724

注：表中括号内为 t 值，经 White 异方差调整。* 表示 p<0.1，** 表示 p<0.05，*** 表示 p<0.01。
资料来源：笔者运用 Stata 计算整理得到。

第六节　进一步讨论

本节在以上实证分析的基础上，进一步探讨企业政治关联影响产品市场竞争态势的路径。

一、理论分析

上文证实了企业政治关联确实会影响产品市场竞争态势，在总体上表现为：企业政治关联对产品市场竞争态势具有负面影响。首先，政治关联企业与非政治关联企业相比，具有更高的市场竞争地位；其次，政治关联企业与非政治关联企业相比，市场竞争优势更强；最后，行业内政治关联企业越多，行业竞争程度越低。在微观效应上，表现为："董事型政治关联"对产品市场竞争态势具有显著影响，"高管型政治关联"对产品市场竞争态势无显著影响，对行业竞争态势仅有微弱影响；企业内政治关联人士（高管和董事）的行业专长强化了企业政治关联对产品市场竞争态势的负面影响。在"董事型政治关联"企业中，比起独立董事具有政治关联的企业，执行董事与非执行董事具有政治关联的企业对产品市场竞争态势的影响作用更强。但是，企业政治关联通过何种路径影响产品市场竞争态势我们尚不清楚，因此下文将进一步对影响路径进行讨论。

（一）经营风险

较高的经营风险不利于企业在市场竞争中获取竞争优势，已有研究表明，企业经营杠杆会放大企业无杠杆条件下的系统风险（吴武清等，2012；Gahlon，1981）。较高的经营风险会驱动股权定价的系统风险，降低企业利润和价值（Lee and Lin，2012）。存在经营风险的国有股权上市企业的预算软约束会发挥消极作用，损害企业绩效（李涛，2005）。经营风险不利于企业利用自身的营业活动进行融资，会增加企业营运资金融资缺口（王竹泉等，2014）。当金融机构面临较高的经营风险时，金融机构会选择较低的投资风险水平，选择较低投资回报的投资项目。企业经营风险和审计师经营风险都会提高审计收费（邢立全、陈汉文，2013）。此外，提高企业经营风险是企业战略差异度促进企业承担更高资本成本（王化成等，2017）、企业供应商网络中心位置恶化企业绩效（史金艳等，2019）、经济政策不确定性提高审计收费（褚剑等，2018）、企业面临的进口竞争强化审计收费（黎文靖、郑陶陶，2018）、关系型交易增加审计收费（宋希亮、吴紫祺，2020）、企业环境信息披露降低企业价值（吕备、李亚男，2020）的重要机制之一。与此相反，降低经营风险有利于企业参与市场竞争，因为降低经营风险有助于提高企业财务绩效，帮助企业获取长期绩效（孙红梅、姚书淇，2021）。对企业经营风险进行管理也有助于提高企业运营绩效（Callahan and Soileau，2017）。基于此，不少学者对影响企业经营风险的因素进行了相关研究。企业诉讼会增加企业的经营风险，具体表现为企业涉诉次数越多，企业经营风险越高；企业被诉金额越高，企业的经营风险越高。经营风险也是企业涉诉增加审计费用的重要机制（纪亚方等，2020）。企业社会责任承担有助于降低企业的经营风险（冯丽艳等，2016），强化内部控制和外部监督有利于抑制企业经营风险（高明华、杜雯翠，2013）。同时，政治关联有助于缓解企业融资约束（李宏亮、谢建国，2020），降低企业涉诉风险（王兵等，2019），促使企业承担更多社会责任（张明等，2020），因而政治关联企业有可能通过降低企业融资约束、涉诉风险以及促使企业承担更多社会责任来降低企业经营风险以及经营风险对企业的影响。

已有研究表明，政治关联有利于帮助企业更好地抵御风险。王兵等（2019）研究表明，政治关联企业有更低的涉诉风险。陈作华和刘子旭（2019）的研究表明，政治关联有助于降低主要由企业管理水平、创新专利利用以及固定资产投资等因素影响的企业特质风险。此外，政治关联的资源效应也有助于显著降低企业为应对外部环境不确定性和融资成本上升的不利情况的交易性和预防性现金持有水平（韦浪、宋浩，2020），但是当企业政治关联被迫中断后，企业会显著提升预防性现金持有水平以应对不利环境来维护企业价值（田利辉、王可第，2019）。Chow 等（2012）研究表明，建立政治关联是企业降低环境不确定性的重要途径。在官员变更或政治选举年份，环境风险增加，而企业家的政治身份能为公司提供一个“保险机制”，弱化官员更替面临的环境风险（钱先航、徐业坤，2014）。在企业战略选择中，政治关联企业实施多元化带来的风险也远低于非政治关联企业实施多元化带来的风险（张敏、黄继承，2009）。

具有政治关联企业的风险要显著低于非政治关联企业（张敏、黄继承，2009）。在环境不确定性增加的时候，企业面临的经营风险会增加，而企业家或者高管的政治身份能为企业提供“保险机制”，弱化由于不确定性增加而导致的风险。因此，相对于没有政治关联的公司，聘有政治关联人士任职的公司业绩受到重大市场风险的负面冲击更小（罗党论、赖再洪，2016；钱先航、徐业坤，2014）。然而，一定的企业风险是企业保持和提升竞争优势、促进企业长期发展的重要因素。企业出于逐利的目的，其为追求高回报而愿意承担较高风险的意愿对促进经济增长具有重要作用（Acemoglu and Zilibotti，1997）。而且，风险较高的企业往往会培养起自身较强的风险应对能力。企业风险应对能力的提升会使企业降低放弃投资净现值（NPV）为正项目的概率，提升资本利用率、促进企业的研发投入、提高创新积极性（Hilary and Hui，2009），促使企业积极参与竞争。政治关联对企业风险的降低虽然会使企业免受或者少受风险冲击，但同时也使企业安于现状，降低了风险应对能力。因此，我们预期，企业政治关联会通过降低企业的经营风险来影响企业的竞争地位、竞争优势及行业竞争情况。

（二）商业信用

已有研究表明，具有政治关联的企业更容易获得银行的青睐，有较强的融资优势（Fan et al.，2008；Li et al.，2008；余明桂、潘红波，2008）。商业信用的再分配理论认为，企业从银行获得信用贷款越多，提供给下游企业的商业信用也越多。吴昊旻等（2017）研究发现，能够获取更多银行信贷的企业更有可能提高企业的商业信用提供。

商业信用是银行信贷的一种重要补充，有助于缓解中小企业融资压力（刘仁伍、盛文军，2011）。商业信用是企业除银行信贷以外的重要融资来源（孙浦阳，2014），是助推大规模企业固定资产规模增长的重要资源（张杰等，2013）。在我国货币紧缩时期，商业信用是一种代替性融资（陆正飞、杨德明，2011）。企业在货币政策紧缩时期比货币政策宽松时期更倾向于采用交易成本较低的商业信用融资方式（袁卫秋等，2017）。商业信用能够为金融危机期间的企业在短时间内提供资金支持，缓解企业资金压力（王竹泉等，2014）。良好的金融生态环境可以通过缓解企业的商业信用和银行贷款来降低企业的融资约束（魏志华等，2014）。此外，商业信用还具有改善上市企业公司治理的作用，提高企业投资效率也能发挥债务治理作用，降低企业的股价崩盘风险（王娟，2019）。因此，商业信用在提高企业价值，促进企业创新，改善企业非效率投资以及强化企业出口等方面发挥重要作用。在企业价值方面，商业信用是银行信贷的一种替代性融资方式，商业信用能够提升常态下的企业价值。企业商业信用可以通过缓解融资约束来促进企业投资增长（黄兴孪等，2016），增加企业资本配置效率（张新民、张婷婷，2016），强化企业成长（俞鸿琳，2013），提高企业价值（苏志强、杜云晗，2015）。应千伟（2013）研究发现，商业信用能够正向促进企业成长，并且这种促进作用在受到融资约束的企业中更加明显。在企业创新方面，李双建等（2020）、姚星等（2019）研究指出商业信用能够促进企业创新。商业信用有助于降低企业融资约束，提高企业科技创新投资（魏群、靳曙畅，2018），强化企业技术创新（刘慧芬，2017）。在企业投资效率方面，刘欢（2019）研究指出，商业信用能够显著提升企业的投资效率。商业信用能够发挥治理作用，抑制企业过度投资，同时也具有融资功能，缓解企业投资不足，从而提高企业投资效率，改善企业非效率投资（周雪峰，2014；刘娥平、关静怡，2016；张润宇、余明阳，2020）。在企业出口方面，银行信贷和商业信用是企业融资来源的重要途径，两者有助于强化企业出口增长（范小云、董二磊，2015；陆利平、邱穆青，2016）。集群商业信用能够通过缓解企业融资约束来提高企业出口水平（马述忠、张洪胜，2017）。商业信用有助于降低企业在国际贸易中的信息不对称，提高企业出口额（周定根、杨晶晶，2016）。

此外，商业信用可以作为产品市场竞争的手段（Fisman and Raturi，2004；Van Horen，2005）。胡泽等（2014）研究指出，在金融危机期间，商业信用是企业参与产品市场竞争的一种重要手段，商业信用可以帮助企业稳定客户和获取更多市场份额。同时，企业的资金越充足、获得的银行信任越高，越可能采用商业信用来增加销售业绩，从而更好地参与市场竞争（余明桂、潘红波，2010）。根据买方市场理论（Fabbri and Menichini，2016），供应商愿意为了提高销售业绩而为信用较好、议价能力较强的客户提供商业信用。

综上所述，具有政治关联的企业面临较低的融资约束，拥有较好的商业信用，因此预期这些企业有足够的现金流保证其可以更多地运用商业信用进行销售，提升竞争能力。基于以上分析，我们预期政治关联能够通过提高企业的商业信用来影响企业在市场中的竞争地位、优势，从而影响产品市场的竞争态势。

二、实证分析

为检验以上路径我们参考 Baron 和 Kenny（1986）中介效应模型进行实证分析。

（一）中介模型构建

我们将企业经营风险和商业信用作为中介变量，构建模型（8-7）至模型（8-9）。我们用企业层面经营杠杆（Dol）和行业层面经营杠杆（Ind_Dol）代理企业经营风险。数据来源于 CSMAR 数据库。同时，我们对连续变量进行了上下 1%水平的缩尾处理，并删除缺失值。商业信用根据余明桂和潘红波（2010）的定义，采用企业年末应收账款与销售收入的比率（TradeCredit）代理。我们同时加入了行业层面年末应收账款与销售收入的比值（Ind_TradeCredi）。以上相关数据均来源于 CSMAR 数据库，并进行了上下 1%的缩尾处理。

$$Path_{i,j,t}(Dol/TradeCredit) = \alpha_1 + \beta_1(PC_{i.t}/PC\_Percent_{j,t}) + \sum \gamma_i Controls_i + \varepsilon \quad (8-7)$$

$$Mar\_ComPetition_{i,j,t}(PCM/Strength/EI) = \alpha_2 + \beta_2(PC_{i,t}/PC\_Percent_{j,t}) + \sum \lambda_i Controls_i + \varepsilon \quad (8-8)$$

$$Mar\_ComPetition_{i,j,t}(PCM/Strength/EI) = \alpha_3 + \beta_3(PC_{i.t}/PC\_Percent_{j,t}) + \beta_4 Path_{i,j,t}(Dol/TradeCredit) + \sum \gamma_i Controls_i + \varepsilon \quad (8-9)$$

模型（8-7）至模型（8-9）中的 Path 为中介变量，当检验经营风险路径时，Path 为 Dol 或 Ind_Dol，当检验商业信用路径时，Path 为 TradeCredit 或 Ind_TradeCredit，其他变量定义与前文一致。

本章通过模型（8-7）、模型（8-8）和模型（8-9）分别检验企业政治关联对产品市场竞争态势的机制路径：经营风险和商业信用。其中 Path 代表路径，包括经营风险（Dol）和商业信用（TradeCredit）。在模型（8-7）中，预期企业政治关联虚拟变量（PC）和政治关联行业占比变量（PC_Percent）将显著影响经营风险（Dol）和商业信用（TradeCredit），并且只有政治关联虚拟变量（PC）和政治关联行业占比变量（PC_Percent）对经营风险（Dol）的影响将显著为负，以及政治关联虚拟变量（PC）和政治关联行业占比变量（PC_Percent）对商业信用（TradeCredit）的影响将显著为正，才符合预期假设。模型（8-8）与模型（8-1）一致，预期 β 系数在企业层面将显著为正，即政治关联企业比非政治关联企业具有更高的市场竞争地位；政治关联企业比非政治关联企业具有更强的市场竞争优势；预期 β 系数在行业层面将显著为正，即行业内政治关联企业越多，行业竞争程度越低。在模型（8-9）中，预期经营风险（Dol）和商业信用（TradeCredit）将显著影响产品市场竞争态势，并且政治关联虚拟变量（PC）和政治关联行业占比变量（PC_Percent）对企业产品市场的回归系数显著性将降低或不再显著，即表明经营风险（Dol）和商业信用（TradeCredit）是企业政治关联影响产品市场的重要机制。

（二）检验结果

为检验经营风险、商业信用在企业政治关联和产品市场竞争态势之间的中介作用，本章根据 Kenny 等（1998）介绍的检验中介效应的四个步骤，检验是否满足中介效应的四个条件：①自变量与因变量显著相关。②自变量与中介变量显著相关。③控制自变量后，中介变量与因变量显著相关。④如果自变量对因变量的效应变小，表示是部分中介效应；如果自变量对因变量的效应不再显著，表示是完全中介效应。

表 8-13 报告了对经营风险中介效应的检验结果。在（1）列和（6）列中，企业政治关联变量系数分别为-0.0259 和-0.4860，并在 10%和 1%水平上显著为负，说明企业拥有政治关联能够显著降低企业的经营风险，政治关联能为企业在面对经营风险不确定时提供“保险机制”，降低企业因风险而导致的负面冲击。（4）列、（5）列和（8）列中，经营风险指标与勒纳指数、主营业务利润率呈显著正相关，与行业竞争度呈显著负相关，表明降低企业经营风险有利于提高企业在市场中的竞争地位、竞争优势以及改善行业竞争环境。在引入中介变量经营风险后，政治关联（PC）对勒纳指数的系数由（2）列中的 0.0031 降低为（4）列中的 0.0024，由 10%的显著水平降低为不显著。政治关联（PC）对主营业务利润率的系数由（3）列的 0.0049 降为（5）列的 0.0044，且由 5%的显著水平降低为 10%的显著水平。反映行业竞争度的系数绝对值也由（7）列的-3.2601 降为（8）列的-3.0789。说明经营风险作为政治关联与企业竞争态势的中介机制得到了实证结果的支持，即企业政治关联会通过降低企业的经营风险来影响产品市场竞争态势，具体表现为企业政治关联会通过降低企业的经营风险来提高企业竞争地位，企业政治关联会通过降低企业的经营风险来增强企业竞争优势，政治关联企业行业占比会通过降低行业层面的经营风险来增加行业竞争度。

表 8-13　企业政治关联与产品市场竞争态势的路径分析：经营风险

变量	(1)	(2)	(3)	(4)	(5)	(6)	(7)	(8)
	Dol	PCM	Strength	PCM	Strength	Ind_Dol	EI	EI
PC	-0.0259*	0.0031*	0.0049**	0.0024	0.0044*	—	—	—
	(-1.93)	(1.67)	(2.08)	(1.32)	(1.89)			

续表

变量	(1)	(2)	(3)	(4)	(5)	(6)	(7)	(8)
	Dol	PCM	Strength	PCM	Strength	Ind_Dol	EI	EI
PC_Percent	—	—	—	—	—	-0.4860***	-3.2601***	-3.0789***
						(-21.60)	(-26.26)	(-23.76)
Dol	—	—	—	-0.0251***	-0.0184***	—	—	—
				(-22.71)	(-12.44)			
Ind_Dol	—	—	—	—	—	—	—	0.3727***
								(5.83)
Life	-0.0019	0.0006***	0.0001	0.0005***	0.0001	-0.0028***	0.0083***	0.0094***
	(-1.64)	(3.61)	(0.47)	(3.39)	(0.32)	(-8.98)	(4.7)	(5.32)
Listyear	0.0132***	-0.0025***	-0.0016***	-0.0022***	-0.0014***	-0.0019***	-0.0049***	-0.0041**
	(12.56)	(-14.48)	(-7.27)	(-12.61)	(-6.17)	(-5.38)	(-2.75)	(-2.33)
Lev	0.3584***	-0.1494***	-0.2636***	-0.1404***	-0.257***	-0.1123***	-0.4810***	-0.4391***
	(10.63)	(-28.81)	(-42.53)	(-27.66)	(-41.72)	(-12.04)	(-10.27)	(-9.42)
Soe	0.0338***	-0.0075***	-0.0130***	-0.0067***	-0.0123***	0.0380***	-0.3037***	-0.3178***
	(2.72)	(-3.97)	(-5.62)	(-3.56)	(-5.36)	(8.91)	(-15.55)	(-16.12)
Roe	-5.0075***	0.6282	0.6034***	0.5024***	0.5110***	-0.3518***	-1.0067***	-0.8755***
	(-43.20)	(38.37)	(33.05)	(28.38)	(25.44)	(-14.72)	(-8.48)	(-7.34)
Size	-0.0179***	0.0136***	-0.001	0.0132***	-0.0013	0.0098***	0.0013	-0.0024
	(-3.22)	(15.6)	(-0.95)	(15.36)	(-1.28)	(5.14)	(0.14)	(-0.27)
Top1	0.0014***	0.0001	-0.0003***	0.0001*	-0.0003***	-0.0002	-0.0047***	-0.0047***
	(4.4)	(1.21)	(-5.35)	(1.95)	(-4.96)	(-1.38)	(-8.76)	(-8.68)
Boardsize	0.0027	-0.0006	0.0019***	-0.0005	0.0020***	0.0062***	-0.0165***	-0.0188***
	(0.9)	(-1.27)	(3.42)	(-1.15)	(3.53)	(5.72)	(-3.27)	(-3.70)
Busydir	0.0428	-0.0206***	-0.0165***	-0.0195***	-0.0157***	-0.0015	0.6137***	0.6142***
	(1.48)	(-4.77)	(-2.93)	(-4.57)	(-2.80)	(-0.17)	(13)	(13.11)
Findirector	-0.0395	-0.0153***	-0.0054	-0.0163***	-0.0061	-0.0410***	-0.2248***	-0.2095***
	(1.51)	(-3.60)	(-1.06)	(-3.87)	(-1.21)	(-4.88)	(-5.18)	(-4.83)
Duel	-0.0041	0.0016	0.0068***	0.0015	0.0067***	0.0025	0.1188***	0.1179***
	(-0.37)	(0.99)	(3.1)	(0.95)	(3.08)	(0.76)	(6.7)	(6.71)
Meeting	-0.0104***	-0.0004*	0.0007**	-0.0006***	0.0005*	-0.0041***	-0.0271***	-0.0256***
	(-7.54)	(-1.82)	(2.53)	(-3.12)	(1.8)	(-8.25)	(-11.97)	(-11.16)
Reguind	0.0941***	-0.0132***	-0.0976***	-0.0109***	-0.0958***	0.0626***	-0.0573***	-0.0806***
	(6.6)	(-7.81)	(-36.73)	(-6.49)	(-36.29)	(17.18)	(-3.45)	(-5.04)
常量	2.4389***	-0.1412***	0.3172***	-0.0799***	0.3622***	1.758***	8.0256***	7.3705***
	(21.06)	(-7.73)	(14.9)	(-4.43)	(17.06)	(44.5)	(43.19)	(32.02)
行业	Yes	Yes	Yes	Yes	Yes	Yes	No	No

续表

变量	(1)	(2)	(3)	(4)	(5)	(6)	(7)	(8)
	Dol	PCM	Strength	PCM	Strength	Ind_Dol	EI	EI
年度	Yes	Yes	Yes	Yes	Yes	Yes	No	No
N	19401	19401	19401	19401	19401	19401	19401	19401
Adj. R^2	0.2804	0.3693	0.3758	0.3879	0.3817	0.0947	0.1358	0.1406

注：表中括号内为 t 值，经 White 异方差调整。*表示 p<0.1，**表示 p<0.05，***表示 p<0.01。
资料来源：笔者运用 Stata 计算整理得到。

商业信用的中介效应如表 8-14 所示，在（1）列和（6）列中，政治关联变量的系数分别在 5%和 1%水平上显著为正，回归系数值分别为 0.0091 和 31.4456，说明企业拥有政治关联能够显著提高企业的商业信用；在（4）列和（5）列中，商业信用与反映竞争态势的被解释变量（勒纳指数、主营业务利润率和熵指数）均呈显著正相关，表明商业信用是企业参与市场竞争的一种重要手段，企业通过提高商业信用能够在市场中赢取更高的市场竞争地位和竞争优势。此外，在引入中介变量经营风险后，政治关联变量对竞争地位（PCM）的回归系数由（2）列的 0.0036 降低为（4）列的 0.003，且变为不显著。政治关联对主营业务利润率（Strength）的回归系数由（3）列的 0.0048 变为（5）列的 0.0037，也不再显著。PC_Percent 的回归系数绝对值也由（7）列的-3.2601 变为（8）列的-3.1964。符合中介效应的条件，说明了商业信用作为政治关联与企业竞争态势的中介机制得到了实证结果的支持，即政治关联能够通过提高企业的商业信用来影响企业在市场中的竞争地位、竞争优势，从而影响产品市场的竞争态势。

表 8-14 企业政治关联与产品市场竞争态势的路径分析：商业信用

变量	(1)	(2)	(3)	(4)	(5)	(6)	(7)	(8)
	TradeCredit	PCM	Strength	PCM	Strength	Ind-Trade Credit	EI	EI
PC	0.0091**	0.0036*	0.0048*	0.003	0.0037	—	—	—
	(2.41)	(1.79)	(1.92)	(1.51)	(1.48)			
PC_Percent	—	—	—	—	—	31.4456***	-3.2601***	-3.1964***
						(3.61)	(-26.26)	(-26.06)
TradeCredit	—	—	—	0.0640***	0.1273***	—	—	—
				(13.35)	(24.86)			
Ind_Trade Credit	—	—	—	—	—	—	—	-0.0020***
								(-22.63)
Life	-0.0019***	0.0006***	0.0001	0.0007***	0.0003	0.0021	0.0083***	0.0083***
	(-5.74)	(3.58)	(0.44)	(4.34)	(1.53)	(0.04)	(4.7)	(4.72)

续表

变量	(1)	(2)	(3)	(4)	(5)	(6)	(7)	(8)
	TradeCredit	PCM	Strength	PCM	Strength	Ind-Trade Credit	EI	EI
Listyear	-0.0039***	-0.0026***	-0.0016***	-0.0023***	-0.0011***	0.3571***	-0.0049***	-0.0041**
	(-13.14)	(-14.43)	(-7.21)	(-12.98)	(-5.03)	(3.35)	(-2.75)	(-2.35)
Lev	0.0322***	-0.1483***	-0.2658***	-0.1504***	-0.2699***	0.4363	-0.4810***	-0.4801***
	(3.83)	(-28.01)	(-42.00)	(-28.39)	(-43.03)	(0.18)	(-10.27)	(-10.32)
Soe	-0.0277***	-0.0070***	-0.0126***	-0.0052***	-0.0091***	-2.5086**	-0.3037***	-0.3088***
	(-8.66)	(-3.57)	(-5.33)	(-2.64)	(-3.85)	(-2.39)	(-15.55)	(-15.89)
Roe	-0.3431***	0.6259***	0.5991***	0.6478***	0.6428***	19.9653**	-1.0067***	-0.9662***
	(-17.01)	(36.99)	(31.97)	(37.42)	(33.57)	(2.45)	(-8.48)	(-8.23)
Size	-0.0193***	0.0137***	-0.001	0.0149***	0.0014	0.2533	0.0013	0.0018
	(-14.01)	(15.25)	(-1.01)	(16.57)	(1.35)	(0.52)	(0.14)	(0.20)
Top1	-0.0011***	0.0001	-0.0004***	0.0001**	-0.0002***	-0.0444**	-0.0047***	-0.00481***
	(-12.15)	(1.05)	(-5.36)	(2.49)	(-3.18)	(-2.15)	(-8.76)	(-8.96)
Boardsize	-0.0032***	-0.0007	0.0020***	-0.0005	0.0024***	-0.3481	-0.0165***	-0.0172***
	(-4.00)	(-1.34)	(3.47)	(-0.92)	(4.25)	(-1.53)	(-3.27)	(-3.43)
Busydir	-0.0182**	-0.0208***	-0.0170***	-0.0196***	-0.0147***	-4.6252**	0.6137***	0.6043***
	(-2.14)	(-4.79)	(-2.98)	(-4.54)	(-2.62)	(-2.05)	(13)	(12.85)
Findirector	-0.0146*	-0.0134***	-0.0003	-0.0125***	0.0016	13.7342***	-0.2248***	-0.1970***
	(-1.90)	(-2.88)	(-0.05)	(-2.69)	(0.29)	(3.54)	(-5.18)	(-4.60)
Duel	0.0011	0.0017	0.0067***	0.0016	0.0066***	-1.0618	0.1188***	0.1167***
	(0.34)	(1.02)	(3.08)	(0.99)	(3.08)	(-1.32)	(6.7)	(6.61)
Meeting	0.0034***	-0.0003	0.0008***	-0.0005**	0.0003	-0.1027	-0.0271***	-0.0273***
	(8.6)	(-1.37)	(2.9)	(-2.40)	(1.32)	(-1.09)	(-11.97)	(-12.09)
Reguind	-0.0921***	-0.0140***	-0.0995***	-0.0081***	-0.0878***	-3.7122***	-0.0573***	-0.0648***
	(-24.90)	(-8.08)	(-36.56)	(-4.54)	(-32.25)	(-4.63)	(-3.45)	(-3.91)
常量	0.5603***	-0.1485***	0.3103***	-0.1844***	0.2390***	-30.7810**	8.0256***	7.9633***
	(20.66)	(-7.89)	(14.16)	(-9.71)	(10.78)	(-2.21)	(43.19)	(43.4)
行业	Yes	Yes	Yes	Yes	Yes	Yes	No	No
年度	Yes	Yes	Yes	Yes	Yes	Yes	No	No
N	18601	18601	18601	18601	18601	19401	19401	19401
Adj. R^2	0.3207	0.3639	0.3774	0.373	0.3986	0.0095	0.1358	0.1443

注：表中括号内为 t 值，经 White 异方差调整。* 表示 p<0.1，** 表示 p<0.05，*** 表示 p<0.01。
资料来源：笔者运用 Stata 计算整理得到。

以上分析表明，企业政治关联通过影响企业的经营风险和商业信用来影响行业和市场的竞争态势。从经营风险来看，企业政治关联会通过降低企业的经营风险来提高企业竞争地位，企业政治关联会通过降低企业的经营风险来增强企业竞争优势，政治关联企业行业占比会通过降低行业层面的经营风险来增加行业竞争度。从商业信用来看，企业政治关联会通过提高企业的商业信用来提高企业竞争地位，企业政治关联会通过提高企业的商业信用来增强企业竞争优势，政治关联企业行业占比会通过提高行业层面的商业信用来增加行业竞争度。这对前文分析进行了进一步佐证和补充。

第七节　本章小结

政府与市场的关系问题是各界都关注的重要公共政策命题。随着改革进入深水区，如何进一步理顺政府和市场的关系、持续完善政府职能、促进政府为不同类型的市场主体创造公平的竞争环境、保证市场发挥决定性作用是值得深入思考的重要问题。本章以政治关联为切入点，探究政治关联企业参与市场竞争对市场竞争环境的影响，以及政治关联企业在参与市场竞争的过程中如何影响行业市场竞争环境和态势。

本章基于福利经济学、资源依赖理论等理论基础以及政企关系、政府和市场角色转型的现实背景，探讨企业政治关联对产品市场竞争态势的影响效应及其作用路径。研究发现：①企业政治关联对产品市场竞争态势具有负面影响。具体表现为：政治关联企业与非政治关联企业相比，具有更高的市场竞争地位；政治关联企业与非政治关联企业相比，市场竞争优势更强；行业内政治关联企业越多，行业竞争程度越低。②相比“高管型政治关联”，“董事型政治关联”对产品市场竞争态势的负面影响更强。③企业内政治关联人士（高管和董事）的行业专长强化了企业政治关联对产品市场竞争态势的负面影响。④在“董事型政治关联”企业中，比起独立董事具有政治关联的企业，执行董事与非执行董事具有政治关联的企业对产品市场竞争态势的影响作用更强。进一步分析表明，企业经营风险和商业信用是企业政治关联影响产品市场竞争态势的两条重要路径，具体表现为：企业政治关联会通过降低企业的经营风险来影响产品市场竞争态势，企业政治关联能够通过提高企业的商业信用来影响企业在市场中的竞争地位、竞争优势，从而影响产品市场的竞争态势。

以上实证结果从市场资源分配的角度出发，验证了企业通过构建政治关联获取资源分配优势以及通过构建政治关联而非强化企业自身能力而获取“非竞争性优势”来与非政治关联企业共同竞争，导致了市场中资源初始禀赋不公平或偏离帕累托最优，从而无法实现市场效率帕累托最优。此外，本章从公司治理层面挖掘政治关联影响产品市场竞争态势的效应和路径，以期为新时期构建“新型政企关系”以及经济新常态下对政府与市场关系的进一步定位与维系提供一定的现实启示。同时，本章也为我国 2010 年 12 月颁布的《关于规范财政部工作人员在企业兼职行为的暂行办法》、2013 年 10 月颁布的《关于进一步规范党政领导干部在企业兼职（任职）问题的意见》等一系列规范政府工作人员甚至引致的上市公司众多政治关联高管、董事辞职的文件提供实证支持。

本章预期未来可以从以下方面进行进一步研究：第一，基于中国产权性质不同，相对民营企业，国有企业更有资源优势，所以不同产权性质的企业构建政治关联对市场竞争态势的影响可能会有差异。此外，政治关联可能会受到外部宏观环境的影响，那么在不同制度环境下政治关联又会对产品市场竞争态势产生何种影响？第二，本章主要从经营风险和商业信用两个角度验证了政治关联影响产品市场竞争态势的机制路径，是否存在其他影响渠道还有待研究。

第九章　政治关联层级与产品市场竞争态势

第一节　引言

在我国，政府对市场资源配置起主导作用，加之我国特定的“关系型”社会文化背景，企业为生存和发展，十分重视建立良好的政企关系。政治关联可以帮助企业获得外部融资便利（Fan et al.，2007；赵丽芳等，2019）、税收优惠（吴文锋等，2008）、政府补贴（唐清泉、罗党论，2007；宋加山等，2020）；获得较高的 IPO 定价（Francis et al.，2009；易志高等，2018）、更多的多元化资源（张敏、黄继成，2009）；促进企业创新（王岭等，2019；熊家财、桂荷发，2020）；实施非相关多元化战略（郭晓川、张学敏，2018）；实施并购（Liu et al.，2016）；降低企业的违规成本（许年行等，2013；Correia，2014；罗喜英、刘伟，2019）；得到更长的贷款期限（余明桂、潘红波，2008）；改善媒体的信息环境（贺云龙、肖铭玥，2020）；更容易通过 IPO 的审核（罗爱华等，2020）；降低股价崩盘的风险（苏坤，2021）；有助于促进非营利组织的透明度（颜梦洁、李青，2021）；推动商业模式创新实践（曾萍等，2020）；可以帮助企业在陷入危机时渡过难关，降低企业的经营风险（安灵等，2010）；可以借助政府权威来提升企业的威望，使企业的产权免受侵害（唐文萍、林静，2016）；可以突破政府与行业管制的壁垒，获得更大的发展空间（丁子航、何叶田，2016）；推动企业多元化战略实施（崔晓岳，2015）；增强企业价值等利益（李健等，2012；宋加山等，2020）。因此，本章认为政治关联企业在市场竞争中的优势主要来源于政府扶持，是一种“非竞争性优势”。这种优势对非政治关联企业造成压制，一方面迫使非政治关联企业与政府建立联系，另一方面打击了非政治关联企业的创新或投资的积极性，从而不利于营造和维系良好的产品市场竞争态势。目前，学术界普遍采用虚拟哑变量的方法对政治关联进行度量，即研究公司高管是否具有政府背景，若具有政府背景则认为该企业是政治关联企业，反之则不具有政治关联性。为了更全面和详尽地分析和探讨企业政治关联对产品市场竞争态势的影响，本章参考吴文锋等（2009）、贾明和张喆（2010）研究，考察企业政治关联层级对产品市场竞争态势的影响，并将政治关联层级划分为中央、省部级、市级和无关联四类。

本章基于资源依赖理论、代理理论和信息不对称理论，通过实证分析深入地研究了政治关联层级与产品市场竞争态势之间的关系，以及风险承担和融资约束是企业政治关联层级影响产品市场竞争态势的中介机制。本章充实了现有的文献，为相关研究发展提供了新的实验证据和新的角度。以往的研究主要是研究政治关联对企业产生“促进”或“抑制”作用，本章以产品市场竞争态势为角度，有利于从产品市场竞争态势的角度进一步认识企业政治关联的作用。

第二节　理论分析与假设演绎

高管、董事的政治关联具有从地方到中央不同的层级，不同的政治关联层级代表着不同的政治权力或不同的政治影响力（王庆文、吴世农，2008），我们将企业内政治关联高管或董事中最高行政级别人士的政治关联层级作为该企业的政治关联层级。不同层级的政治关联对企业价值和企业行为具有不同影响。例如，李健等（2012）研究发现中央和地方政治关联对企业价值均有正面影响，但对促进企业价值的经营战略具有不同影响。

吴文锋等（2008）发现高管地方政府背景对公司价值具有正面影响，且这种影响显著强于中央政府背景带来的影响。吴文锋等（2009）的研究发现，高管中央政府背景对企业获取税收优惠没有显著影响，而地方政府背景却能显著降低企业税负，表明政府背景层级越低，越能获得更多税收优惠。李健等（2012）研究发现，企业地方政治关联对企业债务结构具有正向影响，这种影响显著强于中央政治关联。杜玉申和刘梓毓（2020）研究发现，政治关联的层级越高，越容易促进企业的创新。李大元等（2021）研究表明，中央政治关联企业能够显著降低企业环境的违规成本，而地方政治关联企业环境的违规成本则会显著增加。贺云龙、肖铭玥（2020）研究表明，政治关联的层级越高，越有助于改善企业的媒体信息环境，从而有利于企业的发展。苏坤（2021）研究发现，政治关联的层级越高，企业为了能够从政府获得资源，去披露其负面信息的动机就会越强，而不是刻意去隐藏自己的负面信息，从而降低企业的股价崩盘风险。贺康和万丽梅（2020）研究表明，企业政治关联的层级越高，其人脉关系就越广，政治威望就越高，政治关联企业从政府获取的资源效应就越明显，与此同时也就降低了管理层语调操纵的风险和成本，致使具有政治关联的企业在管理层讨论与分析文本信息的陈述中更加大胆。即企业政治关联层级越高，进行语调操纵的可能性就越大。梁莱歆和冯延超（2010）研究发现，企业政治关联层级越高，企业承担的薪酬负担就越大。马丽华等（2015）研究发现，政治关联层级越高，其现金持有的边际价值就越低。

由于我国地方政府对企业具有较为重要的影响，我们预期企业政治关联的地方政府背景比中央政府背景对产品市场竞争态势的影响更强，即随着企业政治关联层级的提高，其对产品市场竞争态势的影响减弱。因此，我们提出以下假设：

H1：企业政治关联层级越高，对产品市场竞争态势的负面影响越弱。

H1a：企业政治关联层级越高，对市场竞争地位的影响越弱。

H1b：企业政治关联层级越高，对市场竞争优势的影响越弱。

H1c：企业政治关联层级越高，行业内政治关联企业降低行业竞争度的效应越弱。

然而，另外一些学者的研究结论与上述文献的结论并不一致。潘越等（2009）研究发现，高管政治关联级别会影响企业获得政府补助，高管的政治影响力越大，获得的政府补助越多。夏立军等（2011）研究发现，高管较高级别的政治关联有助于企业异地经营或异地投资，这种效应在非政府控制的公司中比较显著。

企业政治关联层级越高，政治影响力将越强（王庆文、吴世农，2008；潘越等，2009）。同时，个体的政治关联层级越高，越接近中央政府、部委，更具信息优势，更容易获得中央的产业、行业相关政策信息或更能把握全国性经济政策的动向，这种信息优势对企业经营、发展战略调整具有重要作用。魏江等（2013）研究表明，地方政治关联有助于企业在本产业内实现本地或跨地并购，而中央政治关联则有助于企业突破产业边境实现区域内或区域外并购。

基于以上分析，我们预期企业的政治关联层级越高，越能够对产品市场竞争环境产生影响，故提出与 H1a 相反的竞争性假设：

H2：企业政治关联层级越高，对产品市场竞争态势的负面影响越强。

H2a：企业政治关联层级越高，对市场竞争地位的影响越强。

H2b：企业政治关联层级越高，对市场竞争优势的影响越强。

H2c：企业政治关联层级越高，行业内政治关联企业降低行业竞争度的效应越强。

第三节　研究设计

一、样本选择与数据来源

本章选取 2008~2017 年 A 股全部上市公司为样本。由于本章根据 CSMAR 数据库中高管和董事的政治背景数据手工判断企业政治关联层级相关指标，而该数据在 CSMAR

数据库中仅从2008年开始，因此本章选取2008年为起始年份，同样对样本进行了如下处理：①剔除数据缺失的样本；②剔除ST和＊ST的公司，本章所用的财务数据和公司治理数据均来自CSMAR数据库和CCER数据库；③行业划分依据证监会2012年《上市公司行业分类指引》进行。另外，为避免异常值的影响，本章对所有连续变量进行了上下1%的Winsorize处理。

二、检验模型和变量说明

本章我们首先构建模型（9-1）检验H1：

$$Mar\_competition_{i/j,t}\ (Position/Strength/In\_compt) = \alpha+\beta Pclevel_{i,t/t-1}/Pc_{j,t/t-1}+\sum \gamma_j Controls_j+\varepsilon \qquad (9-1)$$

模型（9-1）中的变量解释如下：

（一）被解释变量

本章的被解释变量为“产品市场竞争态势（Mar_competition）”，具体采用以下三种指标衡量：

（1）企业竞争地位（PCM）。根据已有文献，本章选用勒纳指数（PCM）来衡量企业的竞争地位（Kale and Loon，2011；邢立全、陈汉文，2013；郑立东、程小可，2014）。本章定义勒纳指数为（营业收入-营业成本-销售费用-管理费用）/营业收入，勒纳指数越大，代表企业的定价能力越强，企业竞争地位越高，谈判能力越强（Peress，2010）。

（2）产品市场竞争优势（Strength）。本章选取主营业务利润率作为产品市场竞争优势的替代变量，主营业务利润率在某种程度上可视为企业的“垄断租金”，而垄断租金越高，意味着产品市场的垄断性越高，竞争性越高（Nickll，1996）。

（3）行业竞争程度（EI）。本章遵循国内主流研究的做法（吴昊旻等，2012），采用反映市场集中度的熵指数（EI）来度量公司所在行业的行业间竞争状况，熵指数（EI）越高，表示行业竞争程度越低，竞争态势越差，反之则表示行业竞争态势越好。

（二）解释变量

本章的解释变量为“企业政治关联层级（Pclevel）”。我们将企业内政治关联高管和董事中最高行政级别人士的政治关联层级作为企业的政治关联层级，我们参考贾明和张喆（2010），按照企业政治关联为中央、省部级、市级、没有分别赋值“3”“2”“1”“0”。

行业政治关联层级（Pc）变量为连续变量，根据2012年《上市公司行业分类指引》，制造行业取二级代码，其余行业取一级代码，按行业年度计算每个政治关联层级个数占该行业总企业数比例。

（三）控制变量

本章控制变量包括：企业特征变量，如上市年限（Listyear）、企业规模（Size）、企业债务结构（Lev）、产权特征（Soe）、第一大股东持股比例（Top1）、是否属于管制行业（Reguind）等。董事会特征变量，如独立董事比例（Indep）、两职合一（Duel）、董事会会议频次（Meeting）等。另外，我们在模型中还控制了行业（Ind）和年度（Year）固定效应。具体变量定义如表 9-1 所示。

表 9-1 主要变量定义

变量类别	变量名称	变量符号	变量定义
产品市场竞争态势	勒纳指数	PCM	（营业收入-营业成本-销售费用-管理费用）/营业收入
	主营业务利润率	Pr	主营业务利润/主营业务收入
	熵指数	EI	$EI=\sum_{f=1}^{n} S_f \log\left(\frac{1}{S_{f,i}}\right)$ $S_{f,i}$ 为公司 f 第 i 年的市场份额，n 为行业内公司数
政治关联层级	企业政治关联层级	Pclevel	参考贾明和张喆（2010），按照企业政治关联为中央、省部级、市级、没有分别赋值 3、2、1、0
	行业政治关联层级	Pc	根据 2012《上市公司行业分类指引》，制造行业取二级代码，其余行业取一级代码，按行业年度计算每个政治关联层级个数占该行业总企业数比例
中介变量	融资约束	KZ	本章借鉴 Kaplan 和 Zingales（1997），根据公司经营性净现金流、股利、现金持有、资产负债率以及 Tobin's Q 等财务指标构建融资约束指数
	风险承担	Risk	年化日收益率标准差的自然对数值
控制变量	上市年限	Listyear	公司上市年数，观测年度减去公司上市年份
	产权性质	Soe	实际控制人为国企、国有资产监督管理委员会等国有性质组织，该变量取"1"，其他取"0"。实际控制人数据来自 CCER
	企业规模	Size	期末总资产的自然对数
	企业资产负债率	Lev	期末总负债/期末总资产
	第一大股东持股比例	Top1	第一大股东持股比例
	董事会规模	Boardsize	年度董事会总人数
	独立董事比例	Indep	独立董事人数占董事会总人数的比例
	管制行业	Reguind	"涉及国家安全的行业、自然垄断的行业、提供重要公共产品和服务的行业以及支柱产业和高新技术产业"界定为管制性行业，具体包括以下行业：采掘业、石油、化学、塑胶、塑料；金属、非金属；电力、煤气及水的生产和供应业；交通运输、仓储业；信息技术业（夏立军、陈信元，2007）
	两指合一	Duel	CEO、董事长两职合一指标，如果两职合一则取值为 1，否则取 0
	董事会会议频次	Meeting	年度董事会会议次数

资料来源：笔者整理得到。

三、主要变量描述性统计

表 9-2 报告了主要变量的描述性统计的结果。表 9-2 中，企业政治关联层级（Pclevel）的中位数为 3，可见有一半以上的政治关联企业的政治关联层级都较高。企业竞争地位（PCM）的中位数为 0.091，均值为 0.109，最大值和最小值分别为 0.531 和-0.386，说明不同企业的竞争地位差异明显。产品市场竞争优势（Pr）的均值为 0.256，最大值和最小值分别为 0.788 和-0.015。反映行业竞争度（EI）的指数标准差为 1.038，均值为 4.403，最大值和最小值分别为 5.232 和 1.792，除了一些反映公司特征的董事会规模和董事会会议频次等具有其特殊性外，各变量方差较小，说明样本分布比较均匀，受到极端值的影响较少。

表 9-2　主要变量描述性统计

变量	观测值	均值	标准差	最小值	中位数	最大值
PCM	16683	0.109	0.112	-0.386	0.091	0.531
Pr	16683	0.256	0.151	-0.015	0.227	0.788
EI	16683	4.403	1.038	1.792	5.187	5.232
Pclevel	16683	2.577	0.929	0.000	3.000	3.000
Pc	16683	0.646	0.277	0.001	0.781	1.000
Listyear	16683	13.349	6.708	1.000	13.000	25.000
Top1	16683	35.129	14.497	0.552	33.620	75.100
Soe	16683	0.425	0.494	0.000	0.000	1.000
Lev	16683	0.434	0.201	0.049	0.433	0.883
Size	16683	21.987	1.158	19.617	21.843	25.971
Indep	16683	0.370	0.050	0.333	0.333	0.571
Duel	16683	0.237	0.425	0.000	0.000	1.000
Meeting	16683	9.611	3.540	4.000	9.000	24.000
Reguind	16683	0.145	0.352	0.000	0.000	1.000

资料来源：笔者运用 Stata 计算整理得到。

表 9-3 报告了主要变量的 Pearson 相关系数矩阵。表 9-3 中数据显示，企业政治关联层级（Pclevel）与企业竞争地位（PCM）的相关系数为 0.021 且在 1%的水平上显著为正；企业政治关联层级（Pclevel）与企业竞争优势（Pr）的相关系数为 0.012 且在 10%的水平上显著为正；企业政治关联层级（Pclevel）与行业竞争程度（EI）的相关系数为 0.039 且在 1%的水平上显著为正。总体来说，企业政治关联层级（Pclevel）与三个维度的产品市场竞争态势指标均在 1%～10%的水平上显著相关，与企业竞争地位（PCM）、企业竞争优势（Pr）显著正相关，Pc 与行业竞争程度（EI）显著正相关，初

表 9-3　主要变量的 Pearson 相关系数矩阵

	PCM	Pr	EI	Pclevel	Pc	Listyear	Top1	Soe	Lev	Size	Indep	Duel	Meeting	Reguind
PCM	1.000													
Pr	0.338***	1.000												
EI	0.005	0.042***	1.000											
Pclevel	0.021***	0.012*	0.039***	1.000										
Pc	0.023***	0.012*	0.122***	0.837***	1.000									
Listyear	-0.040***	-0.128***	0.099***	0.072***	0.115***	1.000								
Top1	0.033***	-0.013*	0.046***	0.023***	0.056***	-0.005	1.000							
Soe	0.005	-0.111***	0.118***	0.101***	0.149***	0.486***	0.209***	1.000						
Lev	-0.027***	-0.223***	0.086***	0.070***	0.097***	0.394***	0.070***	0.310***	1.000					
Size	0.035***	-0.106***	0.091***	0.081***	0.128***	0.244***	0.168***	0.309***	0.480***	1.000				
Indep	0.011	0.029***	0.019***	-0.026***	-0.028***	-0.060***	0.019***	-0.083***	-0.033***	-0.001	1.000			
Duel	-0.002	0.056***	-0.065***	-0.045***	-0.072***	-0.242***	-0.046***	-0.285***	-0.154***	-0.164***	0.114***	1.000		
Meeting	0.014*	0.002	0.099***	0.001	0.013*	0.001	-0.053***	-0.090***	0.176***	0.210***	0.053***	0.019**	1.000	
Reguind	0.014*	-0.039***	0.445***	0.048***	0.093***	0.158***	0.082***	0.212***	0.122***	0.156***	-0.044***	-0.089***	-0.013*	1.000

注：***、**和*分别表示在 1%、5%和 10%水平上显著。

资料来源：笔者运用 Stata 计算整理得到。

步印证了 H1。上市年限（Listyear）、第一大股东持股比例（Top1）、企业资产负债率（Lev）、企业规模（Size）与三个维度的产品市场竞争态势指标多数均在 1%～10%的水平上显著相关，且其他变量之间的相关系数多数均在 1%～10%水平上显著相关，表明不存在严重的共线性问题。

第四节　实证结果

表 9-4 报告了运用模型（9-1）对 H1 进行回归的结果。表 9-4 中的被解释变量为产品市场竞争态势，我们分别以勒纳指数（PCM）、主营业务利润率（Pr）和熵指数（EI）表示。如表 9-4 所示，企业政治关联层级（Pclevel）与企业竞争地位（PCM）的回归结果系数为 0.0022 且在 5%的水平上显著为正；企业政治关联层级（Pclevel）与企业竞争优势（Pr）的回归结果系数为 0.0031 且在 1%的水平上显著为正；企业政治关联层级的行业指标（Pc）与行业竞争程度（EI）的回归结果系数为 0.4541 且在 1%的水平上显著为正。这表明企业政治关联层级对产品市场竞争态势具有显著影响。具体而言，表 9-4（2）列的回归结果系数为 0.0027 且在 1%的水平上显著为正，该结果表明，企业政治关联层级越高，企业在市场上的竞争地位越强；（4）列的回归结果系数为 0.0021 且在 10%的水平上显著为正，该结果表明，企业政治关联层级越高，企业在市场上的竞争优势越强；（6）列的回归结果系数为 0.3199 且在 1%的水平上显著为正，该结果表明，行业内政治关联企业层级越高，整个行业的产品市场竞争态势就越弱，也就是产品市场竞争态势越差。另外，加控制变量和不加控制变量的回归结果是一致的，表明 H1 的回归结果稳健。在控制变量方面，企业的资产负债率（Lev）与企业竞争地位（PCM）的回归结果系数为-0.1360 且在 1%的水平上显著为负；企业的资产负债率（Lev）与企业竞争优势（Pr）的回归结果系数为-0.2821 且在 1%的水平上显著为负。该结果表明，企业的资产负债率（Lev）越高，企业竞争地位越低和竞争优势越弱，这与李科和徐龙炳（2009）的研究结论一致。产权性质（Soe）与企业竞争地位（PCM）的回归结果系数为-0.0200 且在 1%的水平上显著为负；产权性质（Soe）与企业竞争优势（Pr）的回归结果系数为-0.0254 且在 1%的水平上显著为负。以上数据表明，民营企业政治关联层级（Pclevel）对产品市场竞争态势的影响强于国有企业。总经理和董事长两职合一（Duel）的企业竞争地位和竞争优势强于两职分离的企业。因为两职合一可以带来一手信息，降低沟通成本，提高沟通效率，由此促进公司业绩（朱玉杰等，2016）。所以，总经理和董事长两职合一可以降低代理成本，促使企业在市场中获得竞争优势。

表 9-4 企业政治关联层级与产品市场竞争态势的回归结果

变量	(1)	(2)	(3)	(4)	(5)	(6)
	PCM	PCM	Pr	Pr	EI	EI
Pclevel	0.0022** (2.32)	0.0027*** (3.05)	0.0031*** (2.64)	0.0021* (1.92)		
Pc					0.4541*** (15.32)	0.3199*** (11.54)
Listyear		-0.0003* (-1.79)		-0.0018*** (-8.85)		0.0037*** (2.60)
Soe		-0.0200*** (-9.58)		-0.0254*** (-9.96)		0.0492*** (2.66)
Top1		0.0008*** (13.21)		-0.0001 (-1.40)		0.0007 (1.35)
Indep		-0.0194 (-1.16)		0.0646*** (3.20)		0.7072*** (4.76)
Lev		-0.1360*** (-26.94)		-0.2821*** (-44.04)		0.2052*** (4.53)
Duel		0.0012 (0.56)		0.0167*** (6.72)		-0.0461** (-2.53)
Reguind		0.0126*** (5.22)		0.0692*** (7.18)		1.0846*** (50.65)
Meeting		0.0015*** (5.91)		0.0008*** (2.65)		0.0360*** (16.41)
Size		0.0209*** (24.25)		0.0065*** (5.86)		-0.0519*** (-6.40)
Constant	0.0946*** (21.87)	-0.3221*** (-17.39)	-0.2226*** (-24.67)	0.1840*** (7.56)	-4.7027*** (-32.75)	-4.5036*** (-26.76)
Year/Ind	控制	控制	控制	控制	控制	控制
N	16683	16683	16683	16683	16683	16683
R^2	0.004	0.081	0.119	0.281	0.014	0.170

注：括号内为 t 值，经 White 异方差调整，*、**、*** 分别表示回归系数在 10%、5%、1%的显著性水平下显著。

资料来源：笔者运用 Stata 计算整理得到。

表 9-5 报告了企业政治关联层级（Pclevel）与三个维度的产品市场竞争态势指标的回归结果，由于政治关联层级对产品市场竞争态势会产生滞后作用，因此，本章使用了 t 期和 t-1 期的政治关联层级（Pclevel）分别进行检验。表 9-5 中数据显示，企业政

治关联层级（Pclevel）与企业竞争地位（PCM）在第 t 期的回归结果系数为 0.0027 且在 1%的水平上显著为正；企业政治关联层级（Pclevel）与企业竞争优势（Pr）在第 t 期的回归结果系数为 0.0021 且在 10%的水平上显著为正；企业政治关联层级的行业指标（Pc）与行业竞争程度（EI）在第 t 期的回归结果系数为 0.3199 且在 1%的水平上显著为正。该结果表明，企业政治关联层级对产品市场竞争态势具有显著影响。具体而言，表 9-5 中企业政治关联层级（Pclevel）与企业竞争地位（PCM）在（1）列和（4）列的回归结果系数分别为 0.0027、0.0017 且在 1%和 10%的水平上显著为正，该结果表明，企业政治关联层级越高，表明这个企业在市场上的竞争优势越强。企业政治关联层级（Pclevel）与企业竞争优势（Pr）在（2）列和（5）列的回归结果系数分别为 0.0021、0.0028 且在 5%和 10%的水平上显著为正，该结果表明，企业政治关联层级越高，表明这个企业在市场上的竞争优势越强。企业政治关联层级的行业指标（Pc）与行业竞争程度（EI）在（3）列和（6）列的回归结果系数分别为 0.3199、0.3510 且都在 1%的水平上显著为正，该结果表明，行业内政治关联企业层级越高，整个行业的产品市场竞争态势就越强。

表 9-5 企业政治关联层级与三个维度的产品市场竞争态势指标的回归结果

变量	(1)	(2)	(3)	(4)	(5)	(6)
	PCM	Pr	EI	PCM	Pr	EI
	t 期			t-1 期		
Pclevel	0.0027***	0.0021*		0.0017*	0.0028**	
	(3.05)	(1.92)		(1.66)	(2.26)	
Pc			0.3199***			0.3510***
			(11.54)			(11.74)
Listyear	-0.0003*	-0.0018***	0.0037***	0.0002	-0.0012***	0.0065***
	(-1.79)	(-8.85)	(2.60)	(1.25)	(-5.37)	(4.16)
Soe	-0.0200***	-0.0254***	0.0492***	-0.0226***	-0.0273***	0.0378*
	(-9.58)	(-9.96)	(2.66)	(-10.00)	(-10.01)	(1.92)
Top1	0.0008***	-0.0001	0.0007	0.0007***	-0.0001*	0.0015**
	(13.21)	(-1.40)	(1.35)	(11.15)	(-1.81)	(2.54)
Indep	-0.0194	0.0646***	0.7072***	-0.0258	0.0499**	0.6726***
	(-1.16)	(3.20)	(4.76)	(-1.41)	(2.30)	(4.22)
Lev	-0.1360***	-0.2821***	0.2052***	-0.1109***	-0.2615***	0.2136***
	(-26.94)	(-44.04)	(4.53)	(-20.14)	(-37.98)	(4.41)
Duel	0.0012	0.0167***	-0.0461**	0.0005	0.0165***	-0.0409**
	(0.56)	(6.72)	(-2.53)	(0.23)	(6.09)	(-2.06)

续表

变量	(1)	(2)	(3)	(4)	(5)	(6)
	PCM	Pr	EI	PCM	Pr	EI
	t 期			t-1 期		
Reguind	0.0126*** (5.22)	0.0692*** (7.18)	1.0846*** (50.65)	0.0135*** (5.11)	0.0036 (0.34)	1.0344*** (45.08)
Meeting	0.0015*** (5.91)	0.0008*** (2.65)	0.0360*** (16.41)	0.0015*** (5.33)	0.0004 (1.16)	0.0368*** (15.44)
Size	0.0209*** (24.25)	0.0065*** (5.86)	-0.0519*** (-6.40)	0.0182*** (19.18)	0.0038*** (3.16)	-0.0612*** (-7.02)
Constant	-0.3221*** (-17.39)	0.1840*** (7.56)	-4.5036*** (-26.76)	-0.2755*** (-13.54)	0.2352*** (9.00)	-4.3858*** (-24.31)
Year/Ind	控制	控制	控制	控制	控制	控制
N	16683	16683	16683	14322	14322	14322
R^2	0.081	0.281	0.170	0.061	0.268	0.164

注：括号内为 t 值，经 White 异方差调整，*、**、*** 分别表示回归系数在 10%、5%、1%的显著性水平下显著。

资料来源：笔者运用 Stata 计算整理得到。

第五节　稳健性检验

一、解释变量和被解释变量的代替性测试

为对主要结果进行稳健性检验，我们首先将企业政治关联层级（Pclevel）替换为企业高管和董事团队的平均层级（Pclevelm）作为企业政治关联层级的代理变量。被解释变量选取同样测量行业竞争度的赫芬达尔指数（HHI）（姜付秀等，2005；吴昊旻等，2012；Gaspar and Massa，2006；Irine and Pontiff，2009；Kale，2010；Peress，2010），具体算法为 $\sum_{i=1}^{N}\left(\frac{X_i}{X}\right)^2$。其中，N 为行业内企业总数，$X_i$ 为企业 i 的年度销售收入，X 为市场内企业年度销售收入总和；HHI 越小，表明行业内竞争性越强，HHI 越大，表明市场集中度越高，而 EI 指数越大，则市场集中度越低，所以我们预测 HHI 指数系数为正，同时由于 HHI 可能存在偏差（Ali et al.，2009），因此我们将参考孔东民等（2013）的做法，分年度分行业按主营业务收入计算出 HHI2，进一步只分年度按照营业收入计

算 HHI3，回归结果如表 9-6 所示，可见，替换企业政治关联层级的测度方式后，Pclevelm 与企业竞争地位（PCM）的回归结果系数为 0.0055 且仍然在 1%水平上显著为正；Pclevelm 与企业竞争优势（Pr）的回归结果系数为 0.0258 且仍然在 1%的水平上显著为正。企业政治关联层级的行业指标（Pc）与 HHI1、HHI2、HHI3 的回归结果系数分别为 0.0152、0.0152、0.0018 且均在 1%的水平上显著为正，与预期一致，表明主要结果不受政治关联层级指标测度的影响，结果稳健。

表 9-6　主要变量代替测试的稳健性检验

变量	解释变量的稳健性检验		被解释变量的稳健性检验		
	t 期				
	(1)	(2)	(3)	(4)	(5)
	PCM	Pr	HHI1	HHI2	HHI3
Pclevelm	0.0055** (1.98)	0.0258*** (6.73)			
Pc			0.0152*** (7.08)	0.0152*** (7.08)	0.0018*** (7.35)
Listyear	-0.0022*** (-14.29)	-0.0011*** (-5.29)	-0.0008*** (-7.00)	-0.0008*** (-6.98)	-0.0000*** (-3.05)
Soe	-0.0191*** (-9.96)	-0.0238*** (-9.17)	0.0053*** (3.72)	0.0053*** (3.71)	0.0006*** (3.56)
Top1	0.0004*** (7.50)	-0.0001 (-1.15)	-0.0002*** (-5.63)	-0.0002*** (-5.63)	-0.0000*** (-2.89)
Indep	-0.0249 (-1.64)	0.0651*** (3.11)	0.0365*** (3.16)	0.0365*** (3.16)	0.0040*** (2.99)
Lev	-0.1557*** (-32.23)	-0.3010*** (-47.25)	-0.0066* (-1.88)	-0.0066* (-1.88)	-0.0002 (-0.45)
Duel	0.0043** (2.30)	0.0138*** (5.35)	-0.0013 (-0.89)	-0.0013 (-0.89)	-0.0002 (-1.47)
Reguind	0.0991*** (13.49)	-0.0117*** (-3.91)	0.0222*** (13.34)	0.0222*** (13.35)	0.0018*** (9.51)
Meeting	-0.0001 (-0.45)	0.0023*** (7.33)	0.0028*** (16.69)	0.0028*** (16.70)	0.0003*** (17.88)
Size	0.0220*** (26.14)	0.0040*** (3.47)	-0.0051*** (-8.04)	-0.0051*** (-8.03)	-0.0007*** (-8.99)
Constant	-0.2971*** (-16.18)	0.2602*** (10.99)	0.1192*** (9.09)	0.1191*** (9.09)	0.0139*** (9.24)

续表

变量	解释变量的稳健性检验		被解释变量的稳健性检验		
	t 期				
	(1)	(2)	(3)	(4)	(5)
	PCM	Pr	HHI1	HHI2	HHI3
Year/Ind	控制	控制	控制	控制	控制
N	16459	16890	16459	16459	16459
R^2	0.248	0.210	0.041	0.041	0.033

注：括号内为t值，经White异方差调整，*、**、***分别表示回归系数在10%、5%、1%的显著性水平下显著。

资料来源：笔者运用Stata计算整理得到。

由于政治关联层级对产品市场竞争态势会产生滞后作用，因此本章使用了t-1期的企业高管和董事团队的平均层级（Pclevelm）作为企业政治关联层级的代理变量。表9-7中数据显示，替换企业政治关联层级的测度方式后，Pclevelm_lag与企业竞争地位（PCM）的回归结果系数为0.0072且在5%的水平上显著为正；企业政治关联层级的行业指标（Pc_lag）与HHI1、HHI2、HHI3的回归结果系数分别为0.0168、0.0168、0.0019且均在1%的水平上显著为正，表明主要结果不受政治关联层级指标测度的影响，结果稳健。

表9-7 主要变量代替测试的稳健性检验

变量	解释变量的稳健性检验		被解释变量的稳健性检验		
	t-1 期				
	(1)	(2)	(3)	(4)	(5)
	PCM	Pr	HHI1	HHI2	HHI3
Pclevelm_lag	0.0072** (2.45)	0.0149*** (3.85)			
Pc_lag			0.0168*** (7.24)	0.0168*** (7.24)	0.0019*** (7.30)
Listyear_lag	-0.0017*** (-10.01)	-0.0013*** (-6.03)	-0.0007*** (-5.53)	-0.0007*** (-5.52)	-0.0000* (-1.71)
Soe_lag	-0.0217*** (-10.54)	-0.0272*** (-10.07)	0.0053*** (3.44)	0.0053*** (3.44)	0.0006*** (3.13)
Top1_lag	0.0004*** (6.16)	-0.0001* (-1.70)	-0.0002*** (-4.76)	-0.0002*** (-4.76)	-0.0000** (-2.22)

续表

变量	解释变量的稳健性检验		被解释变量的稳健性检验		
	t-1 期				
	(1)	(2)	(3)	(4)	(5)
	PCM	Pr	HHI1	HHI2	HHI3
Indep_lag	-0.0392**	0.0440**	0.0292**	0.0292**	0.0032**
	(-2.38)	(2.04)	(2.34)	(2.34)	(2.22)
Lev_lag	-0.1290***	-0.2610***	-0.0097**	-0.0097**	-0.0004
	(-24.72)	(-38.13)	(-2.56)	(-2.56)	(-0.95)
Duel_lag	0.0041**	0.0158***	-0.0009	-0.0009	-0.0002
	(2.00)	(5.87)	(-0.56)	(-0.56)	(-1.17)
Reguind_lag	0.0019	0.0023	0.0196***	0.0196***	0.0015***
	(0.23)	(0.22)	(10.94)	(10.95)	(7.57)
Meeting_lag	-0.0003	0.0003	0.0029***	0.0029***	0.0004***
	(-1.03)	(1.02)	(15.72)	(15.73)	(16.95)
Size_lag	0.0184***	0.0037***	-0.0058***	-0.0058***	-0.0007***
	(20.12)	(3.09)	(-8.42)	(-8.42)	(-9.55)
Constant	-0.2345***	0.2400***	0.1432***	0.1432***	0.0168***
	(-11.85)	(9.25)	(10.13)	(10.12)	(10.36)
Year/Ind	控制	控制	控制	控制	控制
N	14414	14414	14414	14414	14414
R^2	0.232	0.271	0.037	0.037	0.032

注：括号内为 t 值，经 White 异方差调整，*、**、***分别表示回归系数在 10%、5%、1%的显著性水平下显著。

资料来源：笔者运用 Stata 计算整理得到。

二、内生性问题的处理

由于企业聘任具有政治关联的高管/董事和高管/董事自身选择进入某家企业存在自选择问题，而且也可能出现上市公司获得竞争优势后才建立政治关联的情况。为研究这一问题，我们运用倾向得分匹配法进行。

具体而言，我们首先建立匹配的模型，即模型（9-2），左侧变量为匹配变量，即“是否有政治关联层级”，是则取“1”，否则取“0”；我们参考贾明和张喆（2010），按照企业政治关联为中央、省部级、市级、没有分别赋值“3”“2”“1”“0”。政治关联层级为“3”定义为政治关联层级高，其他定义为政治关联层级低，高取“1”，低则取“0”。右侧为匹配的标准，我们对模型（9-2）进行 Logit 估计，之后根据倾向得分得到匹配后的样本。

$$Pclevel_{i1/i2,t}/Pc_{j1/j2,t}=\gamma_0+\gamma_1 Iistyear+\gamma_2 Soe+\gamma_3 Top1+\gamma_4 Indep+\gamma_5 Lev+\gamma_6 Duel+\gamma_7 Reguind+\gamma_8 Meeting+\gamma_9 Size+\varepsilon \tag{9-2}$$

模型（9-2）中的被解释变量一组为“政治关联层级高低的虚拟变量”，当企业的政治关联层级高时，取“1”，否则取“0”。解释变量为模型（9-1）除政治关联层级之外的其他控制变量。匹配得到5950个样本。模型（9-2）的被解释变量另一组为“是否有政治关联层级的虚拟变量”，当企业有政治关联层级时，取“1”，否则取“0”。解释变量为模型（9-1）除政治关联层级之外的其他控制变量。匹配得到5179个样本。

本章选用非替代性的最近邻匹配算法进行倾向得分匹配，本章采用两种匹配方法，一种是具有政治关联层级的企业找到一个与其最近邻的无政治关联层级的企业，另一种是具有高政治关联层级的企业找到一个与其最近邻的低政治关联层级的企业。在本章的考察中，有一家位于处理组，另一家与之相对应的企业与之匹配，匹配后去除未成功匹配的企业，同时可靠的匹配需要满足得分匹配的平衡假设，即无论是否是处理组，具有相同倾向得分的观测值应具有相类似的可观测的分布特征，具体而言，如果匹配满足平衡假设，就必须使用处理组与对照组的匹配变量在匹配后不存在显著差异，因此在匹配后我们进行了匹配平衡性检验来考察匹配的可靠性。

通过计算配对前后匹配变量的标准误差，来判断匹配效果的好坏，标准误差的绝对值越小说明匹配的效果就越好，根据Rosenbaum和Rubin（1985）的研究，标准误差应小于5%，相关变量的t统计量在匹配后并不显著，标准误差都小于5%，表明我们的匹配结果良好。

根据倾向得分匹配估计得到匹配后样本，之后在此样本基础上重新对模型（9-1）进行回归估计，回归结果如表9-8所示。企业政治关联层级（Pclevel）与企业竞争地位（PCM）的回归结果系数为0.0180且在10%的水平上显著为正；企业政治关联层级（Pclevel）与企业竞争优势（Pr）的回归结果系数为0.0104且在10%的水平上显著为正；企业政治关联层级的行业指标（Pc）与行业竞争程度（EI）的回归结果系数为0.1364且在1%的水平上显著为正。该结果显示，企业政治关联层级对产品市场竞争态势具有显著影响，表明本章主要结果不受自选择问题影响，结果稳健。

表9-8　PSM配对样本的稳健性检验结果

变量	PSM稳健性检验					
	政治关联层级高低级为匹配变量			是否有政治关联层级为匹配变量		
	(1)	(2)	(3)	(4)	(5)	(6)
	PCM	Pr	EI	PCM	Pr	EI
Pclevel	0.0180*	0.0104*		0.0203**	0.0092*	
	(1.91)	(1.79)		(2.44)	(1.66)	

续表

变量	PSM 稳健性检验					
	政治关联层级高低级为匹配变量			是否有政治关联层级为匹配变量		
	(1)	(2)	(3)	(4)	(5)	(6)
	PCM	Pr	EI	PCM	Pr	EI
Pc			0.1364*** (3.09)			0.0877* (1.89)
Listyear	-0.0083*** (-4.17)	-0.0032** (-2.44)	-0.0108*** (-4.51)	-0.0027 (-1.23)	-0.0026* (-1.78)	0.0030 (1.22)
Soe	0.0769** (2.52)	-0.0003 (-0.01)	0.0342 (0.99)	0.0407 (1.31)	-0.0093 (-0.45)	0.0277 (0.72)
Top1	0.0010 (1.20)	0.0008* (1.73)	0.0034*** (3.66)	-0.0000 (-0.01)	0.0007 (1.36)	-0.0026*** (-2.62)
Indep	0.1680 (0.83)	0.1363 (1.13)	-0.6089*** (-2.64)	0.1433 (0.68)	0.1608 (1.15)	1.1065*** (4.22)
Lev	-0.2405*** (-3.78)	-0.3297*** (-8.47)	0.0913 (1.25)	-0.3512*** (-4.93)	-0.3849*** (-8.11)	0.1745** (2.06)
Duel	0.0103 (0.40)	-0.0154 (-1.01)	0.0348 (1.20)	-0.0090 (-0.34)	-0.0145 (-0.82)	-0.0512 (-1.55)
Reguind	0.0555 (1.55)	0.0923 (1.15)	-1.4069*** (-34.65)	0.1155 (0.79)	0.0779 (0.80)	1.4692*** (30.38)
Meeting	0.0055* (1.69)	0.0044** (2.27)	-0.0294*** (-7.96)	0.0037 (1.17)	0.0047** (2.24)	0.0360*** (9.37)
Size	0.0090 (0.73)	-0.0207*** (-2.69)	0.0682*** (4.70)	0.0132 (1.03)	-0.0138 (-1.63)	-0.0458*** (-3.07)
Constant	-0.1363 (-0.51)	0.6591*** (3.84)	3.5780*** (11.62)	-0.1932 (-0.68)	0.5252*** (2.77)	-4.3570*** (-13.55)
Year/Ind	控制	控制	控制	控制	控制	控制
N	5950	5950	5950	5179	5179	5179
R^2	0.010	0.061	0.197	0.191	0.046	0.177

注：括号内为 t 值，经 White 异方差调整，*、**、*** 分别表示回归系数在 10%、5%、1%的显著性水平下显著。

资料来源：笔者运用 Stata 计算整理得到。

第六节　进一步分析

本节在以上分析的基础上，进一步探讨政治关联层级影响产品市场竞争态势的机制和外部环境对两者关系的调节效应。本节首先基于以往研究和理论，从企业风险承担、融资约束等角度探讨政治关联层级影响产品市场竞争的机制，之后，从信息环境、执法环境和腐败治理环境三个维度探讨外部环境的调节作用。

一、企业政治关联层级影响产品竞争态势的机制分析

（一）企业风险承担

风险承担反映了企业在投资、融资决策中的风险选择。风险承担水平越高意味着企业更偏好于投资高风险、高收益的项目。投资活动不可避免需要资金，较高风险承担水平的企业通常需要更多的资金支持。然而，在资本市场尚不完善的情况下，使资本市场中资金的供求双方存在“信息不对称”的现象，致使企业面临不同程度上的融资约束问题。企业的投资活动，很大程度上依赖于企业的融资水平。当企业的融资成本过高时，企业不得不放弃 NPV 为正的项目，企业的融资约束越大，其投资活动受到的约束性就越高，所以说，企业的风险承担水平受制于企业的融资约束状况。赵丽芳等（2019）研究发现，政治关联作为企业发展的重要资源，能够帮助企业克服正式制度的缺陷对企业经济发展的束缚，来缓解企业融资约束的压力。安灵等（2010）研究发现，政治关联企业可以帮助企业在陷入危机时渡过难关，降低企业的经营风险。同时，政治关联作为一种反映企业未来经营活动状况的声誉机制，向外界传递一种积极的信号，从而减轻政治关联企业在资本市场上的“信息不对称”问题，降低企业的融资成本。所以说，政治关联作为一种“信号提示”，有利于提升企业的融资能力，降低企业的融资成本，从而提高企业风险承担的水平。

风险承担是企业在进行重大项目的投资、决策时，为获取高额的利润而承担相应高风险的意愿和倾向，合理的风险承担对微观企业的发展和宏观经济的增长都有重要的作用。现有的文献对企业风险承担进行了颇多的研究，主要包含企业风险承担的影响因素以及经济后果。

从外部环境上看，宏观的经济环境会影响企业的风险承担水平，在经济不景气的时期，企业的外部融资成本过高，企业的投资策略较为保守，则企业的风险承担水平较低（何瑛等，2019）。良好的投资环境有利于投资者做出有效的投资决策，从而提高企业的风险承担水平（John et al.，2008）。周彬蕊（2017）通过对金融货币政策的研究发现，可以通过影响资产的贴现率来影响企业的现金流，进而影响企业的风险承担水平。

张敏等（2015）认为，企业的社会网络关系可以帮助企业获得风险投资所必需的各种资源，为企业的风险承担提供了资源的保障，从而有助于企业风险承担水平的提高。除此之外，文化、宗教等这些非正式制度对企业的风险承担水平也有重要的影响。从企业治理上看，基于代理理论，理性的管理者往往会出于自身的利益考虑而倾向于避免选择风险较高的项目，而企业可以通过薪酬激励、股权激励、晋升激励的手段，来影响管理者对风险决策的判断。马永强和邱煜（2018）研究发现，股权激励使管理者降低了对风险的规避，从而提高了管理者的风险承担水平。高磊（2018）认为，高管的货币薪酬有助于提高企业的风险承担水平。从管理者的特征上看：①管理者性别和年龄方面。Faccio 等（2011）研究发现，通过对比不同性别的管理者所在企业的风险承担水平，可以看出女性管理者经营的企业资产负债率和盈余波动率都较低，同时女性管理者所在企业的风险承担水平相对较低；Serfling（2014）研究发现，管理者的年龄与企业风险承担水平呈显著负相关，即管理者的年龄越大，企业的风险承担水平越低。吕文栋等（2015）也从管理者的外在特征上验证了管理者的特征与企业的风险承担水平存在联系。余明桂等（2013）研究发现，管理者过度自信会显著提高企业的风险承担水平。②管理者的个人经历。宋建波等（2017）认为，与本土成长的企业管理者相比较，拥有海外背景的管理者所在企业的风险承担水平更高。第一，拥有海外背景的管理者具有先进的管理经验，同时他们掌握国际化的商业知识和经营理念，能够前瞻性地掌握国际市场的需求，能够有效解决生产经营活动中的各种复杂问题，降低经营决策的不确定性所带来的风险，促使企业实施国际化的发展战略。第二，拥有海外背景的管理者属于复合型背景的管理者，其拥有国际化的社会网络关系资源，可以充分利用全球性的资源，提升企业资源的配置效率，有助于企业建立持续稳定的产品交易模式，有利于增加企业生产经营中所用资源的稳定和持续性。第三，拥有海外背景的管理者有良好的心理素质，在面临风险时，能及时、有效地解决复杂问题。

风险承担的经济后果表现在以下方面：第一，企业的资本配置效率。风险承担水平与资本增长率和销售收入增长率呈正相关（John et al.，2008）。资本配置效率越高意味着企业越偏爱于高回报率投资项目。企业的风险承担水平越高，管理者对风险的承受度也就越高，从而更偏向于选择 NPV 为正的项目，促进企业资本配置效率提高、增加企业资本积累、促进企业的生产效率维持在较高水平（谷文林、李爽，2018）。当企业为风险偏好型企业时，企业管理者会偏向于从事高风险性的项目，这会提升企业的生产效率。因为，高风险性的项目往往具有长期性的特点，一旦企业把资源投入到高风险性项目中，企业的可用资本就会相应减少，这就会使企业的资本利用率提高。第二，企业的绩效。余明桂等（2013）研究发现，管理者做出投资决策偏爱高风险的项目，会提高企业的资本配置效率，同时也会增加企业的价值，即企业的风险承担水平越高，越有利于提高企业的绩效，同时促进企业经济的发展和进步。李文贵和余明桂（2012）认为，在资本市场上，企业风险承担的水平与企业的价值显著正相关。该研究结果表明，企业的风险承担能够有助于股东及利益相关者财富的增长。一方面，低风险的投资项目确实可以给企业带来稳定的现金利益，但高风险的投资项目则能够给企业带来更高的投资回报，有助于增加企业的资本积累。另一方面，风险性的投资项目通常集中在某些专业化领域，特别是创新性的投资项目。通过投资这些领域，风险承担有利于企业的技术进步，有利于提高企业的核心竞争力，从而促进企业经济的发展。

没有任何企业可以不承担风险就能获得成功，合理的风险承担是促进企业生存和发展、优化资源配置效率、增加企业价值、促进经济发展的重要因素。风险承担水平越高往往表示企业较少放弃 NVP 为正的项目，提升资本利用率，同时风险承担还能够促进企业的研发投入和创新积极性，风险承担不仅有助于企业研发创新（董保宝，2014），而且还优化资源的配置效率，促进企业经济的发展（余明桂等，2013；刘志远等，2017）、有助于加速社会资本的积累、提高社会生成率（双琦等，2020）。一般情况下，投资高风险的项目要比投资低风险的项目预期回报率高。此外，由于创新活动本身具有不确定性与长期性，那么更高风险承担意愿也就表示企业愿意更多地投资创新项目。因此，企业的风险承担有助于加快资本的积累、促进创新活动的开展、增强企业的竞争优势、促进经济增长。

政治关联层级会影响企业的风险承担。以往研究表明，在环境不确定性增加的时候，企业面临的市场风险增加（罗党论、赖再洪，2016），而企业家或高管的政治身份能够为企业提供一个“保险机制”，弱化由于不确定性增加导致的风险承担。并且政治关联等级越高，越容易获得更多的银行贷款，且贷款利率也更低，从而有更充足的资金投资更多预期净现值为正的项目，提高企业风险承担水平，促进资源配置效率的提高。李雪（2019）研究发现，政治关联层级越高，企业的风险承担水平越高。但是也有学者研究认为，具有政治关联的企业为了维护政企关系带来的声誉和知名度，更关心其在公众面前的形象，倾向于塑造一个平稳增长的企业形象。余明桂等（2010）研究发现，与地方政府建立政治联系的企业能够更容易获得财政补贴，因而在竞争激烈的行业中较少有强烈的激励去进行高风险、高回报的投资项目，因而具有较低的风险承担水平。

因此，我们预期政治关联层级会通过影响企业的风险承担从而影响市场竞争态势，这基于两方面的逻辑。其一，政治关联层级越高，规避风险的能力越强，这为企业缓解外部环境风险提供了一定保障，从外部来说降低了外部环境不确定性对企业经营的影响，从内部而言则降低了企业风险承担的成本，从而增加了企业风险承担的意愿。其二，政治关联层级越高，越容易降低企业的违规成本，由此增加了政治关联层级高企业的风险承担意愿。研究表明，监管部门对政治关联层级高的企业违规行为的惩罚既缺乏及时性，也缺乏应有的力度，而违规后高管更换的概率也显著低于低层级政治关联的企业（许年行等，2013）。违规成本的降低使政治关联层级高的企业的高管和董事在进行决策时会更倾向于“冒险”，这也会提高政治关联层级高的企业风险承担水平。相比之下，政治关联层级低的企业的违规成本更高，因此会倾向于保守策略，降低风险承担意愿。

由于风险承担与企业进行积极战略而保持较高的市场竞争地位和较好市场竞争优势相联系，所以政治关联层级通过影响企业的风险承担而影响企业市场竞争地位、优势及行业竞争情况。据此，提出以下预期：①风险承担是企业政治关联层级影响产品市场竞争态势的中介机制。②风险承担是企业政治关联层级影响企业市场竞争地位的中介机制。③风险承担是企业政治关联层级影响企业市场竞争优势的中介机制。④风险承担是企业政治关联层级影响行业竞争度的中介机制。

我们将风险承担作为中介变量，构建模型（9-3）、模型（9-4）和模型（9-5）。用企业层面的风险承担水平和行业层面的风险承担水平表示企业的风险承担水平，数据来源于 CSMAR 数据库，同时我们对其进行了上下 1%的缩尾处理，并删除缺失值。企业风险承担衡量方式借鉴 Koerniadi 等（2014）、Nakano 和 Nguyen（2012），本章采用年化日收益率标准差的对数值（Risk）来衡量公司风险承担水平，计算公式为：$Risk_{i,j,t}=\ln\left[\sqrt{\frac{1}{T}\sum_{t=1}^{T}\left(r_{i,j,t}-\frac{1}{T}\sum_{t=1}^{T}r_{i,j,t}\right)^2}\right]$，其中，$r_{i,j,t}$ 为公司 i 在年度 j 内第 t 日的收益率，T 为每个会计年度内总的日数。

$$Mar\_competition_{i/j,t}\ (Position/Strength/In\_compt) = \alpha+\beta_1 Pclevel_t+\sum\gamma_j Controls_j+\varepsilon \tag{9-3}$$

$$Risk_{i/j,t}=\alpha+\beta_2 Pclevel_t+\sum\gamma_j Controls_j+\varepsilon \tag{9-4}$$

$$Mar\_competition_{i/j,t}\ (Position/Strength/In\_compt) = \alpha+\beta_1{}'Pclevel_t+\beta_3 Risk_t+\sum\gamma_j Controls_j+\varepsilon \tag{9-5}$$

为检验企业风险承担在企业政治关联层级和产品市场竞争态势之间的中介作用，本章根据 Baron 和 Kenny 等（1986）介绍的检验中介效应的四个步骤，检验是否满足中介效应的四个条件：①自变量与因变量显著相关。②自变量与中介变量显著相关。③控制自变量后，中介变量与因变量显著相关。④如果自变量对因变量的效应变小，表示是部分中介效应；如果自变量对因变量的效应不再显著，表示是完全中介效应。

如表 9-9（1）列所示，企业政治关联层级（Pclevel）与企业风险承担（Risk）的回归结果系数为 0.0199 且在 1%水平上显著为正，说明企业政治关联层级越高越能够加强企业风险承担的意愿。在（2）列至（3）列中，勒纳指数（PCM）和主营业务利润率（Pr）与企业风险承担（Risk）的回归结果系数分别为 0.0023、0.0025 且均在 5%的水平上显著为正。在引入中介变量风险承担后，企业政治关联层级（Pclevel）与勒纳指数（PCM）的回归结果系数由（2）列中的 0.0023 降为（4）列中的 0.0009，且不显著；与主营业务利润率（Pr）的回归结果系数由（3）列中的 0.0025 降为（5）列中的 0.0018，且由 5%的显著水平降为 10%的显著水平。在（6）列中，企业政治关联层级的行业指标（Pc）与企业风险承担的行业指标（Ind_Risk）的回归结果系数为

0.0920 且在 1%的水平上呈显著正相关。该结果表明，行业内政治关联的层级越高，越能够增强整个行业的企业风险承担的意愿。在引入中介变量风险承担后，企业政治关联层级的行业指标（Pc）与反映行业竞争度的熵指数（EI）的回归结果系数由（7）列中的 0.3218 降为（8）列中的 0.3174。说明企业风险承担作为企业政治关联层级与企业竞争态势的中介机制得到了实证结果的支持。

表 9-9　政治关联层级、企业风险与产品市场竞争态势的回归结果

变量	(1)	(2)	(3)	(4)	(5)	(6)	(7)	(8)
	Risk	PCM	Pr	PCM	Pr	Ind_Risk	EI	EI
Pclevel	0.0199***	0.0023**	0.0025**	0.0009	0.0018*			
	(8.09)	(2.57)	(2.28)	(0.98)	(1.65)			
Pc						0.0920***	0.3218***	0.3174***
						(13.56)	(11.50)	(11.62)
Risk				0.0126***	0.0094***			
				(2.77)	(2.77)			
Ind_Risk								-0.1293***
								(-4.17)
Listyear	0.0001	-0.0002	-0.0018***	-0.0008***	-0.0018***	-0.0040***	0.0030**	0.0019
	(0.04)	(-1.37)	(-8.75)	(-5.21)	(-9.35)	(-11.27)	(2.07)	(1.36)
Soe	-0.0207***	-0.0209***	-0.0260***	-0.0222***	-0.0255***	-0.0143***	0.0451**	0.0438**
	(-3.57)	(-10.10)	(-10.23)	(-10.82)	(-10.06)	(-3.06)	(2.42)	(2.35)
Top1	-0.0005***	0.0007***	-0.0001**	0.0007***	-0.0002**	-0.0003**	0.0003	0.0001
	(-3.16)	(12.48)	(-1.98)	(11.01)	(-2.26)	(-2.54)	(0.51)	(0.09)
Indep	0.0082	-0.0280*	0.0653***	-0.0203	0.0664***	0.0370	0.6989***	0.7128***
	(0.18)	(-1.68)	(3.24)	(-1.22)	(3.30)	(1.00)	(4.65)	(4.75)
Lev	-0.1653***	-0.1354***	-0.2843***	-0.1435***	-0.2831***	-0.0474***	0.2118***	0.1943***
	(-11.42)	(-26.92)	(-44.35)	(-28.15)	(-44.52)	(-4.06)	(4.61)	(4.29)
Duel	0.0055	0.0011	0.0163***	0.0020	0.0162***	0.0129***	-0.0435**	-0.0415**
	(0.98)	(0.53)	(6.58)	(0.98)	(6.55)	(2.83)	(-2.35)	(-2.25)
Reguind	0.0309	0.0106***	0.0644***	0.0107***	0.0638***	0.1021***	1.0753***	1.0846***
	(1.40)	(4.41)	(6.64)	(4.46)	(6.59)	(5.71)	(49.63)	(49.88)
Meeting	-0.0102***	0.0016***	0.0009***	0.0019***	0.0010***	-0.0036***	0.0370***	0.0368***
	(-14.97)	(6.70)	(2.99)	(7.68)	(3.41)	(-6.54)	(16.75)	(16.76)
Size	0.0808***	0.0198***	0.0062***	0.0227***	0.0059***	0.0163***	-0.0531***	-0.0451***
	(33.54)	(23.06)	(5.54)	(23.78)	(5.38)	(8.35)	(-6.43)	(-5.80)

续表

变量	(1)	(2)	(3)	(4)	(5)	(6)	(7)	(8)
	Risk	PCM	Pr	PCM	Pr	Ind_Risk	EI	EI
Constant	1.9105***	-0.2957***	0.1876***	-0.3693***	0.1645***	3.2129***	-4.3889***	-4.0461***
	(35.26)	(-16.03)	(7.71)	(-18.04)	(6.69)	(73.57)	(-25.71)	(-21.00)
Year/Ind	控制	控制	控制	控制	控制	控制	控制	控制
N	16602	16602	16602	16602	16602	16602	16602	16602
R^2	0.091	0.079	0.282	0.091	0.282	0.059	0.165	0.166

注：括号内为 t 值，经 White 异方差调整，*、**、*** 分别表示回归系数在 10%、5%、1%的显著性水平下显著。

资料来源：笔者运用 Stata 计算整理得到。

（二）融资约束

政治关联能够给企业带来很多经济利益，其中重要的一点就是有助于缓解企业的融资约束。一方面，具有政治关联的企业能够向外界传递一种有利信号，给外界造成一种只有企业业绩好、实力强、前景好、竞争力强的企业才可以和政府建立联系，即政治关联的“信息效应”就是指具有政治关联关系的企业向外界传递的一种积极的信号，来降低资金供应方的信息不对称程度，从而更容易给企业带来更多的融资资金。另一方面，政治关联企业除了能够向外界传递一种积极的信号以实现信息效应外，还可以消除部分的政策歧视，使拥有政治关联的企业有助于获得政策支持、政府补贴、税收优惠、更长的贷款期限，改善媒体的信息环境等资源，缓解资金的紧缺。这就是政治关联的“资源效应”。“资源效应”使企业更易获取银行的贷款，降低企业的融资成本，在市场的竞争中更具优势。余明桂和潘洪波（2008）研究发现，拥有政治关联的企业比其他企业面临的银行借款约束相对较少，政治关联企业能够获取的银行贷款可能性更大，并且在金融发展或者市场化不健全的情况下，政治关联企业对融资约束的缓解作用将会更加明显。政治关联的“资源效应”还体现在政府对企业的优惠政策上。任曙明和吕镯（2014）研究发现，政治关联可以帮助企业获取更多的政府补贴与政府的优惠政策，政府补贴可以在一定程度上缓解融资约束的压力，政治关联也可以突破政府与行业管制的壁垒，获得更大的发展空间（丁子航、何叶田，2016）。这些优惠都可以使企业获得更多的资源，增加企业在市场上的竞争优势。唐文萍和林静（2016）研究发现，政治关联可以借助政府权威来提升企业的威望，使企业免受法律歧视的侵害，改善了企业的融资环境。于蔚等（2012）的研究发现，政治关联确实能缓解企业融资约束，其核心机制在于“信息效应”和“资源效应”。政治关联能够起到信号发送作用，降低资金供求双方的信息不对称，同时政治关联有助于强化企业的资源获取能力，切实提高企业的未来总收益。赵丽芳等（2019）研究发现，不同的政治层级，政治家拥有的政治资源不同，层级越高拥有的政治资源越多，同时企业高管现任或者曾任政府官员等职务的人数越多，意味着该企业的政治关联程度越强，不同的政治关联程度能够传递不同的信号，即信号价值的大小不同。政治关联程度越高，越能传递出企业资产质量好、经营状况佳的信号。

融资约束，简单来说就是指企业由于资金不足以及融资成本过高导致企业的生产、经营活动受到了限制，使企业的投资项目得不到充分的资金支持，投资无法达到最优的水平，从而影响企业的发展。Modigliani 和 Miller（1958）认为，如果资本市场是完善的、信息对称的、资本自由流动并且无交易成本，那么企业就可以在资本市场上自由融资来满足企业的资金需求，也就没有融资问题，但这基于在完善的资本市场上，目前的资本市场恰恰是不完善的、信息不对称的。融资约束的存在也就意味着企业的融资受到"信息不对称""代理理论""道德风险"等影响，从而使企业的融资成本过高，致使企业无法顺利获得融资，从而使企业产生了融资约束问题。完善的资本市场有利于企业克服道德风险与逆向选择问题，从而降低企业的融资成本，进而缓解了融资约束问题。

融资约束是影响企业市场竞争地位、竞争优势及战略的重要因素，在公司治理方面，融资约束影响企业的投资效率和企业研发创新。在投资效率方面，投资效率低是企业为了获取投资资金，在"信息不对称"和高额的交易成本存在的情况下，企业将付出相对较高的融资成本才可以获得投资资金。倘若企业因为资金不足而无法对收益高的投资项目进行投资而形成融资约束问题，将会导致企业的投资不足。在融资约束成本较高的企业中，股东通常会出于自身的利益的考虑，尽量避免从外部获取资金，从而使企业因为资金不足而错失许多良好的投资机会。任曙明和吕镯（2014）研究发现，受融资约束的企业在资金匮乏时，不得不放弃 NPV 为正的投资项目，造成了资源配置效率低下、降低了企业的生产效率。尤其是研发企业，由于研发活动通常具有收益的不确定性、长期性、风险的不确定性等特征，这使这些企业更难获取银行的贷款，主要是依赖企业的内部融资。然而，企业的内部融资存在两个问题：第一，内部资金流不稳定性会使企业投资活动所用资金容易断裂；第二，投资活动的成本较高。所以说，企业仅依靠内部融资是无法提高企业的生产效率的。张悦梅（2017）认为，会计稳健性可以缓解"代理问题"，促使企业更容易地获取外部融资和权益融资的机会，降低融资成本，从而缓解融资约束的压力（张金鑫、王逸，2013）。冯根福等（2015）研究发现，股权、债权融资有助于缓解融资约束的压力。在企业创新方面，胡海青等（2016）研究发现，由于"信息不对称"问题的存在，融资约束较高的企业往往容易出现投资不足的现象，投资的效率也较低。政治关联会抑制企业"信息不对称"给企业带来的不利影响，来缓解企业的融资约束问题，从而使企业可以更容易地融资到更多的资金，就会间接地增加企业的投资行为，同时融资的成本降低，提高了企业产品市场的竞争力。段云和国瑶（2012）研究发现，即使在紧缩的财政政策下，拥有政治关系的企业融资约束程度也很低。

企业存在融资约束最大的原因是"信息不对称"，然而解决这一问题的关键是及时向利益相关者披露企业的经营状况。现阶段，我国市场经济体制还存在许多缺陷，这些严重影响企业信息传递的有效性、透明度以及沟通渠道的流畅性。由于政府对市场资源配置起主导作用，加之我国特定的“关系型”社会的文化背景，企业为了缓解融资约束的问题，十分重视与政府的关系。林南（2006）的社会资本理论表明，企业与政府建立政治联系可以看作一种为获取融资便利的投资行为，是一种社会关系资源，企业可以凭借这种关系资源获取银行的信任，突破行业壁垒，改善融资环境。政治关联也就是通过资源依赖理论、信号传递理论、关系经济理论、声誉机制来缓解融资约束问题的。

由于不同层级的政治关联获取的政策信息以及对稀缺资源发挥的作用有着显著的差异，政治关联发挥“资源效应”在为企业提供外部融资上的便利、获得税收优惠、获得政府补贴、获得更长的贷款期限、改善媒体的信息环境、突破政府与行业管制的壁垒、获得更大的发展空间等方面也存在显著的差异。政治关联层级影响融资约束，从而影响企业间竞争优势、竞争地位和行业内竞争程度，造成对市场竞争态势的影响。融资约束是影响企业市场竞争地位、竞争优势及战略的重要因素，由于内部融资的有限性，外部融资难以在企业发展过程中起到关键作用，特别是在转型经济体，随着外部投资规模的日益增长，外部融资约束的作用和重要性也越来越大（Johnson et al.，2003）。外部融资约束影响企业的投资效率，一方面，融资约束越大越加强了企业的预防动机，容易造成企业的投资不足。另一方面，由于外部融资约束较高，使企业无法从外部融资获得足够的资金，导致企业的投资不足，而投资不足将导致企业与市场中其他公司竞争力的减弱，增加了产品的市场份额被竞争者掠夺的可能性，严重时甚至会导致企业的破产。大量研究表明，企业通过构建政治关联可以缓解融资约束，这来源于政治关联的“资源效应”和“信息效应”（Fan et al.，2008；余明桂、潘红波，2008；罗党论、甄丽明，2008；于蔚等，2012），政治关联层级越高，企业的融资约束越弱（陈勇兵等，2017）。田利辉和张伟（2013）研究发现，企业政治关联层级越高，越有助于企业获得融资、政府补贴、突破行业管制壁垒。赵丽芳等（2019）研究发现，政治关联层级越高，越有助于给企业带来资源和声誉优势，企业越有助于获取更大规模和更长期限的债务融资。融资环境好的公司有实施有利于市场竞争战略的优势，能够对竞争对手造成可信威信，从而保证其自身在产品市场竞争中的地位和优势。

基于以上分析，我们预期政治关联层级通过影响企业的融资约束进而影响市场竞争态势，即融资约束是政治关联层级影响产品市场竞争态势的中介因素。

据此，我们提出以下预期：①融资约束是企业政治关联层级影响产品市场竞争态势的中介机制；②融资约束是企业政治关联层级影响企业市场竞争地位的中介机制；③融资约束是企业政治关联层级影响企业市场竞争优势的中介机制；④融资约束是企业政治关联层级影响行业竞争度的中介机制。

为检验以上预期，我们将融资约束作为中介变量，构建模型（9-6）至模型（9-8）。本章借鉴 Kaplan 和 Zingales（1997），根据公司经营性净现金流、股利、现金持有、资产负债率以及 Tobin's Q 等财务指标构建融资约束指数，相关财务数据来源于 CSMAR 数据库，同样，对其进行上下 1%的缩尾处理，并删除缺失值。

$$Mar\_competition_{i/j,t}\ (Position/Strength/In\_compt) = \alpha+\beta_1 Pclevel_t + \sum \gamma_j Controls_j + \varepsilon \tag{9-6}$$

$$KZ_{i/j,t} = \alpha+\beta_2 Pclevel_t + \sum \gamma_j Controls_j + \varepsilon \tag{9-7}$$

$$Mar\_competition_{i/j,t}\ (Position/Strength/In\_compt) = \alpha+\beta_1' Pclevel_t + \beta_3 KZ_t + \sum \gamma_j Controls_j + \varepsilon \tag{9-8}$$

如表 9-10（1）列所示，企业政治关联层级（Pclevel）与融资约束指数（KZ）的回归结果系数为-0.0499 且在 1%水平上显著为负，说明该企业政治关联层级越高，企业融资约束越弱，即企业融资环境越好。在（2）列和（3）列中，企业政治关联层级（Pclevel）与勒纳指数（PCM）和主营业务利润率（Pr）的回归结果系数分别为 0.0026、0.0037 且在 1%的水平上呈显著正相关。在引入中介变量融资约束后，企业政治关联层级（Pclevel）与勒纳指数（PCM）的回归结果系数由（2）列中的 0.0026 降为（4）列中的 0.0004，且不显著；与主营业务利润率（Pr）的回归结果系数由（3）列中的 0.0037 降为（5）列中的 0.0028，且由 1%的显著水平降为 5%的显著水平。在（6）列中，企业政治关联层级的行业指标（Pc）与企业融资的行业指标（Ind_KZ）的回归结果系数为-0.1075 且在 1%的水平上显著为负。该结果表明，行业内企业政治关联层级越高，该行业的企业融资约束越弱，即该行业的融资约束环境越好。在引入中介变量融资约束后，企业政治关联层级的行业指标（Pc）与反映行业竞争度的熵指数（EI）的回归结果系数由（7）列中的 0.3260 降为（8）列中的 0.3217，这说明融资约束作为企业政治关联层级与企业竞争态势的中介机制得到了实证结果的支持。

表 9-10　政治关联层级、融资约束与产品市场竞争态势的回归结果

变量	(1)	(2)	(3)	(4)	(5)	(6)	(7)	(8)
	KZ	PCM	Pr	PCM	Pr	Ind_KZ	EI	EI
Pclevel	-0.0499*** (-4.21)	0.0026*** (2.74)	0.0037*** (3.05)	0.0004 (0.43)	0.0028** (2.43)			
Pc						-0.1075*** (-2.62)	0.3260*** (10.92)	0.3217*** (11.15)
KZ				-0.0188*** (-32.30)	-0.0166*** (-20.84)			
Ind_KZ								0.2257*** (13.10)

续表

变量	(1)	(2)	(3)	(4)	(5)	(6)	(7)	(8)
	KZ	PCM	Pr	PCM	Pr	Ind_KZ	EI	EI
Listyear	-0.0085***	0.0003*	-0.0008***	-0.0013***	-0.0016***	0.0032	0.0059***	0.0030**
	(-3.97)	(1.74)	(-3.75)	(-8.64)	(-7.39)	(1.47)	(3.86)	(2.06)
Soe	0.1455***	-0.0228***	-0.0263***	-0.0176***	-0.0263***	0.1714***	0.0236	0.0410**
	(5.38)	(-10.55)	(-9.73)	(-9.19)	(-10.23)	(6.44)	(1.22)	(2.14)
Top1	-0.0084***	0.0008***	-0.0001	0.0004***	-0.0002***	-0.0062***	0.0010*	0.0005
	(-10.62)	(12.91)	(-0.70)	(6.54)	(-2.84)	(-8.00)	(1.75)	(0.95)
Indep	1.4639***	-0.0297*	0.0626***	-0.0158	0.0827***	1.2898***	0.6414***	0.5744***
	(6.65)	(-1.67)	(2.81)	(-1.02)	(3.96)	(5.97)	(4.04)	(3.64)
Lev	5.0578***	-0.1263***	-0.3013***	-0.0426***	-0.1893***	5.3231***	0.2130***	0.0462
	(73.59)	(-23.70)	(-44.40)	(-7.52)	(-24.05)	(77.43)	(4.40)	(0.95)
Duel	0.0093	-0.0009	0.0140***	0.0022	0.0160***	-0.0146	-0.0571***	-0.0530***
	(0.34)	(-0.38)	(5.01)	(1.15)	(6.08)	(-0.54)	(-2.86)	(-2.67)
Reguind	-0.1334	0.0122***	-0.0083***	0.1131***	0.0706***	-0.0956	1.0425***	1.0555***
	(-1.30)	(4.87)	(-2.68)	(15.61)	(7.25)	(-0.95)	(46.84)	(47.67)
Meeting	0.0310***	0.0016***	0.0024***	0.0004*	0.0013***	0.0266***	0.0356***	0.0339***
	(9.66)	(6.37)	(7.42)	(1.86)	(4.29)	(8.36)	(15.50)	(14.92)
Size	-0.3270***	0.0212***	0.0051***	0.0121***	-0.0006	-0.4064***	-0.0478***	-0.0448***
	(-29.05)	(23.57)	(4.30)	(14.87)	(-0.49)	(-34.47)	(-5.61)	(-5.64)
Constant	5.2841***	-0.3392***	0.2359***	-0.1548***	0.2916***	6.2900***	-4.5193***	-4.5189***
	(20.79)	(-17.54)	(9.50)	(-8.52)	(11.56)	(24.59)	(-25.54)	(-26.48)
Year/Ind	控制	控制	控制	控制	控制	控制	控制	控制
N	14780	14780	14780	14780	14780	14780	14780	14780
R^2	0.342	0.078	0.197	0.304	0.297	0.368	0.169	0.177

注：括号内为 t 值，经 White 异方差调整，*、**、*** 分别表示回归系数在 10%、5%、1%的显著性水平下显著。

资料来源：笔者运用 Stata 计算整理得到。

二、外部环境的调节效应分析

（一）信息环境的调节效应

企业开展各种经营活动都将会受到所处信息环境的影响，加上我国特殊的制度背景以及不完善的资本市场环境，还有我国特定的“关系型”社会文化背景，这都会影响企业的发展。信息是个体和组织进行决策的重要基础。信息环境会对企业政治关联层级影响市场竞争态势产生调节作用，这主要体现为两方面的逻辑。

其一，信息环境的资源替代作用。政治关联企业在市场竞争中获得的优势很大部分是基于政治关联作为信息纽带为其经营提供的信息优势，企业政治关联层级越高，企业更易获得信息资源。例如，政府官员能够知晓关联企业的私有信息，因此投资关联企业能够获得超额回报，并将其掌握的信息资本化（Eggers and Hainmueller，2014），而信息环境的改善有利于降低市场中各方参与者之间的信息不对称程度，促进公平交易的有序进行。

以融资为例，根据公司财务理论，信息不对称导致了企业之间外部融资成本的差异，由此产生了融资约束，而政治关联层级越高，企业融资约束越弱，即企业融资环境越好，使具有政治关联层级高的企业相对政治关联层级低的企业更具有融资优势。信息环境的改善降低了信息不对称，从而降低企业外部融资约束以及对内部资金的依赖（张纯、吕伟，2009；李维安等，2015），因此信息环境与政治关联对企业构成了"资源替代"的不同机制，随着信息环境的不断改善，企业对政治关联的依赖预期会逐渐降低，从而对企业政治关联恶化市场竞争态势的效应有所调节。

其二，信息环境的监督作用。信息环境的改善有利于改善企业治理及市场状况。例如，信息环境的改善有利于抑制管理层的盈余管理行为（Schipper，1989）；提升治理效率，促使企业及时披露坏消息（Haß et al.，2014）；抑制信息不对称，降低股价崩盘风险（王亚平等，2009；潘越等，2011；张军等，2019）；提高企业的透明度，同时有助于提高投资效率（Biddle et al.，2009）；降低外部投资者向企业要求过高的资本成本（林斌等，2012）；改善媒体关注对费用黏性的抑制作用（梁上坤，2017）等。但是由于"关系型交易"是一种非正式契约，所以一般很难依赖正式的机制去解决企业中可能出现的利益冲突，依赖"关系型交易"的各方都相互信任，并有私下进行信息交流的渠道，其往往不依赖高质量的公开信息对其监督。在"关联型交易"进行投资的情况下，专用性程度较高，交易双方为了消除因专用性投资而被拴住的顾虑，一般通过提供抵押品来保护合约的履行，并据此获得超额的回报。因此，与双方直接相关的信息常属于非公开的，外部人士很难观测到（Klein et al.，1978；Williamson，1979；李增泉等，2011）。信息环境的改善有利于非公开信息的曝光，信息环境因而也能够发挥监督作用，对企业通过政治关联的寻租活动有所抑制。

基于以上分析，我们提出以下预期：①信息环境对企业政治关联层级影响产品市场竞争态势的效应具有调节作用。②信息环境对政治关联层级影响企业竞争地位的效应具有调节作用。③信息环境对政治关联层级影响企业竞争优势的效应具有调节作用。④信息环境对政治关联层级影响行业竞争度的效应具有调节作用。

（二）执法环境的调节效应

随着我国经济的不断发展，执法环境在不断地改善，执法水平也有了较大的提高，但是仍然存在一定的问题。执法环境是指与执法活动相关的、直接或间接影响执法活动的环境因素，其决定了执法过程总执行的难易程度。良好的执法环境离不开高质量、高效能的执法。如果执法环境差，即使完善的法律制度也不能得到实施，执法工作中可能会出现有法不依、执法不严、违法不究等现象。公众对法律的信任不仅取决于执法过程与结果的公正性，更大程度上取决于法律为各种权利人的合法化保护程度。所以完善执法环境对执法工作的进行具有重要的意义（闫博慧，2011）。这说明，我国不仅要完善法律制度，而且还需要重视法律的执行效果。

对于转型经济体来说，执法效率对经济、金融发展具有重要作用（Pistor and Xu，2002）。可以预期，执法环境越弱，一般性违法违规事件得到及时、有效处理的可能性越低，而政治关联层级高的企业相对政治关联层级低的企业与政府的关系形成的“庇护伞”更强，更不会受到惩罚，这种情况反过来又加深了执法效率低下的情况，形成恶性循环，使政治关联层级高的企业相对政治关联层级低的企业的竞争地位和优势越来越不平等，行业竞争性越来越差，最终伤害金融体系发展和国民经济运行。反之，如果执法环境得到改善，执法效率能够得到提升，对违规情况进行严格审查和严格惩罚，违规成本将随法律执行效力提升而提高，因此预期能够对政治关联企业凭借“关系”而故意违规却得不到有效惩戒的情况有所改善，从而在一定程度上能够改善政治关联对市场竞争态势的恶化。

基于以上分析，我们提出以下预期：①执法环境对企业政治关联层级影响产品市场竞争态势的效应具有调节作用。②执法环境对政治关联层级影响企业竞争地位的效应具有调节作用。③执法环境对政治关联层级影响企业竞争优势的效应具有调节作用。④执法环境对政治关联层级影响行业竞争度的效应具有调节作用。

（三）腐败治理环境的调节效应

腐败治理是任何国家无论在任何时期都应高度重视的问题。随着我国改革开放步伐的不断加快，我国的经济发展也取得了举世瞩目的成就，但腐败问题也随之而来。

袁程炜等（2019）表示，腐败不仅是政治问题，更是经济问题。从长远来看，严重的腐败不仅阻碍了我国经济的发展（陈刚等，2008），同时也降低了政府的执行效率。Sequeria 和 Djankov（2014）研究发现，腐败不仅阻碍企业的运营，还减少政府的税收。张家瑞（2017）研究发现，腐败会使人们对政府的公信力以及政府的执行力甚至是法律的合法性产生怀疑。Del Monte 和 Papagni（2001）、Tanzi 和 Davoodi（2001）、Wei（2000）认为，腐败的不确定性与隐秘性会扭曲政府的支出结构，阻碍外商的直接投资，抑制公共的投资效率。申宇和赵静敏（2016）研究发现，腐败会抑制国家的投资水平提高，扭曲公司的投资、融资效率，阻碍 GDP 的增长，阻碍我国经济的发展。在转型经济、政府主导资源配置及过度政府干预的市场上，腐败更易滋生（Shleifer and Vishny，1994；Acemoglu and Verdier，2000）。政治关联往往也是催生和加剧腐败的温床。反腐败具有长期性、复杂性、艰巨性的特点，需要用科学、严谨的态度来寻找治理腐败的有效方法。钟覃琳等（2016）认为，一方面，反腐败给企业营造出一种积极向上的经营环境，在加大反腐力度的同时也增加了官员的设租成本，在党中央、媒体、公众的监督下，政府官员只能提升其行政执法效率，这样就提高了市场的配置效率，促使企业公平竞争，进而降低了交易的成本。另一方面，反腐败可以将企业的精力从寻租等腐败行为中转回到企业的经营活动中，有利于提升投资、融资效率以及生产效率，最终促进企业提高经营业绩，从而增加企业的竞争优势。经济新常态下强调市场的决定性作用，就是要建立和维护统一的市场规则，规范市场经济秩序，维护市场公平竞争，坚决杜绝政府保护主义。

因此，腐败治理环境越好、反腐力度越大，对不合理、不健康的政企关系打击越大，政治关联层级越高的企业需要政治关联的成本越高，在资源配置上有利于降低政府由于政治关联而对关联企业的资源倾斜，从而削弱政治关联企业的非竞争性优势，从而有助于改善市场竞争态势。

基于以上分析，我们提出以下预期：①腐败治理环境对企业政治关联层级影响产品市场竞争态势的效应具有调节作用。②腐败治理环境对政治关联层级影响企业竞争地位的效应具有调节作用。③腐败治理环境对政治关联层级影响企业竞争优势的效应具有调节作用。④腐败治理环境对政治关联层级影响行业竞争度的效应具有调节作用。

为检验以上预期，本章构建模型（9-9）：

$$Mar\_competition_{i/j,t}(Position/Strength/In\_compt) = \alpha + \beta_1 Pclevel_t + \beta_2 Pclevel_t \times Envir(Info/Law/Acorrpt) + \sum \gamma_j Controls_j + \varepsilon \quad (9-9)$$

模型（9-9）中，变量 Envir 为外部环境变量，分别为信息环境（Info）、执法环境（Law）和腐败治理环境（Acorrpt）。我们延续以往文献的传统，以分析师和机构持股对公司所处的信息环境进行代理，因此该变量主要体现公司层面差异；对于执法环境和腐败治理环境，因为我国地区发展的不均衡性，这两个变量更多地体现在地区差异上，因此对于执法环境和腐败治理环境，我们以公司注册地为基础从地区层面考察。对于信息环境（Info），由于证券分析师和机构投资者对信息环境具有重要影响（Dempsey，1989；Giraldo，2011；Boone and White，2015；高敬忠等，2011），因此我们采取“分析师跟踪”指标作为信息环境的代理度量。具体地，我们首先根据 CSMAR 数据库相关数据得到每个公司年度分析师跟踪人数的数据，我们按照所有样本公司分析师跟踪人数的年度行业中位数，公司当年分析师跟踪人数大于等于年度行业分析师跟踪人数中位数时，认为公司所处的信息环境较好，Info 取“1”，否则取“0”。

对于执法环境（Law），执法水平的差异主要体现在以下三个方面：司法机关执法效率、执法公正性和群众对法律的遵守，但最主要依赖于前两个方面（罗煜等，2016）。因此，我们参考罗煜等（2016）的研究，选取王小鲁等（2019）的《中国分省份市场化指数报告（2018）》中的“对生产者合法权益的保护”这一指标来代理地区的执法环境，这一指标来自地区调查数据，能够反映当地司法部门的执法情况。我们以公司注册地为基础，根据“对生产者合法权益的保护”指数的年度中位数，当公司所在地的该指标高于年度中位数，则将该地区的执法环境定义为“较好执法环境”，变量Law取“1”，否则取“0”。

对于腐败治理环境（Acorrpt），我们选取王小鲁等（2020）的《中国分省企业经营环境指数》中的“政府廉洁”这一指标来代理地区的腐败治理环境，这一指标来自地区调查数据，能够反映当地腐败治理情况。我们以公司注册地为基础，根据“政府廉洁”指数的年度中位数，当公司所在地的该指标高于年度中位数，则将该地区的腐败治理环境定义为“较好腐败治理环境”，变量Acorrpt取“1”，否则取“0”。

模型（9-9）中其他的变量定义和控制变量均与模型（9-1）一致。

如表9-11所示，在引入调节变量信息环境后，在（1）列至（3）列中，企业政治关联层级（Pclevel）和信息环境（Info）的交乘与勒纳指数（PCM）的回归结果系数为-0.0134且在10%的水平上显著为负；企业政治关联层级（Pclevel）和信息环境（Info）的交乘与主营业务利润率（Pr）的回归结果系数为-0.0113且在5%的水平上显著为负；企业政治关联层级的行业指标（Pc）和信息环境的行业指标（Ind_Info）的交乘与熵指数（EI）的回归结果系数为-2.8140且在1%的水平上显著为负，说明随着信息环境的不断改善，企业对政治关联的依赖预期会逐渐降低，从而对企业政治关联恶化市场竞争态势的效应有所调节。

表9-11　企业政治关联层级、信息环境与产品市场竞争态势回归结果

变量	(1)	(2)	(3)
	PCM	Pr	EI
Pclevel	0.0153*** (2.86)	0.0154*** (4.06)	
Pclevel×Info	-0.0134* (-1.78)	-0.0113** (-2.12)	
Pc			1.0781*** (12.26)
Pc×Ind_Info			-2.8140*** (-17.23)
Info	0.0918*** (4.40)	0.0971*** (6.60)	0.0697*** (4.01)
Soe	0.0062 (0.68)	-0.0138** (-2.14)	-0.0516*** (-2.64)

续表

变量	(1)	(2)	(3)
	PCM	Pr	EI
Top1	0.0007***	0.0003*	-0.0007
	(2.77)	(1.84)	(-1.20)
Indep	0.0386	0.1094**	-0.8578***
	(0.50)	(1.99)	(-5.11)
Lev	-0.1787***	-0.2646***	-0.0843*
	(-7.67)	(-16.09)	(-1.74)
Duel	-0.0011	-0.0001	0.0691***
	(-0.12)	(-0.01)	(3.62)
Meeting	0.0026**	0.0017**	-0.0324***
	(2.31)	(2.16)	(-13.56)
Reguind	0.0865**	0.0605**	-1.3407***
	(2.44)	(2.42)	(-61.84)
Size	0.0180***	-0.0160***	0.0334***
	(3.98)	(-5.04)	(3.49)
Listyear	-0.0030***	-0.0013**	0.0003
	(-4.07)	(-2.43)	(0.20)
Constant	-0.3333***	0.5237***	4.8194***
	(-3.45)	(7.68)	(24.62)
Year/Ind	控制	控制	控制
N	16265	16265	16265
R^2	0.039	0.070	0.236

注：括号内为 t 值，经 White 异方差调整，*、**、*** 分别表示回归系数在 10%、5%、1%的显著性水平下显著。

资料来源：笔者运用 Stata 计算整理得到。

如表 9-12 所示，在引入调节变量执法环境后，在（1）列至（3）列中，企业政治关联层级（Pclevel）和执法环境（Law）的交乘与勒纳指数（PCM）的回归结果系数为-0.0152 且在 5%的水平上显著为负；企业政治关联层级（Pclevel）和执法环境（Law）的交乘与主营业务利润率（Pr）的回归结果系数为-0.0142 且在 1%的水平上显著为负；企业政治关联层级的行业指标（Pc）和执法环境的行业指标（Ind_Law）的交乘与熵指数（EI）的回归结果系数为-2.6184 且在 1%的水平上显著为负，说明执法环境的不断改善，使执法效率能够得到提升，对违规情况进行严格审查和严格惩罚，违规成本将随法律执行效力提升而提高，因此能够对政治关联企业凭借“关系”而故意违规却得不到有效惩戒的情况有所改善，从而在一定程度上能够改善政治关联对市场竞争态势的恶化。

表 9-12 企业政治关联层级、执法环境与产品市场竞争态势回归结果

变量	(1)	(2)	(3)
	PCM	Pr	EI
Pclevel	0.0173***	0.0169***	
	(3.35)	(4.60)	
Pclvevel×Law	-0.0152**	-0.0142***	
	(-2.00)	(-2.65)	
Pc			1.0413***
			(17.18)
Pc×Ind_Law			-2.6184***
			(-25.93)
Law	0.0374*	0.0330**	-0.2795***
	(1.80)	(2.24)	(-16.84)
Soe	0.0056	-0.0179***	-0.0512***
	(0.61)	(-2.75)	(-2.65)
Top1	0.0008***	0.0003	0.0001
	(2.96)	(1.59)	(0.20)
Indep	0.0035	0.0987*	-0.7788***
	(0.04)	(1.79)	(-4.69)
Lev	-0.1957***	-0.2983***	-0.0883*
	(-8.59)	(-18.27)	(-1.86)
Duel	-0.0003	0.0031	0.0632***
	(-0.04)	(0.50)	(3.34)
Meeting	0.0029***	0.0022***	-0.0301***
	(2.60)	(2.81)	(-12.76)
Reguind	0.0775**	0.0493*	-1.3140***
	(2.18)	(1.96)	(-61.36)
Size	0.0260***	-0.0000	0.0376***
	(6.72)	(-0.00)	(4.36)
Listyear	-0.0032***	-0.0023***	-0.0016
	(-4.59)	(-4.54)	(-1.06)
Constant	-0.4818***	0.2499***	4.8168***
	(-5.42)	(3.87)	(26.43)
Year/Ind	控制	控制	控制

续表

变量	(1)	(2)	(3)
	PCM	Pr	EI
N	16230	16230	16230
R^2	0.034	0.062	0.255

注：括号内为t值，经 White 异方差调整，*、**、*** 分别表示回归系数在10%、5%、1%的显著性水平下显著。

资料来源：笔者运用 Stata 计算整理得到。

如表9-13所示，在引入调节变量腐败治理环境后，在（1）列至（3）列中，企业政治关联层级（Pclevel）和腐败治理环境（Acorrpt）的交乘与勒纳指数（PCM）的回归结果系数为-0.0222且在5%的水平上显著为负；企业政治关联层级（Pclevel）和腐败治理环境（Acorrpt）的交乘与主营业务利润率（Pr）的回归结果系数为-0.0150且在1%的水平上显著为负；企业政治关联层级的行业指标（Pc）和腐败治理环境的行业指标（Ind_Acorrpt）的交乘与熵指数（EI）的回归结果系数为-2.5130且在1%的水平上显著为负，说明腐败治理环境越好、反腐力度越大，对不合理、不健康的政企关系打击越大，政治关联层级越高的企业需要政治关联的成本越高，在资源配置上有利于降低政府由于政治关联而对关联企业的资源倾斜，从而削弱政治关联企业的非竞争性优势，从而有助于改善市场竞争态势。

表9-13　企业政治关联层级、腐败治理环境与产品市场竞争态势回归结果

变量	(1)	(2)	(3)
	PCM	Pr	EI
Pclevel	0.0272*** (4.10)	0.0178*** (4.99)	
Pclevel×Acorrpt	-0.0222** (-2.23)	-0.0150*** (-2.81)	
Pc			0.9603*** (11.41)
Pc×Ind_Acorrpt			-2.5130*** (-16.52)
Acorrpt	0.0612** (2.25)	0.0312** (2.13)	-0.1937*** (-9.27)
Soe	0.0116 (0.96)	-0.0164** (-2.52)	-0.0450** (-2.30)

续表

变量	(1)	(2)	(3)
	PCM	Pr	EI
Top1	0.0002 (0.63)	0.0002 (1.22)	-0.0005 (-0.97)
Indep	0.0175 (0.17)	0.0971* (1.77)	-0.7465*** (-4.44)
Lev	-0.2393*** (-7.97)	-0.3044*** (-18.83)	-0.0913* (-1.91)
Duel	0.0040 (0.35)	0.0046 (0.74)	0.0518*** (2.72)
Meeting	0.0033** (2.23)	0.0022*** (2.77)	-0.0322*** (-13.48)
Reguind	0.0773* (1.68)	0.0522** (2.10)	-1.3437*** (-62.24)
Size	0.0318*** (5.92)	0.0011 (0.39)	0.0383*** (4.39)
Listyear	-0.0039*** (-4.06)	-0.0025*** (-4.88)	-0.0013 (-0.86)
Constant	-0.5768*** (-4.84)	0.2281*** (3.56)	4.6907*** (25.44)
Year/Ind	控制	控制	控制
N	16521	16521	16521
R^2	0.094	0.065	0.229

注：括号内为t值，经White异方差调整，*、**、***分别表示回归系数在10%、5%、1%的显著性水平下显著。

资料来源：笔者运用Stata计算整理得到。

第七节 本章小结

本章基于政企关系、政府和市场角色转型的现实背景，探讨企业政治关联层级对产品竞争态势的影响，具体包括：第一，企业政治关联层级对产品市场竞争态势的影响；第二，企业政治关联层级影响产品市场竞争态势的机制和异质性。研究发现：①企业政治关联层级对产品市场竞争态势具有负面影响，具体表现为：企业政治关联层级越高，这个企业在市场上的竞争地位和竞争优势越强；行业内政治关联企业层级越高，整个行业的产品市场竞争态势就越弱，即产品市场竞争态势越差。②风险承担和融资约束是企业政治关联层级影响产品市场竞争态势的中介机制。可见，融资环境好的公司有实施有利市场竞争战略的优势，能够对竞争对手产生可信威信，从而保证其自身在产品市场竞争中的地位和优势。风险承担水平高的企业，能够采取积极战略从而保持较高的市场竞争地位和较好的市场竞争优势。③信息环境、执法环境和腐败治理环境对企业政治关联层级影响产品市场竞争态势的效应具有调节作用。可见，外部环境的改善削弱了政治关联企业的非竞争性优势，从而有助于改善市场竞争态势。

本章从公司治理层面挖掘政治关联层级对产品市场竞争态势的影响以及企业政治关联层级影响产品市场竞争态势的机制和异质性。研究结论为政府干预、公共资源交易及分配的相关政策提供启示，也为进一步建立和维系产品市场的良性竞争态势提供启示；有助于提高企业对转型经济背景下政府经济政策的理解，同时也为政府和市场的关系维系提供了现实的证据；从优化政府和改善产品市场竞争环境两个方面提出了切实的政策建议。在优化政府作为方面，合理控制政府对资源的宏观配置，帮助企业合理建立政治关联，在改善市场竞争环境方面，进一步强化市场对资源的决定性配置权，营造公平公正的市场制度环境，提高企业发展活力，完善相关法律制度建设。为新时期构建“新型政企关系”与经济新常态下政府与市场的关系定位与维系提供一定的现实启示。

在经济新常态的经济背景下，政府已从原始的资源控制方开始向政策引导方转变。但是政府所拥有的资源仍然对企业有着很大的吸引力，致使企业为了获取资源和寻求保护而向政府靠拢。根据本章的研究结论以及在经济新常态的背景下，如何理顺政府和市场的关系，本章提出几点政策建议：①完善市场环境。从研究结论可以看出，外部环境的改善削弱政治关联企业的非竞争性优势，从而有助于改善市场竞争态势。所以说，完善市场环境更有利于改善市场的竞争态势。随着我国的改革进入深水区，更应当正确地引导经济的发展，加强市场化建设发展，促进我国市场发展更加健全。建立健全市场制度，完善市场环境，从而有助于改善市场竞争态势。②客观看待政企关系，加强监督。在我国现有的经济体制和政治环境下，加之我国特定的“关系型”社会文化背景，企业为了生存和发展，自然十分重视建立良好的政企关系。就企业而言，一方面，政治关联企业应当理性认识政治关联作为一种“非竞争性优势”。企业的主要竞争优势来源应该是由企业所掌握并且企业能进行有效配置的核心资源。另一方面，企业应当在合法的前提下与政府建立良好的关系，与此同时，企业要避免政府过度干预给企业带来的不必要伤害。就政府而言，在经济新常态下，一方面，政府需要转变职能，从原始的资源控制方向政策引导方转变，使政府与企业的关系向着良性的趋势发展，以营造一个公平、公开、公正的市场环境，从而有助于改善市场竞争态势。另一方面，要严格审批行政许可相关事项，建立健全法治建设，提高政治审批效率，提升政府办公的透明度，加强公众及相关媒介对权力运行的监督，从根源上抵制不“清”的政企关系。

当然，本章也有一些不足之处。本章中对企业政治关联层级的度量方法参考吴文锋等（2009）、贾明和张喆（2010）等研究，考察企业政治关联层级对产品市场竞争态势的影响，并将政治关联层级划分为中央、省部级、市级和无关联四类，但由于从国泰安数据库里获得的相关资料，只能看出显性的政治关联关系，而对于隐性的政治关联关系，在数据获取方面有相当大的难度。因此，本章只研究了显性的政治关联层级的区分。除此之外，本章在选择企业政治关联层级的度量方法上也具有一定的主观性。

政治关联作为正式制度的替代机制，帮助企业减少其经营环境的不确定性。政治关联可以帮助企业获得外部融资便利、税收优惠、政府补贴、较高的 IPO 定价、更多的多元化资源，促进企业创新，实施非相关多元化战略与并购，降低企业的违规成本，得到更长的贷款期限，增强企业价值等利益。倘若政治关联企业的政治关联关系解除，将如何影响产品市场竞争态势，这将可能是未来的研究方向之一。

第十章　研究结论与建议

第一节　研究结论

政府与市场的关系，即政府与企业的关系，是转型经济体制中的重要关系之一，是公共经济学、新政治经济学和规制经济学关注的核心命题。由于公司治理实质上属于公共治理的范畴，因此研究公司治理才能更好地理解公共治理。政企关系在我国公司治理中扮演了重要角色，对公司治理的途径、效率等方面都有无法忽视的影响。本书基于我国特定的制度、经济学、公司治理等背景，以我国上市公司为样本，从规范论述和实证分析两方面，遵循“从微观到中宏观”的逻辑思路，探索了我国政企关系的微观和中宏观经济效应。

经研究，本书得出以下结论：

第一，我国上市公司会聘任具有政治背景或从政经历的人士到公司担任董事或高管，而上市公司聘任政治关联董事的动机之一是规避企业风险，表现为企业风险越高，越倾向于增加政治关联董事的聘任。同时，随着企业风险增加而增加聘任政治关联董事的行为确实存在同群效应。当同群公司在风险增加而增加聘任政治关联董事时，考察公司在下一期也会增加对政治关联董事的聘任。考虑地区因素后，本书进一步考察同一行业不同地区的同群效应，发现上述同群效应仍然存在，但影响程度较同行业同地区同群公司而言较弱。通过路径分析发现，信息和环境的不确定性是同群效应产生的两条重要路径。另外，本书还考察了企业产权性质、控股股东理性程度、董事长理性程度、董事政治关联相对重要程度等，按照产权性质将企业分为国企与民企后，研究发现随着企业风险增加而增加聘任政治关联董事的行为及同群效应在民营企业、控股股东理性程度更弱、董事长理性程度较弱、董事政治关联相对重要程度更高的企业中更显著；央视 50 家公司聘任政治关联董事的行为显著影响其他公司的聘任行为，存在引导的同群效应。

第二，企业政治关联会抑制公司违规行为。企业政治关联会显著降低公司违规发生的频率以及显著降低公司违规行为的强度；政治关联高管比例越高，公司违规行为发生的频率越低，违规行为的严重程度也越低。考察制度环境调节作用后，发现在市场化程度更高的地区，企业政治关联对公司违规行为的抑制作用更强；在政府干预经济较低的地区，企业政治关联对公司违规行为的抑制作用更强；在法律制度较完善的地区，企业政治关联对公司违规行为的抑制作用更强。进一步对企业性质进行区分后发现，相对于国有企业来说，非国有企业具有政治关联对公司违规行为的抑制作用更强。

第三，从企业环保责任角度来看，政治关联阻碍了企业的环保投资。具体而言表现为，企业的政治关联高管比例越高、政治关联高管的政治等级越高，企业环保投资越少。区分董事型政治关联和高管型政治关联后发现，政治关联高管较政治关联董事对企业环保投资的抑制作用更强。进一步分析发现，设立董事委员会能够制衡政治关联高管对环保投资的抑制效应。从环保投资的经济后果来看，其并未给企业带来较高的市场价值，表现为企业环保投资越多，其市场价值越小。另外，结合政策环境考察，提出的建设“美丽中国”的号召及政府环境规制均能够削弱政治关联对环保投资的负向影响，而政府规制中的环境污染监管较法制监管的削弱作用更为显著。

第四，从中观产品市场竞争层面考察企业政治关联的经济效应发现，企业政治关联对产品市场竞争态势具有负面影响，具体表现为：政治关联企业与非政治关联企业相比，具有更高的市场竞争地位；政治关联企业与非政治关联企业相比，市场竞争优势更强；行业内政治关联企业越多，行业竞争程度越低。区分不同类型政治关联后发现，相比“高管型政治关联”，“董事型政治关联”对产品市场竞争态势的负面影响更强。在“董事型政治关联”企业中，比起独立董事具有政治关联的企业，执行董事与非执行董事具有政治关联的企业对产品市场竞争态势的影响作用更强。考虑企业内政治关联人士（高管和董事）的行业专长后进一步发现，这些人士的行业专长非但没有起到缓解作用，反而强化了企业政治关联对产品市场竞争态势的负面影响。中介效应检验后发现，企业经营风险和商业信用是企业政治关联影响产品市场竞争态势的两条重要路径。

第五，进一步从企业政治关联高管的层级考察层级高低对中观产品市场的影响，研究发现，企业政治关联层级越高，其在市场上的竞争地位和竞争优势越强；行业层面政治关联层级越高，整个行业产品市场竞争态势越差。之后发现，风险承担和融资约束是企业政治关联层级影响产品市场竞争态势的中介机制，即融资环境好的公司具有实施有利市场竞争战略的优势，能够对竞争对手造成竞争威胁，从而保证其自身在产品市场竞争中的地位和优势。风险承担水平高的公司，企业能够进行积极战略从而保持较高的市场竞争地位和较好市场竞争优势。将制度环境纳入考察框架后发现，信息环境、执法环境和腐败治理环境对企业政治关联层级影响产品市场竞争态势的效应具有调节作用。由此可见，外部环境的改善能够削弱政治关联企业的非竞争性优势，从而有助于改善产品市场竞争态势。

第二节 建议

本书基于传统的政企关系（即企业构建政治关联与政府形成“利益联盟”），研究其对公司治理和公共治理的微观和中宏观经济效应，由此提出以下建议。

一、对公司行为和公司治理的建议

随着我国市场经济体制改革的进一步深化，政府在资源配置中的作用不断被减弱，而市场的作用逐渐在加强。企业在这种变化的环境中应当正确认识其与政府之间的关系，与政府重构双方的权利与义务关系，将有限的资源投到自身的能力建设和技术创新上，而不是将资源用于“关系建设”。同时，企业应当认识到，靠政治关联获得的竞争优势并不能持续和长久，一旦政治不确定性加剧，这种优势可能丧失，因此在竞争中塑造自己的核心竞争力才是屹立不倒的关键。在经济新常态背景下，企业需要转变角色，成为“参与型变革者”，要勇于表达自己的诉求，同时积极参与政府公共政策的制定。

二、对政府角色和公共治理的建议

以“亲”“清”为特征的新型政企关系需要政府明确自身的责任和权力边界。虽然强调市场对资源配置的“决定性作用”，但并非施行“泛市场化”。市场可能存在各方面失灵的情况，此时需要政府进行适当干预，加强公共服务、保证公平竞争、弥补市场失灵。同时，新型政企关系的构建与政府的新角色密不可分。党的十八大指出，“要按照建立中国特色社会主义行政体制目标，深入推进政企分开、政资分开、政事分开、政社分开，建设职能科学、结构优化、廉洁高效、人民满意的服务型政府”①，而简政放权就是服务型政府的重要特征，也是政府处理新型政企关系的重要手段。

政府需要通过全面深化改革，破除束缚和桎梏，创立“平等、公平”的市场和竞争环境，避免单一的行政命令模式，营造与企业的平等互动关系，但同时也要发挥好政府职能，为企业提供保障，积极推进“政企合作”的良性政企关系模式和政府治理模式的形成。

---

① 十八大报告解读：如何建设人民满意的服务型政府［EB/OL］．［2013-01-23］．http：//www.gov.cn/jrzg/2013-01/23/content_2318122.htm.

参考文献

[1] Acemoglu D., T. Verdier. The Choice Between Market Failures and Corruption [J]. American Economic Review, 2000, 90 (1): 194-211.

[2] Adams R. B., Ferreira D. A. Theory of Friendly Boards [J]. Journal of Finance, 2007 (1): 217-250.

[3] Adams R., Ferreira D. Women in the Boardroom and Their Impact on Governance and Performance [J]. Journal of Financial Economics, 2008, 94 (2): 291-309.

[4] Adhikari A., Derashid C., Zhang H. Public Policy, Political Connections, and Effective Tax Rates: Longitudinal Evidence from Malaysia [J]. Journal of Accounting and Public Policy, 2006, 25 (5): 574-595.

[5] Aghion P., Bloom N., Blundell R., et al. Competition and Innovation: An Inverted-U Relationship [J]. The Quarterly Journal of Economics, 2005, 120 (2): 701-728.

[6] Agrawal A., Konoeber C. R. Do Some Outside Directors Play a Political Role? [J]. Journal of Law and Economics, 2001, 44 (1): 179-198.

[7] Agrawal A., Chadha S. Corporate Governance and Accounting Scandals [J]. The Journal of Law and Economics, 2005, 48 (2): 371-406.

[8] Agrawal A., Knoeber C. R. Do Some Outside Directors Play a Political Role? [J]. Journal of Law and Economics, 2001, 44 (1): 179-198.

[9] Ahsan Habib, Dinithi Ranasinghe, Abdul Haris Muhammadi, et al. Political Connections, Financial Reporting and Auditing: Survey of the Empirical Literature [J]. Journal of International Accounting, Auditing and Taxation, 2018 (31): 431-460.

[10] Al-Dhamari R., Ku Ismail K. N. I. Cash Holdings, Political Connections, and Earnings Quality: Some Evidence from Malaysia [J]. International Journal of Managerial Finance, 2015, 11 (2): 215-231.

[11] Al-Hadi A., Al-Yahyaee K. H., Hussain S. M., et al. Market Risk Disclosures, Corporate Governance Structure and Political Connections: Evidence from GCC Firms [J]. Applied Economics Letters, 2018, 25 (19): 1346-1350.

［12］ Albuquerque A. M. , Franco G. D. , Verdi R. S. Peer Choice in CEO Compensation［J］. Journal of Financial Economics, 2013, 108 (1): 160-181.

［13］ Alchain A. Uncertainty, Evolution, and Economic Theory［J］. Journal of Political Economy, 1950, 58 (3): 211-221.

［14］ Allen F. , J. Qian, M. Qian. Law Finance, and Economic Growth in China［J］. Journal of Financial Economics, 2005, 77 (1): 57-116.

［15］ Anderson R. C. , Reeb D. M. , Upadhyay A. , Zhao W. The Economics of Director Heterogeneity［J］. Financial Management, 2011, 40 (1): 5-38.

［16］ Badertscher B. A. , Shanthikumar D. M. , Teoh S. H. Private Firm Investment and Public Peer Misvaluation［J］. Accounting Review, 2019, 94 (6): 31-60.

［17］ Bagnoli M. , Watts S. G. Knowing Versus Telling Private Information about a Rival［J］. Purdue University Economics Working Papers, 2010, 25 (1250): 59-63.

［18］ Bagnoli M. , Watts S. G. The Effect of Relative Performance Evaluation on Earnings Management: A Game Theoretic Approach［J］. Journal of Accounting and Public Policy, 2000, 19 (4-5): 377-397.

［19］ Baker T. Options Reporting and the Political Costs of CEO Pay［J］. Journal of Accounting, Auditing & Finance, 1999, 14 (2): 125-145.

［20］ Baldenius T. , Melumad N. , Meng X. Board Composition and CEO Power［J］. Journal of Financial Economics, 2014, 112 (1): 53-68.

［21］ Ball R. , Kothari S. P. , RobinA. The Effect of International Institutional Factors on Properties of Accounting Earnings［J］. Journal of Accounting and Economics, 2000, 29 (1): 1-51.

［22］ Ball R. T. , Bonham J. , Hemmer T. Does It Pay to "Be Like Mike"? Aspirational Peer Firms and Relative Performance Evaluation［J］. Reviewof Accounting Studies, 2020, 25 (4): 1507-1541.

［23］ Bamber L. S. , Jiang J. , Wang I. Y. What's My Style? The Influence of Top Managers on Voluntary Corporate Financial Disclosure［J］. The Accounting Review, 2010 (7): 995-1025.

［24］ Banerji S. , Duygun M. , Shaban M. Political Connections, Bailout in Financial Markets and Firm Value［J］. Journal of Corporate Finance, 2018, 50 (6): 388-401.

［25］ Bani-Khalid T. , Al-Own A. The Moderating Role of Corporate Political Links on the Relationship between CEO-duality and the Corporate Environmental Reporting Practices in Jordan［J］. Management Science Letters, 2020, 10 (12): 2829-2836.

［26］ Baron R. M. , Kenny D. A. The Moderator-Mediator Variable Distinction in Social-Psychological Research: Conceptual, Strategic, and Statistical Considerations［J］. Journal of Personality and Social Psychology, 1986, 51 (6): 1173-1182.

[27] Bauckloh T., Hardeck I., Inger K. K., et al. Spillover Effects of Tax Avoidance on Peers' Firm Value [J]. Accounting Review, 2021, 96 (4): 51-79.

[28] Beasley M. S. An Empirical Analysis of the Relation between the Board of Director Composition and Financial Statement Fraud [J]. Accounting Review, 1996, 71 (4): 443-465.

[29] Bebchuk L. A., Fried J. M. Executive Compensation as an Agency Problem [J]. Journal of Economic Perspective, 2003 (3): 71-92.

[30] Beiner S., Schmid M. M., Wanzenried G. Product Market Competition, Managerial Incentives, and Firm Valuation [J]. European Financial Management, 2011, 17 (2): 331-366.

[31] Bennedsen M., Prezgonzlez F., Wolfenzon D. Do Ceos Matter? Evidence From Hospitalization Events [J]. The Journal of Finance, 2020, 8 (4): 1877-1911.

[32] Bernard D., Kaya D., Wertz J. Entry and Capital Structure Mimicking in Concentrated Markets: The Role of Incumbents' Financial Disclosures [J]. Journal of Accounting & Economics, 2021, 71 (2-3): 101379.

[33] Biddle G. C., Hilary G., Verdi R. S. How Does Financial Reporting Quality Relate to Investment Efficiency? [J]. Journalof Accounting and Economics, 2009, 48 (2): 112-131.

[34] Blanco E., Rey-Maquieira J., Lozano J. The Economic Impacts of Voluntary Environment Performance of Firms: A Critical Review [J]. Journal of Economics Surveys, 2009, 23 (3): 462-502.

[35] Boone A. L., J. T. White. The Effect of Institutional Ownership on Firm Transparency and Information Production [J]. Journal of Financial Economics, 2015, 117 (3): 508-553.

[36] Boubakri N., Cosset J., Saffar W. Political Connections of Newly Privatized Firms [J]. Journal of Corporate Finance, 2008, 14 (5): 654-673.

[37] Boubakri N., Guedhami O., Mishra D., et al. Political Connections and the Cost of Equity Capital [J]. Journal of Corporate Finance, 2012, 18 (3): 541-599.

[38] Boubakri N., Mansi S. A., Saffar W. Political Institutions, Connectedness, and Corporate Risk-Taking [J]. Journal of International Business Studies, 2013, 44 (3): 195-215.

[39] Bouwman C. Corporate Governance Propagation through Overlapping Directors [J]. Review of Financial Studies, 2011, 24 (7): 58-94.

[40] Brickley J., Link J., Smith C. Vertical Integration to Avoid Contracting with Po-

tential Competitors: Evidence from Bankers' Banks [J]. Journal of Financial Economics, 2012, 105 (1): 113-130.

[41] Bynn H., Lee J., Park K. How Does Product Market Competition Interact with Internal Corporate Governance: Evidence from the Korean Economy [J]. Asian-Pacific Journal of Finance Studies, 2012, 41 (4): 377-423.

[42] Byrne J. Listen Up, The National Association of Corporate Directors' New Guidelines Won't Tolerate Inattentive, Passive, Uninformed Board Members [J]. Business Week, 1996, 11: 121-133.

[43] Cadman B., Carter M. E., Peng X. X. The Participation Constraint and CEO Equity Grants [J]. Accounting Review, 2021, 96 (1): 67-89.

[44] Callahan C., Soileau J. Does Enterprise Risk Management Enhance Operating Performance? [J]. Advances in Accounting, 2017, 37 (6): 122-139.

[45] Cao J., Liang H., Zhan X., et al. Peer Effects of Corporate Social Responsibility [J]. Management Science, 2019 (4): 1-53.

[46] Casasarce P., Holzhacker M., Mahlendorf M. D, et al. Relative Performance Evaluation and the Ratchet Effect [J]. Contemporary Accounting Research, 2018, 35 (4): 1702-1731.

[47] Chan K. S., DangV. Q., Yan I. K. Chinese Firms' Political Connection, Ownership, and Financing Constraints [J]. MPRA Paper, 2012, 115 (2): 164-167.

[48] Chaney Paul, Faccio Mara, Parsley David. The Quality of Accounting Information in Politically Connected Firms [J]. Journal of Accounting and Economics, 2011 (2): 58-76.

[49] Charles B. Shrader, Virginia B. Blackburn, Paul Iles. Women in Management and Firm Financial Performance: An Exploratory Study [J]. Journal of Managerial Issues, 1997, 9 (3): 335-372.

[50] Che J., Y. Qian. Institutional Environment, Community Government and Corporate Governance: Understanding China's Township-Village Enterprises [J]. The Journal of Law Economics and Organization, 1998, 14 (1): 1-23.

[51] Chen C., Li Z., Su X., Sun Z. Rent-seeking Incentives, Corporate Political Connections, and the Control Structure of Private Firms: Chinese Evidence [J]. Journal of Corporate Finance, 2011, 17 (2): 229-243.

[52] Chen G., Firth M., Gao D. N., et al. Is China's Securities Regulatory Agency a Toothless Tiger? Evidence from Enforcement Actions [J]. Journal of Accounting & Public Policy, 2005, 24 (6): 451-488.

[53] Chen J., Cumming D., Hou W., et al. Does the External Monitoring Effect of Fi-

nancial Analysts Deter Corporate Fraud in China? [J] . Journal of Business Ethics, 2016, 134 (4): 727-742.

[54] Chen M., Jeon B. N., Wang R., et al. Corruption and Bank Risk-Taking: Evidence from Emerging Economies [J]. Emerging Markets Review, 2015, 24: 122-148.

[55] Chen S., Z. Sun, S. Tang et al. Government Intervention and Investment Efficiency, Evidence from China [J]. Journal of Corporate Finance, 2011, 17 (2): 259-271.

[56] Chen S. Peer Effects in Decision-Making: Evidence from Corporate Investment [J]. China Journal of Accounting Research, 2017, 10 (2): 167-188.

[57] Chen X., Lee C., Li J. Government Assisted Earnings Management in China [J]. Journal of Accounting and Public Policy, 2008, 27 (3): 262-274.

[58] Cheng L. T. W., Leung T. Y. Government Protection, Political Connection and Management Turnover in China [J]. International Review of Economics and Finance, 2016, 45 (9): 160-176.

[59] Cheng S. Board Size and the Variability of Corporate Performance [J]. Journal of Financial Economics, 2008, 87 (1): 157-176.

[60] Chi J., Liao J., Chen X. Politically Connected CEOs and Earnings Management: Evidence from China [J]. Journal of the Asia Pacific Economy, 2016, 21 (3): 397-417.

[61] Chircop J., Collins D. W., Nguyen N. Q. Accounting Comparability and Corporate Innovative Efficiency [J]. Accounting Review, 2020, 95 (4): 127-151.

[62] Cho H, Muslu V. How Do Firms Change Investments Based on MD&A Disclosures of Peer Firms? [J]. Accounting Review, 2021, 96 (2): 177-204.

[63] Choi W. Y. A Study on Assessing Government Size, the Composition of Public Spending on Education and Economic Growth in the USA [J]. Journal of Accounting, Business and Finance Research, 2021, 11 (1): 1-8.

[64] Chow C. K. W., Fung M. K. Y., Lam K., et al. Investment Opportunity Set, Political Connection and Business Policies of Private Enterprises in China [J]. Review of Quantitative Finance and Accounting, 2012, 38 (3): 367-389.

[65] Claessens S., Djankov S., Lang L. H. P. The Separation of Ownership and Control in East Asian Corporations [J]. Journal of Financial Economics, 2000, 58 (1-2): 81-112.

[66] Claessens S., Feijen E., Laeven L. Political Connections and Preferential Access to Finance: The Role of Campaign Contributions [J]. Journal of Financial Economics, 2008, 88 (3): 554-580.

[67] Clarke D. C. Power and Politics in the Chinese Court System: The Enforcement of

Civil Judgments [J] . Columbia Journal of Asian Law, 1996, 10 (1): 1-91.

[68] Conlisk J. Costly Optimizers Versus Cheap Imitators [J] . Journal of Economic Behavior & Organization, 1980, 1 (3): 275-293.

[69] Conyonm J., He L. Executive Compensation and Corporate Fraud in China [J] . Journal of Business Ethics, 2016, 134 (4): 669-691.

[70] Correia M. M. Political Connections and SEC Enforcement [J] . Journal of Accounting and Economics, 2014, 57 (2-3): 241-262.

[71] Dahya J., Mcconnell J. Outside Directors and Corporate Board Decisions [J] . Journal of Corporate Finance, 2005, 11 (1-2): 37-60.

[72] Davdson W. N., Worrwll D. L., Lee C. I. Stock Market Reactions to Announced Corporate Illegalitie [J] . Journal of Business Ethics, 1994, 13 (12): 979-987.

[73] Davis L. E., D. C. North. Institutional Change and American Economic Growth [M] . New York: Cambridge University Press, 1971.

[74] De Franco G., Edwards A., Liao S. Product Market Peers in Lending [J] . Management Science, 2021, 67 (3): 1876-1894.

[75] Dechow P. M., Sloan R. G., Hutton A. P. Detecting Earnings Management [J] . Accounting Review, 1995, 70 (2): 193-225.

[76] Defond M. L., Hann R. N., Hu X. Does the Market Value Financial Expertise on Audit Committees of Boards of Directors? [J] . Journal of Accounting Research, 2005, 43 (2): 153-193.

[77] Del Monte A, E. Papagni. Public Expenditure, Corruption, and Economic Growth: The Case of Italy [J] . European Journal of Political Economy, 2001, 17 (1): 1-17.

[78] Dempsey S. Predisclosure Information Search Incentives, Analyst Following, and Earnings Announcement Price Response [J] . The Accounting Review, 1989, 64 (4): 748-757.

[79] Denis D. K., Jochem T., Rajamani A. Shareholder Governance and CEO Compensation: The Peer Effects of Say on Pay [J] . Review of Financial Studies, 2020, 33 (7): 3130-3173.

[80] Ding S. J., Jia C. X., Qu B. Z. et al. Corporate Risk-Taking: Exploring the Effects of Government Affiliation and Executives' Incentives [J] . Journal of Business Research, 2015, 68 (6): 1196-1204.

[81] Dinç, S. Politicians and Banks, Political Influences on Government-Owned Banks in Emerging Countries [J] . Journalof Financial Economics , 2005, 77 (2): 453-479.

[82] Dougal C., Parsons C. A., Titman S., et al. Urban Vibrancy and Corporate Growth [J] . Journal of Finance, 2015, 70 (1): 163-210.

[83] Du X., Zhou Z., Du Y. Government Officials Type Political Connections, Participation in Political Affairs and Earnings Management [J]. Journal of Shanghai Lixin University of Commerce, 2012 (1): 15-23.

[84] Dutta S., Nezlobin A. Dynamic Effects of Information Disclosure on Investment Efficiency [J]. Journal of Accounting Research, 2017, 55 (2): 329-369.

[85] Dutta S., Fan Q. Equilibrium Earnings Management and Managerial Compensation in a Multiperiod Agency Setting [J]. Review of Accounting Studies, 2014, 19 (3): 1047-1077.

[86] D. Acemoglu, F. Zilibotti. Was Prometheus Unbound by Chance? Risk, Diversification, and Growth [J]. Journal of Political Economy, 1997, 105 (4): 709-751.

[87] Easterbrook F. H., Frank H. Two Agency - Cost Explanations of Dividends [J]. American Economic Review, 1984 (4): 650-659.

[88] Eggers A. C., J. Hainmueller. Political Capital: Corporate Connections and Stock Investments in the U. S. Congress, 2004-2008 [J]. Quarterly Journal of Political Science, 2014, 9 (2): 169-202.

[89] Ellison G., Fudenberg D. Word-of-mouth Communication and Social Learning [J]. Quarterly Journal of Economics, 1995, 110 (1): 93-125.

[90] Fabbri D., Klapper L. Bargaining Power and Trade Credit [J]. Journal of Corporate Finance, 2016, 41 (12): 66-80.

[91] Faccio M. Politically Connected Firms [J]. American Economic Review, 2006 (1): 369-386.

[92] Faccio M., Marchica M. T., Mura R. Large Shareholder Diversification and Corporate Risk-taking [J]. The Review of Financial Studies, 2011, 24 (11): 3601-3641.

[93] Faccio M., Parsley D. C. Sudden Deaths: Taking Stock of Geographic Ties [J]. Journal of Financial and Quantitative Analysis, 2009, 44 (3): 683-718.

[94] Faccio M., Masulis R. W., Mcconnell J. J. Political Connections and Corporate Bailouts [J]. The Journal of Finance, 2006, 61 (6): 2597-2635.

[95] Faccio M. Differences between Politically Connected and Non-connected Firms: A Cross-Country Analysis [J]. Financial Management, 2010, 39 (3): 905-928.

[96] Faccio M. Politically Connected Firms [J]. American Economic Review, 2006, 96 (1): 369-386.

[97] Faleye O., Hoitash R., Hoitash U. The Costs of Intense Board Monitoring [J]. Journal of Financial Economics, 2011, 101 (1): 160-181.

[98] Fama Eugene. Efficient Capital Markets: A Review of Theory and Empirical Work [J]. Journal of Finance, 1970, 25 (2): 383-417.

[99] Fama E. F., Jensen M. C. Separation of Ownership and Control [J]. Journal of Law and Economics, 1983, 26: 301-325.

[100] Fama E. F. Agency Problems and the Theory of the Firm [J]. Journal of Political Economy, 1980, 88 (2): 288-307.

[101] Fan J. P. H., Rui O. M., Zhao M. Public Governance and Corporate Finance: Evidence from Corruption Cases [J]. Journal of Comparative Economics, 2008, 36 (3): 343-364.

[102] Fan J. P. H., Wong T. J., Zhang T. Politically Connected CEOs, Corporate Governance, and Post-IPO Performance of China's Newly Partially Privatized Firms [J]. Journal of Financial Economics, 2007 (2): 330-357.

[103] Fan J. P. H, Rui O. M., Zhao M. Public Governance and Corporate Finance: Evidence from Corruption Cases [J]. Journal of Comparative Economics, 2008, 36 (3): 343-364.

[104] Fan J. P. H., Wong T. J., Zhang T. Politically Connected CEOs, Corporate Governance and Post-Ipo Performance of China's Partially Privatized Firms [J]. Journal of Applied Corporate Finance, 2014, 26 (3): 85-95.

[105] Feroz E. H., Park K., Pastena V. S. The Financial and Market Effects of the SEC's Accounting and Auditing Enforcement Releases Redux [J]. Social Science Electronic Publishing, 1991, 29 (1): 107-142.

[106] Ferris S. P., Jagannathan M., Pritchard A. C. Too Busy to Mind the Business? Monitoring by Directors with Multiple Board Appointments [J]. Journal of Finance, 2003, 58 (3): 1087-1111.

[107] Field L., Lowry M., Shu S. Does Disclosure Deter or Trigger Litigation? [J]. Journal of Accounting & Economics, 2005, 39 (3): 52-88.

[108] Files R., Gurun U. G. Lenders' Response to Peer and Customer Restatements [J]. Contemporary Accounting Research, 2018, 35 (1): 464-493.

[109] Firth M., Rui O. M., Wu W. Cooking the Books: Recipes and Costs of Falsified Financial Statements in China [J]. Journal of Corporate Finance, 2011, 17 (2): 371 -390.

[110] Fisman R., Raturi M. Does Competition Encourage Credit Provision? Evidence from African Trade Credit Relationships [J]. The Review of Economics and Statistics, 2004, 87 (2): 283-312.

[111] Fisman R. Estimating the Value of Political Connections [J]. American Economic Review, 2001, 91 (4): 1095-1102.

[112] Flammer C. Does Product Market Competition Foster Corporate Social Responsibil-

ity? Evidence from Trade Liberalization [J] . Strategic Management Journal, 2014, 36 (10): 1469-1485.

[113] Francis B. B. , Hasan I. , Sun X. Political Connections and the Process of Going Public: Evidence from China [J] . Journal of International Money and Finance, 2009, 28 (4): 696-719.

[114] Francis B. , Hasan I. , Mani S, et al. Relative Peer Quality and Firm Performance [J] . Journal of Financial Economics, 2016, 122 (1): 196-219.

[115] Gahlon James M. Operating Leverage as a Determinant of Systematic Risk [J] . Journal of Business Research, 1981, 9 (3): 297-308.

[116] Gaspar J. M. , M. Massa. Idiosyncratic Volatility and Product Market Competition [J] . The Journal of Business, 2006, 79 (6): 3125-3152.

[117] Ghanem D. , J. Zhang. Effortless Perfection, Do Chinese Cities Manipulate Air Pollution Data [J] . Journal of Environmental Economics and Management, 2013, 68 (2): 203-225.

[118] Giat Y. , Hackman S. T. , Subramanian A. Investment under Uncertainty, Heterogeneous Beliefs, and Agency Conflicts [J] . Review of Financial Studies, 2010, 23 (4): 1360-1404.

[119] Giraldo M. Dynamics of Analysts' Coverage and the Firms' Information Environment [J] . International Review of Financial Analysis, 2011, 20 (5): 345-354.

[120] Giroud X. , Mueller H. M. Corporate Governance, Product Market Competition, and Equity Prices [J] . The Journal of Finance, 2011, 66 (2): 563-600.

[121] Glaeser E. L. Bruce Sacerdote, José A. Scheinkman. Crime and Social Interactions [J] . The Quarterly Journal of Economics, 1996, 111 (2): 507-548.

[122] Goldman E. , Rocholl J. , So J. Do Politically Connected Boards Affect Firm Value? [J] . Review of Financial Studies, 2009 (2): 2331-2360.

[123] Gottsman L. , Kessler J. Smart Screened Investments: Environmentally Screened Equity Funds that Perform Like Conventional Funds [J] . Journal of Investing, 1998, 7 (3): 15-24.

[124] Graham J. R. , Harvey C. R. The Theory and Practice of Corporate Finance: Evidence from the Field [J] . Journal of Financial Economics, 2001, 60 (2): 187-243.

[125] Gray W. B. , Deily M. E. Compliance and Enforcement, Air Pollution Regulation in the US Steel Industry [J] . Journal of Environmental Economics & Management, 1996, 31 (1): 96-111.

[126] Grenna J. Dividend Payments as a Response to Peer Influence [J] . Journal of Financial Economics, 2019, 131 (3): 549-570.

[127] Grossman G. M. , E. Helpman. Quality Ladders in the Theory of Growth [J] . The Review of Economics Studies, 1991, 58 (1): 43-61.

[128] Guedhami O. , Pittman J. A. , Saffar W. Auditor Choice in Politically Connected Firms [J] . Journal of Accounting Research, 2014, 52 (1): 107-162.

[129] Gul F. A. , Leung S. Board Leadership, Outside Directors' Expertise and Voluntary Corporate Disclosures [J] . Journal of Accounting and Public Policy, 2004, 23 (5): 351-379.

[130] Guo Shijun, Yu Xin, Faff Robert. Political Connections and Media Slant [J] . International Review of Economics and Finance, 2021, 74: 58-80.

[131] Hambric D. , Mason P. Upper Echelons: The Organization as a Reflection of its Top Managers [J] . Academy of Management Review, 1984, 9 (2): 193-206.

[132] Hart O. Firm, Contracts, and Financial Structure [M] . London: Oxford University Press, 1995.

[133] Hashmi M. A. , Brahmana R. K. , Lau E. Political Connections, Family Firms and Earnings Quality [J] . Management Research Review, 2018, 41 (4): 414-432.

[134] Haß L. H. , Koziol C. , Schweizer D . What Drives Contagion in Financial Markets? Liquidity Effects versus Information Spill-Over [J] . European Financial Management, 2014, 20 (3): 548-573.

[135] Healy P. M. , Palepu K. G. Information Asymmetry, Corporate Disclosure, and the Capital Markets: A Review of the Empirical Disclosure Literature [J] . Journal of Accounting and Economics, 2001, 31 (1): 1281-1308.

[136] Healy P. , Serafeim G . , Srinivasan S. Market Competition, Earnings Management, and Persistence in Accounting Profitability around the World [J] . Review of Accounting Studies, 2014, 19 (4): 1281-1308.

[137] Heckman J. Sample Selection Bias as a Specification Error [J] . Econometrica: Journal of the Econometric Society, 1979, 47 (1): 153-161.

[138] Helland E. A. , Sykuta M. Regulation and the Evolution of Corporate Boards: Monitoring, Advising or Window Dressing? [J] . Journal of Law and Economics, 2004, 47 (1): 167-193.

[139] Hilary G. , Hui K. W. Does Religion Matter in Corporate Decision Making in America? [J] . Journal of Financial Economics, 2009, 93 (3): 455-473.

[140] Hillman A. J. , Daziel T. Boards of Directors and Firm Performance, Integrating Agency and Resource Dependence Perspectives [J] . Academy of Management Review, 2003, 28 (3): 383-396.

[141] Holmstrom B. Moral Hazard in Teams [J] . Bell Journal of Economics, 1982,

13 (2): 324-340.

[142] Houston J. F., Jiang L., Lin C, et al. Political Connections and the Cost of Bank Loans [J]. Journal of Accounting Research, 2014, 52 (1): 193-243.

[143] Hribar P., N. T. Jenkins, J. Wang. Institutional Investors and Accounting Restatements [J]. Asian Journal of Finance & Accounting, 2009, 1 (4): 75-105.

[144] Hussey D. M., Eagan P. D. Using Structural Equation Modeling to Test Environmental Performance in Small and Medium-Sized Manufacturers: Can SEM Help SEMs [J]. Journal of Cleaner Production, 2007, 15 (4): 303-312.

[145] Hyman H. H. The Psychology of Status [J]. Archives of Psychology (Columbia University), 1942, 269: 5-94.

[146] Irvine P. J., Pontiff J. Idiosyncratic Return Volatility, Cash Flows, and Product Market Competition [J]. Review of Financial Studies, 2009, 22 (3): 1149-1117.

[147] Jensen C., MecklingH. Theory of the Firm: Managerial Behavior, Agency Costs and Ownership Structure [J]. Journal of Financial Economics, 1976, 3 (4): 305-360.

[148] Jensen M. C. Agency Costs of Free Cash Flow, Corporate Finance, and Takeovers [J]. The American Economic Review, 1986, 76 (2): 323-329.

[149] Jensen M. The Modern Industrial Revolution: Exit, and the Failure of Internal Control Systems [J]. Journal of Finance, 1993, 48 (3): 831-879.

[150] Jesen M. C., Meckling W. H. Theory of the Firm: Managerial Behavior, Agency Costs and Ownership Structure [J]. Journal of Financial Economics, 1976 (4): 305-360.

[151] John K., L. Litov, B. Yeung. Corporate Governance and Risk - Taking [J]. Journal of Finance, 2008, 63 (14): 1679-1728.

[152] Johnson S., Mitton T. Cronyism and Capital Controls, Evidence from Malaysia [J]. Journal of Financial Economics, 2003, 67 (2): 351-382.

[153] Kale J. R., Y. C. Loon. Product Market Power and Stock Market Liquidity [J]. Journal of Financial Markets, 2011, 14 (2): 376-410.

[154] Kale R. Jayant. Product Market Power and Stock Market Liquidity [J]. Journal of Financial Markets, 2010, 66: 1-35.

[155] Kaplan S. N, L. Zingales. Do Investment-Cash Flow Sensitivities Provide Useful Measures of Financing Constraints [J]. Quarterly Journal of Economics, 1997, 112 (1): 169-215.

[156] Kaplan S. N., Minton B. A. Appointments of Outsiders to Japanese Boards: Determinants and Implications for Managers [J]. Journal of Financial Economics, 1994, 36 (2): 225-257.

[157] Karpoff J. M., Lott J. R. The Reputational Penalty Firms Bear from Committing Criminal Fraud [J]. Journal of Law & Economics, 1993, 36 (2): 757-802.

[158] Katharina Pistor, Xu C. Incomplete Law: A Conceptual and Analytical Framework and Its Application to the Evolution of Financial Market Regulation [J]. Mimeo, Columbia Law School, 2002 (5): 310-588.

[159] Kaustia M., Rantala V. Social Learning and Corporate Peer Effects [J]. Journal of Financial Economics, 2015, 117 (3): 653-669.

[160] Kelchtermans S., Neicu D., Teirlinck P. The Role of Peer Effects in Firms' Usage of R&D Tax Exemptions [J]. Journal of Business Research, 2020, 108 (C): 74-91.

[161] Khan A., Mihret D. G., Muttakin M. B. Corporate Political Connections, Agency Costs and Audit Quality [J]. International Journal of Accounting & Information Management, 2016, 24 (4): 357-374.

[162] Khaw K. L. H., Liao J., Tripe D., et al. Gender Diversity, State Control and Corporate Risk-Taking: Evidence from China [J]. Pacific-Basin Finance Journal, 2016, 39: 141-158.

[163] Khwajia A., Mian A. Do Lenders Favor Politically Connected Firms? Rent Provision in an Emerging Financial Market [J]. Quarterly Journal of Economics, 2005, 120 (4): 1371-1411.

[164] King R., Pownall G., Waymire G. Expectations Adjustments via Timely Management Forecasts: Review, Synthesis and Suggestions for Future Research [J]. Journal of Accounting Literature, 1990, 9: 113-144.

[165] Klein B., R. Crawford, A. Alchian. Vertical Integration, Appropriable Rents, and the Competitive Contracting Process [J]. Journal of Law and Economics, 1978, 21 (2): 297-326.

[166] Koerniadi H., C. Krishnamurti A. Touranirad. Corporate Governance and Risk-Taking in New Zealand [J]. Australian Journal of Management, 2014, 39 (2): 227-245.

[167] Kogan N., Wallach M. Risk Taking: A Study in Cognition Personality [M]. New York: Holt, 1964.

[168] Krishnan R., Luft J. L., Shields M. D. Competition and Cost Accounting: Adapting to Changing Markets [J]. Contemporary Accounting Research, 2002, 19 (2): 271-302.

[169] Krueger A. The Political Economy of the Rent-seeking Society [J]. American Economic Review, 1974, 64 (3): 291-303.

[170] Kwahjia A. L., Mian A. Do Lenders Favor Politically Connected Firms? Rent Provision in an Emerging Financial Market [J]. The Quarterly Journal of Economics, 2005,

120 (4): 1371-1411.

[171] La Porta R., F. Lopez- de- Silanes, A. Shleifer, R. W. Vishny. Corporate Ownership around the World [J]. Journal of Finance, 1999, 54 (2): 471-517.

[172] La Porta R., F. Lopez- de- Silanes, A. Shleifer, R. W. Vishny. Law and Finance [J]. Journal of Political Economy, 1998, 106 (6): 1113-1155.

[173] Leary M., Roberts M. R. Do Peer Firms Affect Corporate Financial Policy? [J]. The Journal of Finance, 2014, 69 (1): 139-178.

[174] Lee W., Wang L. Do Political Connections Affect Stock Price Crash Risk? Firm-Level Evidence from China [J]. Review of Quan-Titative Finance and Accounting, 2017, 48 (3): 643-676.

[175] Leuz C., Oberholzer-Gee F. Political Relationships, Global Financing, and Corporate Transparency: Evidence from Indonesia [J]. Journal of Financial Economics, 2006, 81 (2): 411-439.

[176] Levy H., Shalev R., Zur E. The Effect of CFO Personal Litigation Risk on Firms' Disclosure and Accounting Choices [J]. Contemporary Accounting Research, 2017, 35 (1): 563-603.

[177] Li H., Meng L., Wang Q., et al. Political Connections, Financing and Firm Performance: Evidence from Chinese Private Firms [J]. Journal of Development Economics, 2008, 87 (2): 283-299.

[178] Li H., Zhang J., Meng L. Why Do Entrepreneurs Enter Politics? Evidence from China [J]. Economic Inquiry, 2006, 44 (3): 559-578.

[179] Lin K. J., Tan J., Zhao L., et al. In the Name of Charity: Political Connections and Strategic Corporate Social Responsibility in a Transition Economy [J]. Journal of Corporate Finance, 2015, 32 (6): 327-346.

[180] Linck J. S., Netter J. M., Yang T. The Determinants of Board Structure [J]. Journal of Financial Economics, 2008, 87 (2): 308-328.

[181] Linsley P., Shrives P. Risk Management and Reporting Risk in the UK [J]. The Journal of Risk, 2000, 3 (1): 115-129.

[182] Li S., Shahzadi A., Zheng M. The Impacts of Executives' Political Connections on Interactions between Firm's Mergers, Acquisitions, and Performance [J]. Economic Change and Restructuring, 2021 (2): 1-27.

[183] Liu Q., Luo T., Tian G. Political Connections with Corrupt Government Bureaucrats and Corporate M&A Decisions: A Natural Experiment from the Anti-Corruption Cases in China [J]. Pacific-Basin Finance Journal, 2016, 37: 52-80.

[184] Mace M. Directors, Myth, and Reality [M]. Boston: Harvard Business School

Press, 1971.

[185] Mai D. , Huang H. W. , Chen K. Y. Can Management Turnover Restore the Financial Statement Credibility of Restating Firms? Further Evidence [J] . Journal of Business Finance & Accounting, 2014, 41 (7-8): 893-925.

[186] Maletta M. J. , Zhang Y. Investor Reactions to Contrasts between the Earnings Preannouncements of Peer Firms [J] . Contemporary Accounting Research, 2012, 29 (2): 361-381.

[187] Manski C. F. Identification of Endogenous Social Effects: The Reflection Problem [J] . The Review of Economic Studies, 1993, 60 (3): 531-542.

[188] Markarian G. , Santalo' J. Product Market Competition, Information and Earnings Management [J] . Journal of Business Finance & Accounting, 2014, 41 (5-6): 572-599.

[189] Martin P. R. , Moser D. V. Managers' Green Investment Disclosures and Investors' Reaction [J] . Journal of Accounting & Economics, 2016, 61 (1): 239-254.

[190] Masulis R. W. , Wang C. , Xie F. Globalizing the Boardroom: The Effects of Foreign Directors on Corporate Governance and Firm Performance [J] . Journal of Accounting and Economics, 2012, 53: 527-554.

[191] Mathew S. , Ibrahim S. , Archbold S. Boards Attributes that Increase Firm Risk-Evidence from the UK [J] . Corporate Governance, 2016, 16 (2): 233-258.

[192] Matvos G. , Ostrovsky M. Heterogeneity and Peer Effects in Mutual Fund Proxy Voting [J] . Journal of Financial Economics, 2011, 98 (1): 90-112.

[193] Milgrom P. , Roberts J. Economics, Organization & Management [M] . New York: Prentice Hall, 1992.

[194] Miller G. S. The Press as a Watchdog for Accounting Fraud [J] . Journal of Accounting Research, 2006, 44 (5): 1001-1033.

[195] Modigliani F. , Miller M. H. The Cost of Capital, Corporation Finance and the Theory of Investment [J] . The American Economic Review, 1958, 48 (3): 261-297.

[196] Moscovici S. , Zavalloni M. The Group as a Polarizer of Attitudes [J] . Journal of Personality and Social Psychology, 1969 (12): 125-135.

[197] Murphy, K. J. Corporate Performance and Managerial Remuneration: An Empirical Analysis [J] . Journal of Accounting and Economics, 1985, 7 (1-3): 11-42.

[198] Nakano M. , Nguyen P. Board Size and Corporate Risk Taking: Further Evidence from Japan [J] . Corporate Governance: An International Review, 2012, 20 (4): 369-387.

[199] Nam J. Financial Reporting Comparability and Accounting-Based Relative Per-

formance Evaluation in the Design of CEO Cash Compensation Contracts [J]. Accounting Review, 2020, 95 (3): 343-370.

[200] Nanda R., Rhodes - Kropf M. Investment Cycles and Start up Innovation [J]. Journal of Financial Economics, 2013, 110 (2): 403-418.

[201] Naughton J. P., Rusticus T. O., Wang C., et al. Private Litigation Costs and Voluntary Disclosure: Evidence from the Morrison Ruling [J]. The Accounting Review, 2019, 94 (3): 1-43.

[202] Nickell S. J. Competition and Corporate Performance [J]. Journal of Political Economy, 1996, 104 (4): 724-746.

[203] Nnadi M. I., Sorwar G., Eskandari R. Political Connections and Seasoned Equity Offerings [J]. Journal of Banking & Finance, 2021, 133 (2): 106-312.

[204] North D. C., R. P. Thomas. The Rise of the Western World: A New Economic History [M]. New York: Cambridge University Press, 1973.

[205] Pacelli J. Corporate Culture and Analyst Catering [J]. Journal of Accounting and Economics, 2019, 67 (1): 120-143.

[206] Patel S., Sarkissian S. Portfolio Pumping and Managerial Structure [J]. Review of Financial Studies, 2021, 34 (1): 194-226.

[207] Peng M. W., Heath P. S. The Growth of the Firm in Planned Economies in Transition: Institutions, Organizations and Strategies Choice [J]. The Academy of Management Review, 1996, 21 (2): 492-528.

[208] Peng Q., Tang X., Zheng Y. The Impact of Board Secretaries' Excess Compensation on Corporate Disclosure Quality [J]. Nankai Business Review International, 2019, 10 (2): 306-340.

[209] Peress J. Product Market Competition, Insider Trading and Stock Market Efficiency [J]. The Journal of Finance, 2010, 65 (1): 1-43.

[210] Petersen M., Rajan R. Trade Credit: Theories and Evidence [J]. Review of Financial Studies, 1997, 10 (3): 661-691.

[211] Pfeffer J., Salancik G. R. The External Control of Organizations [M]. New York: Harper and Row, 1978.

[212] Pigou A. C. The Economics of Welfare [M]. Longdon: Macmillan and Co. Ltd, 1920.

[213] Porter M., M. Kramer. Creating Shared Value, How to Reinvent Capitalism and Unleash a Wave of Innovation and Growth [J]. Harvard Business Review, 2011 (89): 1-17.

[214] Porter M. E., Van der Linde C. Toward a New Conception of the Environment-

Competitiveness Relationship [J]. Journal of Economic Perspectives, 1995, 9 (4): 97-118.

[215] Povel P., Singh R., Winton A. Booms, Busts, and Fraud [J]. Review of Financial Studies, 2007, 20 (4): 1219-1254.

[216] Raheja C. Determinants of Board Size and Composition: A Theory of Corporate Boards [J]. Journal of Financial and Quantitative Analysis, 2005, 40 (2): 283-306.

[217] Rahman I. M. A., Ismail K. N. I. K. The Effects of Political Connection on Corporate Social Responsibility Disclosure: Evidence from Listed Companies in Malaysia [J]. International Journal of Business and Management Invention, 2016, 5 (2): 16-21.

[218] Raymond Fisman. Estimating the Value of Political Connections [J]. The American Economic Review, 2001, 91 (4): 1095-1102.

[219] Richardson S. Over-Investment of Free Cash Flow [J]. Review of Accounting Studies, 2006, 11 (2-3): 159-189.

[220] Robert M. Bushman, Joseph D. Piotroski, Abbie J. Smith. What Determines Corporate Transparency [J]. Journal of Accounting Research, 2004, 42 (2): 207-252.

[221] Rogers J. L., Van Buskirk A. Shareholder Litigation and Changes in Disclosure Behavior [J]. Journal of Accounting and Economics, 2009, 47 (1-2): 695-722.

[222] Rosa D. D., Iootty M. Are Natural Resource Cursed? An Investigation of the Dynamic Effects of Resource Dependence on Institutional Quality [R]. Policy Research Working Paper, 2012. No. 6151.

[223] Rosenbaum P. R., D. B. Rubin. Constructing a Control Group Using Multivariate Matched Sampling Methods that Incorporate the Propensity Score [J]. The American Statistician, 1985, 39 (1): 33-38.

[224] Rosenstein S., Wyatt J. G. Outside Directors, Board Independence, and Shareholder Wealth [J]. Journal of Financial Economics, 1990, 26 (2): 175-191.

[225] Sacerdote B. Peer Effects with Random Assignment: Results for Dartmouth Roommates [J]. Quarterly Journal of Economics, 2001, 116 (2): 681-704.

[226] Sah R. K., Stiglitz J. The Architecture of Economic Systems: Hierarchies and Ployarchies [J]. American Economic Review, 1986 (76): 716-727.

[227] Sandra Sequeira, Simeon Djankov. Corruption and Firm Behavior: Evidence from African Ports [J]. Journal of International Economics, 2014, 94 (2): 277-294.

[228] Schipper K. Commentary on Earnings Management [J]. Accounting Horizons, 1989, 3 (4): 91-102.

[229] Schmidt K. Managerial Incentives and Product Market Competition [J]. Review of Economic Studies, 1997, 64 (2): 191-213.

[230] Schweizer D., Walker T., Zhang A. Cross-border Acquisitions by Chinese Enterprise: The Benefits and Disadvantages of Political Connections [J]. Journal of Corporate Finance, 2020, 62 (6): 63-85.

[231] Scott W. R. Embedding the Examination of Multilevel Factors in an Organization Field Context [J]. Journal of the National Cancer Institute, 2012 (44): 32-33.

[232] Scott W. R. The Institutional Environment of Global Project Organizations [J]. Engineering Project Organization Journal, 2012 (2): 27-35.

[233] Sequeira S., Djankov S. Corruption and Firm Behavior: Evidence from African Ports [J]. Journal of International Economics, 2014, 94 (2): 277-294.

[234] Serfling M. A. CEO Age and the Riskiness of Corporate Policies [J]. Journal of Corporate Finance, 2014, 25 (4): 251-273.

[235] Shapira Z. Risk Taking: A Managerial Perspective [M]. New York: Russell Sage Foundation, 1995.

[236] Sharma P., Cheng L. T. W., Leung T. Y. Impact of Political Connections on Chinese Export Firms' Performance-Lessons for Other Emerging Markets [J]. Journal of Business Research, 2020, 106 (1): 24-34.

[237] Shih-Cheng Lee, Chien-Ting Lin. Book-to-market Equity, Operating Risk, and Asset Correlations: Implications for Basel Capital Requirement [J]. Journal of International Financial Markets, Institutions and Money, 2012, 22 (4): 973-989.

[238] Shleifer Andrei, Vishny W. Robert. Politicians and Firms [J]. Quarterly Journal of Economics, 1994, 109 (4): 995-1025.

[239] Shleifer A., R W. Vishny. A Survey of Corporate Governance [J]. Journal of Finance, 1997, 52 (2): 737-783.

[240] Shleifer A., Vishny R. W. The Grabbing Hand: Government Pathologies and Their Cures [M]. Cambridge, MA: Harvard University Press, 1998.

[241] Shleifer A., Vishny R. W. Politicians and Firms [J]. Quarterly Journal of Economics, 1994, 109 (4): 995-1025.

[242] Shleifer A., Vishny R. W. Management Entrenchment: The Case of Manager-Specific Investments [J]. Journal of Financial Economics, 1989, 25 (1): 123-139.

[243] Shleifer A. Does Competition Destroy Ethical Behavior? [J]. American Economic Review, 2004, 94 (2): 14-18.

[244] Stigler G. The Economics of Scale [J]. Journal of Law and Economics, 1958 (1): 54-71.

[245] Su Y., Chen F. Y. Effect of Entrepreneur's Political Connections on Technological Innovation Performance [J]. Systems Engineering: Theory & Practice, 2017, 37 (2):

366-374.

[246] Subrahmanyam A. Social Networks and Corporate Governance [J]. European Financial Management, 2008, 14 (4): 633-662.

[247] Suchman M. C. Managing Legitimacy: Strategic and Institutional Approaches [J]. Academy of Management Review, 1995, 20 (3): 571-610.

[248] Tang X., Lin Y., Peng Q., et al. Politically Connected Directors and Firm Value: Evidence from Forced Resignations in China [J]. North American Journal of Economics and Finance, 2016, 37: 148-167.

[249] Tang Y., Shen Y., Yang Q., Zhao Z. Evaluation and Effect of Carbon Disclosure Quality in China: Based on the Perspective of Investor Protection [J]. Emerging Markets Finance and Trade, 2021, 57 (9): 2542-2559.

[250] Tanzi V., Davoodi H. Corruption, Growth, and Public Finances [M]. London: Routledge, 2001.

[251] Tu G., Lin B., Liu F. Political Connections and Privatization: Evidence from China [J]. Journal of Accounting and Public Policy, 2013, 32 (2): 114-135.

[252] Van Horen N. Do Firms Use Trade as a Competitiveness Tool? Evidence from Developing Countries [R]. Working Paper, World Bank, 2005.

[253] Verrecchia R. E. Information Quality and Discretionary Disclosure [J]. Journal of Accounting and Economics, 1990, 12 (4): 365-380.

[254] Viral V. Acharya, Yakov Amihud, Lubomir Litov. Creditor Rights and Corporate Risk-Taking [J]. Journal of Financial Economics, 2011, 102 (1): 150-166.

[255] Wang T. Y., Winton A., Yu X. Corporate Fraud and Business Conditions: Evidence from IPOs [J]. The Journal of Finance, 2010, 65 (6): 2255-2292.

[256] Watts R., Zimmerman J. Positive Accounting Theory [M]. New Jersey: Prentice Hall, 1986.

[257] Watts R. L., Zimmerman J. L. Towards a Positive Theory of the Determination of Accounting [J]. Accounting Review, 1978 (1): 112-134.

[258] Wei S-J. How Taxing is Corruption on International Investors? [J]. Review of Economics and Statistics, 2000, 82 (1): 1-11.

[259] Wei C., Hu S., Chen F. Do Political Connection Disruptions Increase Labor Costs in a Government-dominated Market? Evidence from Publicly Listed Companies in China [J]. Journal of Corporate Finance, 2020, 62 (6): 101-554.

[260] Weisbach M. S. Outside Directors and CEO Turnover [J]. Journal of Financial Economics, 1988, 20: 431-460.

[261] Welch E. W., Mori Y., Aoyagi-Usui M. Voluntary Adoption of ISO 14001 in Ja-

pan: Mechanisms, Stages and Effects [J]. Business Strategy and the Environment, 2002, 11 (1): 43-62.

[262] Williamson Oliver E. Transaction-Cost Economics: The Governance of Contractural Relations [J]. Journal of Law and Economics, 1979, 22 (2): 233-261.

[263] Wu L., Gao Q. A Study of Market Reaction to the Punishment Bulletins [J]. Economic Science, 2002 (3): 62-73.

[264] Wynn J. P. Legal Liability Coverage and Voluntary Disclosure [J]. Accounting Review, 2008, 83 (6): 414-498.

[265] Xian L., Kirwan B., Martens A. Regulatory Compliance, Information Disclosure and Peer Effects: Evidence from the Mexican Gasoline Market [J]. Journal of Regulatory Economics, 2018, 23 (3): 1-28.

[266] Yermack D. Higher Market Valuation for Firms with a Small Board of Directors [J]. Journal of Financial Economics, 1996, 40 (3): 185-211.

[267] Young A. The Razor's Edge: Distortions and Incremental Reform in the People's Republic of China [J]. The Quarterly Journal of Economics, 2000 (4): 1091-1135.

[268] Zadeh F. O., Rasid S. Z. A., Basiruddin R., et al. Risk Disclosure Practices among Malaysian Listed Firms [J]. International Journal of Economics and Financial Issues, 2016, 6 (3): 1092-1096.

[269] Zhang Min, Liu Yaosong, Xie, Lu, et al. Does the Cutoff of "Red Capital" Raise a Red Flag? Political Connections and Stock Price Crash Risk [J]. The North American Journal of Economics and Finance, 2017, 39: 89-109.

[270] Zhao F., Ma G. M. Literature Review and Prospects on Political Connection [J]. Economic Review, 2011 (3): 151-160.

[271] Zhou Jing, Ye Silin, Lan Wei, et al. The Effect of Social Media on Corporate Violations: Evidence from Weibo Posts in China [J]. International Review of Finance, 2020, 21 (3): 966-988.

[272] Zhu D. H., Chen G. CEO Narcissism and the Impact of Prior Board Experience on Corporate Strategy [J]. Administrative Science Quarterly, 2015, 60 (1): 31-65.

[273] Angela Kamidi，郭俊华. 企业社会责任与创新：高管团队任期及其异质性的调节作用 [J]. 中国科技论坛，2021 (3): 133-142.

[274] 安灵，白艺昕，何雪峰. 企业政治关联及其经济后果研究综述 [J]. 商业研究，2010 (9): 67-71.

[275] 白嘉曼. 股权集中度与环境会计信息披露研究 [J]. 财会学习，2018 (26): 96-97.

[276] 白云霞，王砚萍. 官员访问与公司雇员 [J]. 科研管理，2019，40 (5):

254-263.

［277］包群，梁贺，阳佳余．主动亲近还说避而远之——政企关系视角下的外商合作对象选择［J］．经济学（季刊），2021，21（4）：1477-1498.

［278］蔡庆丰，田霖，郭俊峰．民营企业家的影响力与企业的异地并购——基于中小板企业实际控制人政治关联层级的实证发现［J］．中国工业经济，2017（3）：156-173.

［279］蔡卫星，罗连化，高晗．公司违规会影响家庭股市参与吗［J］．财贸经济，2020，41（8）：48-64.

［280］蔡志岳，吴世农．我国上市公司信息披露违规的预警研究——基于财务、市场和治理视角［J］．管理评论，2007，19（1）：25-33.

［281］蔡志岳，吴世农．董事会特征影响上市公司违规行为的实证研究［J］．南开管理评论，2007，10（6）：62-68.

［282］曹畅，余福海．政治关联与民营企业盈余管理关系的实证研究［J］．预测，2020，39（6）：17-24.

［283］曹春方，林雁．异地独董、履职职能与公司过度投资［J］．南开管理评论，2017，20（1）：16-29.

［284］车响午，彭正银．上市公司董事背景特征与企业违规行为研究［J］．财经问题研究，2018（1）：69-75.

［285］车笑竹，苏勇．企业违规对社会责任报告及其价值效应的影响［J］．经济管理，2018，40（10）：58-74.

［286］陈东，陈爱贞．GVC 嵌入、政治关联与环保投资——来自中国民营企业的证据［J］．山西财经大学学报，2018，40（2）：69-83.

［287］陈冬华，蒋德权，梁上坤．监管者变更与执法力度［J］．中国会计与财务研究，2012（2）：111-159.

［288］陈冬华，徐巍，沈永建．嵌入理论视角下的中国公司治理与政府行为——一个整体框架［J］．会计与经济研究，2021，35（3）：35-54.

［289］陈冬华．地方政府、公司治理与补贴收入——来自我国证券市场的经验数据［J］．财经研究，2003（9）：15-21.

［290］陈刚，李树，尹希果．腐败与中国经济增长——实证主义的视角［J］．经济社会体制比较，2008（3）：59-68.

［291］陈国辉，胡欣，刘斌．公司治理、信息披露质量与知情交易［J］．审计与经济研究，2015，30（5）：55-65.

［292］陈国进，林辉，王磊．公司治理、声誉机制和上市公司违规行为分析［J］．南开管理评论，2005（6）：35-40.

［293］陈海涛，李成明，董志勇．经济转型中地方政府干预的门槛效应研究——

基于全要素生产率的视角［J］．宏观经济研究，2021（8）：17-27.

［294］陈建林，贺凯艳，刘天溶．创始人政治关联、家族企业代际传承与会计稳健性［J］．会计之友，2021（4）：76-83.

［295］陈金波．企业政治关系对技术创新与经济绩效的影响——基于企业规模调节效应的理论与实证研究［J］．经济经纬，2020，37（2）：134-140.

［296］陈骏，徐玉德．产品市场竞争、竞争态势与上市公司盈余管理［J］．财政研究，2011（4）：58-61.

［297］陈开军，杨倜龙，李鋆．上市公司信息披露对公司股价影响的实证研究——以环境信息披露为例［J］．金融监管研究，2020（5）：48-65.

［298］陈凌，王昊．家族涉入、政治关联与制度环境——以中国民营企业为例［J］．管理世界，2013（10）：130-141.

［299］陈庆江，王彦萌，万茂丰．企业数字化转型的同群效应及其影响因素研究［J］．管理学报，2021，18（5）：653-663.

［300］陈胜蓝，马慧．会计师事务所行业专长、声誉与规模经济性的传递效应［J］．审计研究，2013（6）：84-92.

［301］陈胜蓝，马慧．竞争压力、规模经济性与会计师事务所行业专长溢价［J］．会计研究，2015（5）：87-93.

［302］陈诗一，陈登科．雾霾污染、政府治理与经济高质量发展［J］．经济研究，2018，53（2）：20-34.

［303］陈维政，曹伦，李琳，等．独立董事的津贴激励与上市公司违规行为的关系研究——以中国上市公司为例［J］．战略管理，2010，2（2）：69-74.

［304］陈伟宏，钟熙，宋铁波．经营期望落差、董事会特征与战略变革［J］．软科学，2018，32（2）：76-79.

［305］陈文婷，师翌华．官员变更与企业并购——基于信息环境变化的实证研究［J］．软科学，2020，34（5）：70-75.

［306］陈险峰，陈志强，李佳宾，胡珺．非执行董事对企业技术创新的影响研究［J］．管理学报，2019，16（8）：1188-1196.

［307］陈晓红，万光羽，曹裕．行业竞争、资本结构与产品市场竞争力［J］．科研管理，2010，31（4）：188-196.

［308］陈信元，靳庆鲁，肖土盛，等．行业竞争、管理层投资决策与公司增长、清算期权价值［J］．经济学（季刊），2013，13（1）：305-332.

［309］陈一洪．上市公司独立董事政治背景的效应分析［J］．重庆工商大学学报（社会科学版），2012，29（1）：44-52.

［310］陈勇兵，蒋灵多，邢露．政治关联、融资约束与企业生存［J］．产业经济评论，2017（2）：87-108.

[311] 陈运森，王汝花．产品市场竞争、公司违规与商业信用［J］．会计与经济研究，2014（5）：26-40.

[312] 陈震，李艳辉．市场化进程、企业特征与高管薪酬——业绩敏感性［J］．财贸研究，2011，22（6）：133-143.

[313] 陈志斌，王诗雨．产品市场竞争对企业现金流风险影响研究——基于行业竞争程度和企业竞争地位的双重考量［J］．中国工业经济，2015（3）：96-108.

[314] 陈志广．高级管理人员报酬的实证研究［J］．当代经济科学，2002（5）：58-63，70-95.

[315] 陈作华，刘子旭．政企关系与企业特质风险［J］．管理科学，2019，32（4）：48-61.

[316] 程小可，孙乾．董秘任期与信息披露质量［J］．经济管理，2020（12）：113-131.

[317] 程新生，赵旸．权威董事专业性、高管激励与创新活跃度研究［J］．管理科学学报，2019，22（3）：40-52.

[318] 程仲鸣，夏新平，余明桂．政府干预、金字塔结构与地方国有上市公司投资［J］．管理世界，2008（9）：37-47.

[319] 褚剑，秦璇，方军雄．经济政策不确定性与审计决策——基于审计收费的证据［J］．会计研究，2018（12）：85-91.

[320] 崔小雨，陈春花，苏涛．高管团队异质性与组织绩效的关系研究：一项 Meta 分析的检验［J］．管理评论，2018，30（9）：152-163.

[321] 崔晓岳．政治关联对企业多元化战略的影响［J］．中小企业管理与科技（下旬刊），2015（9）：23.

[322] 崔秀梅，温素彬，李冰冰．环境信息披露与企业创新：促进抑或挤出——基于“波特假说”条件下的环境规制调节效应［J］．财会通讯，2021（18）：30-35.

[323] 戴维奇，刘洋，廖明情．烙印效应：民营企业谁在“不务正业”？［J］．管理世界，2016（5）：99-115，187-188.

[324] 戴亦一，潘粤，冯舒．中国企业的慈善捐赠是一种“政治现金”吗？［J］．经济研究，2014（2）：74-86.

[325] 戴亦一，余威，宁博，等．民营企业董事长的党员身份与公司财务违规［J］．会计研究，2017（6）：75-81.

[326] 戴治勇，杨晓维．间接执法成本、间接损害与选择性执法［J］．经济研究，2006（9）：94-102.

[327] 单华军．内部控制、公司违规与监管绩效改进——来自 2007—2008 年深市上市公司的经验证据［J］．中国工业经济，2010（11）：140-148.

[328] 党力，杨瑞龙，杨继东．反腐败与企业创新：基于政治关联的解释［J］．

中国工业经济，2015（7）：146-160.

［329］邓慧慧，赵家羚．地方政府经济决策中的“同群效应”［J］．中国工业经济，2018（4）：59-78.

［330］邓建平，曾勇．政治关联能改善民营企业的经营绩效吗?［J］．中国工业经济，2009（2）：98-108.

［331］邓晓飞，辛宇，滕飞．官员独立董事强制辞职与政治关联丧失［J］．中国工业经济，2016（2）：130-145.

［332］邓新明，罗欢，龙贤义，等．高管团队异质性、竞争策略组合与市场绩效——来自中国家电行业的实证检验［J］．南开管理评论，2021，24（4）：103-117.

［333］邓新明，熊会兵，李剑峰，等．政治关联、国际化战略与企业价值——来自中国民营上市公司面板数据的分析［J］．南开管理评论，2014，17（1）：26-43.

［334］丁庭威．我国公平竞争审查制度的解构与重塑［D］．华东政法大学硕士学位论文，2020.

［335］丁维国．独立董事治理对企业财务风险的影响——基于制度环境的调节效应研究［J］．经济问题，2018（9）：101-107.

［336］丁志国，李泊祎．上市公司股利政策的地区同群效应［J］．华南师范大学学报（社会科学版），2020（3）：95-107.

［337］丁子航，何叶田．新常态下政治关联对企业发展的影响［J］．经营与管理，2016（2）：15-17.

［338］董保宝．风险需要平衡吗：新企业风险承担与绩效倒U型关系及创业能力的中介作用［J］．管理世界，2014（1）：120-131.

［339］董屹宇，郭泽光．风险资本退出、董事会治理与企业创新投资——基于PSM-DID方法的检验［J］．产业经济研究，2020（6）：99-112.

［340］窦超，陈战光，刘敬哲，等．独立董事宏观视野与审计费用——基于独董咨询视角［J］．兰州大学学报（社会科学版），2020，48（2）：123-133.

［341］窦超，王乔菀，白学锦．独立董事宏观视野与公司债券发行利差——基于独董“咨询”职能视角［J］．金融评论，2020，12（2）：35-63.

［342］窦超，袁满，陈晓．政府背景大客户与审计费用——基于供应链风险传递视角［J］．会计研究，2020（3）：164-178.

［343］杜剑，于芝麦．学术型独立董事的声誉与比例对公司股价崩盘风险的影响［J］．改革，2019（3）：118-127.

［344］杜龙政，赵云辉，陶克涛，等．环境规制、治理转型对绿色竞争力提升的复合效应——基于中国工业的经验证据［J］．经济研究，2019，54（10）：106-120.

［345］杜兴强，陈韫慧，杜颖洁．寻租、政治联系与“真实”业绩——基于民营上市公司的经验证据［J］．金融研究，2010（10）：135-157.

［346］杜兴强，温日光．公司治理与会计信息质量：一项经验研究［J］．财经研究，2007（1）：122-133.

［347］杜兴强，曾泉，杜颖洁．政治联系、过度投资与公司价值——基于国有上市公司的经验证据［J］．金融研究，2011（8）：93-110.

［348］杜兴强，周泽将．政治联系方式与民营上市公司信息透明度——基于深交所信息披露考评的经验证据［J］．中南财经政法大学学报，2010（1）：126-131.

［349］杜玉申，刘梓毓．冗余资源、政治关联与民营企业创新获利［J］．学习与探索，2020（8）：122-130.

［350］段海艳．忙碌董事对企业绩效影响研究——基于监督与咨询的二元视角［J］．软科学，2016，30（1）：61-65.

［351］段莎．制度环境、信息披露质量与银行债务融资相关性分析［J］．财会通讯，2016（21）：90-94.

［352］段姝，钟宇．民营企业投资效率：政治联系的制度效应与宏观经济波动［J］．经济问题，2019（9）：32-44.

［353］段文奇，宣晓．管理者能力是传递平台型互联网企业价值的信号吗——基于财务和非财务指标价值相关性的检验结果［J］．南开管理评论，2018，21（3）：54-65.

［354］段云，国瑶．政治关系、货币政策与债务结构研究［J］．南开管理评论，2012，15（5）：84-94.

［355］樊纲，王小鲁，朱恒鹏．中国市场化指数——各地区市场化相对进程 2009 年报告［M］．北京：经济科学出版社，2010.

［356］范红忠，冯山，张誉航．女性董事与企业寻租——基于中国上市公司的证据［J］．经济与管理研究，2019，40（5）：128-144.

［357］范剑勇，石灵云．产业外部性、企业竞争环境与劳动生产率［J］．管理世界，2009（8）：65-72.

［358］范黎波，刘佳，黄冠华．谁会更慈善？——基于竞争战略和慈善捐赠行为关系的研究［J］．技术经济，2019，38（10）：43-53.

［359］范庆泉．环境规制、收入分配失衡与政府补偿机制［J］．经济研究，2018，53（5）：14-27.

［360］范小云，董二磊．银行信贷、商业信用与企业出口——基于联立方程模型的经验分析［J］．中国经济问题，2015（1）：36-49.

［361］范子英，田彬彬．政企合谋与企业逃税：来自国税局长异地交流的证据［J］．经济学（季刊），2016，15（4）：1303-1328.

［362］费孝通．乡土中国［M］．上海：上海人民出版社，2019.

［363］冯戈坚，王建琼．社会网络视角下的现金股利分配行为及其同群效应

［J］．管理评论，2021，33（3）：255-268.

［364］冯根福，睢博，赵玮．融资约束对战略性新兴产业投资效率的影响——基于异质性随机前沿模型的实证研究［J］．陕西师范大学学报（哲学社会科学版），2015，44（4）：64-75.

［365］冯丽艳，肖翔，张靖．企业社会责任影响债务违约风险的内在机制——基于经营能力和经营风险的中介传导效应分析［J］．华东经济管理，2016，30（4）：140-148.

［366］傅超，杨曾，傅代国．“同伴效应”影响了企业的并购商誉吗？——基于我国创业板高溢价并购的经验证据［J］．中国软科学，2015（11）：94-108.

［367］傅传锐，杨群．政治关联、竞争地位与混合并购［J］．北京理工大学学报，2017，19（5）：61-71.

［368］高凤莲，董必荣，王杰，等．独立董事背景特征与审计质量的实证研究［J］．审计与经济研究，2020，35（2）：27-39.

［369］高敬忠，韩传模，王英允．公司诉讼风险与管理层盈余预告披露方式选择——来自中国A股上市公司的经验证据［J］．经济与管理研究，2011（5）：102-112.

［370］高磊．管理层激励、风险承担与企业绩效研究［J］．财经理论研究，2018（4）：1-18.

［371］高利芳，陈子秋．产权性质、企业违规与精准扶贫［J］．齐齐哈尔大学学报（哲学社会科学版），2020（9）：70-76.

［372］高明华，杜雯翠．外部监管、内部控制与企业经营风险——来自中国上市公司的经验证据［J］．南方经济，2013（12）：63-72.

［373］高伟，李艳丽，赵大丽．企业政治关联内涵及作用机制研究［J］．软科学，2011，25（3）：110-114.

［374］葛永波，曹婷婷，陈磊，等．民营企业融资约束缓解：社会责任信息披露可以替代政治关联吗？［J］．山东社会科学，2020（2）：73-80.

［375］龚红，彭玉瑶．技术董事的专家效应、研发投入与创新绩效［J］．中国软科学，2021（1）：127-135.

［376］龚辉锋，茅宁．咨询董事、监督董事与董事会治理有效性［J］．管理科学学报，2014，17（2）：81-94.

［377］谷文林，李爽．管理层持股、风险承担与企业绩效的关系研究［J］．经济研究导刊，2018（21）：98-101.

［378］顾露露，张凯歌．集权式股权结构会影响信息技术企业创新吗——非执行董事的中介效应［J］．科技进步与对策，2021，38（2）：75-84.

［379］郭剑花，陈鑫．民营企业政治关联、政府补助与境外直接投资［J］．财会

通讯，2019（21）：61-66.

［380］郭晓川，张学敏．政治关联、多元化战略与企业绩效——基于我国矿业上市公司的实证分析［J］．财会通讯，2018（3）：35-40.

［381］郭雪萌，梁彭，解子睿．高管薪酬激励、资本结构动态调整与企业绩效［J］．山西财经大学学报，2019，41（4）：78-91.

［382］韩守富，张欣，郭军．经济政策不确定性、高管政治背景与研发投资［J］．会计之友，2020（13）：79-87.

［383］韩云萍．谈执法环境中的问题及对策［J］．法学，1996（5）：20-21.

［384］韩忠雪，祝小琴，王晓青．产品市场竞争、会计稳健性与企业投资效率［J］．财会通讯，2019（24）：18-24.

［385］何欢浪，陈琳．政治关联、融资约束与中国企业的出口［J］．南开经济研究，2018（2）：3-19.

［386］何平林，孙雨龙，李涛，等．董事特质与经营绩效——基于我国新三板企业的实证研究［J］．会计研究，2019（11）：49-55.

［387］何平林，孙雨龙，宁静，等．高管特质、法治环境与信息披露质量［J］．中国软科学，2019（10）：112-128.

［388］何威风，刘巍．商业信用中的管理者效应：基于管理者能力的视角［J］．会计研究，2018（2）：48-54.

［389］何轩，马骏，朱丽娜，等．腐败对企业家活动配置的扭曲［J］．中国工业经济，2016（12）：106-122.

［390］何瑛，于文蕾，杨棉之．CEO 复合型职业经历、企业风险承担与企业价值［J］．中国工业经济，2019（9）：155-173.

［391］贺康，万丽梅．政治关联与管理层语调操纵——声誉约束观还是资源支持观？［J］．中南财经政法大学学报，2020（5）：17-27，158-159.

［392］贺云龙，肖铭玥．政治关联、媒体报道与企业社会责任信息披露——来自沪深 A 股数据的实证分析［J］．哈尔滨商业大学学报（社会科学版），2020（2）：93-102.

［393］洪正，谢漾．财政分权制度、市场分割同群效应与产能过剩［J］．中南大学学报（社会科学版），2021，27（4）：111-127.

［394］侯德帅，董曼茹，赵远方．宏观经济政策不确定性与企业关联交易行为［J］．财经研究，2019，45（12）：99-110.

［395］侯俊军，侯亚，王谦．政治纽带还是市场驱动？——上市公司参与国家标准制定与生产率［J］．财经理论与实践，2020，41（4）：114-121.

［396］胡保亮，田萌，闫帅．高管团队异质性、网络能力与商业模式调适［J］．科研管理，2020，41（1）：265-273.

［397］胡海青，孟凡玲，张琅．融资约束对科技型中小企业 R&D 投资效率的影响——来自中小板科技型企业的经验证据［J］．科技管理研究，2016，36（10）：99-105.

［398］胡珺，潘婧，陈志强，等．非执行董事的公司治理效应研究——股价崩盘风险的视角［J］．金融论坛，2020，25（9）：61-71.

［399］胡立新，高杰．政治关联、融资约束与企业环保投资研究［J］．价值工程，2020，39（9）：92-94.

［400］胡令，王靖宇．产品市场竞争与企业创新效率——基于准自然实验的研究［J］．现代经济探讨，2020（9）：98-106.

［401］胡鸣宇，贺晓宇．媒体关注对企业信息披露质量的影响研究——基于企业异质性的视角［J］．商业会计，2020（11）：8-12.

［402］胡晓光．公司治理、代理成本与企业投资羊群行为［J］．会计之友，2018（6）：62-65.

［403］胡旭阳．民营企业的政治关联及其经济效应分析［J］．经济理论与经济管理，2010（2）：74-79.

［404］胡旭阳．民营企业家的政治身份与民营企业的融资便利——以浙江省民营百强企业为例［J］．管理世界，2006（5）：107-113.

［405］胡旭阳．企业家政治身份“代际接力”与企业的社会责任担当——来自我国上市家族企业的经验证据［J］．经济社会体制比较，2020（2）：100-108.

［406］胡一帆，宋敏，张俊喜．竞争、产权、公司治理三大理论的相对重要性及交互关系［J］．经济研究，2005（9）：44-57.

［407］胡奕明，周智辉，郑德成．证券市场违规主体及其行为分析［J］．审计研究，2002（3）：26-31.

［408］胡永平．政府控制层级、CEO 政治关联与代理成本：来自国有发电上市公司经验证据［J］．经济经纬，2011（5）：135-138.

［409］胡元木，纪端．董事技术专长、创新效率与企业绩效［J］．南开管理评论，2017，20（3）：40-52.

［410］胡泽，夏新平，曹立竑．金融危机时期商业信用的产品市场竞争动机［J］．金融研究，2014（2）：84-97.

［411］胡志强，祝文达，陈赛飞．企业 IPO 对同行业上市公司的影响：竞争效应还是信息溢出效应？——基于动态产品市场竞争的微分博弈模型与实证研究［J］．管理科学学报，2019，22（6）：57-72.

［412］华锐，李宏武，保永文．制度质量、政治关联与企业创新［J］．统计与决策，2021（18）：162-165.

［413］黄继承，盛明泉．高管背景特征具有信息含量吗？［J］．管理世界，2013

(9)：144-153.

［414］黄娟娟，肖珉．信息披露、收益不透明度与权益资本成本［J］．中国会计评论，2016（1）：69-84.

［415］黄丽英，何乐融．高管政治关联和企业创新投入——基于创业板上市公司的实证研究［J］．研究与发展管理，2020，32（2）：11-23.

［416］黄新健，张会．地区环境、政治关联与审计师选择［J］．审计与经济研究，2011，26（3）：44-52.

［417］黄兴孪，邓路，曲悠．货币政策、商业信用与公司投资行为［J］．会计研究，2016（2）：58-65.

［418］嵇尚洲，田思婷．政治关联、董事会治理对企业业绩影响的实证检验［J］．统计与决策，2019，35（6）：178-181.

［419］纪亚方，栾甫贵，丁一．公司诉讼与审计收费——基于经营风险的中介效应［J］．管理学刊，2020，33（3）：48-60.

［420］贾佳，刘小元．政治关联、异地投资经验与异地子公司进入模式——来自中国上市公司的经验证据［J］．宏观经济研究，2020（1）：42-53.

［421］贾军，魏雅青．产品市场竞争、客户关系治理与企业创新关系研究——基于行业竞争程度与企业市场地位的双重考量［J］．软科学，2019，33（12）：66-71.

［422］贾明，张喆．高管的政治关联影响公司慈善行为吗？［J］．管理世界，2010（4）：99-113.

［423］贾珅，申广军．企业风险与劳动收入份额：来自中国工业部门的证据［J］．经济研究，2016，51（5）：116-129.

［424］江新峰，张敦力，李欢．“忙碌”独董与企业违规［J］．会计研究，2020（9）：85-104.

［425］江新峰，张敦力．官员激励、产业政策执行与产能过剩——基于企业投资同群效应的分析［J］．现代财经（天津财经大学学报），2018，38（7）：88-102.

［426］姜付秀，刘志彪．行业特征、资本结构与产品市场竞争［J］．管理世界，2005（10）：74-81.

［427］姜永盛，程小可，李浩举．公司的资本结构决策具有学习效应吗？［J］．中央财经大学学报，2015（10）：61-68.

［428］蒋长流，江成涛，郑德昌．新型政商关系能打破企业创新的政治资源诅咒吗？［J］．软科学，2021，35（6）：52-57.

［429］蒋卫平，王赛．政治关联与会计信息质量——基于我国民营上市公司的实证研究［J］．财经理论与实践，2014，35（2）：79-83.

［430］颉茂华，刘向伟，白牡丹．环保投资效率实证与政策建议［J］．中国人口·资源与环境，2010，20（4）：100-105.

［431］颉茂华，王娇，刘铁鑫，等．反腐倡廉、政治关联与企业并购重组行为［J］．经济学（季刊），2021，21（3）：979-998.

［432］柯可，邱凯．上市公司高管薪酬影响因素分析——基于沪深股市的实证研究［J］．财会通讯，2009（9）：32-34.

［433］孔东民，刘莎莎，王亚男．市场竞争、产权与政府补贴［J］．经济研究，2013，48（2）：55-67.

［434］赖黎，巩亚林，夏晓兰，等．管理者从军经历与企业并购［J］．世界经济，2017，40（12）：141-164.

［435］乐菲菲，张金涛，魏震昊．独立董事辞职、政治关联丧失与企业创新效率［J］．科研管理，2020，41（2）：248-256.

［436］乐菲菲，张金涛．政治关联断损、研发投入与企业创新效率［J］．科技进步与对策，2019，36（1）：90-96.

［437］雷啸，唐雪松，蒋心怡．会计信息可比性能否抑制高管在职消费？［J］．中央财经大学学报，2021（7）：71-82.

［438］雷新途，汪宏华．政府反腐风暴提高企业盈余质量了吗？——来自中国上市公司的证据［J］．会计研究，2019（12）：40-45.

［439］黎文靖，郑陶陶．进口竞争提高了审计收费吗？——基于经营风险理论［J］．审计与经济研究，2018，33（4）：15-23.

［440］李从刚，许荣．董事高管责任保险、诉讼风险与信息披露质量［J］．山西财经大学学报，2019（11）：112-126.

［441］李大元，何嘉欣，张璐．央地政治关联对企业环境违规的异质性影响［EB/OL］．［2021-05-18］．https：//doi. org/10. 13581/j. cnki. rdm. 20201140.

［442］李宏亮，谢建国．高管政治身份影响民营企业加成率吗？——来自中国上市企业的微观证据［J］．中南财经政法大学学报，2020（6）：35-46，158-159.

［443］李慧云，符少燕，方怡然．民营企业政治关联的信息披露效应——基于碳信息披露的经验证据［J］．中国软科学，2021（7）：184-192.

［444］李济含，刘淑连．国企高管薪酬改革与离职潮关系研究［J］．证券市场导报，2016（10）：11-19.

［445］李佳宁，钟田丽．企业投资决策趋同："羊群效应"抑或"同伴效应"？——来自中国非金融上市公司的面板数据［J］．中国软科学，2020（1）：128-142.

［446］李健，陈传明，孙俊华．企业家政治关联、竞争战略选择与企业价值——基于上市公司动态面板数据的实证研究［J］．南开管理评论，2012，15（6）：147-157.

［447］李杰，陈子钰．制度优势转化：政治关联与企业绿色创新［J］．财经科学，

2020（9）：108-120.

［448］李科，徐龙炳．资本结构、行业竞争与外部治理环境［J］．经济研究，2009，44（6）：116-128.

［449］李青．中国竞争政策的回顾与展望［J］．中国价格监管与反垄断，2018（7）：13-20.

［450］李秋梅，梁权熙．企业“脱实向虚”如何传染？——基于同群效应的视角［J］．财经研究，2020，46（8）：140-155.

［451］李树，翁卫国．我国地方环境管制与全要素生产率增长——基于地方立法和行政规章实际效率的实证分析［J］．财经研究，2014，40（2）：19-29.

［452］李帅琦，李建标．独立董事的感知责任及其履职行为的实验研究［J］．管理科学，2021，34（1）：50-65.

［453］李双建，李俊青，张云．社会信任、商业信用融资与企业创新［J］．南开经济研究，2020（3）：81-102.

［454］李涛．国有股权、经营风险、预算软约束与公司业绩：中国上市公司的实证发现［J］．经济研究，2005（7）：77-89.

［455］李维安，王鹏程，徐业坤．政治关联与债务融资——民营企业与政府的资源交换行为［J］．南开管理评论，2015，18（1）：4-14.

［456］李维安，徐业坤．政治关联形式、制度环境与民营企业生产率［J］．管理科学，2012，25（2）：1-12.

［457］李文贵，余明桂．所有权性质、市场化进程与企业风险承担［J］．中国工业经济，2012（12）：115-127.

［458］李小青，Hung-Gay Fung，朱清香，等．连锁董事网络、融资约束与民营企业社会责任［J］．管理学报，2020，17（8）：1208-1217.

［459］李晓玲，余思蓓．经营环境、高管薪酬与会计信息质量［J］．科学决策，2016（4）：57-77.

［460］李雪．政治关联对基金风险承担倾向的影响——以宏观环境不确定性为纽带的视角［J］．经济社会体制比较，2019（5）：138-148.

［461］李园园，刘建华，段珅．基于门槛模型的政治关联、技术创新对品牌价值的影响研究［J］．软科学，2021，35（8）：134-138.

［462］李增泉，叶青，贺卉．企业关联、信息透明度与股价特征［J］．会计研究，2011（1）：44-51，95.

［463］李哲松．韩国公司法［M］．北京：中国政法大学出版社，2000.

［464］李政毅，尹西明，黄送钦．民营企业政治关联如何影响企业研发投资？［J］．科学学研究，2020，38（12）：2212-2219.

［465］李志生，苏诚，李好．企业过度负债的地区同群效应［J］．金融研究，

2018，459（9）：78-94.

［466］李志文，余佩琨，杨靖．机构投资者与个人投资者羊群行为的差异［J］．金融研究，2010（11）：77-89.

［467］励莉，周芳玲．独立董事身份特征对公司绩效的影响研究［J］．经济问题，2019（6）：97-103.

［468］连军，刘星，连翠珍．民营企业政治联系的背后：扶持之手与掠夺之手——基于资本投资视角的经验研究［J］．财经研究，2011，37（6）：133-144.

［469］连燕玲，刘依琳，高皓．代理 CEO 继任与媒体报道倾向——基于中国上市公司的经验分析［J］．中国工业经济，2020（8）：175-192.

［470］连玉君，彭镇，蔡菁，等．经济周期下资本结构同群效应研究［J］．会计研究，2020（11）：85-97.

［471］梁安琪，武晓芬．管理者能力与企业创新：基于上市公司的实证［J］．统计与决策，2020，36（9）：159-164.

［472］梁莱歆，冯延超，杨继伟．实际控制人的政治身份与审计师选择——来自我国民营上市公司的经验证据［J］．审计与经济研究，2011，26（2）：39-46.

［473］梁莱歆，冯延超．民营企业政治关联、雇员规模与薪酬成本［J］．中国工业经济，2010（10）：127-137.

［474］梁上坤．媒体关注、信息环境与公司费用粘性［J］．中国工业经济，2017（2）：154-173.

［475］林斌，孙烨，刘瑾．内部控制、信息环境与资本成本——来自中国上市公司的经验证据［J］．证券市场导报，2012（11）：26-31.

［476］林长泉，毛新述，刘凯璇．董秘性别与信息披露质量［J］．金融研究，2016（9）：193-206.

［477］林南．反腐败与社会主义权力制约［J］．求实，1994（3）：11-14.

［478］林南．社会资本：关于社会结构与行动的理论［M］．上海：上海人民出版社，2006.

［479］凌寒漠．首次清点中国 2532 家上市公司还有多少“官员独董”［N］．南方周末，2014-07-17.

［480］刘爱明，周劲君．高管海外背景对企业违规行为的影响研究［J］．金融发展研究，2021（8）：11-19.

［481］刘娥平，关静怡．商业信用对企业非效率投资的双向治理［J］．管理科学，2016，29（6）：131-144.

［482］刘凤芹，于洪涛．管理层权力、高管薪酬与“限薪令”的政策效果［J］．社会科学战线，2019（4）：48-57.

［483］刘凤委，孙铮，李增泉．政府干预、行业竞争与薪酬契约——来自国有上

市公司的经验证据［J］．管理世界，2007（9）：76-84，128.

［484］刘汉民，康丽群．公司治理的路径演化和路径选择［J］．中国工业经济，2013（12）：78-90.

［485］刘欢．市场地位、商业信用与企业投资效率［J］．中央财经大学学报，2019（1）：51-66.

［486］刘慧芬．商业信用、市场地位与技术创新——来自制造业上市公司的证据［J］．经济问题，2017（4）：12-17.

［487］刘慧凤，杨扬．高管报酬与会计信息质量的相关性实证研究［J］．经济管理，2009，31（11）：118-124.

［488］刘慧龙，张敏，王亚平．政治关联、薪酬激励与员工配置效率［J］．经济研究，2010（9）：109-136.

［489］刘家松，张博，罗琦．外资参股、董事会特征与商业银行经营绩效——基于中国121家商业银行的实证分析［J］．中国管理科学，2019，27（9）：119-129.

［490］刘建勇，王晶晶．政治关联与民营企业产能过剩：信贷资源获取能力的中介作用［J］．经济经纬，2018，35（4）：101-106.

［491］刘静，王克敏．同群效应与公司研发——来自中国的证据［J］．经济理论与经济管理，2018（1）：21-32.

［492］刘娟，曹杰．母国政治关联影响中国企业OFDI吗？［J］．经济经纬，2021，38（4）：53-62.

［493］刘坤，戴文涛．企业违规、产权性质与贷款融资［J］．财经问题研究，2017（6）：52-58.

［494］刘丽珑，林东海．非营利组织信息披露质量提升能否改进组织绩效？——以双向固定效应模型的实证分析为例［J］．东南学术，2019（2）：148-157.

［495］刘琳晨，陈暮紫，吴武清．独立董事的高管背景与“独立性”——基于董事会投票的经验证据［J］．南开经济研究，2019（6）：199-218.

［496］刘仁伍，盛文军．商业信用是否补充了银行信用体系［J］．世界经济，2011（11）：103-120.

［497］刘诗园，杜江．地方官员更替、政治关联与企业绿色创新［J］．经济经纬，2021，38（4）：93-102.

［498］刘思敏，郑建强，黄继承，等．独立董事换届“未连任”与公司违规行为［J］．金融评论，2021，13（4）：77-91，125-126.

［499］刘伟，刘洋．高管过度自信与过度投资：外部治理环境的调节作用［EB/OL］．［2021-07-14］．http：//kns. cnki. net/kcms/detail/50. 1154. C. 20210713. 1631. 004. html.

［500］刘锡良，周彬蕊，许坤．企业风险承担差异：所有制特性抑或禀赋特征？

［J］．经济评论，2018（5）：106-119.

［501］刘永泽，高嵩．信息披露质量、分析师行业专长与预测准确性——来自我国深市A股的经验证据［J］．会计研究，2014（12）：60-65.

［502］刘运，叶德磊．产品市场竞争、现金分红与公司业绩［J］．当代财经，2018（7）：123-132.

［503］刘运国，廖歆欣，钟婷婷．区域特征与R&D支出——基于珠三角、长三角和环渤海的比较证据［J］．中大管理研究，2013，8（3）：119-146.

［504］刘志远，郭瑾，彭涛．债务融资、债务来源与企业风险承担［J］．现代管理科学，2017（10）：12-14.

［505］刘志远，王存峰，彭涛，等．政策不确定性与企业风险承担：机遇预期效应还是损失规避效应［J］．南开管理评论，2017，20（6）：15-27.

［506］刘中燕，周泽将．技术董事、研发投入与可持续增长［J］．商业经济与管理，2019（8）：72-84.

［507］柳建华，卢锐，孙亮．公司章程中董事会对外投资权限的设置与企业投资效率——基于公司章程自治的视角［J］．管理世界，2015（7）：130-142.

［508］卢圣华，汪晖．政企网络关系、企业资源获取与经济效率——来自本地晋升官员离任的经验证据［J］．经济管理，2020，42（10）：5-22.

［509］陆利平，邱穆青．商业信用与中国工业企业出口扩张［J］．世界经济，2016，39（6）：149-167.

［510］陆瑶，胡江燕．CEO与董事间"老乡"关系对公司违规行为的影响研究［J］．南开管理评论，2016（2）：52-62.

［511］陆瑶，李茶．CEO对董事会的影响力与上市公司违规犯罪［J］．金融研究，2016（1）：176-191.

［512］陆瑶，朱玉杰，胡晓元．机构投资者持股与上市公司违规行为的实证研究［J］．南开管理评论，2012（1）：13-23.

［513］陆正飞，汤立斌，卢英武．我国证券市场信息披露存在的主要问题及原因分析［J］．财经论丛（浙江财经学院学报），2002（1）：61-65.

［514］陆正飞，王雄元，张鹏．国有企业支付了更高的职工工资吗？［J］．经济研究，2012（3）：28-39.

［515］陆正飞，杨德明．商业信用：替代性融资，还是买方市场？［J］．管理世界，2011（4）：6-14.

［516］逯东，王运陈，王春国．政治关联与民营上市公司的内部控制执行［J］．中国工业经济，2013（11）：96-108.

［517］逯东，谢璇，杨丹．独立董事官员背景类型与上市公司违规研究［J］．会计研究，2017（8）：55-61.

［518］吕备，李亚男．从系统管理视角看环境信息披露与企业价值的关系［J］．系统科学学报，2020，28（2）：123-128.

［519］吕文栋，刘巍，何威风．管理者异质性与企业风险承担［J］．中国软科学，2015（12）：120-133.

［520］罗爱华，范利民，郑志远．政治关联、市场化程度与 IPO 企业业绩变脸——基于创业板的实证研究［J］．会计之友，2020（13）：94-101.

［521］罗党论，赖再洪．重污染企业投资与地方官员晋升——基于地级市 1999-2010 年数据的经验证据［J］．会计研究，2016（4）：42-48.

［522］罗党论，刘晓龙．政治关系、进入壁垒与企业绩效——来自中国民营上市公司的经验证据［J］．管理世界，2009（5）：97-106.

［523］罗党论，唐清泉．政治关系、社会资本与政策资源获取［J］．世界经济，2009（7）：84-96.

［524］罗党论，唐清泉．中国民营上市公司制度环境与绩效问题研究［J］．经济研究，2009，44（2）：106-118.

［525］罗党论，甄丽明．民营控制、政治关系与企业融资约束——基于中国民营上市公司的经验证据［J］．金融研究，2008（12）：164-178.

［526］罗劲博，李小荣．高管的“行业协会”任职与企业过度投资：资源汲取还是资源诅咒［J］．南开管理评论，2019，22（5）：64-78.

［527］罗劲博．机构投资者异质性、CEO 政治关联与盈余管理［J］．会计与经济研究，2016，30（1）：52-77.

［528］罗昆，杨蓉．外籍高管驱动高管薪酬增长了吗——来自契约参照点的经验证据［J］．财贸研究，2018，29（8）：94-110.

［529］罗文兵，王娟智，李海彤．政治关联、高管薪酬与企业社会责任信息披露［J］．湖南财政经济学院学报，2017，33（4）：66-73.

［530］罗喜英，刘伟．政治关联与企业环境违规处罚：庇护还是监督——来自 IPE 数据库的证据［J］．山西财经大学学报，2019，41（10）：85-99.

［531］罗棪心，陆正飞，伍利娜．“退而不休”的独立董事发挥余热了吗？——审计委员会中退休独立董事对盈余质量的影响研究［J］．会计与经济研究，2020，34（1）：3-20.

［532］罗勇根，饶品贵，陈灿．高管宏观认知具有管理者“烙印”吗？——基于管理者风格效应的实证检验［J］．金融研究，2021（5）：171-188.

［533］罗煜，何青，薛畅．地区执法水平对中国区域金融发展的影响［J］．经济研究，2016，51（7）：118-131.

［534］马晨，赵嘉仁，陈嘉仪．薪酬差距对企业会计错报的影响研究［J］．中央财经大学学报，2018（7）：60-74.

［535］马春爱，肖榕．企业股利分配中的同群效应研究［J］．会计之友，2018（23）：125-131.

［536］马骏，李书娴，李江雁．被动模仿还是主动变革？——上市公司互联网涉入的同群效应研究［J］．经济评论，2021（5）：86-101.

［537］马黎．金融业高管薪酬与内部控制信息披露质量的相关性研究——来自2009-2014年沪深两市金融业上市公司的经验数据［J］．东岳论丛，2017，38（6）：101-108.

［538］马丽华，王振山，宇文晶．民营企业政治关联、融资约束与现金价值［J］．财经问题研究，2015（11）：127-134.

［539］马连福，高塬．资本配置效率会影响企业创新投资吗？——独立董事投资意见的调节效应［J］．研究与发展管理，2020，32（4）：110-123.

［540］马连福，石晓飞．董事会会议“形”与“实”的权衡——来自中国上市公司的证据［J］．中国工业经济，2014（1）：88-100.

［541］马述忠，张洪胜．集群商业信用与企业出口——对中国出口扩张奇迹的一种解释［J］．经济研究，2017，52（1）：13-27.

［542］马文超，唐勇军．省域环境竞争、环境污染水平与企业环保投资［J］．会计研究，2018（8）：72-79.

［543］马文涛，张朋．政府隐性担保、市场化进程与信贷配置效率［J］．财政研究，2021（8）：91-106.

［544］马啸腾，陈战光，尚飞．政治关联会影响券商的经济后果吗？［J］．投资研究，2019，38（11）：142-159.

［545］马永强，邱煜．CEO贫困出身、薪酬激励与企业风险承担［J］．经济与管理研究，2019，40（1）：97-114.

［546］梅丹，高强．独立性与行业专长对客户会计稳健性的影响［J］．审计研究，2016（6）：80-88.

［547］孟庆斌，李昕宇，张鹏．员工持股计划能够促进企业创新吗？［J］．管理世界，2019，35（11）：209-228.

［548］孟庆斌，邹洋，侯德帅．卖空机制能抑制上市公司违规吗？［J］．经济研究，2019，54（6）：89-105.

［549］孟雁北．我国垄断行业规制行为之公平竞争审查问题研究［J］．价格理论与实践，2018（11）：25-29.

［550］倪星，马珍妙．政治关联、地区差异与企业创新——基于上市公司的数据分析［J］．理论探讨，2019（6）：165-174.

［551］聂辉华．从政企合谋到政企合作——一个初步的动态政企关系分析框架［J］．学术月刊，2020，52（6）：44-56.

［552］聂辉华．制度均衡：一个博弈论的视角［J］．管理世界，2008（8）：158-167.

［553］欧锦文，陈艺松．深藏功与名：民营企业政治关联与慈善捐赠曝光度［J］．财会通讯，2021（7）：76-80.

［554］潘红波，夏新平，余明桂．政府干预、政治关联与地方国有企业并购［J］．经济研究，2008（4）：43-54.

［555］潘红波，余明桂．支持之手、掠夺之手与异地并购［J］．经济研究，2011，46（9）：108-120.

［556］潘红波，张哲．控股股东干预与国有上市公司薪酬契约有效性：来自董事长/CEO 纵向兼任的经验证据［J］．会计研究，2019（5）：59-66.

［557］潘珺，余玉苗．审计委员会履职能力、召集人影响力与公司财务报告质量［J］．南开管理评论，2017，20（1）：108-118.

［558］潘越，戴亦一，李财喜．政治关联与财务困境公司的政府补助——来自中国 ST 公司的经验证据［J］．南开管理评论，2009，12（5）：6-17.

［559］潘越，戴亦一，林超群．信息不透明、分析师关注与个股暴跌风险［J］．金融研究，2011（9）：138-151.

［560］潘镇，杨柳，殷华方．中国企业国际化的社会责任效应研究［J］．经济管理，2020，42（9）：27-48.

［561］庞长伟，王琼，刘丽雯．创业企业高管团队认知与新颖型商业模式创新——被调节的中介效应［J］．研究与发展管理，2021，33（4）：97-110.

［562］彭飞，许文立，吕鹏，等．未预期的非税负担冲击：基于“营改增”的研究［J］．经济研究，2020，55（11）：67-83.

［563］彭镇，连玉君，戴亦一．企业创新激励：来自同群效应的解释［J］．科研管理，2020，41（4）：45-53.

［564］彭镇，彭祖群，卢惠薇．中国上市公司慈善捐赠行为中的同群效应研究［J］．管理学报，2020，17（2）：259-268.

［565］蒲勇健，韦琦．政治资源对民营企业技术创新的影响——来自中国民营上市公司的经验证据［J］．软科学，2020，34（8）：1-5.

［566］祁怀锦，马俊峰．理性预期模型及分配公平性度量：透视国企高管薪酬［J］．改革，2015（10）：101-112.

［567］钱爱民，张晨宇．股权质押与信息披露策略［J］．会计研究，2018（12）：34-40.

［568］钱水苗．论环境行政执法存在的问题及对策［J］．浙江学刊，2001（4）：150-153.

［569］钱先航，曹廷求，李维安．晋升压力、官员任期与城市商业银行的贷款行

为［J］．经济研究，2011，46（12）：72-85.

［570］钱先航，徐业坤．官员更替、政治身份与民营上市公司的风险承担［J］．经济学（季刊），2014，13（4）：1437-1460.

［571］秦永恒，万迪昉．企业违规行为与最优随机打击——一个实验研究［J］．管理科学，2012，25（4）：1-12.

［572］冉茂盛，同小歌．金融错配、政治关联与企业创新产出［J］．科研管理，2020，41（10）：89-97.

［573］任宏达，王琨．产品市场竞争与信息披露质量——基于上市公司年报文本分析的新证据［J］．会计研究，2019（3）：32-39.

［574］任曙明，吕镯．融资约束、政府补贴与全要素生产率——来自中国装备制造企业的实证研究［J］．管理世界，2014（11）：10-23.

［575］申宇，赵静梅．吃喝费用的“得”与“失”——基于上市公司投融资效率的研究［J］．金融研究，2016（3）：140-156.

［576］沈红波，谢越，陈峥嵘．企业的环境保护、社会责任及其市场效应［J］．中国工业经济，2012（1）：141-151.

［577］沈红波，杨玉龙，潘飞．民营上市公司的政治关联、证券违规与盈余质量［J］．金融研究，2014（1）：194-206.

［578］沈红梅．沪市上市公司自愿性信息披露与公司特质相互关系的实证研究［D］．浙江大学硕士学位论文，2003.

［579］沈洪涛，周艳坤．环境执法监督与企业环境绩效：来自环保约谈的准自然实验证据［J］．南开管理评论，2017，20（6）：73-82.

［580］沈立人，戴园晨．我国“诸侯经济”的形成及其弊端和根源［J］．经济研究，1990（3）：12-19.

［581］沈烈，郭阳生．管理者能力与内部控制质量：抑制还是促进？［J］．中南财经政法大学学报，2017（4）：58-67.

［582］沈宇峰，徐晓东．制度环境、政治关联与企业环保投资——来自A股上市公司的经验证据［J］．系统管理学报，2019，28（3）：415-428.

［583］施赟，舒伟．制度推动、政治关联与非国有企业参与精准扶贫［J］．统计与决策，2020，36（20）：163-167.

［584］史金艳，杨健亨，李延喜，等．牵一发而动全身：供应网络位置、经营风险与公司绩效［J］．中国工业经济，2019（9）：136-154.

［585］双琦，李嘉明，唐朝永．政府补助提高了企业风险承担吗——基于企业生命周期视角［J］．会计之友，2020（6）：99-106.

［586］宋常，张江凯，李飘．经理人股票期权激励、关联非执行董事治理与盈余管理［J］．管理学报，2019，16（9）：1301-1311.

［587］宋广蕊，马春爱，肖榕．同群效应下企业创新投资行为传递路径研究［J］．科研管理，2021，42（7）：179-188.

［588］宋加山，赵锐锃，郭婷婷．基于中介效应模型的政府补贴、政治关联与民营上市企业价值研究［J］．软科学，2020，34（7）：82-87.

［589］宋建波，文雯，王德宏．海归高管能促进企业风险承担吗——来自中国A股上市公司的经验证据［J］．财贸经济，2017，38（12）：111-126.

［590］宋林，张丹．高管政治关联与海外背景对企业创新能力的协同影响研究［J］．当代经济科学，2019，41（6）：98-107.

［591］宋希亮，吴紫祺．关系型交易对审计费用的影响——基于经营风险理论视角［J］．审计研究，2020（2）：114-123.

［592］宋云玲，李志文，纪新伟．从业绩预告违规看中国证券监管的处罚效果［J］．金融研究，2011（6）：136-149.

［593］宋子龙，余玉苗．审计项目团队行业专长类型、审计费用溢价与审计质量［J］．会计研究，2018（4）：82-88.

［594］苏坤．政治关联对公司股价崩盘风险的影响［J］．管理评论，2021，33（7）：54-67.

［595］苏屹，王雪，欧忠辉．企业家政治关联对企业创新意愿的影响研究——基于有调节的双路径中介效应模型分析［J］．软科学，2021，35（1）：68-74.

［596］苏志强，杜云晗．商业信用、融资约束与公司价值［J］．财经理论与实践，2015，36（4）：28-32.

［597］孙芳城，曾玲，钟廷勇．CEO财务专长、职业生涯关注与企业风险［J］．金融经济学研究，2020，35（2）：150-160.

［598］孙凤娥．“短贷长投”缘何传染？——基于行业同群效应的视角［J］．南京审计大学学报，2021，18（3）：81-91.

［599］孙光国，孙瑞琦．控股股东委派执行董事能否提升公司治理水平［J］．南开管理评论，2018，21（1）：88-98.

［600］孙红梅，姚书淇．商业银行经营风险与财务绩效——基于绿色业务影响的视角［J］．金融论坛，2021，26（2）：37-46.

［601］孙慧琳．管理者能力对科技企业经营绩效的影响研究［J］．求索，2016（11）：121-125.

［602］孙亮，刘春．公司为什么聘请异地独立董事？［J］．管理世界，2014（9）：131-142.

［603］孙浦阳，李飞跃，顾凌骏．商业信用能否成为企业有效的融资渠道——基于投资视角的分析［J］．经济学（季刊），2014，13（4）：1637-1652.

［604］谭雪，李婧萱，吴昊洲．独立董事投票制度的反思与改进——基于独立董

事投票的分析［J］．经济体制改革，2021（2）：187-193.

［605］唐国平，李龙会，吴德军．环境管制、行业属性与企业环保投资［J］．会计研究，2013（6）：83-96.

［606］唐清泉，罗党论．政府补贴动机及效果的实证研究——来自中国上市公司的经验证据［J］．金融研究，2007（6）：149-163.

［607］唐清泉，朱瑞华，甄丽明．我国高管人员报酬激励制度的有效性——基于沪深上市公司的实证研究［J］．当代经济管理，2008（2）：59-65.

［608］唐松，胡威，孙铮．政治关系、制度环境与股票价格的信息含量［J］．金融研究，2011（7）：182-195.

［609］唐松，孙铮．政治关联、高管薪酬与企业未来经营绩效［J］．管理世界，2014（5）：93-105.

［610］唐文萍，林静．新常态下政治关联与企业成长性的关系研究［J］．科技创业月刊，2016，29（6）：87-89.

［611］唐文秀，周兵，徐辉．产品市场竞争、研发投入与财务绩效——基于产权异质性的比较视角［J］．华东经济管理，2018，32（7）：110-119.

［612］唐雪松，蒋心怡，雷啸．会计信息可比性与高管薪酬契约有效性［J］．会计研究，2019（1）：37-44.

［613］唐雪松，林雁．董事来源地特征、政治关联等级与公司价值——基于“18号文”董事政策性辞职的经验证据［J］．经济理论与经济管理，2016（2）：28-45.

［614］滕飞，辛宇，顾小龙．产品市场竞争与上市公司违规［J］．会计研究，2016（9）：32-40.

［615］滕飞，辛宇，舒倩，等．股价崩盘风险时的政府“扶持之手”——基于政府补助及产权性质视角的考察［J］．会计研究，2020（6）：49-60.

［616］田利辉，王可第．“政商旋转门”关闭与官员独董辞职的现金增持效应［J］．中国经济问题，2019（5）：123-136.

［617］田利辉，王可第．腐败惩治的正外部性和企业创新行为［J］．南开管理评论，2020，23（2）：121-131.

［618］田利辉，张伟．政治关联影响我国上市公司长期绩效的三大效应［J］．经济研究，2013（11）：71-86.

［619］田利辉．国有产权、预算约束和中国上市公司杠杆治理［J］．管理世界，2005（7）：123-147.

［620］万良勇，邓路，郑小玲．网络位置、独立董事治理与公司违规——基于部分可观测 Bivariate Probit 模型［J］．系统工程理论与实践，2014，34（12）：3091-3102.

［621］万良勇，梁婵娟，饶静．上市公司并购决策的行业同群效应研究［J］．南

开管理评论，2016，19（3）：40-50.

［622］万媛媛，井润田，刘玉焕．中美两国上市公司高管薪酬决定因素比较研究［J］．管理科学学报，2008，11（2）：100-110，152.

［623］汪涛，颜建国，王魁．政企关系与产能过剩：基于中国制造企业微观视角［J］．科研管理，2021，42（3）：46-60.

［624］王兵，吕梦，苏文兵．政治关联与企业涉诉风险［J］．财贸研究，2019，30（2）：74-87.

［625］王成方，林慧，于富生．政治关联、政府干预与社会责任信息披露［J］．山西财经大学学报，2013，35（2）：72-82.

［626］王芳．产品市场竞争、代理成本与企业绩效［J］．财会通讯，2019（27）：65-68.

［627］王飞鹏．国际金融危机背景下一些国家企业高管薪酬改革的做法与启示［J］．经济纵横，2010（2）：102-105.

［628］王红建，李茫茫，汤泰劼．实体企业跨行业套利的驱动因素及其对创新的影响［J］．中国工业经济，2016（11）：73-89.

［629］王化成，张修平，侯粲然，等．企业战略差异与权益资本成本——基于经营风险和信息不对称的中介效应研究［J］．中国软科学，2017（9）：99-113.

［630］王健忠，高明华．反腐败、企业家能力与企业创新［J］．经济管理，2017，39（6）：36-52.

［631］王靖宇，付嘉宁，张宏亮．产品市场竞争与企业创新：一项准自然实验［J］．现代财经（天津财经大学学报），2019，39（12）：52-66.

［632］王靖宇，张宏亮．产品市场竞争与企业投资效率：一项准自然实验［J］．财经研究，2019，45（10）：125-137.

［633］王娟．商业信用融资对股价崩盘风险的影响——基于债务治理效应视角［J］．经济与管理评论，2019，35（3）：108-119.

［634］王克敏，王志超．高管控制权、报酬与盈余管理——基于中国上市公司的实证研究［J］．管理世界，2007（7）：111-119.

［635］王锟，李伟．高管政治背景对其离职—业绩敏感性的影响［J］．南开管理评论，2012，15（6）：104-110，134.

［636］王乐，田高良，何畅．政治关联、盈余管理方式选择对 ST 公司“摘帽”的影响［J］．经济管理，2019，41（4）：23-39.

［637］王利平，高伟，张学勇．民营企业政治关联：一个多视角的分析［J］．商业经济与管理，2010，1（12）：18-23.

［638］王砾，孔东民，代昀昊．官员晋升压力与企业创新［J］．管理科学学报，2018，21（1）：111-126.

［639］王岭，周立宏，祁晓凤．反腐败、政治关联与技术创新——基于 2010-2015 年创业板企业数据的实证分析［J］．经济理论与经济管理，2019（12）：78-92.

［640］王龙伟，王文君，王立．政治关联与企业绩效：基于组织和私人层面的比较研究［J］．管理评论，2021，33（3）：213-224.

［641］王敏，黄新莹，黄超．非执行董事影响高管薪酬激励契约的选择吗？——来自国有上市公司的经验证据［J］．经济与管理评论，2017，33（4）：38-47.

［642］王明虎，章铁生．产品市场竞争、资本结构波动与费用粘性［J］．商业经济与管理，2017（3）：69-80.

［643］王鹏，李晨阳．官员更替、企业家跟随与企业投资效率［J］．软科学，2020，34（6）：91-96.

［644］王倩楠，葛玉辉．新创企业高管团队的团队过程与战略决策绩效——认知的调节作用［J］．管理工程学报，2021，35（2）：12-25.

［645］王庆文，吴世农．政治关系对公司业绩的影响——基于中国上市公司政治影响力指数的研究［C］//中国第七届实证会计国际研讨会论文集，2008：744-758.

［646］王善平，王娟萍．精准扶贫、政治关联与融资约束［J］．财会月刊，2020（20）：16-22.

［647］王生年，宋媛媛，徐亚飞．审计师行业专长缓解了资产误定价吗？［J］．审计研究，2018（2）：96-103.

［648］王生年，尤明渊．管理层薪酬激励能提高信息披露质量吗？［J］．审计与经济研究，2015（4）：22-29.

［649］王守海，许薇，刘志强．高管权力、审计委员会财务专长与财务重述［J］．审计研究，2019（3）：101-110.

［650］王书斌，徐盈之．环境规制与雾霾脱钩效应——基于企业投资偏好的视角［J］．中国工业经济，2015（4）：18-30.

［651］王素霞，张蕾．会计信息可比性、税收筹划与高管薪酬契约有效性［J］．财会通讯，2020（15）：31-35.

［652］王涛，余劲松．执法环境对我国上市公司治理影响的实证研究［J］．财经理论与实践，2011，32（1）：53-57.

［653］王婷，张力．政治关联、社会责任与企业绩效［J］．财会通讯，2018（21）：45-48.

［654］王文慧，孙光国．执行董事双重身份与公司研发活动盈余管理——基于董事身份认同和管理层内部制衡的机制考察［J］．财经问题研究，2021（4）：80-89.

［655］王霞，薛跃，于学强．CFO 的背景特征与会计信息质量——基于中国财务重述公司的经验证据［J］．财经研究，2011，37（9）：123-133.

［656］王贤彬，黄亮雄，董一军．反腐败的投资效应——基于地区与企业双重维

度的实证分析［J］．金融研究，2017（9）：67-82.

［657］王小鲁，樊纲，胡李鹏．中国分省份市场化指数报告（2018）［M］．北京：经济科学出版社，2019.

［658］王小鲁，樊纲，胡李鹏．中国分省企业经营环境指数 2020 年报告［M］．北京：社会科学文献出版社，2020，12（5）：2.

［659］王晓亮，邓可斌．董事会非正式层级会提升资本结构决策效率吗？［J］．会计研究，2020（8）：77-90.

［660］王雄元，刘焱．产品市场竞争与信息披露质量的实证研究［J］．经济科学，2008（1）：92-103.

［661］王旭，褚旭．制造业企业绿色技术创新的同群效应研究：基于多层次情境的参照作用［EB/OL］．［2021-04-09］．https：//kns.cnki.net/kcms/detail/12.1288.F.20210408.1855.023.html.

［662］王亚平，刘慧龙，吴联生．信息透明度、机构投资者与股价同步性［J］．金融研究，2009（12）：162-174.

［663］王野，龚丹丹，付剑峰．会计信息质量与薪酬设计关系的实证考量［J］．统计与决策，2009（1）：184-186.

［664］王营，曹廷求．董事网络下企业同群捐赠行为研究［J］．财经研究，2017，43（8）：69-81.

［665］王营，张光利．董事网络和企业创新：引资与引智［J］．金融研究，2018（6）：189-206.

［666］王云，李延喜，马壮，等．媒体关注、环境规制与企业环保投资［J］．南开管理评论，2017，20（6）：83-94.

［667］王珍义，苏丽，陈璐．中小高新技术企业政治关联与技术创新：以外部融资为中介效应［J］．科学学与科学技术管理，2011，32（5）：48-54，135.

［668］王竹泉，翟士运，王贞洁．商业信用能够帮助企业渡过金融危机吗？［J］．经济管理，2014，36（8）：42-53.

［669］韦浪，宋浩．国有股权参股对民营企业现金持有的影响研究［J］．财经科学，2020（9）：28-39.

［670］魏红征．法治化营商环境评价指标体系研究［D］．华南理工大学博士学位论文，2019.

［671］魏江，寿柯炎，冯军政．高管政治关联、市场发育程度与企业并购战略——中国高技术产业上市公司的实证研究［J］．科学学研究，2013，31（6）：856-863.

［672］魏群，靳曙畅．货币政策、商业信用与科技创新投资［J］．科技进步与对策，2018，35（11）：124-130.

[673] 魏志华，曾爱民，李博. 金融生态环境与企业融资约束——基于中国上市公司的实证研究 [J]. 会计研究，2014 (5)：73-80.

[674] 温忠麟，叶宝娟. 中介效应分析：方法和模型发展 [J]. 心理科学进展，2014 (5)：731-745.

[675] 巫景飞，何大军，王云. 高层管理者政治网络与企业多元化战略：社会资本视角 [J]. 管理世界，2008 (8)：107-118.

[676] 吴迪，张玉昌. 企业创新过程中独立董事真的是"签字工具"吗？——基于中国企业数据的效应与机制分析 [J]. 产业经济研究，2019 (5)：89-102.

[677] 吴汉洪，周炜，张晓雅. 中国竞争政策的过去、现在和未来 [J]. 财贸经济，2008 (11)：102-110，127.

[678] 吴昊旻，谭伟荣，杨兴全. 公司治理环境、产品市场竞争与股票特质性风险 [J]. 会计论坛，2014 (2)：102-118.

[679] 吴昊旻，王杰，买生. 多元化经营、银行信贷与商业信用提供——兼论融资约束与经济周期的影响 [J]. 管理评论，2017，29 (10)：223-233.

[680] 吴昊旻，杨兴全，魏卉. 产品市场竞争与公司股票特质性风险——基于我国上市公司的经验证据 [J]. 经济研究，2012 (6)：101-115.

[681] 吴敬琏. 加强竞争地位不是一蹴而就的 [N]. 北京日报，2016-12-19 (017).

[682] 吴文锋，吴冲锋，刘晓薇. 中国民营上市公司高管的政府背景与公司价值 [J]. 经济研究，2008 (7)：130-141.

[683] 吴文锋，吴冲锋，芮萌. 中国上市公司高管的政府背景与税收优惠 [J]. 管理世界，2009 (3)：134-142.

[684] 吴武清，陈暮紫，黄德龙，等. 系统风险的会计决定：企业财务风险、经营风险、系统风险的时变关联 [J]. 管理科学学报，2012，15 (4)：71-80.

[685] 伍中信，肖美英. 信息、产权与博弈：会计监督的经济学 [J]. 会计研究，1997 (12)：14-17.

[686] 武天兰，范黎波. 正式制度距离、结构整合与跨境并购绩效 [J]. 统计与决策，2020，36 (12)：160-165.

[687] 夏立军，陈信元. 市场化进程、国企改革策略与公司治理结构的内生决定 [J]. 经济研究，2007 (7)：82-95.

[688] 夏立军，陆铭，余为正. 政企纽带与跨省投资来——自中国上市公司的经验证据 [J]. 管理世界，2011 (7)：128-140.

[689] 夏子航. 企业金融化同群效应："取长补短"抑或"盲目跟风"？[J]. 中南财经政法大学学报，2021 (4)：74-88.

[690] 向锐，章成蓉，干胜道. 终极控股、制度环境与信息披露质量及其经济后

果——来自中国家族上市公司的经验证据［J］．四川大学学报（哲学社会科学版），2012（1）：104-112.

［691］肖鹏文．公司治理结构、法律环境与会计信息披露质量相关性研究［J］．财会通讯，2016（18）：25-29.

［692］肖忠意，林琳，陈志英，等．企业金融化与上市公司创新研发投入——基于董事会治理与创新文化的调节作用的实证分析［J］．南开经济研究，2021（1）：143-163.

［693］谢帮生，刘梅娟，全进，等．高管农业行业专长与生物资产信息披露质量——基于我国农业上市公司2007—2016年的经验证据［J］．南京审计大学学报，2020，17（1）：62-72.

［694］谢获宝，丁龙飞，廖珂．海外背景董事与债务融资成本——基于董事会咨询和监督职能的中介效应［J］．管理评论，2019，31（11）：202-211.

［695］谢盛纹，王洋洋，张淑一．审计师行业专长、产品市场竞争与财务重述——来自中国证券市场的经验证据［J］．财经理论与实践，2015，36（5）：70-75.

［696］谢增毅．董事会委员会与公司治理［J］．法学研究，2005（5）：61-69.

［697］辛清泉，林斌，王彦超．政府控制、经理薪酬与资本投资［J］．经济研究，2007（8）：110-122.

［698］邢立全，陈汉文．产品市场竞争、竞争地位与审计收费——基于代理成本与经营风险的双重考量［J］．审计研究，2013（3）：50-58.

［699］熊家财，桂荷发．政治关联与企业创新：来自PSM的证据［J］．科研管理，2020，41（7）：11-19.

［700］熊家财．审计行业专长与股价崩盘风险——基于信息不对称与异质信念视角的检验［J］．审计与经济研究，2015，30（6）：47-57.

［701］徐虹，邓李华，刘家树．风险投资行业专长影响企业IPO审核吗？——来自中小板和创业板的经验证据［J］．会计与经济研究，2020，34（2）：77-93.

［702］徐虹，林钟高，芮晨．产品市场竞争、资产专用性与上市公司横向并购［J］．南开管理评论，2015，18（3）：48-59.

［703］徐辉，周孝华，吴迪．企业社会责任承担的理性边界问题研究——基于产品市场竞争的门限效应分析［J］．现代财经（天津财经大学学报），2018，38（11）：49-63.

［704］徐慧华，李碧珍．民营企业政治关联、企业家精神与全要素生产率增长［J］．金融与经济，2019（11）：74-80

［705］徐沛勣．高管薪酬、董事会治理与分类转移［J］．财贸经济，2020，41（3）：80-99.

［706］徐瑞兰．官员地区偏祖与企业避税［J］．财会通讯，2021（4）：103-106.

［707］徐尧，刘峰，王亚．法治环境、政治关联与违规查处——来自 A 股市场的经验证据［J］．当代财经，2017（8）：79-88.

［708］徐业坤，钱先航，李维安．政治不确定性、政治关联与民营企业投资［J］．管理世界，2013（5）：116-130.

［709］徐业坤，王元芳，安素霞．地方官员更替与企业员工配置［J］．经济社会体制比较，2020（2）：79-89.

［710］徐智，郭芙蓉，干胜道．管理层自利、产权性质与企业慈善捐赠［J］．软科学，2021，35（3）：49-54.

［711］许莉，王欢．中国企业金融化的同群效应研究［J］．南京财经大学学报，2021（4）：25-33，53.

［712］许年行，江轩宇，伊志宏，等．政治关联影响投资者法律保护的执法效率吗？［J］．经济学（季刊），2013，12（2）：373-406.

［713］许荣，李从刚．院士（候选人）独董能促进企业创新吗——来自中国上市公司的经验证据［J］．经济理论与经济管理，2019（7）：29-48.

［714］许为宾，蹇亚兰，严子淳．家族企业所有权来源、合法性质疑与创新投资［J］．科研管理，2020，41（11）：202-215.

［715］许秀梅，李敬锁，温琳．技术董事、技术资源配置与企业成长：来自上市公司的经验数据［J］．科技进步与对策，2019，36（20）：94-102.

［716］许艳．独立董事、税收激进与融资约束［J］．审计与经济研究，2021，36（1）：90-100.

［717］许永斌，万源星．技术独立董事与家族企业技术创新行为——对独立董事制度的有效性检验［J］．宏观经济研究，2019（3）：110-120.

［718］薛求知，伊晟．企业环保投入影响因素分析——从外部制度到内部资源和激励［J］．软科学，2015，29（3）：1-4.

［719］薛有志，彭华伟，李国栋．执行董事、多元化程度与公司绩效的研究［J］．经济问题探索，2010（4）：62-68.

［720］雅诺什，科尔奈，张安．社会主义体制——共产主义政治经济学［J］．经济社会体制比较，2007（3）：161.

［721］焉昕雯，孔爱国．管理者能力对企业价值的提升效应——基于市场竞争与地方保护的视角［J］．复旦学报（社会科学版），2021，63（1）：172-183.

［722］闫博慧．关于完善中国行政执法环境的思考［J］．河北学刊，2011，31（4）：156-159.

［723］严楷，杨筝，赵向芳，王红建．银行管制放松、地区结构性竞争与企业风险承担［J］．南开管理评论，2019，22（1）：124-138.

［724］严若森，姜潇．关于制度环境、政治关联、融资约束与企业研发投入的多

重关系模型与实证研究［J］．管理学报，2019，16（1）：72-84.

［725］颜梦洁，李青．政治关联与非营利组织透明度：自媒体监督的调节效应［J］．公共管理与政策评论，2021，10（2）：129-141.

［726］杨风，李卿云，吴晓晖．上游威胁、管理者背景特征与研发投资——基于创业板上市公司的经验证据［J］．经济经纬，2016，33（5）：102-107.

［727］杨广亮．政企关系影响土地出让价格吗？［J］．经济学（季刊），2018，18（1）：193-212.

［728］杨汉明．高管薪酬与上市公司绩效的实证分析［J］．统计与决策，2004（12）：93-94.

［729］杨静，仲为国，于毅．环境领导力对企业生态创新的影响机制研究［J］．科研管理，2021，42（7）：108-115.

［730］杨兰品，孙孟鸽．政商关系演进的创新效应研究——基于不同所有制企业比较的视角［J］．经济体制改革，2020（2）：194-199.

［731］杨林，和欣，顾红芳．高管团队经验、动态能力与企业战略突变：管理自主权的调节效应［J］．管理世界，2020，36（6）：168-188.

［732］杨其静．企业成长：政治关联还是能力建设［J］．经济研究，2011（10）：54-94.

［733］杨青，薛宇宁，Burcin．我国董事会职能探寻、战略咨询还是薪酬监控？［J］．金融研究，2011（3）：165-183.

［734］杨孝安，程振，陈宝东．政治关联对上市民营企业研发投入的影响研究——基于信贷融资的中介效应［J］．会计之友，2021（16）：99-106.

［735］杨兴全，李万利，韩建强．产品市场竞争与现金持有创新平滑效应——基于融资约束和产权性质视角的实证研究［J］．软科学，2016，30（5）：82-86.

［736］杨战胜，俞峰．政治关联对企业创新影响的机理研究［J］．南开经济研究，2014（6）：32-43.

［737］杨忠海．财务报告透明度计量方法述评［J］．会计之友（上旬刊），2010（9）：32-35.

［738］杨忠莲，谢香兵．我国上市公司财务报告舞弊的经济后果——来自证监会与财政部处罚公告的市场反应［J］．审计研究，2008（1）：67-74.

［739］杨忠智，乔印虎．行业竞争属性、公司特征与社会责任关系研究——基于上市公司的实证分析［J］．科研管理，2013，34（3）：58-67.

［740］姚宏，贾娓，郝小玉，等．产品市场竞争、董事会结构变化与盈余管理［J］．管理评论，2018，30（4）：194-205.

［741］姚玲洁，董永琦，丘彦强．基金公司实地调研能抑制上市公司违规行为吗［J］．财会月刊，2021（16）：120-126.

［742］姚禄仕，吴宁宁．基于 LSV 模型的机构与个人羊群行为研究［J］．中国管理科学，2018，26（7）：55-62.

［743］姚圣，梁昊天．政治关联、地方利益与企业环境业绩——基于产权性质分类的研究［J］．财贸研究，2015，26（4）：141-149.

［744］姚星，杨孟恺，李雨浓．商业信用能促进中国制造企业创新吗？［J］．经济科学，2019（3）：80-92.

［745］姚瑶．政治关联、产权性质与企业环保投资［D］．北方工业大学硕士学位论文，2018.

［746］叶陈云．上市公司会计违规行为的成因与约束策略［J］．会计之友（中旬刊），2008（4）：92-94.

［747］叶会，李善民．治理环境、政府控制和控制权定价——基于中国证券市场的实证研究［J］．南开管理评论，2008（5）：79-84.

［748］叶青，赵良玉，刘思辰．独立董事"政商旋转门"之考察：一项基于自然实验的研究［J］．管理世界，2016（6）：98-113.

［749］伊志宏，姜付秀，秦义虎．产品市场竞争、公司治理与信息披露质量［J］．管理世界，2010（1）：133-161.

［750］易志高，李心丹，潘子成，等．公司高管减持同伴效应与股价崩盘风险研究［J］．经济研究，2019，54（11）：54-70.

［751］易志高，潘子成，李心丹，等．高管政治关联助推公司媒体报道了吗？——来自民营企业 IPO 期间的证据［J］．财经研究，2018（6）：126-139.

［752］尹律，徐光华，易朝晖．环境敏感性、产品市场竞争和内部控制缺陷认定标准披露质量［J］．会计研究，2017（2）：69-75.

［753］应千伟．金融发展、商业信用融资与企业成长——来自中国 A 股上市公司的经验证据［J］．经济与管理研究，2013（9）：86-94.

［754］游家兴．政治关联、职位壕沟与高管变更［J］．金融研究，2010（4）：128-143.

［755］于波，吴燕．新三板挂牌公司信息披露质量影响因素实证研究［J］．财会通讯，2018（2）：41-45.

［756］于万岭．创造良好执法环境推动反腐败斗争［J］．人民检察，1994（12）：4-5.

［757］于蔚，汪淼军，金祥荣．政治关联和融资约束：信息效应与资源效应［J］．经济研究，2012，47（9）：125-139.

［758］于蔚，王洪涛，李倩．加强成本控制　提升公司竞争力——以青岛大学附属医院生活服务公司为例［J］．经济师，2015（3）：141-142.

［759］余明桂，回雅甫，潘红波．政治联系、寻租与地方政府财政补贴有效性

[J]. 经济研究, 2010, 45 (3): 65-77.

[760] 余明桂, 李文贵, 潘红波. 管理者过度自信与企业风险承担 [J]. 金融研究, 2013 (1): 149-163.

[761] 余明桂, 潘红波. 金融发展、商业信用与产品市场竞争 [J]. 管理世界, 2010 (8): 117-129.

[762] 余明桂, 潘红波. 政治关系、制度环境与民营企业银行贷款 [J]. 管理世界, 2008 (8): 9-21.

[763] 俞鸿琳. 关系网络、商业信用融资与民营企业成长 [J]. 经济科学, 2013 (4): 116-128.

[764] 袁程炜, 秦志龙, 赵斌. 腐败治理中强化身份识别的效用分析——基于公共经济学的视角 [J]. 财经科学, 2019 (3): 66-78.

[765] 袁建国, 后青松, 程晨. 企业政治资源的诅咒效应——基于政治关联与企业技术创新的考察 [J]. 管理世界, 2015, 256 (1): 139-155.

[766] 袁靖波, 周志民, 周南. 产品市场竞争、市场分割与企业违规行为 [J]. 管理工程学报, 2021, 35 (4): 81-92.

[767] 袁日新. 论公平竞争审查制度的逻辑意蕴 [J]. 政法论丛, 2018 (5): 138-149.

[768] 袁卫秋, 王海姣, 于成永. 货币政策、社会责任信息披露质量与商业信用模式 [J]. 会计与经济研究, 2017, 31 (1): 28-42.

[769] 原毅军, 耿殿贺. 环境政策传导机制与中国环保产业发展——基于政府、排污企业与环保企业的博弈研究 [J]. 中国工业经济, 2010 (10): 65-73.

[770] 曾慧宇. 民营企业政治联系对财务风险影响研究 [J]. 商业会计, 2017, 38 (4): 94- 96.

[771] 曾萍, 黄紫薇, 汪金爱. 政治关联与商业模式创新: 吸收能力的调节效应 [J]. 科研管理, 2020, 41 (4): 151-159.

[772] 曾萍, 汪金爱, 吕迪伟. 中国民营企业核心能力与多元化战略选择研究 [EB/OL]. [2021-09-14]. https: //kns. cnki. net/kcms/detail/detail. aspx? dbcode = CAPJ&dbname = CAPJLAST&filename = KYGL20210909001&uniplatform = NZKPT&v = AO-cUFPWciSrAH6hNWL5IoglmGQekAucz9QP6-8FU98z7WwArcb03IIgu99UeF0pt.

[773] 曾颖, 陆正飞. 信息披露质量与股权融资成本 [J]. 经济研究, 2006 (2): 69-79.

[774] 翟华云, 李妍茹. 政府干预、区域科技金融发展与高新技术企业融资效率 [J]. 财会通讯, 2016 (33): 48-51.

[775] 翟淑萍, 袁克丽. 财务独立董事职业背景与分析师预测准确性 [J]. 华东经济管理, 2019, 33 (5): 123-131.

［776］张爱民，桑银银，陆韵石．政治关联、产权性质与高管薪酬粘性——来自沪深 A 股上市公司的经验证据［J］．会计与经济研究，2016（3）：54-66.

［777］张斌，王跃堂．业务复杂度、独立董事行业专长与股价同步性［J］．会计研究，2014（7）：36-42，96.

［778］张程睿，徐嘉倩．中国上市公司信息披露制度变迁与股票市场有效性［J］．华南师范大学学报（社会科学版），2019（4）：75-86.

［779］张程睿．公司信息披露质量对投资者交易行为的影响——基于对深圳上市公司的经验分析［J］．南方经济，2008（4）：53-65.

［780］张传财，陈汉文．产品市场竞争、产权性质与内部控制质量［J］．会计研究，2017（5）：75-82.

［781］张纯，吕伟．信息环境、融资约束与现金股利［J］．金融研究，2009（7）：81-94.

［782］张东旭，徐经长．同伴效应在企业年金缴费中的影响分析——来自 A 股上市公司的经验证据［J］．证券市场导报，2017（2）：21-27.

［783］张敦力，江新峰．管理者能力与企业投资羊群行为：基于薪酬公平的调节作用［J］．会计研究，2015（8）：41-48.

［784］张恩众，张文彬．影响上市公司高管薪酬的因素分析［J］．经济问题探索，2007（11）：124-127.

［785］张海锋，张卓．区域内企业社会责任信息披露的交互影响：意愿、质量与企业密度——基于省域 A 股上市公司的数据分析［J］．现代财经（天津财经大学学报），2020，40（8）：100-113.

［786］张宏亮，王瑶，王靖宇．外部审计师与独立董事之间的社会关系是否影响审计质量［J］．审计研究，2019（4）：92-100.

［787］张洪辉，平帆，章琳一．独立董事地理距离与财务报告质量——来自上市公司的经验证据［J］．审计研究，2019（1）：81-90.

［788］张会芹．慈善捐赠、反腐力度与信贷融资［J］．经济经纬，2020，37（3）：167-176.

［789］张家瑞，张雪如．组织腐败研究进展与启示［J］．财经科学，2017（4）：121-132.

［790］张杰，刘元春，翟福昕，等．银行歧视、商业信用与企业发展［J］．世界经济，2013，36（9）：94-126.

［791］张金鑫，王逸．会计稳健性与公司融资约束——基于两类稳健性视角的研究［J］．会计研究，2013（9）：44-50.

［792］张军，刘波，沈华玉．股价同步性与股价崩盘风险——基于信息不对称和公司治理视角［J］．财经科学，2019（4）：13-25.

[793] 张军，许庆瑞．管理者认知特征与企业创新能力关系研究［J］．科研管理，2018，39（4）：1-9.

[794] 张俊瑞，赵进文，张建．高级管理层激励与上市公司经营绩效相关性的实证分析［J］．会计研究，2003（9）：29-34.

[795] 张莉莎，刘穷志．一般性转移支付分配机制消除了政治关联效应吗？［J］．经济与管理研究，2021，42（7）：35-50.

[796] 张敏，黄继承．政治关联、多元化与企业风险——来自我国证券市场的经验证据［J］．管理世界，2009（7）：15-164.

[797] 张敏，童丽静，许浩然．社会网络与企业风险承担——基于我国上市公司的经验证据［J］．管理世界，2015（11）：161-175.

[798] 张敏，张胜，王成方，等．政治关联与信贷资源配置效率——来自我国民营上市公司的经验证据［J］．管理世界，2010（11）：143-153.

[799] 张明，陈伟宏，蓝海林，等．管理者过度自信与公司避税行为研究［J］．管理学报，2020，17（9）：1298-1307.

[800] 张楠，徐良果，戴泽伟，等．产品市场竞争、知识产权保护与企业创新投入［J］．财经科学，2019（11）：54-66.

[801] 张奇峰，戴佳君，樊飞．政治联系、隐性激励与企业价值——以民营企业在职消费为例［J］．会计与经济研究，2017，31（3）：56-71.

[802] 张琦，郑瑶，孔东民．地区环境治理压力、高管经历与企业环保投资——一项基于《环境空气质量标准（2012）》的准自然实验［J］．经济研究，2019（6）：183-198.

[803] 张润宇，余明阳．社会资本、债务约束与非效率投资——基于中国上市家族企业数据的分析［J］．管理评论，2020，32（12）：61-77.

[804] 张守文．公平竞争审查制度的经济法解析［J］．政治与法律，2017（11）：2-10.

[805] 张天舒，陈信元，黄俊．政治关联、风险资本投资与企业绩效［J］．南开管理评论，2015，18（5）：18-27.

[806] 张天喜，姚曦．党组织参与公司治理可以降低公司违规行为吗？［J］．经济视角，2021，40（2）：1-15.

[807] 张五常．中国的经济制度［M］．香港：香港花千树出版有限公司，2008.

[808] 张新民，张婷婷．信贷歧视、商业信用与资本配置效率［J］．经济与管理研究，2016，37（4）：26-33.

[809] 张馨月．管理者能力与债券违约风险［J］．经济与管理评论，2021，37（4）：113-124.

[810] 张燕红．高管薪酬激励对企业绩效的影响［J］．经济问题，2016（6）：

116-120.

［811］张瑶，郭雪萌．内控信息披露质量、披露方式与权益资本成本——基于缺陷信息披露的实证证据［J］．经济问题，2015（4）：110-115.

［812］张玉洁，李毅．公平竞争审查制度构建的价值维度与实践进路［J］．学习与实践，2018（6）：12-19.

［813］张远飞，贺小刚，连燕玲．“富则思安”吗？——基于中国民营上市公司的实证分析［J］．管理世界，2013（7）：130-144.

［814］张月玲，王晓莉，张龚．公司治理视角下企业内部控制自我评价［J］．财会通讯，2010（29）：96-97.

［815］张悦玫，张芳．会计稳健性、投资效率与外部融资方式的实证研究［J］．管理评论，2019，31（4）：175-186.

［816］张悦梅．高校财务预决算审计的风险与对策［J］．中外企业家，2017（7）：123，132.

［817］张昭，马草原，杨耀武．薪酬管制会抑制企业高管的超额薪酬吗？——基于2015年“限薪令”的准自然实验［J］．当代经济科学，2021，43（5）：114-127.

［818］张兆国，刘永丽，谈多娇．管理者背景特征与会计稳健性——来自中国上市公司的经验证据［J］．会计研究，2011（7）：11-18.

［819］张正勇，吉利，毛洪涛．民营企业政治网络战略与社会责任信息披露［J］．华东经济管理，2014，28（6）：42-47.

［820］张志强．考虑全部风险的资本资产定价模型［J］．管理世界，2010（4）：177-178.

［821］张宗新，朱伟骅．证券监管、执法效率与投资者保护——基于国际经验的一种实证分析［J］．财贸经济，2007（11）：3-8.

［822］章卫东，黄一松．关联非执行董事治理与过度投资、盈余管理［J］．社会科学家，2015（9）：71-75.

［823］章永奎，赖少娟，杜兴强．学者型独立董事、产品市场竞争与公司创新投入［J］．经济管理，2019，41（10）：123-142.

［824］赵丙艳，葛玉辉，刘喜怀．TMT认知、断裂带对创新绩效的影响：战略柔性的调节作用［J］．科学学与科学技术管理，2016，37（6）：112-122.

［825］赵丽芳，孙佟，陈素平．政治关联缓解了中小企业的债务融资约束吗？——兼论社会审计的信息增值作用［J］．财会通讯，2019（30）：125-128.

［826］赵文，李月娇，赵会会．政府研发补贴有助于企业创新效率提升吗？——基于模糊集定性比较分析（fsQCA）的研究［J］．研究与发展管理，2020，32（2）：37-47.

［827］赵宜一，吕长江．家族成员在董事会中的角色研究——基于家族非执行董

事的视角［J］．管理世界，2017（9）：155-165.

［828］赵艺，倪古强．审计师行业专长、产权性质与投资效率［J］．审计研究，2020（1）：87-95.

［829］赵颖．中国上市公司高管薪酬的同群效应分析［J］．中国工业经济，2016（2）：114-129.

［830］赵瑜，刘善仕．经济政策不确定性、政府关系与企业国际化［J］．财会通讯，2021（23）：31-35.

［831］赵子夜，周静．行业专家型独立董事、业务复杂度和审计费用［J］．中国会计与财务研究，2013，15（1）：41.

［832］郑军，林钟高，彭琳，等．政治关系能实现审计意见购买吗？——基于投资者保护视角的检验［J］．财经研究，2010，36（11）：104-114.

［833］郑立东，程小可．宏观经济增长、企业竞争地位与商业信用政策——兼与行业特征因素的综合考察［J］．财贸研究，2014（6）：145-152.

［834］郑丽，赵月皎，王树昊．企业集团子公司技术创新具有同群效应吗——来自2012—2019年上市公司数据［J］．广东财经大学学报，2021，36（4）：38-49.

［835］郑丽婷，金雪军．政治关联与公司治理有效性——基于上市公司证券违规的数据［J］．财经论丛，2017，221（6）：79-87.

［836］钟海燕，冉茂盛，文守逊．地方政府干预、内部人控制与公司投资［J］．管理世界，2010（7）：98-108.

［837］钟覃琳，陆正飞，袁淳．反腐败、企业绩效及其渠道效应——基于中共十八大的反腐建设的研究［J］．金融研究，2016（9）：161-176.

［838］钟田丽，张天宇．我国企业资本结构决策行为的“同伴效应”——来自沪深两市A股上市公司面板数据的实证检验［J］．南开管理评论，2017（2）：58-70.

［839］钟廷勇，何玲，孙芳城．政策不确定性、政治关联与企业环境治理——来自地方官员变更的经验证据［J］．江海学刊，2019（6）：84-89.

［840］周定根，杨晶晶．商业信用、质量信息传递与企业出口参与［J］．管理世界，2016（7）：36-50.

［841］周浩，汤丽荣．市场竞争能倒逼企业善待员工吗？——来自制造业企业的微观证据［J］．管理世界，2015（11）：135-144.

［842］周华，张姗姗，李勤裕，等．会计准则复杂性、CFO财务专长与所得税会计操作困境［J］．财贸经济，2017，38（8）：20-35.

［843］周晖，覃亚洲．民企环境绩效、政治关联与高管薪酬——基于资源交换的分析视角［J］．财会月刊，2016（8）：26-32.

［844］周开国，应千伟，钟畅．媒体监督能够起到外部治理的作用吗？——来自中国上市公司违规的证据［J］．金融研究，2016（6）：193-206.

[845] 周楷唐，李英，吴联生．行业专长与审计生产效率［J］．会计研究，2020（9）：105-119.

[846] 周兰，张玥．管理者能力与股价崩盘风险［J］．系统工程，2019，37（4）：117-128.

[847] 周蕾，周萍华，方岳．高管薪酬结构调整与股价崩盘风险："利益趋同"还是"堑壕防御"？［J］．财贸研究，2020，31（8）：87-98.

[848] 周黎安．中国地方官员的晋升锦标赛模式研究［J］．经济研究，2007（7）：36-50.

[849] 周霞，陈莞龙，张骁．高管过度自信对企业创新模式选择的影响——兼论独立董事和非沉淀性冗余资源的调节作用［J］．科技管理研究，2020，40（13）：25-33.

[850] 周雪峰．商业信用对非效率投资的影响：融资抑或治理［J］．财经论丛，2014（9）：53-59.

[851] 周泽将，卢倩楠，雷玲．独立董事薪酬激励抑制了企业违规行为吗？［J］．中央财经大学学报，2021（2）：102-117.

[852] 朱丽娜．政治关联对上市公司违规行为的影响［D］．广东外语外贸大学硕士学位论文，2014.

[853] 朱艳丽，陆雪艳，林志帆．中国企业研发决策同群效应的空间计量分析［J］．科技进步与对策，2021，38（18）：104-113.

[854] 朱玉杰，雪莲，李文佳．产品市场竞争下两职合一对公司绩效的影响［J］．技术经济，2016，35（5）：124-131.

[855] 祝继高，李天时，YANG Tianxia. 董事会中的不同声音：非控股股东董事的监督动机与监督效果［J］．经济研究，2021，56（5）：180-198.

[856] 邹洋，张瑞君，孟庆斌，等．资本市场开放能抑制上市公司违规吗？——来自"沪港通"的经验证据［J］．中国软科学，2019（8）：120-134.

后 记

政府与企业的关系是一个永恒且较为宏大的主题。我们需要对我国特定的经济改革历史、制度变迁过程、政治经济学、公共经济学和公司治理等背景和理论了然于胸，才能真正理解并研究我国政府与企业的关系。从攻读博士学位开始至今，我主要的研究方向正是这一主题，虽然已学习、研究多年，但自认为只是触及该主题的皮毛。

在探索政企关系问题和致力于本书写作的过程中，我和研究团队重新对中华人民共和国成立以来的经济改革历史、国有企业改革、民营企业发展、政府角色定位等相关制度背景进行了系统的梳理，我也进一步学习了制度经济学、公共经济学等的经典理论，打开了固有的认知局限和知识边界，收获颇丰。

我国政企关系根植于我国特定的经济、政治制度背景，是极具中国特色的研究主题，只有深入理解中国的制度背景，才能做出有价值、有特色的中国问题研究，把研究成果落地，把论文写在祖国大地上。

本书探讨了企业微观层面和产品竞争市场中观层面企业政治关联的经济效应，但仍然未能涵盖政治关联的各个方面，特别是对宏观层面的探讨不足，在以后的研究中，我也将以此为方向，继续深耕。

借本书付梓之时，特向我的研究团队及其他各相关方致以诚挚谢意。

感谢王海燕、金晓楠、谢抒桑、陈叶、李会平、李梦韩、夏文璐、黄桂芬、安雅桢、成容、谭浩凌、金丽丹等对我的帮助，特别感谢西南财经大学毛奕欢博士在环保责任章节所做的重要贡献。

同时，衷心感谢经济管理出版社及编辑老师认真细致的编辑工作和对本书提出的建设性建议。

此外，还要特别感谢家人的支持与陪伴，为我潜心写作创造良好条件。

由于本人学术水平尚浅，书中难免有一些疏漏之处，恳请各位读者批评指正。

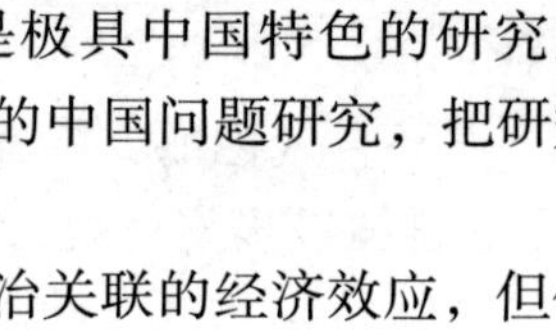

2021 年 10 月于昆明